Inhalt

Kulturstätten in Iran

Tipps und Adressen

Stadt- und Regionalpläne

Kulturgeschichte Irans

Vorwort

Persien, das Land zwischen Innerasien und Arabien, Indien und Mesopotamien, hatte schon immer für das Abendland den Hauch von Exotik, monarchischem Glanz, kulturellem Reichtum und Schönheit. Seit der Antike zog es Reisende dorthin; wir kennen ihre Beobachtungen und Erfahrungen aus mehr als 700 Berichten und Beschreibungen. Der erste war Herodot (um 490 v. Chr.), der als Historiker sämtliche Länder der den Griechen bekannten Welt bereiste und beschrieb; der wohl berühmteste jedoch ist Marco Polo (1254–1324), der mit seinem Vater Niccolo von Venedig aus Handelsexpeditionen nach China unternahm und auf dem Weg dorthin das damals von den Mongolen beherrschte Persien durchquerte.

Im 16. und 17. Jh. zogen sowohl die hoch spezialisierten Kenntnisse der Perser in Wissenschaft, Kunst und Handwerk als auch die wirtschaftliche Blüte und der Reichtum des Safawidenreichs europäische Kaufleute, Diplomaten, Künstler und Wissenschaftler an. Ebenso fasziniert von der persischen Kultur waren auch alle Eroberer des Landes, von Alexander dem Großen über die muslimischen Araber bis hin zu den Mongolen und Türken. Statt den Unterworfenen ihre Lebensart aufzuzwingen, übernahmen sie große Teile der Errungenschaften und der Kultur des persischen Volkes, das seinerseits auch immer den Versuchen der Beeinflussung widerstanden und sein eigenes Gesicht und Kulturgut selbstbewußt bewahrt hat.

Noch heute assoziieren Europäer mit Persien einerseits die Märchenhaftigkeit aus ›Tausendundeiner Nacht‹, andererseits das Bild von einsamen Karawanen, die durch endlose Wüsten ziehen. Wie erstaunt ist der Reisende, wenn er feststellt, daß Persien nicht nur aus sandig-wüsten Regionen besteht, sondern höchst unterschiedliche Landschaften zu bieten hat: dschungelartige, grüne Wälder und duftende Reisfelder am Kaspischen Meer, Bergmassive mit ewigem Schnee auf dem Hochplateau im Inneren des Landes und Dattelpalmenplantagen in der feuchtheißen, flirrenden Luft Khuzistans.

Europäer, die das Land lediglich aus der Perspektive der politischen Berichterstattung kennen, sehen nur Bruchstücke – die Einseitigkeit und Lückenhaftigkeit läßt ihnen das Fremde bedrohlich, bestenfalls erstaunlich erscheinen. Diese Lücken will der vorliegende Band schließen. Es ist das Anliegen des Autors, eine Brücke zu schlagen zwischen einander fremden Kulturen, ein Verstehen für eine Gesellschaftsform zu ermöglichen, in welcher der Alltag sehr viel stärker von der Religion geprägt wird als in der westlichen Welt. Und nichts scheint dem Autor für diesen Zweck geeigneter, als das Augenmerk des interessierten Iran-Reisenden auf die jahrtausendealte Kultur seines Heimatlands zu richten: Sie spricht für sich selbst.

Mahmoud Rashad

Persepolis, Blick von Nordosten auf die Ruinenstätte. Zeichnung aus E. Flandin und P. Coste, Voyage en Perse pendant les années 1840 et 1842, Paris ◁ 1843–1854

Geographie, Klima, Vegetation und Tierwelt

Landesname und Geographie

Wie für einige Staaten unserer modernen Welt kennen wir auch für Iran zwei unterschiedliche Bezeichnungen: Persien und Iran. Persien leitet sich ab vom Namen der Landschaft *pars,* die mit der heutigen Provinz Fars identisch ist. Die Bewohner dieser Region wurden *parsa* = Perser genannt. Die älteste gesicherte Schriftquelle des Vorderen Orients, die die *pars* erwähnt, ist das Buch des Propheten Ezechiel im Alten Testament. Diesen Namen griffen die Griechen auf und übersetzten ihn ins Griechische als *persis* für die Region und *persai* für die Bevölkerung. Sowohl die altpersische Dynastie der Achämeniden (559–330 v. Chr.) als auch die Sasaniden (224–651 n. Chr.) stammen aus der Landschaft Pars. Die in dieser Gegend gesprochene Sprache, das *parsi* = Persische, ist seit der achämenidischen Zeit als Schrift- und Amtssprache zu belegen. Sie entwickelte sich im Lauf der Jahrhunderte zum Neupersischen. Unter dem Einfluß der arabischen Sprache, die kein ›p‹ kennt, änderte sich die Sprachbezeichnung von *parsi* zu *farsi,* der Name der Region von *pars* zu *fars.*

Der Name Iran geht auf den Begriff *aria* = Arier zurück, der bereits in der heiligen Schrift der Zoroastrier, das Avesta, die Bevölkerung des iranischen Hochlands und die ethnisch verwandten Inder bezeichnete. Als alte Bezeichnung für die Meder erwähnt Herodot schon *arya* und für das Hochland den Begriff *aryana.* Darius I. (522–486 v. Chr.), König der Achämeniden, nannte sich selbst in einer Inschrift bei Persepolis »Perser, Sohn eines Persers, Arier vom Arierstamm«, und Ardashir I. (224–241 n. Chr.), der Gründer des Reiches der Sasaniden, bezeichnete sich als »König der Könige von Eran und Nicht-Eran«. Zu dieser Zeit war Eran der Staatsname, der sich aus *arya(n)* entwickelt hatte und die politische Einheit eines Vielvölkerstaats beschrieb.

In Europa bevorzugt man nach wie vor die Bezeichnung Persien statt Iran für das Land, und heute noch ist jedem Schulkind Persien als Gegner und kultureller Gegenpol der Griechen eine vertraute Größe. Gerade Deutschland hat den Namen Iran nie richtig annehmen wollen, obwohl – oder vielleicht gerade weil – 1935 die Perser, letztendlich unter dem Einfluß des Nationalsozialismus, Iran als offiziellen Staatsnamen wieder einführten.

Das heutige Staatsgebiet hat eine Flächenausdehnung von 1 648 000 km^2 und ist damit etwa viereinhalbmal so groß wie die Bundesrepublik Deutschland. Es erstreckt sich zwischen dem 44. und 64. Grad östlicher Länge und dem 25. und 40. Grad nördlicher Breite. Das entspricht, im Vergleich zu Europa und Afrika, dem

Gebiet zwischen Madrid und der zentralen Sahara Südalgeriens. Gibraltar liegt auf demselben Breitengrad wie Teheran und Kairo auf demselben wie Shiraz. Die heutigen Grenzen des Landes bildeten sich im 18. und 19. Jh. heraus, teilweise auch nach dem Ersten Weltkrieg. Die im Norden liegenden Anrainerstaaten sind die ehemalige Sowjetunion, heute Armenien, Azarbaidjan und Turkmenistan. Im Nordwesten grenzt Iran an die Türkei, im Westen an den Iraq und im Osten an die Staatsgebiete Afghanistans und Pakistans.

Die politischen Grenzen verlaufen ungefähr parallel zu den natürlichen. Im Norden schließt das Kaspische Meer an das Elburz-Gebirge an. Die Elburz-Kette setzt sich nach Osten hin fort und bildet dort die Grenze zu Turkmenistan; westlich des Kaspis übernimmt im Norden der Fluß Aras, der antike Araxes, die Grenzfunktion zu Azarbaidjan und Armenien. Die iranisch-türkische Grenze verläuft entlang der Wasserscheide von Van- und Urmia-See durch die kurdischen Berge. Dort beginnt der Zagros, der sich leicht diagonal von Nordwesten nach Südosten erstreckt. Seine nördliche Hälfte verläuft parallel zur iranisch-iraqischen Grenze. Im mittleren Bereich ist dem Westabhang der Zagros-Kette die Provinz Khuzistan vorgelagert. Hier verläuft die Grenze entlang dem unteren Euphrat und Tigris, dem Arvand Rud (arab. = Shatt el-Arab), der sich in den Persischen Golf ergießt. Den südlichen Gebirgszügen folgt entlang der Golfküste ein schmaler Streifen Land, der sich zur Straße von Hormoz hin öffnet. An dieser Stelle beginnt das Meer von Oman, das ein Teil des Indischen Ozeans ist. Die entlang des Meeres verlaufende Südgrenze Irans besteht aus einer insgesamt 1800 km langen Küste, vor der zahlreiche kleinere und größere Inseln liegen, die zum Staatsgebiet des Iran gehören. An der menschenleeren Makran-Küste beginnt die südöstliche Grenze zwischen Iran und Pakistan; sie führt dann durch das baluchische Gebirgsland. Die nordöstliche Grenze zu Afghanistan verläuft zunächst durch eine Senke mit Salzseen und -sümpfen, in denen die Flüsse des ostiranischen Berglands versickern. Danach folgt sie dem aus dem Hindukush kommenden Fluß Hari Rud.

Ein beträchtlicher Teil des Landes wird von Bergen eingenommen, die im Norden, Süden und Südwesten zu Meeren hin abfallen, von großen Senken unterbrochen werden und das weiträumige zentraliranische Hochland an allen Seiten umschließen. Das Hochland selbst besteht aus kargem Land und Wüsten mit teilweise höheren Bergketten, dazwischen gelegenen Taleinschnitten und niedrigeren Bergschwellen. Eine besondere Art von Gewässernetz prägt das Hochland – es besteht nicht, wie in Mitteleuropa, aus einem zusammenhängenden Flußsystem, bei dem die Flüsse miteinander verbunden sind, das Oberflächenwasser sammeln und sich schließlich ins Meer entwässern. Statt dessen leiten die aus den Bergen kommenden Flüsse Irans, die von der Schneeschmelze in den Gebirgen gespeist werden, ihr Wasser nur im Norden und Süden ins Meer ab. Die ins Innere des Landes abfließenden Wasserläufe hingegen sam-

Gebirgsbach in Mazandaran

meln sich in abflußlosen Seen. Bedingt durch die geringen Niederschläge und die gleichzeitige hohe Verdunstung führen die meisten dieser Seen nur nach der Schneeschmelze Wasser, im Sommer und Herbst aber sind sie ausgetrocknet und bilden eine Salzkruste. In solchen Auffangbecken, die Kavire genannt werden, versickert das wenige Wasser in dem stark salz- oder gipshaltigen Silt- beziehungsweise Tonboden. Richtige Seen können so nicht entstehen, es bilden sich lediglich zeitweilig durchfeuchtete Salzflächen. Die größten der für Iran charakteristischen Kavire liegen zwischen Semnan und Tabas (53 000 km^2), nordöstlich von Tabas (4700 km^2) und nordöstlich von Qom (2700 km^2).

Einige wenige Seen außerhalb des zentralen Hochlands führen jedoch auch ganzjährig Wasser. Das größte Binnengewässer dieser

Art, überdies das größte Binnenmeer der Erde, ist das Kaspische Meer, in das sich die wasserreichen Flüsse des Elburz-Gebirges ergießen. Auch der Urmia-See in Iranisch-Azarbaidjan gehört zu dieser Gruppe von Seen.

Erdgeschichtlich war für Iran besonders das Erdmittelalter (vor 220 Mio. Jahren) entscheidend, als die Gebirgsketten des Elburz und des Zagros aufgefaltet wurden. Die geologisch starre Erdplatte des Hochlands war dadurch starken Bruchbewegungen ausgesetzt. In der Erdneuzeit (Beginn vor etwa 70 Mio. Jahren), in der sich auch die Außenseiten der Randgebirge bildeten, brach an den Rändern des Hochlands durch die starke Beanspruchung die Erdkruste auf, Magma konnte austreten, und es bildeten sich Vulkane. Der höchste dieser mittlerweile erloschenen Vulkankegel ist der Damavand mit 5670 m, der im Elburz nordöstlich von Teheran aufragt. Wenn auch sein Gipfel mit ewigem Schnee bedeckt ist, so stößt er dennoch auch heute noch gelegentlich Schwefeldämpfe aus. Im Gegensatz zur Tätigkeit der Vulkane ist die Bewegung der Erdkruste noch nicht zum Stillstand gekommen. Deshalb wird das Land noch immer von z. T. schwerwiegenden Erdbeben heimgesucht. Die am häufigsten betroffenen Gebiete sind im Nordwesten die Gegend um Tabriz, im Nordosten die Dasht-e Kavir und die Turkmenensteppe, im Südwesten die Provinz Fars und im Süden die Region um Bandar-e Abbas.

Klima und Vegetation

Die geographischen Gegebenheiten und das Relief sind Grundlage für die Einteilung des Landes in vier Landschaftseinheiten mit unterschiedlichen Temperaturen und verschiedenen klimatischen Bedingungen: Die Meeresküstengebiete im Norden und Süden, zusammen mit der Provinz Khuzistan, die Gebirgsregionen von Elburz und Zagros, schließlich das zentraliranische Hochland mit seinen Binnengebirgen und -becken.

Die fruchtbaren Küstenlandstriche am Kaspischen Meer

Die mehr als 600 km lange Südküste des Kaspischen Meeres, die zu den Provinzen Gilan und Mazandaran gehört, liegt 24 m unter dem Meeresspiegel. Der bis zu 60 km breite Küstenstreifen zwischen dem Nordabhang des Elburz-Gebirges und dem Meer nimmt klimatisch eine Sonderstellung ein. Winde oder Tiefdrucksysteme treiben feuchtigkeitsbeladene Wolken vom Meer her landeinwärts, wo sie an das Gebirge stoßen und sich abregnen. Dadurch ist dieses Gebiet extrem regenreich und sehr fruchtbar. Der meiste Niederschlag (Jahresdurchschnitt etwa 1600–2000 mm) fällt in Gilan, nach Osten hin wird er weniger, d. h. in Mazandaran gehen im Jahresdurchschnitt lediglich 600 mm Regen nieder. Hauptniederschlagszeit ist der Herbst.

Die Provinzen Irans und ihre Hauptstädte

Die Jahresmitteltemperatur in diesem immerfeuchten, sommerheißen Küstengebiet beträgt ca. 16 °C; der Temperaturunterschied zwischen dem kältesten Monat Januar (um 8 °C) und dem heißesten Monat Juli (um 26 °C) liegt bei nur 18 °C. Während auf der nördlichen Seite des Elburz nahezu überall, auch auf Lehm-, Ziegel- und sogar Zementmauern, Gras wächst, verdunstet in Teheran, am Südabhang desselben Gebirges, ein Glas Wasser vollständig innerhalb weniger Tage.

Durch die klimatischen Bedingungen vermittelt die Region einen ungewöhnlich grünen und üppigen Eindruck, und die große Fruchtbarkeit macht sie zu einer der wichtigsten Agrarlandschaften Irans. Es werden hier hauptsächlich Reis, Tee, Baumwolle, Weizen, Gerste und Ölpflanzen angebaut, aber auch Plantagen mit Tabak und Zitrusfrüchten sind vorhanden. Die Ebenen und die unteren Berghänge sind heute stellenweise noch mit dschungelartigen Regenwäldern bedeckt, in denen kastanienblättrige Eichen, Ulmen, Buchen, Ahorn, Feigen und der Eisenbaum wachsen. Der bis zu 5 m hohe Unterwuchs besteht aus Buchsbaum, Granatapfel-, Brombeer-, Lorbeerkirschsträuchern und Farnen am Boden. Undurchdringlich wird der Wald durch Schlingpflanzen (Lianen), Wein- und Efeuranken. Das persische Wort für Wald, *djangal,* macht die Herkunft des Begriffs Dschungel deutlich. Bei 800–1000 m geht der Niederungswald in geschlossene Bergwälder über, ab 1800–2500 m wachsen hauptsächlich Weißbuchen und Eichen. Oberhalb der Baumgrenze, ab etwa 2500 m, besteht die Vegetation, bedingt durch die extrem trockene Hochgebirgsluft, aus Trockenstauden, Polsterpflanzen und Grasfluren.

Während der Niederungswald heute infolge menschlicher Eingriffe nahezu zerstört ist, existieren vom Bergwald noch etwa 50 % des ehemaligen Bestands. Historische Quellen und Reisebeschreibungen berichten, daß besonders in sasanidischer Zeit diese Wälder erstmals exzessiv ausgebeutet wurden. Die zweite Phase des Kahlschlags gehört in die jüngere Vergangenheit und Gegenwart. Zu Beginn des 19. Jh. führte der Bedarf der großen Städte an Bau-, Brennholz- und Holzkohle sowie die Ausweitung des Siedlungsraums zu einer stellenweise vollständigen Abholzung.

Die feuchtheißen Küsten des Südens

An der Südküste grenzen vier Provinzen ans Meer: im Norden des Persischen Golfs die Provinz Khuzistan und entlang der Ostküste, wie ein schmales Band, die Provinz Bushehr mit der Hafenstadt Bandar-e Bushehr. Wo der Persische Golf in das Meer von Oman übergeht, an der Straße von Hormoz, liegt die Provinz Hormozgan mit dem großen Handelshafen Bandar-e Abbas. Von den Inseln in der Meerenge ist Qeshm mit 100 km Länge die größte; westlich schließen sich die nächstgrößeren Inseln Kish und Lavan an. Nordwestlich vor Bandar-e Bushehr liegt die Insel Khark, die heute, wie die Insel Kish, Freihandelszone ist und zum größten und modernsten Exporthafen für Rohöl ausgebaut wurde. Das Land am Meer von Oman gehört zu Baluchistan, das an der Grenze zu Pakistan liegt.

Während an der südöstlichen Küste von Baluchistan ein trockenes Wüstenklima mit starken Temperaturschwankungen zwischen Tag und Nacht sowie Winter und Sommer vorherrscht, sind in Khuzistan die Temperaturen etwas ausgeglichener. Mit einer Durchschnittstemperatur von 28 °C im Jahresmittel ist es relativ heiß und zusätzlich, trotz der geringen Niederschlagsmenge von 150–250 mm, recht feucht. Im Gegensatz zu Baluchistan führen die zahlreichen Flüsse Khuzistans ganzjährig Wasser, so daß die Provinz über einen konstanten Grundwasserspiegel verfügt, der, zusammen mit dem fruchtbaren Boden, einen effektiven Bewässerungsanbau und damit gute landwirtschaftliche Erträge ermöglicht.

Die Küste des Persischen Golfs, besonders die Provinz Hormozgan, wird der tropischen Trockenzone zugerechnet, mit hohen Temperaturen, aber geringen Temperaturschwankungen zwischen Sommer und Winter (ca. 16 °C). Im kältesten Monat Januar beträgt die Durchschnittstemperatur 18,4 °C, in den heißesten Monaten, Juli und August, über 34 °C. Die extrem hohe Luftfeuchtigkeit des Küstenstreifens macht es den Menschen schwer, die Hitze zu ertragen. In Bandar-e Abbas gibt es heute keine moderne Stadtwohnung ohne Klimaanlage, die während der Sommermonate unausgesetzt Tag und Nacht läuft. Fällt sie aus, so schimmeln in kürzester Zeit Lebensmittel, Teppiche und Kleidung. In den Gebieten um Bushehr an der nordöstlichen Golfküste ist die Luftfeuchtigkeit zwar ebenfalls hoch, die Temperaturen sind jedoch geringfügig niedriger (Januar 14,4 °C, Juli/August 32,5 °C) und die Niederschläge insgesamt etwas mehr.

Im feuchtheißen Klima der Küstengebiete wachsen überall tropische Pflanzen. Vorherrschend sind Mangrovenwälder und -sümpfe. Im gesamten Küstengebiet, wie auch in Khuzistan, findet man an natürlicher Vegetation stellenweise Arabische oder Nubische Akazien und niedrige Konarbäume. An der Südostküste kommt die nach diesem Landstrich benannte Baluchische Zwergfächerpalme hinzu. In Khuzistan gedeihen besonders Dattelpalmen und Zuckerrohr.

Die Gebirgslandschaften

Die beiden Gebirgsketten von Elburz und Zagros umschließen das innerpersische Hochland wie zwei Backen einer Zange. An der Stelle, an der das Scharnier dieser Zange sitzt, verbindet Azarbaidjan die beiden Bergmassive. Die Provinz, die in die drei Verwaltungseinheiten Arbadil, Ost- und Westazarbaidjan eingeteilt ist, bildet einen Knotenpunkt, an dem vier verschiedene Länder an Iran angrenzen. Zwischen dem türkischen Van-See und dem zu iranischem Staatsgebiet gehörigen Urmia-See liegt eine Gebirgskette von 3000–3300 m Höhe. Der äußerste Nordwestzipfel der Provinz schmiegt sich an die Hänge des 5165 m hoch aufragenden Ararat, der zwar in der Türkei liegt, dessen Gipfel aber sehr gut von Iran aus sichtbar ist.

Wie eine Barriere gegen das Kaspische Meer schließen sich hier die westlichsten Ausläufer der Elburz-Kette an, die sich zwischen den Provinzen Gilan und Zandjan, weiter östlich zwischen Mazandaran und den Provinzen Teheran und Semnan hinzieht. Der östliche Teil des Elburz besteht aus zwei Ketten mit dazwischenliegenden Beckenzonen. Im äußersten Westzipfel und im mittleren Bereich erreicht der Elburz an mehreren Stellen Gipfelhöhen von über 4000 m, der Kuh-e Sabalan bei Ardabil (Azarbaidjan) hat eine Höhe von 4740 m, und der Damavand nordöstlich von Teheran ist mit 5670 m der höchste Berg Irans. Die gesamte Gebirgskette beschreibt eine Kurve wie ein liegendes, langgestrecktes S, dessen oberer Bogen in eine Landschaft abfällt, die ihrerseits von niedrigeren Bergzügen

Der schneebedeckte Gipfel des 5670 m hohen Damavand nordöstlich von Teheran

geprägt ist. Die Übergangsstelle zum unteren S-Bogen grenzt unmittelbar an die Wüsten des innerpersischen Hochlands, während der untere Bogen wieder in gebirgiger Landschaft ausläuft.

Klimatisch gehören sowohl Azarbaidjan, die südlichen Hänge der Elburz-Kette als auch die innerpersischen Berglandschaften im Anschluß an Azarbaidjan einer winterkalten Trockensteppenzone an, die klimatisch dem europäischen Mittelmeer ähnelt. So liegen die Jahresmitteltemperaturen dieser Gebiete bei etwa 10 °C. Umgesetzt auf die durchschnittlicheren Monatstemperaturen im kältesten Monat Januar bedeutet dies für Tabriz (Azarbaidjan) –1,7 °C, Teheran +3,8 °C, Mashhad (Khorasan) 2,2 °C. Niedrigtemperaturen von –25 °C sind in den Gebirgsregionen des Ostens und des Westens jedoch durchaus üblich. Im wärmsten Monat Juli erreichen dieselben Städte Temperaturwerte von 25,6 °C (Tabriz), 29,8 °C (Teheran) und 26 °C (Mashhad). Die Jahresniederschläge bewegen sich von Azarbaidjan bis Khorasan zwischen 600 und 300 mm, am Südostabhang des Elburz, der bei Semnan unmittelbar in die trockenen Wüstengebiete Zentralirans abfällt, lediglich um 125 mm pro Jahr.

Entlang des Elburz-Südabhangs bis ins nördliche Khorasan hinein erstreckte sich ehemals eine Baumsteppe mit vorwiegend lichtem Wacholderwald und Steppengräsern als Unterwuchs. Mittlerweile jedoch wurde der Wald bis zu 95 % abgeholzt. In einigen Gegenden Azarbaidjans sind noch Reste von halbfeuchten Mischwäldern aus Eichen und Wacholder erhalten. In den tieferen Regionen um den Urmia-See wird Tabak, Reis und Baumwolle angebaut. In Khorasan, in der Binnensenke von Mashhad, gedeihen ebenfalls Baumwolle und Zuckerrüben.

Das gesamte, extrem breite Zagros-Massiv bedeckt eine weitaus größere Fläche als der S-Bogen des Elburz, im Norden wächst es aus dem Gebirgsknoten von Azarbaidjan heraus und erstreckt sich in einer gewaltigen Masse bis in den Süden, wo es stufenweise über immer niedriger werdende Bergzüge in das Tiefland von Hormoz abfällt. Der Zagros setzt sich aus zahlreichen hintereinander gestaffelten Bergketten zusammen, die stellenweise von großflächigen Binnensenken unterbrochen werden. Von Norden nach Süden verläuft er durch die Provinzen Kurdistan, Hamadan, Kermanshahan und Markazi, Luristan und Ilam und daran anschließend durch die Provinz Fars und durch Teile von Kerman. Sein zentraler Teil, von Hamadan im Alvand-Gebirge (3571 m) bis etwa Shiraz, erreicht Höhen um etwa 4000 m und teilweise darüber. Auf einer Strecke von fast 600 km, zwischen Khorramabad und Yasudj, ist das Gebiet so unzugänglich und unwirtlich, daß bis heute lediglich eine einzige größere Autostraße über das Gebirge hinwegführt. Die Beckenzonen von Hamadan und Kermanshah im Norden und von Shiraz im Süden sind hingegen Regionen, in denen Menschen sich ansiedeln konnten und Kulturflächen im Gebirge schufen.

Die hochgelegenen Gebirgslandschaften des Zagros sind dem Elburz mit seinem winterkalten Trockensteppenklima vergleichbar. Auch hier liegt die Jahresmitteltemperatur bei rund 10 °C. Grundsätzlich jedoch sind die klimatischen Verhältnisse des Zagros nicht global zu behandeln, da die extremen Höhenunterschiede auch große Temperaturschwankungen bedingen. Außerdem erstreckt sich dieses riesige Gebirgsmassiv über fast 10 Breitengrade – im Vergleich zu Europa würde das einer Fläche von der Nordschweiz bis nach Sizilien entsprechen. Auch seine Breitenausdehnung von rund 300 km ist gewaltig.

Das zentraliranische Hochland

Das Hochland ist an allen Seiten von Gebirgen umgeben: Im Norden grenzt es der Elburz gegen das Kaspi und die Turkmenensteppe ab, im Westen und Süden ragt der Zagros auf und bildet eine Barriere nach Mesopotamien und zum Persischen Golf hin. Im Osten schließt sich der Gebirgsring mit den ostiranischen Randgebirgen. Insgesamt umfaßt dieses Gebiet eine Fläche von etwa 1200 km Länge auf rund 700 km Breite. Die im Inneren des Landes sich von Nordwesten nach Südosten ziehenden Gebirgsketten, die häufig eine Höhe von über 2500 m erreichen, gelegentlich sogar bis 3000 m ansteigen, werden von niedrigeren Bergschwellen begleitet und tiefer gelegenen Beckenzonen unterbrochen. Für nahezu alle inneriranischen Städte ist deshalb charakteristisch, daß sie in den vier Himmelsrichtungen von Gebirgen umgeben sind, so daß sich dem Besucher von überall in der Stadt der Blick auf ein näher oder ferner gelegenes Bergpanorama öffnet.

Den Kern des Hochlands bilden riesige Senken mit ausgedehnten Wüstengebieten. Sandwüsten findet man seltener, häufiger sind Kies- und Salzwüsten, Kavire genannt. Im Norden grenzt direkt an den Elburz die Dasht-e Kavir, die Große Salzwüste, im Süden schließt sich die ebenfalls von Gebirgen eingefaßte Wüste Lut an, die im Südosten Sand und Dünen aufweist und zu den gefährlichsten und lebensfeindlichsten Wüsten der Erde gehört.

Die Höhe der Beckenzonen nimmt von Nordwesten nach Südosten hin ab, so liegt das Binnenbecken von Qom im Norden auf einer Höhe von 800 m, das Lut-Becken im Südosten aber lediglich auf 200 m. Die durchschnittliche Gesamthöhe des Hochlands beträgt etwa 1300 m. In diesem von allen Seiten durch Gebirge

Geröllwüste im Osten des Landes

geschützten, großflächigen Gebiet herrscht kontinentales Klima vor, mit hohen Temperaturunterschieden zwischen Tag und Nacht sowie Winter und Sommer. Während die Zonen der innerpersischen Gebirgszüge winterfeuchtes und sommerdürres Steppenklima haben, werden die Becken und das Innere des Hochlands einem Halbwüsten- und Wüstenklima zugerechnet. Die Wüsten des Hochlands zählen zu den subtropischen Wüsten, die nicht so heiß sind wie z. B. die Sahara, dafür aber extremen Temperaturschwankungen unterliegen. Während im Winter Nachtfröste und Schneefall möglich sind, steigen die Temperaturen im Sommer tagsüber auf über 50 °C. Die Jahresmitteltemperatur des Hochlands, mit Ausnahme der Wüsten, liegt bei etwa 20 °C, die Temperaturschwankungen zwischen Sommer und Winter, d. h. zwischen Juli und Januar, betragen um 25 °C. Im Sommer liegen die Tageshöchstwerte fast immer über 40 °C, doch läßt sich die Hitze durch die geringe Luftfeuchtigkeit relativ gut ertragen. Die Niederschläge sind äußerst gering, in weiten Teilen fällt im Jahresdurchschnitt nicht mehr als 100 mm pro m^2 Regen.

Die Tierwelt

Die verschiedenen Landschaften und Klimazonen haben die Tierwelt Irans ausgesprochen vielfältig gestaltet, bedingt durch unterschiedlichste Einflüsse von den Mittelmeerländern im Westen, dem Indus-Tiefland im Osten, der eurasischen Landmasse im Norden und den Wüsten Arabiens im Süden. Insgesamt wurden hier 129 verschiedene Säugetierarten gezählt.

Die bevorzugten Lebensräume größerer Säugetiere sind vor allem die gebirgigen Randsäume des Hochlands und die Kaspische Meeresküste. Hier findet man Wildschafe, Bergziegen, das Mufflon und den Steinbock, der in den unzugänglichen Hochgebirgsregionen noch nicht von der Vernichtung durch die Jagd bedroht ist, verschiedene Arten von Rotwild und das Wildschwein. In den Bergen im Norden und Nordwesten leben heute noch Wölfe, die in den Wintermonaten auf Nahrungssuche in die Dörfer einbrechen und die Viehherden der Bauern und Nomaden überfallen. Im Elburz und im Zagros gibt es nach wie vor Braunbären, auf das Gebiet von Baluchistan und Kerman beschränkt den Kragenbären, der bis 1973 als ausgestorben galt. In den lichten Wäldern und in den Wüstensteppen des Gebirgsvorlandes leben verschiedene Arten von Gazellen und, wieder aufgezüchtet, der Mesopotamische Hirsch, den man ebenfalls für ausgestorben hielt. Hinzu kommen Aasfresser wie Schakale, bestimmte Hyänen- und einige Fuchsarten. Ebenso typisch für die Wüstensteppe ist der Wildesel (Onager), der zur Gattung der Pferde gehört. Er ist ein Einhufer und lebt bevorzugt am Rand der Dasht-e Kavir, kommt aber auch im Südosten des Landes vor. Das Überleben der Wildesel ist heute dadurch gesichert, daß man große Reservate anlegte, in denen die Art geschützt wird.

Die mächtigsten Raubkatzen Irans sind hingegen vollständig oder nahezu ausgerottet. So gibt es den einst in Südiran heimischen Löwen, der auf zahlreichen Kunstwerken und im ehemaligen Staatswappen dargestellt wurde, heute nicht mehr; das letzte Tier wurde Mitte des 19. Jh. bei Shiraz erlegt. Der angeblich noch in wenigen Exemplaren existierende Mazandaran-Tiger, der ursprünglich von Indien her über Afghanistan nach Nordpersien kam, war bis vor wenigen Jahrzehnten noch in den undurchdringlichen Wäldern des südkaspischen Tieflands weit verbreitet. In gebirgigen Gegenden findet man jedoch noch häufig Leoparden, Geparden und Luchse. Nach den in Iran heimischen Raubkatzen wurden Bergzüge benannt, so das Palang-Kuh (Leopardengebirge) oder das Shir-Kuh (Löwengebirge). In den Wüstensteppen leben kleinere Raubkatzen, wie z. B. die Sandkatze. Eine Besonderheit des Kaspischen Meeres ist die Ringelrobbe, die ausschließlich hier vorkommt. Knochen von Seehunden wurden bei Ausgrabungen in Höhlen aus der Jäger- und Sammlerzeit vor 10 000 Jahren gefunden.

Von den Nutztieren stammt das zebuähnliche Buckelrind, das im Kaspischen Tiefland und im Südosten als Haustier gehalten wird, ursprünglich aus Indien, ebenso wie der im Norden, im Nordwesten und in Khuzistan verbreitete Wasserbüffel. Das bei den Nomaden früher häufig als Lasttier genutzte Dromedar ist nicht heimisch in Iran, es wurde wohl aus dem Südwesten importiert. Auch die schon vor 2500 Jahren von den Achämeniden in der Armee zum Kampf eingesetzten Kamele kamen ursprünglich aus Arabien und Zentralasien.

Den größten Reichtum an Vögeln gibt es am Kaspi, am Hamun-See, der an der afghanischen Grenze liegt, und an bestimmten Küstenabschnitten des Persischen Golfs, besonders aber in den Mordab-Gebieten, sumpfigen und von Schilfdickicht umgebenen Süßwasserlagunen zwischen dem Elburz und der Kaspischen Meeresküste. Fasane, Rebhühner und Steppenhühner sind die am meisten gejagten Hühnervögel, trotzdem sind sie immer noch ungemein zahlreich. Es gibt auch Wachteln, die jedoch hier nicht gejagt werden. In der Wüstensteppe existieren Trappen und Flughühner sowie verschiedene Lerchen- und Steinschmätzerarten. Das Kaspische Meer ist ein Rastgebiet für Zugvögel, wie Gänse, Enten und Störche. Hier und an den Seen in den Zagros-Tälern gibt es Watvögel, wie Rotlappen- und Spornkiebitze. Der Urmia-See bietet Lebensraum für riesige Flamingo- und Rosapelikan-Gemeinschaften. Von den zahlreichen Greifvögeln werden der Goldadler und einige Falkenarten im Hochland und in Südwestiran zur Jagd eingesetzt. Die Geier, vor allem Bart- und Lämmergeier, üben als Aasvertilger die Funktion einer Gesundheitspolizei aus. Ebenfalls zu den Aasvögeln gehören die unterschiedlichen Krähenarten, besonders die Nebelkrähen, die in riesigen Schwärmen in den Flußtälern leben und sich in vielen Großstädten, wie z. B. am Zayandehrud in Isfahan, ihren eigenen Lebensraum geschaffen haben.

Die Bevölkerung

Volksgruppen Irans

Ebenso vielfältig wie die Landschaft ist die Bevölkerung in Iran. Seit der ersten Hälfte des 1. Jt. v. Chr. setzten sich die frühen Reiche der persischen Antike aus den verschiedensten ethnischen Gruppen zusammen, die ihre eigene Kultur, Religion und Sprache stets pflegen konnten. Da die Sprache eines Volkes immer Rückschlüsse auf seine ethnische Zugehörigkeit zuläßt, erscheint es sinnvoll, die Gesamtbevölkerung des Vielvölkerstaats Iran nach Sprachgruppen einzuteilen. Etwa die Hälfte der gesamten Bevölkerung sind **Perser.** Ihre Muttersprache und offizielle Amtssprache ist das Farsi, das sich als Teil der indoiranischen Sprachfamilie aus dem Altiranischen über das Mittelpersische (Pahlavi) und Frühneupersische (Dari) entwickelt hat. Hinzu kommen die Menschen in Gilan und Mazandaran, deren Sprache als eigenständiger persischer Dialekt angesehen wird. Die Sprachen der anderen Volksgruppen gehören z. T. ebenfalls der indoiranischen Sprachgruppe an (etwa 16 %), ein weiterer Teil zur turksprachigen Gruppe (18,5 %) und einige wenige zur arabischen (2,5 %).

Eine wichtige und relativ große Ethnie, die eine vom Persischen verschiedene indoiranische Sprache spricht, bilden die seit der Zeit der Meder nachzuweisenden **Kurden.** Weniger als ein Drittel dieses ansonsten hauptsächlich in der Türkei, im Iraq und in Syrien ansässigen Volkes lebt im heutigen Iran, vorwiegend im nördlichen Zagros, in der Provinz Kurdistan und in Westazarbaidjan; kleine Gruppen sind in Kermanshahan, Hamadan und Luristan angesiedelt. Das Kurdische ist eine Sprache mit langer Tradition und eigener Literatur.

Zur indoiranischen Sprachgruppe gehören auch die **Luren** und die mit ihnen verwandten **Bakhtiaren.** Beide Völker sind Nomaden

Lurenverband auf der Wanderung zum Sommerquartier in den Bergen

oder Halbnomaden. Die in Luristan und Ilam ansässigen Luren lassen sich in zwei Untergruppen aufteilen: Die überwiegend als Nomaden lebenden Posht Kuh-Luren (wörtlich übersetzt = Hinter dem Berg-Luren) im westlichen Luristan und die halbseßhaften Pish Kuh-Luren (= Vor dem Berg-Luren). Auch die auf dem südöstlichen Zagros-Rücken und teilweise in Khuzistan beheimateten Bakhtiaren bestehen aus zwei Hauptstämmen, von denen der eine, die Haft-Lang, Nomaden geblieben sind und der andere, die Chahar-Lang, im Süden seßhaft wurden. Die Heimat der in Baluchistan, Sistan und Kerman hauptsächlich als Nomaden und Halbnomaden lebenden Baluchenstämme gehört zu den unwirtlichsten und am schwächsten besiedelten Regionen Irans. Als letztes der indoiranischen Sprachgruppe anzugliederndes Volk sind die wenigen, in Khorasan beheimateten **Tadjiken** zu nennen.

Zu allen Zeiten der persischen Geschichte sind Turkvölker in iranisches Gebiet eingefallen oder eingewandert und haben sich dauerhaft eingerichtet. Während die **Azarbaidjaner** (Azari) als größte turksprachige Gruppe in den Provinzen Azarbaidjans seßhaft wurden, sind die meisten anderen turksprachigen Völker noch heute in nomadisierenden Stammesverbänden organisiert. Im Tal des Aras liegen die Winterquartiere der **Shahsawan.** Wenn es wärmer wird, sucht dieser Nomadenstamm mit seinen Herden die Sommerlager im nördlichen Sabalan-Gebirge auf. Teile der Shahsawan-Stämme sind um Ardabil und Meshkinshahr seßhaft geworden.

Die überwiegend seßhaften **Afshar** sind ebenfalls in Ostazarbaidjan und in Gilan ansässig. Einige Stammesverbände leben aber auch in Khuzistan und Khorasan. Im Osten des Kaspischen Meeres, in der Turkmenensteppe – sowohl auf iranischem Gebiet als auch in Turkmenistan selbst –, liegt der Lebensraum der beiden turkmenischen Hauptstämme, der **Yamut** und der **Guklan.**

Frau mit gewebter Gesichtsmaske, der Borqah, am Persischen Golf

Der Nomadenstamm der **Qashqai** ist der beherrschende Stamm der Provinz Fars. Bei ihrer Wanderung zwischen den Sommerquartieren im Zagros-Bergland westlich von Abadah und den Winterquartieren südlich von Shiraz, zwischen Kazerun und Firuzabad, legen die Qashqai die größten Strecken von allen iranischen Nomadenstämmen zurück. Als kleine, überwiegend seßhafte, türkisch sprechende Stämme sind noch die **Qadjaren** (Mazandaran), die **Qaragozlu** (Hamadan), die **Muqaddam** (Azarbaidjan), die **Taimurtash** (Khorasan) und die **Bayat** (um Arak) zu nennen. Eine Sonderstellung in sprachlicher Hinsicht bilden die in der Fars beheimateten **Khamseh,** die sich aus fünf unterschiedlichen Stämmen zusammengeschlossen haben (arabisch *khamseh* = fünf). Die Muttersprache eines Stammes ist Persisch, des zweiten Arabisch und der drei restlichen Türkisch.

Die **arabischsprechenden Stämme** lassen sich nicht mehr so deutlich unterscheiden, denn nach der Islamisierung Irans hat sich der Hauptteil der arabischen Eroberer mit der ansässigen Bevölkerung vermischt und ist seßhaft geworden. Nur wenige Stammesverbände, die zudem in der Mehrzahl mittlerweile seßhaft leben, haben bis heute überlebt. Sie sind entlang der Küste des Persischen Golfes, in der Fars, in Kerman, Khorasan und bei Yazd ansässig.

Seit der Zeit der Achämeniden bekennt sich der Vielvölkerstaat Iran zu all diesen unterschiedlichen Ethnien. So akzeptiert auch die heutige Regierung der Islamischen Republik Iran die traditionellen Provinzbezeichnungen, die den Namen der jeweils dort lebenden Volksgruppe beinhalten: Luristan, Baluchistan, Azarbaidjan, Turkmansahra (= Turkmenensteppe) und Kurdistan. Von den vier Staaten, in denen Kurden leben, ist Iran der einzige, der den Namen der Kurden in den offiziellen Provinzbenennungen beibehielt. Einige der vielen Volksgruppen oder Stämme spielten gelegentlich in der persischen Geschichte eine aktive und bedeutende Rolle. Die Afsharen und die Qadjaren stellten zeitweilig die Herrscherdynastien, die Bakhtiaren in der ersten Hälfte des 20. Jh. Regierungsmitglieder. Die meisten anderen Völker jedoch verfolgten ihre eigenen, in erster Linie auf den Stamm bezogenen Interessen. Zur Zeit der Pahlavi-Dynastie wandten sich unter anderem die Qashqai und die Bani Kaab massiv gegen die Zwangsansiedlungspolitik Reza Shahs, die zum Ziel hatte, die Nomadenverbände des Landes besser kontrollieren zu können.

Ebenso wie die Autonomie der ethnischen Gruppen im Lauf der persischen Geschichte immer anerkannt wurde, so förderte der Staat stets die friedliche Koexistenz der unterschiedlichen Religionsgemeinschaften. Etwa 99 % aller Iraner, der Stadtbevölkerung, der seßhaften und nicht seßhaften Völkerverbände sind Muslime. Die meisten sind Schiiten, die Kurden, Turkmenen, Baluchen und die im Süden und Südwesten lebenden Araber jedoch vorwiegend Sunniten. Trotz dieser Überzahl und der Verankerung des islamischen Glaubens in der Verfassung des modernen Gottesstaates leben bis heute Christen, Juden und Zoroastrier völlig undiskriminiert in Iran und können an ihrem religiösen Gemeindeleben teilhaben. Während sich die Staatsgewalt in vielen Ländern der Welt mit der Akzeptanz von Gotteshäusern anderer Glaubensgemeinschaften schwer tut, werden die Heiligtümer der Christen, Juden und Zoroastrier in Iran gleichberechtigt angesehen und geachtet.

So sind die 0,6 % **Armenier,** katholische Christen, deren religiöses Zentrum in Eriwan (Armenien) liegt, seit ehedem anerkannter Teil des iranischen Staates. Bis heute sind sie in der Mehrzahl zweisprachig Persisch und Armenisch; ihre eigene traditionsreiche Sprache und Schrift wird nach wie vor gepflegt. Der safawidische Großkönig Shah Abbas (1587–1628) siedelte die hauptsächlich in Nordwestiran beheimateten Armenier ihres handwerklichen Könnens wegen auch in Isfahan und Mazandaran an. Heute liegen die wichtigsten armenischen Gemeinden in Teheran, Isfahan, Tabriz, Urumiyeh, Abadan und Rasht. Als zweite, wenn auch sehr kleine christliche Gruppe leben bis heute in Teheran und Urumiyeh **Assyrer**

(0,08 %). Die Assyrer sind eine Splittergruppe der nestorianischen Kirche, und auch sie sprechen eine eigene Sprache, einen Dialekt des Neuostaramäischen.

Die **jüdische** Minderheit, insgesamt 0,24 %, hat heute ihre Zentren in Teheran, Shiraz, Hamadan, Isfahan und Abadan, kleinere Gruppen leben außerdem in Yazd, Kashan, Nehavand, Zandjan und Zahedan. Bis um 1900 hatten sich die jüdischen Gemeinden, im Gegensatz zu den christlichen, innerhalb der Städte in Ghettos zurückgezogen. Heute besteht diese selbstgewählte Isolation nicht mehr, ebenso wie die Christen sind die Juden mittlerweile Teil der iranischen Gesellschaft und werden nicht vom Staat diskriminiert. Die Ablehnung des Staates Israel richtet sich gegen die Ziele des Zionismus, nicht aber gegen die Juden als Glaubensgemeinschaft. Während es bei den anderen Volksgemeinschaften, besonders bei den Nomaden, immer noch einen hohen Prozentsatz von Menschen gibt, die weder lesen noch schreiben können, sind die Juden die einzige Minderheit, die so gut wie kein Analphabetentum mehr kennt.

Die Nomadenstämme und ihre Lebensweise

Das Phänomen des Nomadentums ist aus den industrialisierten Staaten Europas völlig verschwunden. In den Ländern des Vorderen und Mittleren Orients sind jedoch die wandernden Volksgruppen, bedingt durch geographisch-klimatische und wirtschaftliche Zwänge, noch immer Teil der Gesellschaft. Bei ihren Wanderungen durchquerten sie in früheren Zeiten häufig unterschiedliche Staaten, ohne die politischen Grenzen dazwischen wahrzunehmen. In der Gegenwart jedoch wurden ihre Wanderrouten durch die aktuellen politischen Gegebenheiten stärker eingeschränkt. So ist es beispielsweise den arabischen Nomadenstämmen heute nicht mehr möglich, die iraqische Grenze nach Mesopotamien zu überschreiten.

In Iran gibt es heute noch über 500 selbständige kleinere Nomadenstämme und knapp 100 größere Stammesgemeinschaften. Jeder Stammesverband ist streng hierarchisch nach einer einheitlichen Grundstruktur aufgebaut: Er untergliedert sich in mehrere Teilstämme *(tayefeh)*, jedem Teilstamm sind einzelne Gruppen *(tireh)* und diesen wieder Familien *(famil)* untergeordnet; die kleinste Einheit bilden die Haushalte. Die nomadische Gesellschaft folgt einem patriarchalisch orientierten System, in dem die ältesten Männer die Führung übernehmen, Entscheidungen treffen und Streitigkeiten schlichten. Ihre Genealogie definieren sie über die väterliche Linie.

Trotzdem sind ihre Frauen, die sowohl für die Belange und Bedürfnisse der Familien als auch für die Herstellung der verschiedenen handwerklichen Erzeugnisse verantwortlich sind, hoch geachtet und sehr selbständig. Sie verkaufen selbst ihre Produkte, Teppiche, Kelims und Webarbeiten, Lederwaren und Silberschmuck, auf dem

Nomadenfrauen beim Brotbacken

Markt. All diese Artikel, besonders Teppiche und Kelims, werden von den Frauen in den Wintermonaten hergestellt. Während der Handel mit den handwerklichen Erzeugnissen meistenteils über die örtlichen Bazare abgewickelt wird, verkauft man landwirtschaftliche Güter, gesammelte Früchte und Nüsse, Fische, die Felle gejagter Tiere oder Erträge aus der Viehhaltung wie Milchprodukte und Wolle innerhalb der Stämme und Verbände. Dieser interne Handel ist, wie auch die Betreuung der Herden und die Jagd, ausschließlich Sache der Männer. Hier verhandeln nur die Familien- oder Stammesoberhäupter miteinander. Auch der Verkauf von Fleischtieren auf den Viehmärkten, die in den Orten und Städten entlang der nomadischen Wanderwege häufig saisonal während der Wanderzeiten abgehalten werden, ist eine ausschließliche Domäne der Männer.

In der Art und Weise des Wanderns unterscheidet man zwischen Flächen- und Bergnomadismus. Die Wanderbewegung beim Flächennomadismus ist horizontal, d. h. zwischen Nord und Süd oder West und Ost. In Iran gibt es dieses Wanderverhalten nur noch bei den Turkmenen zwischen Khorasan und der Turkmenensteppe und bei den arabischen Stämmen in Khuzistan. Beim Bergnomadismus, der, bedingt durch die Geographie des Landes, in Iran vorherrschend ist, verläuft die Bewegungsrichtung vertikal, d. h. zwischen den Bergen und Tälern. Die Nomaden pendeln ungefähr im Halbjahresrhythmus zwischen ihren Sommerquartieren im Gebirge, in denen ihr Vieh auch bei größter Trockenheit noch Nahrung findet, und den in den Tälern gelegenen Winterquartieren, die schneefrei sind und dem Vieh auch im Winter Nahrung bieten. Während die Weidegebiete im Bergland seit alters her den Stämmen gehören und von niemandem sonst beansprucht werden, kommt es auf den Winterweiden, die ebenso von den seßhaften Bauern genutzt werden, immer wieder zu Streitigkeiten zwischen den Dorfbewohnern und den Nomaden.

Im März jeden Jahres beginnt die zum Sommerquartier führende Frühjahrswanderung, die etwa bis Anfang Mai dauert. Auf der Sommerweide *(yeylaq)* leben die Nomaden zwischen Mai und Anfang September, dann machen sie sich auf zum Winterquartier. Die Herbstwanderung zieht sich bis in den November hinein, der Aufenthalt im Winterquartier *(qeshlaq)* währt von November bis März. Insgesamt sind die meisten Stammesverbände zwei bis drei Monate unterwegs, und ihre Wanderroute kann bis zu 300 km lang sein. Tagesziel ist immer die nächste Wasserstelle; je nach Schwierigkeit des Territoriums legen sie bis zu 15 km zurück. Gelegentlich gibt es Ruhepausen von zwei bis drei Tagen.

Oft machen sich mehrere, meist blutsverwandte Gruppen und Familien gemeinsam auf den Weg. Die Wanderungen verlaufen streng organisiert und im Rahmen einer festgelegten Ordnung. Dies ist notwendig, weil häufig mehrere Verbände gleichzeitig oder kurz hintereinander dieselben traditionellen Routen benutzen. Der gesamte Hausrat, einschließlich der benötigten kleinen und großen Zelte, wird verpackt und Eseln, Maultieren, Pferden oder Kamelen aufgeladen. Der Viehbestand aller Familien wird in einer großen Herde zusammengefaßt, Jungtiere, die noch nicht so gut auseinanderzuhalten sind, werden markiert, damit die Zugehörigkeit kenntlich bleibt. Auf der Wanderschaft leben die Nomaden nachts und während der kurzen Ruhepausen in kleinen, einräumigen Zelten, die leicht auf- und abzubauen sind. Im Sommer- und Winterweidegebiet werden, neben mittlerweile festen Häusern, heute immer noch die traditionellen großen Familienzelte aus schwarzem Ziegenhaar aufgeschlagen, die in mehrere Räume untergliedert sind.

Halbnomaden und Halbseßhafte befinden sich im Übergangsstadium zur Seßhaftigkeit. Bedingt durch die teils freiwillige, teils erzwungene Seßhaftwerdung existieren die unterschiedlichsten Zwischenstadien des Nomadentums. So wandert bei einigen halbnomadischen Stämmen ein Großteil der Gemeinschaft mit den Herden, während einige wenige Mitglieder der Gruppe im Sommer- beziehungsweise Winterquartier zurückbleiben, Getreide anbauen und die Ernte einbringen. Die andere Variante des Halbnomadentums besteht darin, daß der Hauptteil des Verbandes seßhaft ist und Getreideanbau betreibt und nur wenige, speziell zur Viehzucht eingeteilte Familienmitglieder mit den Herden ziehen. Während in einer Stammesgemeinschaft jede Familie ihren eigenen Viehbestand besitzt, ist das Land, auf dem der Stamm Landwirtschaft betreibt und sein Vieh weidet, Allgemeineigentum.

Die Lebensweise der Nomaden ist in fast allen Lebensbereichen unterschiedlich zu der der städtischen oder seßhaften ländlichen Bevölkerung, die in ein festgefügtes Sozialsystem eingebunden ist. Daraus resultiert auch eine oft lockerere und beweglichere Handhabung von sozialen und religiösen Regeln. Am deutlichsten wird dies sichtbar bei den Nomadenfrauen mit ihrem selbstbewußten Auftreten und ihrer farbenfrohen, phantasievollen Kleidung. Während den Frauen der seßhaften Bevölkerung auf dem Land und in vielen Städten auch heute noch ein auf Familie und Haushalt begrenzter Aufgabenbereich zugewiesen wird, sind die Nomadenfrauen in allen Bereichen des Lebens präsent und tragen häufig große Verantwortung. Ihren verschiedenartigen Arbeitsgebieten, die ein großes Maß an Beweglichkeit erfordern, ist auch ihre Kleidung angepaßt. Den sonst üblichen Chador, der oft schwierig geschlossen zu halten ist, wird man bei Nomadenfrauen vergeblich suchen, denn es ist leicht vorstellbar, wie unpraktisch sich dieses Kleidungsstück beim Reiten oder beim Arbeiten im Handwerk und mit dem Vieh erweist. Zwar trägt jede Frau eine Kopfbedeckung, die große Teile des Haares verhüllt, doch ein solches Tuch oder auch hutartiges Gebilde bedeckt nur äußerst selten das ganze Haar. Auch in der Handhabung der religiösen Rituale und Verrichtungen sind die Nomaden weniger streng. Dies liegt jedoch nicht an mangelnder Frömmigkeit, sondern vielmehr an ihrem Lebensrhythmus, der weit mehr von den Abläufen und Notwendigkeiten der Natur bestimmt wird als bei der seßhaften Bevölkerung.

Architektonische Besonderheiten in den Wüstenrandzonen

Das heiße und trockene Klima der Regionen am Rand der großen Wüsten im iranischen Hochland stellte seit alters her an die Trinkwasserversorgung und die Bewässerung in der Landwirtschaft hohe Anforderungen. So entwickelten sich hier über Jahrtausende hinweg Techniken, die keiner komplizierten Hilfsmittel bedürfen, aber dennoch hoch effizient arbeiten.

Zu diesen technischen Errungenschaften gehört das auf das 1. Jt. v. Chr. zurückgehende Bewässerungssystem der **Qanate.** Das Wort *qanat* stammt aus dem Arabischen und bezeichnet eine spezielle Form unterirdischer Wasserkanäle, die das in den Bergen des Hochlands reichlich vorhandene Grund- und Quellwasser auffangen und, den natürlichen Geländeabfall nutzend, in die wasserarmen Städte und Dörfer der Hochebene leiten. In den Gemeinden wird das Wasser in Reservoiren gesammelt und sowohl als Trinkwasser als auch zur Bewässerung der Felder und Obstgärten verwendet. Da die Zufuhrkanäle unterirdisch verlaufen, kann das Wasser auf seinem Weg in die Auffangbecken nur in ganz geringem Umfang verdunsten. Durchschnittlich liefern die Qanate bis zu 16 l Wasser pro Sekunde.

Anlage eines Qanats. Die ausgehobene Erde wird über die Schächte nach oben transportiert und rund um die Schachtöffnungen angehäuft. Oberirdisch läßt sich so der Verlauf der Qanate an den Erdhügeln verfolgen

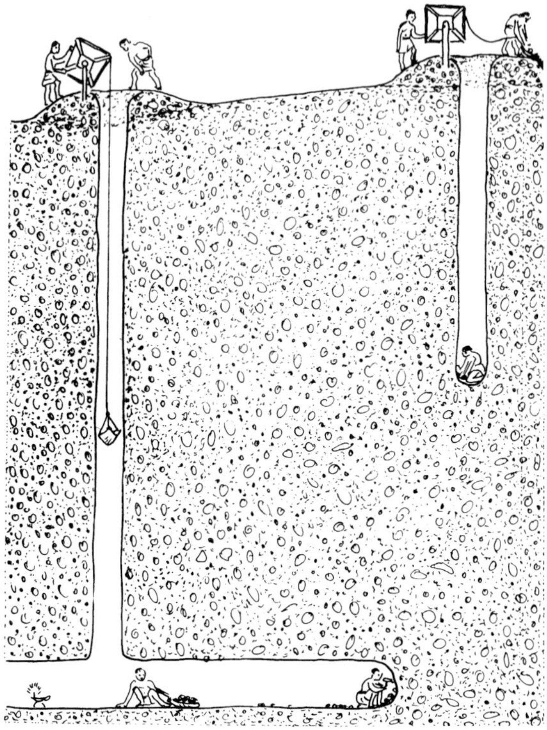

Die Kanäle liegen tief unter der Oberfläche, haben ca. 1 m Breite und höchstens 1,80 m Höhe, so daß ein Mann aufrecht darin stehen kann. Ihre Länge beträgt im allgemeinen um 15 km, gelegentlich können sie aber auch über 70 km lang sein, wie diejenigen nach Yazd und Kerman. Alle Qanate Irans zusammengenommen haben eine geschätzte Gesamtlänge von 125 000 km.

Beim Bau der Qanate werden zunächst im Abstand von etwa 50 m Schächte angelegt, von denen aus der Kanal gegraben wird. Die anfallende Erde schüttet man rings um die Schachtöffnungen auf, die wie riesige Maulwurfshügel den Verlauf der Qanate an der Oberfläche markieren. Nachdem der Bau abgeschlossen ist, sorgen die Einstiegsschächte einmal für die Belüftung, zum anderen gewährleisten sie weiterhin Zugang zu den Tunneln. Um die Kanäle funktionstüchtig zu halten, müssen sie ständig ausgebessert und gepflegt werden. Dazu gehört auch die regelmäßige Entfernung des sich in den Wasserrinnen absetzenden Schlamms und die Behebung von Erdbebenschäden. Bei sorgfältiger Pflege können Qanate 100 Jahre halten, bis sie nicht mehr zu benutzen sind.

Zur Zeit der Urartäer (1000–800 v. Chr.) wurden die ersten Qanate in Azarbaidjan gebaut. Danach übernahmen zunächst die

Assyrer in Nordmesopotamien, dann die Achämeniden in Hamadan und in der Fars diese Technik der Wasserversorgung. Aus achämenidischer Zeit stammen auch die ersten schriftlichen Belege über den Bau solcher Kanäle. Von den Persern wurde die Erfindung der Qanate ins Indus-Tal und nach Ägypten weitergegeben und später auch von den Chinesen und den Arabern, von der Arabischen Halbinsel bis hin nach Marokko, übernommen. Bis zum Zweiten Weltkrieg sicherten etwa 35 000 Qanate in Iran nahezu die gesamte Wasserversorgung der Wüstenstädte, aber auch Teherans. Heute wird die Zahl der intakten Qanatsysteme in den Trockenregionen des Landes auf 20 000 geschätzt.

Während die Qanate eine spezifisch persische Erfindung darstellen, gab es Wasserreservoire und **Zisternen,** die sich aus Gruben zur Sammlung von Regenwasser entwickelten, nicht nur in Iran, sondern auch in Mesopotamien, Syrien, Ägypten, Griechenland und Rom. Allgemein dienten sie als Sammelbecken für Trinkwasser, als Speicher für Trockenzeiten oder als Reserven bei Belagerungen von Städten oder Burgen. Wenn auch der Bedarf an Anlagen dieser Art in der modernen Zeit durch den Ausbau des Wasserleitungsnetzes geringer geworden ist, findet man noch heute in Iran gelegentlich funktionstüchtige Zisternen. Während das im 10. Jh. zu buyidischer Zeit in Istakhr (Fars) errichtete Reservoir, eines der ältesten erhaltenen, nicht mehr in Betrieb ist, werden in einigen Wüstenstädten Zisternen aus dem 16. und 17. Jh. noch immer benutzt. Große, öffentliche Anlagen gab es sowohl in Dörfern und Städten, entweder in den Bazaren oder bei den Moscheen, als auch außerhalb entlang der Karawanenstraßen und in Karawansaraien. Private Zisternen lagen innerhalb von Häusern, Gehöften und Burgen. Die meisten Reservoire werden mit Wasser gespeist, das die Qanate zuleiten.

Im Unterschied zu den primitiven offenen Gruben zum Auffangen von Regenwasser sind die unterirdisch angelegten und mit einem Gebäude aus massiven Mauern umgebenen Sammelbecken der Zisternen so gebaut, daß das Wasser nicht versickern kann, kühl gehalten wird und nicht verdunstet. Um das stehende Wasser vor dem Verfaulen zu bewahren, werden zusätzlich Salzsteine in die Becken gelegt. Seit der islamischen Zeit tragen die Bauten über den Wasserbehältern Kuppeln. Zu den tief unter der Erde liegenden Sammelbecken führt eine steile, lange Treppe, die man durch ein gelegentlich verziertes Portal betritt. Bedingt durch die Länge der Treppe liegt das Einstiegsportal meist relativ weit entfernt von der Kuppel über dem Wasserbecken. Häufig stehen rund um die Kuppel zwei bis sechs Windtürme, je nach Größe des Reservoirs, die frische Luft über das unterirdische Becken leiten und damit das Wasser frisch halten.

Badgir über der Münzwerkstatt am Gandj Ali Khan-Platz in Kerman

Die **Windtürme,** persisch *badgir* = Windfänger, entstanden in den Städten rund um die beiden großen inneriranischen Wüsten. Heute noch wird das historische Stadtbild von Yazd, Kerman, Kashan, Tabas und Qom von den die Dächer überragenden Windtürmen geprägt. Auch in den Küstengebieten am Persischen Golf und am Meer von Oman, sogar in Oman selbst, wurden sie wegen des feucht-heißen Klimas übernommen. In vielen Gebieten hat jedoch mittlerweile die moderne Technik diese traditionellen Klimaanlagen, die zuverlässig und ohne Strom funktionieren, verdrängt.

Die Funktionsweise der Badgirs ist denkbar einfach. Die im oberen Bereich der Türme angebrachten senkrechten Luftschlitze oder zahlreichen schmalen Öffnungen fangen auch an heißen Tagen den leisesten Windhauch ein. Durch das in mehrere Schächte aufgeteilte Turminnere wird die Luft, die sich auf ihrem Weg nach unten abkühlt, in die darunterliegenden Räume geleitet. Häufig liegt direkt unterhalb des Turmschachts ein flaches Wasserbassin, das die von oben kommende Luft zusätzlich anfeuchtet. Die aus Stampflehm, Lehmziegeln oder Backsteinen gebauten Badgirs sind in der Regel zwischen 2 m und 5 m hoch. Im Mauerwerk höherer Türme stecken häufig waagerecht an allen Seiten und über die gesamte Oberfläche verteilt Holzstäbe, die der Stabilisierung dienen. Bedingt durch ihre Funktionsweise stehen die Badgirs direkt auf den flachen Dächern der Häuser; bei Zisternenanlagen ragen sie neben der Kuppel, die über den unterirdischen Wasserbecken liegt, direkt aus dem Boden.

Die Religionen Irans – gestern und heute

Die Kopplung von Staat und Religion hat in Iran eine jahrtausendealte Tradition. Bereits der erste sasanidische Herrscher, Ardashir I. (224–241 n. Chr.), gab in seinem Testament seinem Sohn Shapur mit, daß die Religion die Grundlage der Herrschaft und diese umgekehrt die Hüterin der Religion sei. Von seiten der Mächtigen wurde seit der Antike die Gläubigkeit der Menschen gefördert und durch die Bindung des Reiches an die Religion gefestigt.

Die Religion Zarathustras

Die einzige Glaubensrichtung, die seit den Achämeniden bis heute in Iran praktiziert wird, ist die Religion Zarathustras. Die Bezeichnung Zoroastrismus und der Name der Glaubensanhänger, der Zoroastrier, leitet sich von den Griechen her, die Zarathustra, den Begründer des Glaubens, Zoroaster nannten. Gelegentlich werden die Gläubigen auch Parsen genannt, nach der Provinz Pars/Fars, von der aus sich diese Religion über das ganze Land ausbreitete. Aus dem Namen der zentralen Gottheit dieser Lehre, Ahura Mazda, ist die Benennung Mazdaismus entstanden.

Das heilige Buch der Zoroastrier ist das Avesta. Dieses Buch ist heute nur noch in Teilen erhalten, drei Viertel seiner Texte gingen bei

Farbig rekonstruierte Darstellung des Gottes Ahura Mazda nach einem Relief von Persepolis

den Eroberungszügen der Griechen und Araber sowie dem Mongolensturm verloren. Das Original enthielt u. a. die Gathas, die wortgetreu niedergelegten Weisheiten des Propheten Zarathustra, ein anderer Teil beschreibt das altiranische Götterpantheon, berichtet über Götterlegenden und die Schöpfung. Der Sasanidenkönig Shapur II. (309–379) ließ die Gesetze und rituellen Regeln des Glaubens in einer Neubearbeitung zusammenstellen.

Grundlage der zoroastrischen Religion ist der altiranische Glaube an ein Götterpantheon, dem als oberster Gott Mithras vorstand und dem sowohl Ahura Mazda als auch die Göttin Anahita angehörten. Durch die Lehre Zarathustras wurde nun Ahura Mazda zum alleinigen Gott, dem allwissenden Schöpfer und dem Herrn der Weisheit. Grundprinzip des Glaubens ist der ewige Gegensatz von Gut und Böse, von Licht und Finsternis. Ahura Mazda verkörpert das Gute und das Licht, sein Gegenpol des Bösen und der Finsternis ist Ahriman. Der Mensch selbst kann sich in seinem Leben zwischen Gut und Böse entscheiden; wählt er den Weg des Guten, kommt er nach seinem Tod ins Paradies, wählt er das Böse, droht ihm die Hölle.Von daher ist einer der wichtigsten Glaubensmaxime der Zoroastrier die »Reinheit des Sagens, Handelns und Denkens«.

Feuer, Erde, Wasser und Luft werden im Zoroastrismus als heilig angesehen und müssen vor Verunreinigung geschützt werden. Dabei kommt dem Feuer als Symbol des Guten, des Lichts und der Reinheit eine besondere Funktion zu. Nicht von ungefähr nannte man die Zoroastrier auch Feueranbeter, denn der Feuerkult nahm seit der Zeit der Achämeniden eine immens wichtige Stellung ein. In den Tempeln brennt das ewige Feuer; es muß ständig unterhalten werden und darf nicht verlöschen. Die kultischen Handlungen, die mit der Unterhaltung des Feuers in Verbindung stehen, dürfen ausschließlich von allein dafür zuständigen Priestern ausgeführt werden.

Auf die Pflicht, die vier heiligen Elemente rein zu erhalten, ist auch der Totenkult der Zoroastrier zurückzuführen. Leichen sind grundsätzlich unrein und dürfen deshalb nicht in Erde und Wasser bestattet oder im Feuer verbrannt werden. Aus vorislamischer Zeit ist bekannt, daß in jedem Fall der König, möglicherweise jedoch auch andere hohe Würdenträger, in Steinsarkophagen beigesetzt wurden. Die Sarkophage verbrachte man in Grüfte, die an hoch gelegenen Plätzen aus dem Fels geschlagen und mit reich geschmückten Fassaden an der Außenseite versehen wurden. Ab der islamischen Zeit setzte man die Leichen, nach einer umfangreichen kultischen Behandlung, auf den weit außerhalb der Stadt gelegenen Türmen des Schweigens den Geiern aus, die das ganze Fleisch von den Knochen abnagten. Die sauberen Gebeine wurden schließlich wieder eingesammelt, mit Wachs behandelt und in kleine, in den Fels eingesenkte Höhlungen *(studan)* gelegt. Diese Form der Bestattung wurde in Iran bis in die Gegenwart hinein gehandhabt. Erst 1970 sprach der letzte Shah aus hygienischen Gründen ein Verbot dagegen aus, angeblich weil die Geier Leichenteile über den angrenzenden Städten fallen ließen. Seit dieser Zeit müssen die Zoroastrier ihre Toten, wie alle anderen Religionsgemeinschaften in Iran, auf Friedhöfen in der Erde beisetzen. Um der fruchtbaren Erde einen gewissen Schutz angedeihen zu lassen, werden die Toten jedoch in Betonsärgen bestattet.

Mithraskult

Die Bedeutung des Namens Mithras (neupersisch Mehr) läßt sich mit Vertrag, Respekt übersetzen. Mithras war als Gott des Lichts und

Taq-e Bostan, Felsrelief mit der Investitur Ardashirs II. Hinter dem König, der den Ring der Macht von Ahura Mazda entgegennimmt, steht der Gott Mithras mit Strahlenkrone und Barsombündel

der Sonne der höchste Gott des altiranischen Pantheons und galt als Schirmherr der Verträge, Eide und der Wahrheit. Ebenso fungierte er als Schutzgottheit der Krieger, half ihnen, auf Erden immer Gerechtigkeit und Wahrheit zu üben, und geleitete sie nach dem Tod in die Gefilde der Seligen. Nach der zoroastrischen Legende unterstützte er Ahura Mazda in seinem Kampf gegen das Böse. Als Verfechter des Guten besiegte er ebenso den Urstier, aus dessen Tod neues Leben entstand. Deshalb war Mithras auch für den Regen, das Pflanzenwachstum und die Fruchtbarkeit zuständig. Der Legende nach wurde Mithras am 25. Dezember in einer Grotte aus dem Fels geboren, daher waren Grotten, Höhlen, Felsen und Flüsse heilig.

Nachzuweisen ist der Mithraskult seit der Zeit der Achämeniden. Vom achämenidischen Weltreich aus verbreitete er sich über den gesamten Vorderen Orient bis Griechenland und Indien. Mit den Römern kam er als Soldatengott nach Mittel- und Westeuropa und wurde 307 n. Chr. zum obersten römischen Reichsgott erhoben.

Die Heiligtümer des Mithraskults waren immer in Felsgrotten oder Katakomben untergebracht. Nachdem im Verlauf des 4. Jh. das Christentum im Römischen Reich als Staatsreligion eingeführt worden war, errichtete man vielerorts in den eroberten Gebieten die ersten Kirchen über den unterirdisch gelegenen Mithrasheiligtümern. Während in allen römisch beeinflußten Ländern bis weit nach Nord- und Westeuropa hinein noch Architekturreste zahlreicher Mithräen vorhanden sind, blieb in Iran nicht eine einzige Ruine erhalten, die ohne letzte Zweifel mit dem Mithraskult in Verbindung gebracht werden kann.

Anahitakult

Die Göttin Anahita (neupersisch Nahid), die einzige weibliche Gottheit des altiranischen Pantheons, ist die Herrin der Herden und Höfe, Göttin der Fruchtbarkeit, des Wassers und der Pflanzen. Nachdem der achämenidische König Xerxes I. (486–465 v. Chr.) die Verehrung der babylonischen Gottheiten zugunsten der iranischen aufgehoben hatte, übertrug sich der Aspekt als Liebesgöttin von der mesopotamischen Ishtar, Göttin der Liebe und des Krieges, auf Anahita. Daß Anahita auch als Heldin und Kriegsgöttin verehrt wurde, mag ebenso auf den Einfluß der kriegerischen Ishtar zurückzuführen sein. Beschrieben wird sie als ein schönes, kräftiges Mädchen. Anahitatempel sind aus parthischer Zeit in Kangavar (Kermanshahan), aus sasanidischer Zeit in Bishapur und Istakhr erhalten, und auf sasanidischen Felsreliefs finden sich Bilder der Göttin. Möglicherweise als Nachleben Anahitas bis in die Gegenwart hinein ist die Benennung einer Reihe von sasanidischen Denkmälern anzusehen, die in ihrem Namen das Wort Mädchen (neupersisch *dokhtar*) tragen, so z. B. Pol-e Dokhtar, die Mädchenbrücke in Luristan, oder Qaleh Dokhtar, die Mädchenburg von Firuzabad.

Der Islam

Das Wort *islam* in der wörtlichen Übersetzung bedeutet Hingabe zu Gott, Ergebung in seinen Willen. Der Gläubige nennt sich selbst *muslim,* der Mensch, der sich (Gott) hingibt. Demgegenüber ist die Bezeichnung Mohammadaner nicht nur sachlich unpräzise, sondern wird von einem Muslim sogar als abwertend empfunden, da nicht der Prophet Mohammad im Mittelpunkt der Verehrung steht, sondern nur Gott – Allah – allein.

Alle religiösen Regeln, die das tägliche Leben betreffen und die in der nichtislamischen Welt häufig als lästige, zwangsweise auferlegte Einschränkung eingestuft werden, empfinden die Muslime weder als negativ noch als Begrenzung der Persönlichkeit. Für sie ist ein religiös geprägtes Leben harmonisch und ausgeglichen, weil es die materielle und die spirituelle Welt miteinander verbindet. Die materielle Welt wird als Realität wahrgenommen, die Teil des göttlichen Konzepts und der Schöpfung ist. Das Leben zu genießen, ist eine Form des Weges zu Gott. Diese Grundhaltung ermöglicht es den Menschen, die Religion und ihre Regeln völlig unverkrampft in das Leben einzubeziehen. Von daher wird es verständlich, daß Muslime keine Trennung zwischen profan und sakral, weltlich und göttlich, zwischen Staat und Religion ziehen. Der christliche Grundsatz »Gebt dem Kaiser, was des Kaisers ist, und Gott, was Gottes ist« oder auch »Mein Reich ist nicht von dieser Welt«, wie Jesus ihn postuliert hat, gilt nicht für den islamischen Staat, in dem seit Mohammad die Vereinigung von Staat und Religion historische Realität ist.

Geschichte im Überblick

Die Vorgeschichte (6000–1250 v. Chr.)

Von der Jungsteinzeit (Neolithikum, ca. 10 000 v. Chr.) bis zum Beginn der frühgeschichtlichen Zeit (um 1250 v. Chr.) lebten die Menschen im iranischen Hochland in schriftlosen, ackerbautreibenden Gesellschaften. Wichtigstes Merkmal dieser Kulturen ist, daß ihre Ansiedlungen zum einen weit voneinander entfernt lagen und zum anderen durch die umgebenden Bergmassive sehr abgeschottet waren. Im Südwesten Irans, im Tiefland von Khuzistan, bot die geographische Situation die Voraussetzungen für eine vollständig andere Entwicklung. Parallel zur sumerischen Hochkultur Südmesopotamiens entstand hier, in Elam, bereits ab Mitte des 4. Jt. eine Gesellschaft und ein Reich mit einer durchorganisierten Wirtschaft, mit weitreichenden Handelsbeziehungen und einer hochentwickelten Handwerks- und Baukunst. Der wichtigste Unterschied der ela-

Der Tepe von Susa mit seinen 27 Besiedlungsschichten vor dem Beginn der Grabungen im Jahr 1897. Gemälde von Jules-Georges Bondoux, 1905, Musée du Louvre

mischen Kultur zu den Agrarkulturen des Hochlands war die Entwicklung eines eigenen Schriftsystems, das Elam rund 2250 Jahre früher als das Hochland zu einer frühgeschichtlichen Kultur machte.

Der Abschnitt der prähistorischen Zeit, der für das Hochland von Iran interessant ist, wird in vier Hauptphasen unterteilt: In die Mittlere Steinzeit (Mesolithikum, ca. 40 000–10 000 v. Chr.), in die Jungsteinzeit (Neolithikum, 10 000–5500 v. Chr.), in die Kupferzeit (Chalkolithikum, 5500–3000 v. Chr.) und schließlich in die Bronzezeit (3000–1250 v. Chr.). Aus dem Mesolithikum wurden in den Randgebirgszonen des Hochlands, vornehmlich im Norden und Westen, zahlreiche vorgeschichtlich besiedelte Höhlen erforscht. Die Bewohner dieser Höhlen, die sie vor Kälte, Dunkelheit und wilden Tieren schützten, waren Jäger und Sammler, d. h. sie beschafften sich ihre Nahrung, indem sie tagsüber die Höhlen verließen, um kleinere Säugetiere, Fische oder Vögel zu jagen und Früchte oder Pflanzen zu sammeln.

Gegen 10 000 v. Chr. waren die Gemeinschaften und Familien bereits so groß geworden, daß die Lebensmittel, die durch Jagen und Sammeln beschafft werden konnten, nicht mehr ausreichten. Die Menschen waren daher gezwungen, ihre Nahrung selbst zu produzieren. Deshalb verließen sie ihre Höhlen und zogen in Gegenden, in denen sie Landwirtschaft betreiben konnten. Eine Voraussetzung für den Anbau von Nahrungspflanzen ist das Vorhandensein von Wasser. Daher suchten sie Siedlungsplätze in Bergtälern, in Ebenen am Rand der Gebirge, in Flußauen und an Quellen. Eine weitere Grundlage für das Betreiben von Landwirtschaft ist ein fester Standort, denn nach der Aussaat mußten die Menschen ihre Felder pflegen und vor der Zerstörung durch wilde Tiere schützen. Zur Fleischbeschaffung und als Ersatz für die Jagd begannen sie, Tiere zu domestizieren.

Da die ersten Familien und Sippen, die solche Siedlungsgemeinschaften gründeten, aus schützenden Höhlen in gebirgige Gegenden kamen, bauten sie, aus einem Sicherheitsbedürfnis heraus, ihre einfachen Behausungen aus Schilf und gestampftem Lehm auf höher gelegenem Gelände. Gelegentlich nutzten sie dafür natürliche Erhebungen in der Landschaft, oder sie legten selbst erhöhte Terrassen an, von denen aus sie die Ebene überblicken konnten und die ihnen Schutz boten.

Keramikbecher mit der Darstellung eines Steinbocks. Grabbeigabe aus der Nekropole von Susa, ca. 4000 v. Chr.

Die Menschen dieser Zeit waren vielerlei Gefahren ausgesetzt, zum einen den naturgegebenen, wie wilde Tiere, Erdbeben, Feuersbrünste und Seuchen, zum anderen gab es bereits kriegerische Auseinandersetzungen mit Nachbarsippen. So kam es häufig vor, daß eine Familie oder Sippe gänzlich ausgerottet wurde und ihre Siedlung durch Wind und Wetter zerfiel. Andere Gemeinschaften, die auf der Suche nach einem Siedlungsplatz das Land durchwanderten, übernahmen den Platz, weil das aus der Ebene ragende Baugelände und die Felder bereits vorbereitet waren. Auf den zerfallenen Bauten errichteten die neuen Siedler ihre eigenen Häuser, die im Lauf der Zeit ebenfalls wieder zerfielen oder zugunsten von Neubauten eingerissen wurden. Diese Vorgänge wiederholten sich immer wieder, und so entstanden über die Jahrhunderte hinweg an ein und demselben Siedlungsplatz künstliche Hügel aus mehreren übereinander gelagerten Schichten. In der großen prähistorischen Siedlung von Susa etwa wuchsen 27 Besiedlungsschichten an. Diese von Menschenhand geschaffenen Hügel ragen heute noch hoch aus den Ebenen heraus und sind weithin sichtbar. Man nennt sie in der persischen Sprache *tepe,* in Arabisch *tell* und in Türkisch *hüyük.*

Um etwas über das Leben dieser frühen Gemeinschaften zu erfahren, werden die Siedlungshügel von den Archäologen von oben her Schicht für Schicht ausgegraben, jede Schicht für sich sorgfältig untersucht und die Funde dokumentiert. Die wichtigsten Fundstellen aus prähistorischer Zeit sind Tepe Sialk, Zagheh, Cheshme Ali und Tepe Hissar auf dem Hochplateau, Hadji Firuz, Tepe Guran, Sarab, Tepe Giyan und Gandj Dareh Tepe im Westen entlang der

Zagros-Kette, Bakun bei Persepolis, Tepe Yahya, Shahr-e Sukhteh im Süden und schließlich Susa, Ali Kosh und Chogha Mish in Khuzistan.

Die Hochkultur des Reiches Elam (3000-620 v. Chr.)

Der Wechsel von einer schriftlosen zu einer Schriftkultur wird in den historischen Wissenschaften für alle geographischen Gebiete gleich definiert: Eine schriftlose Kultur wird der Vorgeschichte zugerechnet; die Zeit, in der eine Schrift entsteht, wird als Frühgeschichte bezeichnet. Während die Völker des iranischen Hochlands bis zum frühen 1. Jt. v. Chr. keine eigene Schrift schufen, traten die Menschen Elams, in Khuzistan, schon in der zweiten Hälfte des 4. Jt. v. Chr. in die Frühgeschichte ein und entwickelten, parallel zum benachbarten Mesopotamien, ein eigenes Schriftsystem und eine Hochkultur.

Das Reich Elam hat man bis vor kurzem als eine kulturhistorische Einheit angesehen und ausschließlich mit der Landschaft von Khuzistan verbunden. Durch mehrere Grabungen wurde jedoch bewiesen, daß sich zum einen die kulturelle und politische Geschichte Elams in mehreren parallel verlaufenden Strängen entwickelte und daß sich zum anderen die elamische Kultur nicht auf Khuzistan beschränkte, sondern auch auf weite Teile des iranischen Hochlands östlich und südöstlich von Khuzistan erstreckte. Neben diesen Gebieten, dem antiken Anshan und der Persis (Fars), war jedoch das Zentrum Elams immer die Tiefebene von Khuzistan, d. h. das Gebiet um Susa, Susiana genannt, das in unmittelbarer Nachbarschaft zu Sumer und Babylonien lag.

Durch die ganzjährig wasserführenden Flüsse Karun, Marun (Djarahi), Karkheh und Dez, die sich aus den nördlich und östlich gelegenen Gebirgen in die Ebene ergossen, gab es in der Susiana immer ausreichend Wasser, um einen effektiven Bewässerungsanbau betreiben zu können. Dank dieser günstigen Voraussetzungen entstanden hier die ersten größeren städtischen Ansiedlungen, u. a. Susa und Chogha Mish. Zu den hervorragenden Erzeugnissen dieser Zeit gehört eine außerordentlich qualitätvolle und technisch hochentwickelte bemalte Keramik, die alles übertrifft, was in gleichzeitigen und benachbarten Kulturen gefunden wurde. Das typischste Element ihrer Bemalung ist ein Steinbock mit langem, über den ganzen Rücken des Tieres gebogenem Gehörn.

In Khuzistan selbst gab es so gut wie keine Rohstoffe und Bodenschätze. Im Gegensatz zu den Sumerern und Babyloniern hatten die Menschen in Elam jedoch die Möglichkeit, aus dem nahen, rohstoffreichen Hochland Metallerze, Stein und Holz zu beziehen. So entstanden quer durch das gesamte Hochland Handelswege, die bis zu den Specksteinlagerstätten in Süd- und Südostiran und den Lapislazuliminen in Nordafghanistan führten. Die importierten Rohstoffe wurden in Elam verarbeitet, und es entwickelten sich handwerkliche

Produktionsstätten, deren Erzeugnisse weiter an die sumerischen Städte geliefert wurden. Zahlreiche reliefierte Specksteingefäße, die in Mesopotamien gefunden wurden, belegen die Importe von Speckstein (Steatit) aus Süd- und Südostiran und den Export der bearbeiteten Produkte nach Sumer.

Bereits gegen Ende des 4. Jt. und zu Beginn des 3. Jt. florierten Produktion und Handel so weitgehend, daß aus einer Ackerbau betreibenden Gesellschaft eine echte städtische Zivilisation werden konnte. Die frühe Stadtkultur Elams wird als **protoelamische Periode** bezeichnet, die bis ca. 2600 v. Chr. andauerte. Mit der ständig wachsenden Anzahl stark bevölkerter Siedlungen sowie der steigenden Produktion und dem Export landwirtschaftlicher und handwerklicher Erzeugnisse entstand ein kompliziertes Wirtschaftssystem, das es zu organisieren galt – eine Aufgabe, die innerhalb der städtischen Gemeinden nur mit Hilfe von Aufzeichnungen bewerkstelligt werden konnte. So war der Boden für die Entstehung einer Schrift bereitet.

Unter anderem beeinflußt durch den ständigen Kontakt mit Sumer, das bereits ein eigenes Schriftsystem entwickelt hatte, wurde zunächst eine Bilderschrift geschaffen. Diese setzte sich aus Zahlsymbolen und Wortzeichen zusammen, die Abbilder von Tieren und Gerätschaften waren. Geschrieben wurde, indem man mit einem zugespitzten Hölzchen die Bildworte in abgeflachte, feuchte Tonklumpen ritzte und die Zahlstriche oder -punkte tief eindrückte. Auf diese Weise konnte man Lieferscheine, Quittungen, Rechnungen und Bestellungen anfertigen, d. h. alle Dokumente, die in einem entwickelten Wirtschaftssystem zur Registration und Buchführung notwendig waren. Mitte des 3. Jt. wurden, aus der Notwendigkeit heraus, die Aufzeichnungen zu präzisieren, die Wortzeichen zu einer

Tontafel mit protoelamischer Schrift, die von rechts nach links gelesen wird. Der aus Zahlen und Bildzeichen bestehende Text ist eine Wirtschaftsurkunde, ca. 3100-2900 v. Chr. Paris, Louvre

Abrollung eines protoelamischen Rollsiegels mit zwei Steinböcken, die einen Baum auf einem Berg flankieren. Sowohl die Kreuze im Hintergrund als auch Berge und Bäume sind als Schriftzeichen zu deuten.
Ca. 3100–2900 v. Chr.
Paris, Louvre

Strichschrift vereinfacht. Die etwa 80 Zeichen dieser Strichschrift hatten Silbenwerte, mit denen man auch kompliziertere Sachverhalte ausdrücken konnte.

In der schriftlosen vorgeschichtlichen Zeit wurden Gegenstände wie z. B. die tönernen Verschlüsse von Vorratsgefäßen mit einfachen, geometrisch verzierten Stempeln gesiegelt, vermutlich um den Eigentümer zu kennzeichnen. Zusammen mit dem Aufkommen der Schrift und mit der Notwendigkeit, auf Ton niedergeschriebene Dokumente zu unterzeichnen, wurde das Stempelsiegel vom weitaus aussagekräftigeren Rollsiegel abgelöst. Ein Rollsiegel ist eine gleichmäßig konische, meist aus Stein, gelegentlich aus Holz oder gebranntem Ton hergestellte kleine, längliche Walze, in deren Außenfläche Bilder geschnitten und gebohrt waren. Rollte man diese Walze langsam über eine feuchte Tontafel, so übertrug sich die eingetiefte Darstellung in einem fortlaufenden Bilderband wie ein Relief auf die Oberfläche des Tons.

Während bei einem Stempelsiegel die Bildfläche begrenzt und in sich abgeschlossen war, konnten auf einer Rollsiegelabrollung, durch die nicht begrenzte Fläche, mehrere Themen dargestellt, ja sogar fortlaufende Geschichten erzählt werden. Teilweise trugen die Rollsiegel Motive aus dem täglichen Leben. So wurden Menschen gezeigt, wie sie fischten, jagten, ihre Äcker bestellten, ein Handwerk ausführten, Häuser und Tempel bauten oder Feste mit Musik und Tanz feierten; es gibt sogar Darstellungen von kriegerischen Auseinandersetzungen. Auch Szenen aus der Welt der Mythologie und des Kults, wie Götter und ihre Taten oder Dämonenkämpfe, Prozessionen vor Götterbildern oder Opferhandlungen, wurden abgebildet. Gelegentlich waren die Rollsiegelbilder auch mit Schriftzeichen versehen.

Protoelamische Tontafeln mit solchen Siegelabrollungen und in Elam hergestellte Rollsiegel wurden in großer Anzahl auch im iranischen Hochland, z. B. in Tepe Sialk, Giyan, Godin Tepe, Tepe Yahya, Shahr-e Sukhteh, Shahdad usw. gefunden. Dies ist ein weiterer Beleg für die weitreichenden Handelsbeziehungen der Elamier während dieser Zeit.

Die altelamische Zeit (2600–1900 v. Chr.)

Während der auf die protoelamische Zeit folgenden altelamischen Periode herrschten zwei aufeinanderfolgende Dynastien über das Land: von 2600–2100 v. Chr. die Dynastie von Awan und von 2100–1900 v. Chr. die der Shimashki. Zwischen 2300 und 2200 v. Chr. gaben die Elamier ihre Strichschrift zugunsten der mesopotamischen Keilschrift auf. Durch den Einfluß der komplexeren und höher entwickelten Keilschrift gewann die elamische Sprache an Präzision und Gewandtheit. Trotzdem wurden zu dieser Zeit in Elam nur selten geschichtliche Sachverhalte aufgezeichnet. Deshalb sind die Historiker nach wie vor auf mesopotamische Keilschriftquellen angewiesen, um die geschichtlichen Ereignisse Altelams zu rekonstruieren. So wissen wir, daß es während der gesamten altelamischen Zeit ständig zu kriegerischen Auseinandersetzungen zwischen den Völkern Mesopotamiens und Elam kam, bei denen allerdings meistenteils die Elamier unterlagen.

Auch wenn es den Elamiern um die Mitte des 3. Jt. v. Chr. gelang, die südmesopotamische Stadt Ur einzunehmen, bestimmten die mesopotamischen Herrscher über die folgenden 200 Jahre hinweg das Schicksal Elams. Die Könige von Akkad stießen bis weit in das elamische Gebirgsland vor, um die Rohstoffe, insbesondere die Silberminen im Gebiet von Anshan, ausbeuten zu können. Naramsin von Akkad (2259–2223 v. Chr.) schließlich schloß mit einem König der Awan-Dynastie einen Friedensvertrag, dessen elamisch abgefaßte Ausfertigung bei den Ausgrabungen in Susa gefunden wurde. Gegen 2000 v. Chr., unter der Herrschaft des starken Königs Puzur-(Kutik)-Inshushinak, wurde das gesamte Elam, d. h. Susa und Anshan, zeitweilig wieder unabhängig, bis Shulgi, König der III. Dynastie von Ur (2093–2046 v. Chr.), es erneut unterwarf. Um seinen Herrschaftsanspruch zu legitimieren, ließ Shulgi für den höchsten elamischen Gott, Inshushinak, in Susa einen Tempel bauen. Gegen Ende der altelamischen Periode erstarkten die Elamier wieder, nutzten den Niedergang der III. Dynastie von Ur, eroberten die Stadt Ur, plünderten sie und verschleppten sogar die Götterstatuen nach Elam.

Wenn auch die ständigen Kontakte mit Mesopotamien nicht ohne Auswirkungen auf die Kultur Elams blieben, so entwickelte sich trotzdem die elamische Mythologie und Kunst völlig eigenständig und beeinflußte ihrerseits während des gesamten 3. Jt. v. Chr. stark die künstlerischen Erzeugnisse weiter Teile Südirans. Ein wichtiges und immer wieder auftauchendes Element der altelamischen Kunst ist die Schlange. Bereits im 4. Jt. v. Chr. wurde sie auf Stempelflächen von Siegeln und Keramik dargestellt. Die ersten Schlangenbilder waren nicht auf den elamischen Bereich beschränkt; man fand sie sogar in Luristan. Im 3. Jt. v. Chr. stellten die Elamier Schlangen auf nahezu allen handwerklichen und künstlerischen Erzeugnissen dar, so z. B. auf Specksteingefäßen, Rollsiegeln und Rundplastiken. Die

Tatsache, daß die Region überreich an Schlangen ist, trug mit Sicherheit zu der vielfältigen Anbringung des Schlangenmotivs bei, vermutlich aber stand auch eine symbolische Bedeutung dahinter. Ob die Schlange, bedingt durch ihre physiologische Eigenart, sich mehrfach im Leben zu häuten, für die ständige Erneuerung allen Lebens stand, eine übelabwehrende Funktion hatte, oder, wie noch heute in Iran, das Sinnbild für Kraft und Stärke war, läßt sich nicht mehr ermitteln.

Wie wir aus den Texten wissen, wurden im Elam des 3. Jt. v. Chr. zahlreiche Gottheiten verehrt, von denen jede ihre eigene Zuständigkeit und Schutzfunktion besaß. Allein in dem Friedensvertrag, den Naramsin um 2250 v. Chr. mit den Elamiern schloß, wurden 37 elamische Götter angerufen. Anders als in der mesopotamischen Mythologie wurde in der elamischen Götterwelt den weiblichen Gottheiten eine wichtigere Rolle beigemessen als den männlichen. Im Verlauf des folgenden 2. Jt. v. Chr. jedoch fiel auch in Elam die dominierende Rolle den männlichen Göttern zu.

Die mittelelamische Zeit (1900–1100 v. Chr.)

In der mittelelamischen Zeit kann man bereits von einem elamischen Staat sprechen. Vom 19.–16. Jh. v. Chr. regierte die Dynastie der Epartiden, deren Könige den Titel ›König von Susa und Anshan‹ führten. Allein aus den Archiven von Susa sind aus dem 19. und 18. Jh. v. Chr. ca. 500 Keilschrifttafeln überliefert, die uns ein aufschlußreiches Bild der elamischen Gesellschaft und der geschichtlichen Ereignisse unter den Epartiden vermitteln. Außenpolitisch gingen die militärischen Auseinandersetzungen der Elamier mit den Reichen Mesopotamiens, insbesondere mit Babylonien, weiter. Unter der machtvollen Führung der Epartidenherrscher waren die Elamier jedoch weitaus stärker als in der vorangegangenen Zeit, und so gelang es König Kutir-Nakhunte in der Zeit nach 1711 v. Chr., etwa 30 babylonische Städte zu erobern. Erst als im Verlauf des 16. Jh. v. Chr. die Kassiten in Babylonien an die Macht kamen, änderten sich die Kräfteverhältnisse erneut. Die Epartiden verloren sowohl die Vormachtstellung in Mesopotamien als auch ihre Herrschaft über Elam an die Kassiten, die sogar die Hauptstadt Susa überrannten und dort die Führung an sich rissen.

Für die Zeit von 1500–1350 v. Chr. sind die politischen Verhältnisse Susas nur sehr ungenügend überliefert, so daß man für diese Phase durchaus von einer dunklen Periode Elams sprechen kann. Durch Ausgrabungen iranischer Archäologen während der 70er Jahre in dem etwa 20 km von Susa entfernten Haft Tepe kam ein wenig Licht in das Dunkel. Ihre Forschungen ergaben, daß sich hier um etwa 1500 v. Chr. ein regional begrenztes und von Susa unabhängiges Fürstentum gebildet hatte, an dessen Spitze der Fürst Tepti-Ahar stand und dessen Zentrum Haft Tepe war. Die Wissenschaftler fanden in dieser Stadt einen kleinen Stufentempel, ein weiteres Hei-

Statue der Königin Napir-Asu, der Gemahlin des Untash-Napirisha, aus Bronze und Kupfer, 13. Jh. v. Chr., gefunden auf der Akropolis von Susa. Der Kopf der Statue ist nicht mehr erhalten, trotzdem mißt sie noch 129 cm, war also ursprünglich fast lebensgroß, und wiegt 1,75 t. Auf den Rock ist eine Inschrift ziseliert, die den Namen der Königin nennt

ligtum mit Tempelarchiv und Verwaltungsgebäuden, Werkstätten, Palastgebäude und schließlich die königlichen Grabgrüfte.

Gegen Ende des 14. Jh. entstand in Susa, aus dem sich der Kassitenkönig Kurigalzu II. mittlerweile zurückgezogen hatte, eine neue elamische Dynastie, die Igihalkiden. Von ihrem dritten König (um 1300 v. Chr.) ist bekannt, daß er wieder in Susa residierte und sich in seinen Inschriften ebenfalls ›König von Susa und Anshan‹ nannte. Sein Nachfolger Untash-Napirisha errichtete seine neue Hauptstadt in Dur-Untash, dem heutigen Chogha Zanbil, 1500 m vom Fluß Dez entfernt. Dur-Untash war nicht nur die politische Zentrale Elams, sondern auch eine beeindruckende Kultstadt. Ihren Mittelpunkt bildete das Haupttheiligtum, eine mächtige Zikkurat, die von kleineren Tempeln und Palastgebäuden umgeben war. Untash-Napirisha ließ aber auch in Susa, der alten Hauptstadt, neue Gebäude errichten und dort u. a. ein Bronzestandbild seiner Gemahlin Napir-Asu aufstellen. Französische Archäologen, die Susa seit Ende des 19. Jh. ausgruben, fanden die Statue der Königin, bargen sie und brachten sie nach Paris, wo sie heute im Louvre zu sehen ist.

1231 v. Chr. drang einer der Nachfolger Untash-Napirishas, Kidin-Hutran, mit seinem Heer nach Babylonien vor, verwüstete dort mehrere Städte und stürzte den von den Assyrern eingesetzten Vasallenkönig Babyloniens. Dem Assyrerkönig Tukulti-Ninurta I. gelang es jedoch, die Elamier zurückzudrängen und, als Kidin-Hutran ein zweites Mal in Mesopotamien einfiel, sie schließlich vernichtend zu schlagen. Damit endete die Dynastie der Igihalkiden.

Gegen 1200 v. Chr. gründete Hallutush-Inshushinak eine neue Dynastie in Elam, die Shutrukiden, unter denen die Elamier wieder an Stärke gewannen. Shutruk-Nakhunte I., der Sohn und Nachfolger des Dynastiegründers, berichtete in seinen Siegesinschriften, daß er Mesopotamien erneut und sehr erfolgreich angegriffen habe. Er zerstörte und plünderte die mesopotamischen Städte und raubte als Kriegsbeute die Kunstwerke und Siegeszeichen Babyloniens, um sie – wie in einem Museum – in Susa im Garten des Inshushinak-Tempels neben älteren elamischen Denkmälern wieder aufzustellen. Einige Statuen und Stelen, freistehende beschriftete und reliefierte Steinmonumente, ließ er sogar zusätzlich mit einer eigenen Inschrift versehen. Zu seinen bedeutendsten Beutestücken zählte die Gesetzesstele Hammurabis von Babylon und die Siegesstele des Akkadkönigs Naramsin. Beide wurden von den französischen Ausgräbern in Susa gefunden und in den Louvre nach Paris gebracht.

Shutruk-Nakhunte I. war aber nicht nur ein erfolgreicher Heerführer, sondern auch ein großer Bauherr. So ließ er in seinem gesamten Machtbereich, vor allem aber in Susa, zahlreiche Gebäude errichten. In den Neubauten wurden Inschriften vermauert, die ihn als Bauherrn nennen und von seiner Größe berichten. Dem unterworfenen Babylonien wurden umfangreiche Tributzahlungen aufgebürdet und mit einem Vasallenkönig die elamische Fremdherrschaft aufgezwungen. Dagegen rebellierten die Babylonier immer wieder, und die Nachfolger Shutruk-Nakhuntes, Kutir-Nakhunte und der 30 Jahre lang als elamischer König regierende Shilhak-Inshushinak, mußten zahlreiche Feldzüge nach Mesopotamien unternehmen.

Nach dem Tod Shilhak-Inshushinaks um 1120 v. Chr. nannte sich sein Nachfolger nur noch ›König von Susa‹, was vermutlich bedeutet, daß er die Herrschaft über Anshan im Osten verloren hatte. Diesen Machtniedergang nutzte der babylonische König Nebukadnezar I., um Elam anzugreifen. Um 1100 v. Chr. gewann er die Schlacht am Ulai (dem heutigen Shaur), der direkt an Susa vorbeifließt, und zerstörte die Hauptstadt Susa. Der Sieg Nebukadnezars I. war so niederschmetternd, daß Elam für 300 Jahre, bis um 800 v. Chr. die neuelamische Periode beginnt, in Bedeutungslosigkeit versank: Während dieses Zeitraums wird Elam in keiner Inschrift mehr genannt.

Die neuelamische Zeit (um 800–620 v. Chr.)

Im letzten Viertel des 9. Jh. v. Chr. erwähnte der assyrische König Shamshi-Adad V. die Elamier erneut als seine Feinde. Zwischen 750 und 640 v. Chr. sprachen sowohl assyrische als auch elamische Quellen von einem neuen elamischen Staat in der Susiana. Dessen Herrscher gerieten sehr bald in die Auseinandersetzungen zwischen Assyrien und Babylonien. So zog 740 v. Chr. der elamische König Humban-Nikash mit Marduk-Apla-Idina von Babylonien als Verbündetem gegen Sargon II. von Assyrien ins Feld und besiegte ihn im Jahr 720 v. Chr. Sein Nachfolger Shutruk-Nakhunte II. (716–699 v. Chr.) vereinte alle elamischen Stämme von Susa und Anshan zu einem Reichsverband und konnte sich daher wieder König von Susa und Anshan nennen.

Die Konflikte mit Assyrien setzten sich, weit über die Regierungszeit Shutruk-Nakhuntes II. hinaus, mit wechselndem Erfolg fort. Im Jahr 663 v. Chr. riß der Usurpator Tepti-Humban-Inshushinak durch Mord an seinen Konkurrenten den elamischen Thron an sich. Die oppositionellen Adelsfamilien flohen vor seiner Gewaltherrschaft nach Assyrien. Der assyrische König Assurbanipal bezeichnete in seinen Inschriften Tepti-Humban-Inshushinak, der in assyrischen Texten Te-Umman genannt wurde, als seinen gefährlichsten Gegner. 659 v. Chr. schlug Assurbanipal das elamische Heer vernichtend am Ulai-Fluß; Te-Umman wurde erschlagen und sein Kopf dem assyrischen Herrscher als Zeichen des Triumphs übergeben (s. Abb. S. 85). Im Jahr 646 v. Chr. nahmen die Assyrer Susa ein, zerstörten die Hauptstadt und deportierten die überlebende elamische Bevölkerung nach Palästina – um 640 existierte das einst so mächtige und eigenständige elamische Reich nicht mehr. Die im Norden zu einem starken Machtfaktor gewordenen Meder, die das assyrische Weltreich 612 v. Chr. gemeinsam mit den Babyloniern zerschlugen, und die im Osten im Gebiet des ehemaligen Anshan herrschenden Perser übernahmen nun die entscheidenden Rollen auf der Bühne der Weltgeschichte.

Die Frühgeschichte im Hochland (1250–750 v. Chr.)

Während sich die Völker Elams, Mesopotamiens und Syriens bereits zu Beginn des 3. Jt. aus dem Dunkel der Vorgeschichte lösten, verharrten die Bewohner in weiten Teilen des iranischen Hochlands bis zum Anfang der Eisenzeit auf einem vorgeschichtlichen Entwicklungsstand. Die Frühgeschichte begann für die Völker, die im vergleichsweise isolierten Hochland lebten, erst um ca. 1250 v. Chr. mit der Herausbildung unterschiedlicher Kulturen; mit ausgezeichneten handwerklichen Errungenschaften, nach wie vor aber ohne eine eigene Schrift. Deshalb müssen die Wissenschaftler, die die Frühgeschichte des Hochlands erforschen, auf Berichte und Beschreibungen der Nachbarvölker, wie z. B. der Assyrer im Norden Mesopotamiens, zurückgreifen, um die historischen Ereignisse Irans für diesen Zeitraum nachzuzeichnen.

Die Protoiranier (1250–750 v. Chr.)

Aus den Quellen der Nachbarvölker ist bekannt, daß gegen 1250 v. Chr. aus dem Norden vom Kaspischen Meer her fremde Stämme, die Protoiranier, in das iranische Hochland einwanderten. Sie waren nomadisierende Reitervölker, die über ein Land hereinbrachen, in dem seßhafte Bauern in Dorfgemeinschaften zusammenlebten. Durch die unterschiedlichen Lebensformen von Eindringlingen und Einheimischen ging die Einwanderung allem Anschein nach nicht friedlich vor sich, sondern war geprägt von ständigen Konflikten. Gegen 900 v. Chr. ebbte die Welle der hereinströmenden Völkerstämme ab, und die Neuankömmlinge begannen sich im Hochland anzusiedeln. In den Chroniken des assyrischen Königs Salmanassar III. (859–824 v. Chr.) wird vom Volk der Parsua (Perser) berichtet, das sich südlich des Urmia-Sees niedergelassen hatte, und von den Madai (Medern), die in der Gegend von Ekbatana (Hamadan) heimisch geworden waren. Während die Meder in dieser Region blieben und Ekbatana später zur Hauptstadt ihres Königreichs machten, zogen die Perser in südöstlicher Richtung entlang des Zagros weiter. Zeitweilig lebten sie im Bakhtiari-Gebirge und siedelten sich endgültig in der Fars (Persis) an, von wo aus sie in der Folgezeit ihre Vormachtstellung über den gesamten Vorderen Orient ausdehnten.

Mit dem Eindringen der neuen Völkerstämme veränderten sich das gesamte soziale Leben und die religiösen Vorstellungen der Menschen im iranischen Hochland. Anhand der archäologischen Hinterlassenschaften läßt sich belegen, daß die neue Bevölkerung andere Sitten und Gebräuche und damit eine andere ethnische Herkunft hatte als die ursprünglichen Bewohner. Die Einwanderer übernahmen die vorhandenen Siedlungen, bauten sie aus und umgaben sie zusätzlich mit einer Befestigungsmauer. Ihre Toten setzten sie, im Gegensatz zu den Menschen, die vorher dort gelebt hatten, nicht unter dem Fußboden der Häuser bei, sondern auf Friedhöfen außerhalb ihrer Ansiedlungen. Die zahlreichen Gräber in diesen Nekropolen waren 1–2 m tief und mit einer Kalksteinplatte abgedeckt; unregelmäßige Bruchsteine verkleideten ihre Wände.

Die Gräber enthielten überaus reiche Beigaben; aus diesem Grund sind es in erster Linie die Funde aus den Nekropolen, die der Nachwelt von diesen Kulturen erhalten blieben. Die wichtigsten Friedhöfe fand man im Norden Irans, im Gebiet von Talish westlich des Kaspischen Meeres, in den Gebirgsregionen der Provinzen Gilan und Mazandaran sowie in der südöstlich des Kaspischen Meeres gelegenen Gorgan-Ebene. Die Fundorte von Kalardasht, Amlash, Kaluraz, Khurvin und Ziwiyeh wurden in der ersten Hälfte des 20. Jh. zufällig von Schatzsuchern entdeckt und ausgeraubt. Sie verkauften die Beigaben der geplünderten Friedhöfe über den Kunsthandel. Im Gegensatz dazu wurden die gleichzeitigen Siedlungen von Tepe Sialk, Sagzabad, Turang Tepe und Hasanlu sowie einige Nekropolen in Luristan und der Friedhof von Marlik wissenschaftlich ausgegraben.

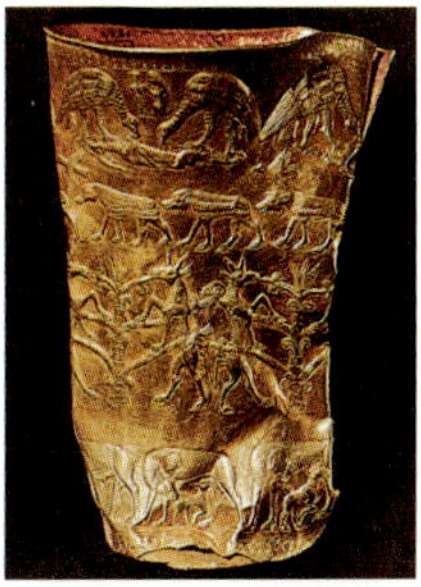

Getriebene und gravierte Goldbecher aus Marlik (Gilan). Oben: Becher des Lebens mit vier Tierreihen, in der untersten Gazellen mit Jungen; in der obersten tote Gazellen, die von Geiern gefressen werden; frühes 1. Jt. v. Chr. Unten: Geflügelte Stiere am Lebensbaum; 12.-10. Jh. v. Chr. Beide Teheran, Nationalmuseum

Die Keramik aus den Nekropolen war vorwiegend dazu bestimmt, die Speisen und Getränke aufzunehmen, die den Toten ins Jenseits mitgegeben wurden. Häufig befanden sich in den Gräbern auch kannenartige Gefäße, die vermutlich im Zusammenhang mit den Totenritualen Verwendung gefunden hatten. Wegen ihres Aussehens werden sie Schnabelkannen genannt. Sie haben einen kugeligen Bauch, einen hohen Hals und eine lange, oben offene Ausgußtülle. Die Gefäßform legt die Vermutung nahe, daß man mit den tönernen Schnabelkannen Metallgefäße nachahmte.

In den meisten Fällen ist die Keramik aus den Gräbern nicht bemalt. Sie hat eine grauschwarze bis rote Grundfärbung und ist häufig mit geometrischen Ritzmustern verziert. Eine Ausnahme bilden die Gefäße aus der Nekropole B von Tepe Sialk – hier fand man hauptsächlich Schnabelkannen mit einer charakteristischen Bemalung aus Sonnenstrahlen rund um den Ansatz der Tülle auf dem Gefäßbauch. Die Grabkeramik wies auch häufig die Gestalt von Tieren, meist Horntieren, auf; dies kann in Verbindung zur nomadisierenden Lebensform dieser Völker und ihrer engen Beziehung zu Tieren gesehen werden. Die wenigen antropomorphen, d. h. menschengestaltigen Tongegenstände, die man in den Gräbern fand, stellten hauptsächlich beleibte Frauenfiguren dar. Die vielfältigen Metallobjekte aus den Nekropolen, Waffen, Pferdegeschirr, Werkzeuge und Gefäße, waren aus Bronze und Eisen hergestellt, der Schmuck ebenfalls meist aus Bronze, gelegentlich aber auch aus Edelmetallen wie Gold und Silber.

Die Urartäer (9. bis 6. Jh. v. Chr.)

Das urartäische Land erstreckte sich von Westen nach Osten auf einer Länge von 850 km vom westlichen Euphratbogen in Ostanatolien über das Gebirgsland um den Berg Ararat bis etwa nach Ardabil

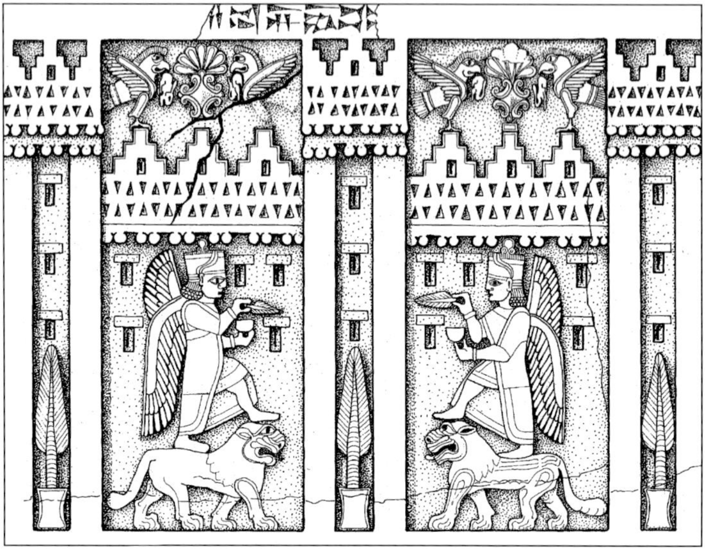

Darstellung einer urartäischen Festung. Umzeichnung eines Reliefs auf einer Pfeilerbasis von Adilcevaz, Museum Ankara

in Iranisch-Azarbaidjan. Sein Zentrum lag im Hochland zwischen dem Van-See, dem Urmia-See und dem Sevan-See, auf heutigem türkischen, armenischen und iranischen Staatsgebiet. In assyrischen Quellen des 13. Jh. v. Chr., in den Inschriften Salmanassars I. (1273–1244 v. Chr.), wird Urartu erstmals erwähnt. Während der wichtigsten Expansionsphase des sich bildenden assyrischen Weltreichs sprechen die assyrischen Königsinschriften mehrfach von kriegerischen Auseinandersetzungen mit urartäischen Stämmen. Im Lauf des 9. Jh. v. Chr. schlossen sich die Stammesgemeinschaften der Urartäer unter dem assyrischen Druck zu einem Reich zusammen. Damit hatte Assyrien einen starken und wehrhaften Nachbarn im Norden, der ebenfalls eine Eroberungs- und Expansionspolitik verfolgte.

Der urartäische König Sardur I. (um 840–825 v. Chr.) gründete in Tushpa am Ostufer des Van-Sees seine Residenz. Unter einem seiner Nachfolger, Menua (um 800 v. Chr.), erstreckte sich das Land Urartu im Südwesten bis an die Grenze Assyriens, im Westen bis Malatya (Anatolien), im Nordosten bis über den Araxes (Aras) hinaus und im Südosten bis zum Land der Mannäer. In den kriegerischen Auseinandersetzungen mit Assyrien unterlag Urartu letztendlich 714 v. Chr.; durch seine isolierte Lage in einer Bergregion wurde das Land jedoch nie von den Assyrern erobert. Deshalb konnte Urartu in seinem Kerngebiet um den Berg Ararat als relativ unabhängiges Reich existieren, bis es in den ersten Jahrzehnten des 6. Jh. v. Chr. endgültig dem Bündnis der Meder und Skythen erlag.

Die Urartäer hinterließen in der Zeit vom 9.–7. Jh. v. Chr. als erstes Volk im iranischen Hochland keilschriftliche Zeugnisse in ihrer eigenen Sprache. Von zahlreichen Tontafeln, Königs- und Weihinschriften wissen wir, daß die Urartäer berühmte Weinbauern und Pferdezüchter waren. Wie bei anderen Völkern der vorderasiatischen Bergregionen, die reich an Erzvorkommen waren, wurde das Metallhandwerk in Urartu besonders gepflegt. Aus Inschriften und Darstellungen, speziell auf Metallgefäßen, geht hervor, daß der oberste Gott der Urartäer, Khaldi, ein Gott der Krieger und der Herden war. Der urartäische König fungierte selbst als oberster Priester im Ritual für den Gott. Khaldi unterstellt waren im urartäischen Pantheon eine Reihe weiterer Götter und eine Vielzahl mischgestaltiger Dämonen und Fabelwesen, die meistenteils in ihren Eigenschaften den mesopotamischen und kleinasiatischen Göttern glichen. Gottheiten mit einem höheren Rang wurden gemeinhin zusammen mit einem Löwen oder einem Stier dargestellt, oft stehen oder thronen sie auch auf diesen Tieren. Häufige mythologische Themen sind Götterprozessionen, Tiere und ein zentral angebrachter heiliger Baum, an dem Kulthandlungen stattfinden.

Die urartäischen Tempel waren quadratische, turmartige Gebäude mit nur einem einzigen, ebenfalls quadratischen Raum, in dem das Kultbild des Gottes aufgestellt war. Rund um den Tempel legte sich eine umlaufende Säulenhalle – dieser Typus wird in den Inschriften als Susi-Tempel bezeichnet. Die Palastanlagen dagegen waren zumeist burgartig ausgebaute und befestigte, dreischiffige Hallenbauten. Sowohl die Kultbauten als auch die repräsentativen Bauwerke wurden aus einer Kombination von Stein und Lehmziegeln errichtet. Die wichtigsten erhaltenen Burganlagen der Urartäer, heute auf türkischem und armenischem Boden, sind die Orte Van-Kalesi, Toprakkale, Eribuni und Kamir Blur. In Nordwestiran wurden annähernd 80 Fundplätze der Urartäer entdeckt, unter anderem die Burgfestung von Bastam. Die Bauweise quadratischer Tempel mit umlaufenden Säulenhallen und repräsentativer Hallenbauten, ebenso wie in Fels geschlagene Kammern und Nischen wurde später von achämenidischen Architekten aufgegriffen und zu typischen Elementen der persischen Architektur umgestaltet.

Die Meder (erste Hälfte des 1. Jt. v. Chr.)

In den Königsberichten Salmanassars III. aus dem 9. Jh. v. Chr. finden die indoiranischen Stämme der Meder erstmals Erwähnung. Sie lebten, so die Quellen, »jenseits des Ostgebirges (Zagros) im Hochland«. Das Land der Meder erstreckte sich vom Zagros nach Osten bis nach Kermanshah, entlang der damals viel genutzten Handelsstraße, die von Mesopotamien nach Afghanistan führte. Bis heute konnte die medische Hauptstadt Ekbatana, die unter der modernen und dicht besiedelten Innenstadt von Hamadan liegt, noch nicht ausgegraben werden. Auch andere und kleinere Siedlungen der Meder wurden noch nicht erforscht, obwohl eine Vielzahl von ihnen bei archäologischen Geländebegehungen bereits festgestellt und aufgenommen wurden. Dank dieser Erfassung ist zumindest die Ausdehnung des medischen Reiches bekannt, das wegen seiner reichen Rohstoffquellen und seiner berühmten Pferdezucht ständig von den Assyrern bedroht und angegriffen wurde.

Aus diesem ersten wirklich bedeutenden iranischen Königreich im Hochland sind uns keinerlei Schriftdokumente überliefert; deshalb ist seine Geschichte nur anhand fremder Quellen zu rekonstruieren. Die Assyrer zeichneten in ihren Inschriften ein Bild der politischen Geschehnisse und kriegerischen Auseinandersetzungen, und aus griechischen Quellen, von Herodot, kennen wir die Namen und Regierungsdaten der ersten beiden medischen Könige: Deiokes, 699–647 v. Chr., und Phraortes, 646–625 v. Chr. Um 625 v. Chr., mit dem Ende der skythischen Herrschaft in Nordwestiran, waren die Meder stark genug, um gegen das mächtige Assyrien anzutreten. Laut mesopotamischen Berichten stießen sie zunächst unter ihrem König Kyazares (625–585 v. Chr.) bis zum Tigris vor, wo sie im Jahr 614 die assyrische Stadt Assur eroberten. 612 v. Chr. verbündeten sie sich mit den Babyloniern, und unter dem gemeinsamen Ansturm fiel die Königsstadt Niniveh und damit das assyrische Weltreich. Doch schon kurz darauf ging dem letzten medischen Herrscher Astyages (585–550 v. Chr.), der dem Perserkönig Kyros II. unterlag, das medische Reich unter.

Wenn auch die Siedlungsarchitektur der Meder weniger erforscht ist, so ist über ihre Repräsentationsbauten mit militärischem Charakter durch die Ausgrabungen in Nushidjan und Godin Tepe mehr bekannt. Diese beiden Befestigungen wurden südlich von Hamadan und an der Straße nach Hamadan und Kermanshah auf jeweils einem über 30 m hohen natürlichen Hügel errichtet. Beide erhielten auf der Kuppe des Hügels eine befestigte Zitadelle mit palastartigen Gebäuden, Vorratsräumen und Tempeln. Die vergleichsweise großen Säulenhallen der medischen Paläste stellen ein Verbindungsglied zwischen der vorangegangenen urartäischen Architektur zur folgenden achämenidischen Palastbauweise dar. Die von Säulen getragene Vorhalle als auch die Verwendung sehr vieler Säulen in den medischen Bauten sind jedoch entscheidende Weiterentwicklungen und bilden die Grundlage für die monumentalen Säulenhallen (Apadana) der achämenidischen Paläste.

Die wenigen bislang gefundenen handwerklichen Erzeugnisse der Meder geben kaum Auskunft über Merkmale und Eigenarten der medischen Kunst, die möglicherweise kaum von der nachfolgenden persisch-achämenidischen zu unterscheiden ist.

Das Weltreich der Achämeniden (559–330 v. Chr.)

Die Achämeniden werden nach dem Dynastiegründer Hakhamanish (griechisch Achaimenes) benannt, der in der Region Parsumash, östlich der Susiana-Ebene, einige persische Stämme unter seiner Führung vereinigte. Seine Nachfolger Teispes (ca. 675–640 v. Chr.) und Kyros (ca. 640–600 v. Chr.) regierten das Land von der Provinz Fars aus. Eine feste Residenz ist aus dieser Zeit jedoch noch nicht bekannt.

Kambyses I. (ca. 600–559 v. Chr.) gelang es durch die Heirat mit der Tochter des letzten medischen Herrschers Astyages, das verwandte, jedoch eigenständige medische Königreich an Persien zu binden. Sein Sohn **Kyros II.** (559–530 v. Chr.) unterwarf im Jahr 550 v. Chr. die Meder mit einem militärischen Schlag, besiegte Astyages und übernahm dessen Residenz in Ekbatana. Bald darauf zog er mit seiner medisch-persischen Armee über den Zagros und durch das nördliche Mesopotamien nach Kleinasien, wo er das lydische König-

Grab Kyros des Großen in Pasargadae

reich und die Stadt Sardes 547 v. Chr. eroberte. Nun begannen die Auseinandersetzungen mit den griechisch-ionischen Städten der kleinasiatischen Westküste. Im Osten stieß Kyros II. bis zu den Grenzen Indiens vor; im Westen eroberte er 539 v. Chr. Babylon, die Hauptstadt des spätbabylonischen Reiches, ebenso Syrien und Palästina. Von nun an führte der persische Großkönig neben dem Titel ›König der Länder‹ zusätzlich den Titel ›König von Babylon‹.

In Babylon gab er dem dort gefangenen jüdischen Volk die Freiheit wieder und finanzierte in Jerusalem den Wiederaufbau ihres Tempels. In den anderen eroberten Gebieten handelte er ebenso tolerant gegenüber den andersgläubigen unterworfenen Völkern und ließ die Tempel ihrer Gottheiten wieder aufbauen oder restaurieren. Diese religiöse Toleranz war das Kernstück seiner weitblickenden Besatzungspolitik, denn es gelang ihm auf diese Art und Weise, die Völker an sich und sein Königshaus zu binden. Obwohl Kyros von den übernommenen Residenzen Ekbatana und Babylon aus regierte, erbaute er in seiner Heimat Persien die erste achämenidische Residenz, Pasargadae, in der er später auch bestattet wurde. Laut Herodot fiel Kyros der Große im Kampf gegen die Saken und Massageten in Zentralasien.

Kambyses II. (530–522 v. Chr.), Sohn und Nachfolger Kyros' des Großen, unternahm 525 v. Chr. einen Feldzug nach Unterägypten und besiegte im Nildelta die Armee des Pharaos. Von nun an wurde Ägypten als Teil des achämenidischen Großreichs für mehr als hundert Jahre von persischen Statthaltern regiert. Kambyses starb auf seinem Rückweg nach Persien in der syrischen Wüste an einer Blutvergiftung.

Während sich Kambyses längere Zeit in Ägypten auf seinem Feldzug befand, bemächtigten sich sowohl in Persien als auch in den unterworfenen Gebieten und Satrapien eine Reihe von Usurpatoren der Herrschaft. Im Kernland Persien war es Gaumatar, der mit Hilfe der Priesterkaste der Magier die Macht an sich riß und eine blutige Gewaltherrschaft errichtete. Als nach dem Tod des Kambyses die Armee nach Hause zurückkehrte, erhob **Darius I.** (522–486 v. Chr.), der Sohn des Hystaspes und ein Edler aus Kambyses' Gefolge, Anspruch auf die legitime Herrschaft über das Reich der Achämeniden. Er stammte zwar nicht direkt aus der Familie des Kyros und Kambyses, gehörte jedoch einer Nebenlinie an. Um seinen Anspruch auf die Nachfolge zu festigen, heiratete er Atossa, die Tochter Kyros' des Großen, und konnte somit den achämenidischen Thron besteigen. Er brauchte ein Jahr, um die selbsternannten Gewaltherrscher in allen Teilen seines Reiches zu beseitigen und die Ordnung wieder herzustellen. Am heiligen Berg von Bisotun ließ er die Ereignisse um seine Thronbesteigung und die Niederschlagung der Lügenkönige, wie er sie nannte, in einem Relief und einer dreisprachigen Inschrift niederlegen.

Während der Regierungszeit Darius' des Großen gelangte das achämenidische Reich zu einer nie wieder erreichten Blüte. Innenpolitisch prosperierten die Wirtschaft, der soziale Friede und die Künste, außenpolitisch expandierte das Reich zur Weltmacht. Im Osten eroberten die Achämeniden das Indus-Tal und schufen, um von dort auf dem Seeweg das Mittelmeer erreichen zu können, einen Kanal zwischen Rotem Meer und Nil-Tal. Im Norden unterwarfen sie die Skythen in den südrussischen Steppen, im Süden nahmen sie Äthiopien und Libyen ein, und im Westen drangen sie bis an die kleinasiatische Westküste vor. So schufen sie eine Basis, um Thrakien und Makedonien, d. h. das griechische Festland, anzugreifen. An der Eroberung des europäischen Griechenlands scheiterte Darius schließlich im Jahr 490 v. Chr. in der Schlacht von Marathon.

Auch dem Sohn und Nachfolger des Darius, **Xerxes I.** (486–465 v. Chr.), gelang es nicht, die Griechen zu unterwerfen. Im Gegenteil, die Perser wurden in den Schlachten von Salamis (480 v. Chr.), Plataiai und Mykale (479 v. Chr.) von der griechischen Armee geschlagen. **Artaxerxes I.** (465–424 v. Chr.), der Sohn des Xerxes, mußte in diesen Auseinandersetzungen 448 v. Chr. einem von den Griechen diktierten Friedensvertrag zustimmen. Nach der nur einjährigen Herrschaft **Xerxes' II.,** der ermordet wurde, regierte **Darius II.** von 423 bis 404 v. Chr. das immer noch große und mächtige Achämenidenreich. Gegen Ende seiner Regierungszeit verlor er jedoch Ägypten. Von nun an flammten überall im Reich Unruhen auf und brachten dessen Stabilität ins Wanken. Sowohl unter **Artaxerxes II.** (404–359 v. Chr.) als auch unter seinem Nachfolger **Artaxerxes III.** (359–338 v. Chr.) lehnten sich mehrere Satrapien am Mittelmeer und in Kleinasien gegen die Herrschaft der Achämeniden auf. Während Artaxerxes II. einige Gebiete verlor, gelang es Artaxerxes III., die Unruhen in Phönizien zu beenden und Ägypten wieder seinem Herrschaftsbereich unterzuordnen.

Er wie auch der Thronfolger Arses wurden Opfer von Giftanschlägen, die ein enger Vertrauter der Herrscherfamilie, der Eunuch Bagoas, geplant hatte, um Darius III. an die Macht zu bringen. Die erste Amtshandlung **Darius III.** (335–331 v. Chr.), nachdem er den Thron bestiegen hatte, war, nun seinerseits den gefährlichen Mitwisser Bagoas aus dem Weg zu räumen. Doch bald schon setzten der Einzug Alexanders des Großen in Babylon und Susa, die Zerstörung von Persepolis und die Eroberung der beiden Königsresidenzen Pasargadae in Persien und Ekbatana in Medien dem achämenidischen Weltreich ein Ende. Darius III. floh vor Alexander nach Baktrien, wo er durch den Satrapen Bessos ermordet wurde.

Das Reich der Achämeniden umfaßte ein immens großes Territorium und unterschiedlichste Völker. Um es zusammenzuhalten, bedurfte es einer straffen Verwaltung, einer wohldurchdachten Hierarchie und einer funktionierenden Infrastruktur. Spätestens seit Darius dem Großen war der achämenidische Machtbereich in 20 Verwaltungseinheiten unterteilt, die Satrapien genannt wurden und in denen gelegentlich mehr als eine Volksgruppe zusammengefaßt war. Statthalter jeder Satrapie war der Satrap, der vom achämenidischen Herrscher, dem ›König der Könige‹, persönlich ernannt wurde. Der Satrap war dem König abgabenpflichtig, konnte aber weitgehend selbständig regieren. Grundsätzlich behielten die Völker ihre Sprachen in Wort und Schrift bei, die offiziellen Staatssprachen waren aber Babylonisch, Elamisch und Altpersisch, die alle drei mit Keilschrift geschrieben wurden. Verwaltungssprache des gesamten Reiches hingegen war das Aramäische, was durch zahlreiche Papyrusfunde von Ägypten über Syrien und Kleinasien bis hin zum Indus-Tal belegt ist.

Ein gut ausgebautes Straßennetz verknüpfte die Satrapien untereinander und ermöglichte einen regen Handelsverkehr. Die Königsstraßen, die breiter und bequemer als die Handelsstraßen waren, verbanden die Herrscherresidenzen Ekbatana, Pasargadae, Persepolis, Susa, Babylon und Sardes in Kleinasien. Um den lebhaften Handel zu vereinfachen, wurde in der kleinasiatischen Satrapie Lykien die

Soldat der Unsterblichen Garde. Detail eines emaillierten Ziegelreliefs aus dem Königspalast Darius' I., des Großen, 522-486 v. Chr., in Susa

Idee des geprägten und mit einem Bild versehenen Münzgeldes geboren und verbreitete sich von hier aus in die ganze bekannte Welt. Eine gut funktionierende und mobile Armee machte das riesige Persische Reich regierbar, hielt es zusammen und garantierte die königliche Macht. Das Kernstück der Armee bildete die Unsterbliche Garde, die aus 10 000 persischen und medischen Elitesoldaten bestand.

Die monumentale achämenidische Architektur steht in der Tradition des alten Orients. Sie baut sowohl auf den assyrischen und babylonischen Vorläufern aus Assur, Niniveh und Babylon auf als auch auf den einheimischen aus Susa, Ekbatana und dem urartäischen Bastam. Unter Kyros dem Großen entstanden die Paläste in Pasargadae, unter Darius dem Großen diejenigen in Susa und Persepolis. Alle Palastanlagen hatten ein einheitliches Grundschema, in dem große quadratische Empfangshallen das zentrale Element bildeten. Das flache Dach dieser im Altpersischen *apadana* genannten Hallen wurde von zahlreichen Reihen hoher Steinsäulen mit figürlich ausgestalteten Kapitellen getragen. Zum Apadana führten repräsentativ ausgestaltete Treppenaufgänge zunächst in kleinere und ebenfalls mit Säulen ausgestattete Vorhallen. Die Wangen der Treppen waren mit detaillierten Reliefs geschmückt.

Teil der repräsentativen Regierungsgebäude waren Verwaltungstrakte und Schatzhäuser. Hinter den offiziellen Bauten lagen die privaten Wohnungen des Herrschers und seiner Familie, die sogenannten Privatpaläste. Monumentale Tore verbanden alle Gebäudetrakte miteinander. Die Tore wie die Wände aller Bauten waren mit steinernen Reliefplatten verkleidet. Während im persischen Kernland als Baumaterial ausschließlich Stein verwendet wurde, baute man in Susa in elamisch-babylonischer Tradition mit Ziegeln; lediglich die Säulen bestanden aus Stein. Auch die reliefierte steinerne Wandverkleidung wurde in Susa, ähnlich wie in Babylon, ersetzt durch farbig glasierte Tonplatten oder Mosaik aus bunten Glasurziegeln. Ein weiteres wichtiges Element der monumentalen persischen Architektur waren die in unmittelbarer Nähe zu den Residenzen errichteten Grabanlagen der achämenidischen Herrscher. Dabei handelte es sich sowohl um freistehende Grabhäuser (Grab des Kyros in Pasargadae) als auch um in den Fels geschlagene Grabkammern mit einer Scheinarchitekturfassade (die Felsgräber in Persepolis und Naqsh-e Rostam).

Die achämenidische Kleinkunst wird besonders durch das Metall- und Siegelschneidehandwerk repräsentiert. Wie im gesamten Vorderen Orient wurde das 3000 Jahre alte Rollsiegel häufiger benutzt als das Stempelsiegel. Bei den in die Siegel geschnittenen Themen stand die Heldendarstellung im Mittelpunkt. Angehörige des Hofes, Mitglieder der Königsfamilie und der Großkönig selbst wurden bei der Jagd, im Kampf mit wilden Tieren und in kriegerischen Auseinandersetzungen dargestellt. Die graeco-persischen Siegel und Gemmen dieser Zeit, die von griechischen Künstlern in Kleinasien hergestellt wurden, bilden eine besondere Gruppe. Da auch hier die Auftraggeber die persischen Herrscher waren, gehört der Themenkreis ihrer Bilder ebenso der offiziellen höfischen Kunst an.

Herodot berichtet, daß die griechischen Krieger nach der Schlacht von Plataiai bei den besiegten achämenidischen Soldaten Edelmetallgefäße und Schmuck aus Gold und Silber, wie Halsketten und Armreifen, fanden. Tatsächlich wurden bei den Ausgrabungen in den achämenidischen Residenzen zahlreiche Beispiele der persischen Goldschmiedekunst geborgen, die heute in iranischen, europäischen und amerikanischen Museen aufbewahrt werden. Der bereits in der Antike am Ufer des Oxus in Zentralasien vergrabene Oxus-Schatz enthielt ausschließlich achämenidische Edelmetallgegenstände, die hauptsächlich im höfischen Leben ihren Platz hatten und bei repräsentativen Anlässen benutzt wurden. Der Oxus-Schatz wird heute im Britischen Museum in London aufbewahrt.

Neben aller Eigenständigkeit hat die achämenidische Kunst viele Elemente übernommen, die aus fremden Kulturen stammten. Sie kamen aus nahegelegenen Ländern wie Elam, Medien, Urartu, Babylonien und Assyrien, aber auch aus fernen, wie Ägypten, den skythischen Steppen oder dem hellenistischen Griechenland. Lange wurde besonders die Wirkung des griechischen Einflusses auf die achämenidische Kunst weit überbewertet; heute weiß man, daß die Beeinflussung durch den Hellenismus eher als gegenseitige Befruchtung zu verstehen ist. Nur eine selbst hochentwickelte Kultur wie die persisch-achämenidische war in der Lage, die Vorzüge und Errungenschaften einer gleichwertigen fremden Hochkultur zu erkennen und zu integrieren.

Alexander der Große und die Seleukiden (331–250 v. Chr.)

Der junge makedonische König Alexander überschritt 334 v. Chr. mit seinem Heer den Bosporus und fiel in das kleinasiatische Territorium des persischen Reiches ein. Bei Issos (333 v. Chr.) und bei Gaugamela östlich des Tigris (331 v. Chr.) kam es zu Konfrontationen mit der von Darius III. befehligten persischen Armee, aus denen Alexander siegreich hervorging. Nach diesen Siegen verstand sich Alexander als legitimer Erbe des persischen Großkönigtums und wurde als solcher von den meisten orientalischen Völkern, ja sogar von vielen Persern anerkannt. Die Bevölkerung von Susa und Babylon übergab ihm ihre Städte kampflos, und er dankte es ihnen, indem er keine Zerstörungen oder Plünderungen zuließ. Persepolis wurde als einzige persische Stadt von den Soldaten Alexanders geplündert und anschließend angezündet, wenn nicht auf Alexanders Befehl, so doch vermutlich mit seiner Billigung. Die Historiker berichten, daß dies aus Rache für die mehrmaligen Übergriffe der persischen Armee auf das griechische Festland und die Zerstörung der Akropolis in Athen geschah.

Alexander der Große. Ausschnitt des Alexandermosaiks, das die Schlacht zwischen Darius III. und Alexander schildert. Das Mosaik aus dem Haus des Fauns in Pompeji befindet sich heute im Nationalmuseum Neapel

Die Vernichtung von Persepolis ist das einzig bekannte Zerstörungswerk des griechischen Heeres, denn es lag nicht in Alexanders Absicht, die eroberten Völker zu vernichten. Bei seinem Feldzug durch den gesamten Vorderen Orient, der ihn siegreich bis Baktrien im Osten und an die Grenzen Indiens führte, pflegte er stets eine Politik der Versöhnung und der Verständigung, denn er wollte Orient und Okzident zu einem einheitlichen Ganzen verbinden. Diese Einstellung war auch der Hintergrund für die Massenvermählung seiner Offiziere mit Töchtern aus persischen Adelsfamilien in Susa. Auf dem Rückweg aus dem eroberten Osten starb er mit 33 Jahren (323 v. Chr.) in Babylon, vermutlich an Malaria.

Nach Alexanders plötzlichem Tod bekämpften sich lange Zeit seine Nachfolger, die Diadochen, um die Vorherrschaft und die Macht über sein Weltreich zu erringen, das von Griechenland bis Baktrien und Ägypten reichte. 312 v. Chr. ging der griechische General Seleukos siegreich aus diesen Machtkämpfen hervor. Er legitimierte seine Herrschaft über Vorderasien durch eine Heirat mit einer persischen Prinzessin, gründete die Dynastie der Seleukiden und ließ am Ostufer des Tigris, in der Nähe des heutigen Baghdad, seine Residenz Seleukia errichten. **Seleukos I. Nikator** übernahm alle Gebiete Vorderasiens, mit Ausnahme von Ägypten, wo der Diadoche Ptolemaios an die Macht kam, und dem griechischen Mutterland. Damit war das Weltreich Alexanders in drei Machtsphären aufgeteilt.

Unter der Herrschaft Seleukos Nikators und seiner Nachfolger wanderten zahlreiche Griechen in den Vorderen Orient ein, und es begann die von Alexander eingeleitete Hellenisierung. Hauptsächlich betroffen hiervon war der westliche Nahe Osten und weniger das persische Hochland, in dem die starke achämenidische Tradition noch immer sehr lebendig war. Persien wurde in geringerem Maße hellenisiert, als die hier ansässigen Griechen selbst von der altorientalischen Kultur beeinflußt wurden und Teile davon zurück nach Europa transportierten. Schon im Reich der Achämeniden waren die Naturwissenschaften, besonders die Mathematik und die Astronomie, weit entwickelt und wurden intensiv gepflegt. Griechische Gelehrte vervollkommneten ihr Wissen bei den persischen Kollegen und brachten es nach Europa. Ein Beispiel hierfür ist der Mathematiker Oidoxus, der nach seiner Rückkehr aus Persien seine neu erworbenen Kenntnisse an Plato und Aristoteles weitergab.

Mitte des 3. Jh. v. Chr. brachen von Zentralasien aus nomadische Reitervölker auf und wanderten in Khorasan, dem späteren Parthien, ein. Nach und nach machten die parthischen Stämme den herrschenden Seleukiden die Macht im gesamten Vorderen Orient streitig, und es dauerte etwa 80 Jahre, bis es dem Parther Mithradates I. gelang, Iran, Babylonien und Assyrien von der Fremdherrschaft der Seleukiden zu befreien. Nur in Syrien überlebte die seleukidische Dynastie bis Mitte des 1. Jh. v. Chr.

Alexanders Eroberungen in Persien hatten eine fast lähmende Wirkung auf die traditionelle iranische Kunst. Die seit 700 Jahren kontinuierlich gewachsene Kultur kam für einen Zeitraum von etwa 100 Jahren zum Stillstand, während die hellenistische Kunst in den Vordergrund trat. Trotzdem sind nur wenige seleukidische Zeugnisse, sowohl Architektur als auch plastische Werke, die z. T. sogar aus dem hellenistisch beeinflußten Kulturraum importiert wurden, in Persien bekannt. Die erhaltenen Ruinen einiger Tempel und die wenigen Statuenfragmente tragen jedoch weder rein hellenistische Züge noch sind sie echt persisch. Im Dorf Khorheh bei Mahallat, zwischen Qom und Isfahan, sind die Ruinen eines Tempels mit typisch griechischem Grundriß erhalten. Zwei heute noch aufrecht stehende, sehr schlanke, hohe Säulen der Peristasis, der umlaufenden Säulenreihe, sind jedoch vom Stil her eher iranisch.

In der südlich von Ekbatana gelegenen Stadt Nehavand hatte es mindestens einen hellenistischen Tempel gegeben, aus dem mehrere Statuen der griechischen Götter Zeus, Apollon und Athena geborgen wurden. In Dinavar bei Kermanshah fand man einige griechische Büsten und in dem seleukidischen Tempel von Shami im Bakhtiari-Gebirge, das im Königreich von Elymais lag, den Marmorkopf einer Aphrodite, den Statuentorso einer bekleideten griechischen Göttin und Kopffragmente von bronzenen Großstatuen, die möglicherweise den seleukidischen Herrscher Antiochos IV. und seine

Bisotun, seleukidisches Felsrelief mit einem nahezu vollplastisch gearbeiteten Herkules, der auf einem Löwenfell ruht; 148 v. Chr.

Frau darstellen. In Westiran sind zwei hellenistische Steinmonumente erhalten. Das eine ist der steinerne Löwe von Hamadan aus dem 4. Jh. v. Chr., den Alexander für seinen hier gefallenen General Hephaistion in Auftrag gegeben haben soll. Das andere ist ein nahezu vollplastisch gearbeitetes Relief eines liegenden Herkules, das unterhalb des Darius-Denkmals in Bisotun, direkt an der heutigen Straße nach Kermanshah, in den Fels geschlagen wurde.

Das Reich der Parther (250 v. Chr. bis 224 n. Chr.)

Das Volk der Parther setzte sich aus halbnomadischen iranischen Reiterstämmen, Verwandten der indoeuropäischen Skythen, zusammen, die ursprünglich zwischen dem Kaspischen Meer und dem Aral-See lebten. Gegen 250 v. Chr. organisierten sich die einzelnen Stämme unter den Anführern **Arsakes** (persisch Ashkan) und Tiridates und eroberten zunächst die im Nordosten Irans gelegene seleukidische Provinz Parthava. Dadurch erhielten sie die Bezeichnung Parther; sie selbst nannten sich nach ihrem Dynastiegründer Ashkanian (griechisch Arsakiden). Unter ihrem König **Mithradates I.** (171–138 v. Chr.) eroberten die Parther nicht nur das gesamte Gebiet des heutigen Iran, sondern auch die seleukidischen Provinzen Babylon und Assur. Gegenüber von Seleukia, der ehemaligen seleukidischen Hauptstadt, gründeten sie am anderen Ufer des Tigris die Stadt Ktesiphon und verbanden sie mit Seleukia. Diese neu entstandene große Stadt mitten in Mesopotamien, außerhalb und westlich des traditionellen persischen Gebiets, ernannten die Parther zu ihrem Regierungssitz.

Mithradates I. verstand sich als Erneuerer des achämenidischen Reiches und als legitimer Nachfolger der achämenidischen Könige. In Inschriften führt er deshalb den Titel Großkönig. Aus politischem Kalkül heraus und mit dem Hintergedanken, sich die Sympathien der in seinem Reich ansässigen Griechen zu erhalten, gab er sich zusätzlich auf seinen Münzen den Beinamen Philhellene (= Freund der Griechen). Unter seinem Nachfolger **Phraates II.** (138–128 v. Chr.) umfaßte das parthische Reich ein Gebiet vom Euphrat im Westen, Herat im Osten (Afghanistan), dem Kaspischen Meer im Norden und dem Persischen Golf und dem Meer von Oman im Süden. Die Grenzen jedoch waren zu dieser Zeit noch nicht vollends gesichert. Im Westen erhoben sich die Seleukiden gegen die parthische Herrschaft, und im Nordosten bedrohten die skythischen Saken aus Turkestan das Land. Erst dem mächtigen parthischen König **Mithradates II.** (123–88 v. Chr.) gelang es, die Herrschaft über das gesamte Reich zu festigen und damit die politische Situation zu stabilisieren.

Das bereitete den Boden für einen ausgedehnten und blühenden Handel, denn die Karawanen konnten nun ungehindert und sicher vom syrischen Palmyra über Ekbatana, Ray (bei Teheran) und Zentralasien nach China ziehen. Damit war China durch eine – später als Seidenstraße bezeichnete – Handelsroute mit dem Mittelmeer verbunden. Die wirtschaftliche und innenpolitische Stabilität gab den Parthern die Kraft, sich nach außen zu wenden. So eroberten sie Armenien, um auf diesem Weg in Kleinasien Fuß fassen zu können. Während dieser Expansionsphase trafen die Parther am syrischen Euphrat auf die Römer, die ihrerseits bestrebt waren, Mesopotamien unter ihren Einfluß zu bringen. Im Frühjahr 53 v. Chr. kam es bei Carrhae in Nordmesopotamien zu der in die Weltgeschichte eingegangenen Schlacht zwischen Parthern und Römern, von der der römische Historiker Plutarch ausführlich berichtet. Das römische Heer, das der Feldherr Marcus Grassus befehligte, wurde von den Parthern vernichtend geschlagen, etwa 20 000 Römer fielen, ungefähr 10 000 gerieten in parthische Gefangenschaft, und dem römischen Feldherrn blieb nur noch der Freitod. Gut 30 Jahre später schloß Kaiser Augustus Frieden mit dem parthischen König **Phraates IV.**; als Grenze zwischen dem römischen und parthischen Reich wurde der Euphrat festgelegt.

Seit Beginn des römischen Vordringens in den Vorderen Orient hatte Mesopotamien die Begehrlichkeit der Römer geweckt. Ab dem 1. Jh. n. Chr. spitzte sich die Lage wieder zu, und die Beziehung zwischen beiden Völkern wurde zunehmend gespannter. Es kam zu weiteren militärischen Auseinandersetzungen, bei denen die Römer zumeist den Parthern unterlagen. So erlitten Trajan (116 n. Chr.), Hadrian (117 n. Chr.) und Septimius Severus (193/194 n. Chr.) ausschließlich Niederlagen in Syrien. Marc Aurel hingegen gelang es, das Blatt zu wenden. Er besiegte die Parther, die daraufhin Armenien räumen mußten und aus Syrien vertrieben wurden. Daher kam es gegen 200 n. Chr. zu einem von den Römern diktierten Friedensschluß, bei dem der Euphrat, den rund 200 Jahre zuvor bereits Augustus ausgehandelt hatte, erneut als Grenzlinie festgelegt wurde.

In Mesopotamien gründeten die Parther die großen Städte Ktesiphon und Hatra und in Turkmenistan die Stadt Nisa. In Iran wurden u. a. Darabgerd und Shahr-e Qumis in der Nähe von Damghan erbaut. Shahr-e Qumis ist höchstwahrscheinlich identisch mit der inschriftlich überlieferten, legendären Stadt Hekatompylos, der ›Stadt der 100 Tore‹, die eine der parthischen Hauptgründungen war. Auch der Takht-e Sulaiman in Azarbaidjan ist eine parthische Gründung. Allen parthischen Städten gemeinsam ist der Grundriß, der sich aus dem Aufbau leicht zu verteidigender Militärlager entwickelte. Das Stadtgebiet bildete eine geschlossene Rundanlage, deren Außenmauern aus Bruchsteinen, verfestigt mit zementhartem Gipsmörtel, erbaut waren. Gleichzeitig wurden die Verteidigungsmauern mit Stuck verputzt.

Paläste und Tempel lagen im Zentrum der Städte, in unmittelbarer Nähe zu den offiziellen Bauten, den Wohnhäusern der Adligen und des gehobenen Bürgertums. Die Palast- und Tempelbauten waren aus Ziegeln errichtet und hatten gegliederte und dekorativ ausgestaltete Fassaden. Beeindruckende Beispiele solcher Fassaden finden sich beim parthischen Palast in Assur (Mesopotamien), in Shami und in Kuh-e Khwadjeh am Hamun-See im ostiranischen Sistan. Die äußere Bauornamentik parthischer Paläste bestand häufig auch aus Stuckdekorationen, die Innenwände waren mit Wandmalereien verziert. Die bedeutendsten Beispiele parthischer Freskenkunst sind im Westen (Syrien) in Dura Europos und im Osten in Kuh-e Khwadjeh erhalten. Der Anahitatempel in Kangavar an der Straße zwischen Hamadan und Kermanshah wurde hauptsächlich aus Stein erbaut. Die Anlage stand auf einer Terrasse, die fast die Ausmaße der Terrasse von Persepolis hatte.

Eine weitreichende Neuerung in der parthischen Palastarchitektur war die Entwicklung des Iwan. Der Iwan ist eine nach einer Seite offene Halle mit einem rechteckigen Grundriß, die von einem Tonnengewölbe überspannt wird. In der Zeit der Parther wurde der Iwan erstmals beim Palast in Assur mit der Architekturform des traditionellen altorientalischen Hofhauses verbunden. Über die darauffolgende sasanidische Zeit hinaus wurde das Konzept des Iwan weiter vervollkommnet und vor allem monumentalisiert, um sich schließlich als Grundmerkmal der späteren persischen Moscheebauten durchzusetzen.

Eigentlich gibt es keine spezifisch parthische Kunst. Die Kunst der Partherzeit ist eher eine Mischung mehrerer Stilrichtungen – auf der Basis altiranischer Traditionen trafen zentralasiatisch-nomadische, hellenistisch-seleukidische und altorientalische Einflüsse zusammen. Gemeinsames Merkmal aller Werke, sowohl der Rundplastik

Der zur Zeit Khosrows I. erbaute sasanidische Palast Taq-e Kisra (Bogen des Khosrow) mit dem größten erhaltenen, vorislamischen Iwan in der von den Parthern gegründeten Residenzstadt Ktesiphon (bei Baghdad)

als auch des Flachbilds, ist die fast absolute Frontalität und Starrheit der Figuren. Thematisch wurden in der parthischen Kunst hauptsächlich zwei Motivkreise behandelt, der religiöse und der königlich-höfische. Bei letzterem steht der König im Mittelpunkt des Bildes. Er wird als Reiter dargestellt, häufig aber auch stehend, einen Grußgestus vollführend oder im Kreise seiner Familie. Gelegentlich wird er auch allein sitzend auf einem Thron oder liegend auf einer Kline abgebildet. Bei den religiösen Themen überwiegen Darstellungen von griechisch-römischen Gottheiten, vor denen Beter stehen, und von Kulthandlungen, wie dem Entzünden des heiligen Feuers auf einem Altar durch den Priester, den König oder einen Fürsten. Eine Mischung aus beiden Themenkreisen sind die zahlreichen Investitur-, d. h. Einsetzungs- und Legitimationsszenen, die dem Volk bildlich vermitteln sollten, daß den Göttern die Herrschaft des Königs wohlgefällig sei. Die Investitur wurde grundsätzlich nur in Felsreliefs dargestellt, die sich in der darauffolgenden sasanidischen Kunst zu monumentalen, propagandistischen Medien entwickelten.

Der Gebrauch der altpersischen Keilschrift endete mit den Achämeniden. Sprache und Schrift der Parther war das mittelpersische Pahlavi, daneben waren weiterhin Griechisch und Aramäisch gebräuchlich. Geschrieben wurde hauptsächlich auf Pergament und Papyrus. Königsinschriften hingegen wurden, weil sie dauerhaft, repräsentativ und für jedermann sichtbar sein mußten, häufig im Zusammenhang mit einem Bild in den Fels geschlagen.

Die Sasaniden (224–642 n. Chr.)

Die Dynastie der Sasaniden nahm ihren Anfang in der Stadt Istakhr in der Nähe von Persepolis. Dort, im Anahitaheiligtum, hatte der Oberpriester **Sasan**, nach dem die Sasaniden benannt sind, das Amt eines *fratadara* (= Hüter des heiligen Feuers) inne. Sasan selbst behauptete von sich, ein Nachkomme des letzten achämenidischen Königs Darius III. zu sein. Sein Amtsnachfolger Papak, der vermutlich auch sein Sohn war, leitete von dieser Abstammung sein Recht auf die Königswürde ab und erhob Anspruch auf den persischen Thron. Nach Papaks Tod trat zunächst sein älterer Sohn Shapur die Nachfolge an, aber sein jüngerer Sohn **Ardashir** machte dem Bruder die Macht streitig. Es kam zu Kämpfen zwischen den Brüdern, in denen schließlich Shapur fiel. Ardashir ließ sich daraufhin in Istakhr zum König krönen. Dann zog er nach Ardashir Khureh, dem heutigen Firuzabad, um von dort aus den Aufstand gegen den parthischen Großkönig Ardawan IV. (Artabanos) zu organisieren. Ardawan drohte Ardashir, ihn zu töten, wenn er nicht bereit sei, seine Feindseligkeiten gegen das Haus des Großkönigs einzustellen. Doch Ardashir gab nicht nach, und so schickte der Großkönig seine Truppen in den Kampf. Aus der entscheidenden Schlacht im Frühjahr 224 n. Chr., in der Ardawan fiel, ging Ardashir als Sieger hervor, übernahm endgültig die Herrschaft über Persien und gründete die Dynastie der Sasaniden, die mehr als 400 Jahre an der Macht bleiben sollte.

Ardashir I. (224–241) eroberte sehr bald von Khuzistan aus Mesopotamien und übernahm dort den parthischen Regierungssitz Ktesiphon. Sein Vorstoß nach Syrien wurde zunächst am Euphrat von den Römern, die Anspruch auf Mesopotamien erhoben, aufgehalten. Sein Sohn **Shapur I.** (241–272), der nach dem Tod des Vaters den

Naqsh-e Rostam, Felsrelief mit der Investitur Ardishirs I. zu Pferd

persischen Thron übernahm, eroberte die Handelsstadt Hatra in Nordmesopotamien und bereitete sich auf den Kampf mit den Römern vor. Zwischen 244 und 255 führte er erfolgreiche Eroberungszüge in Nordmesopotamien, nach Armenien und Kappadokien und nahm 256 die syrische Stadt Dura Europos am Euphrat ein. In seinen Auseinandersetzungen mit den Römern besiegte Shapur I. insgesamt drei römische Kaiser. Gordianus III. fiel in einer der Schlachten gegen Shapur, Valerian kam bei Edessa in Nordmesopotamien in sasanidische Gefangenschaft, und Philippus Arabs unterlag Shapur in der Schlacht. Alle Siege über die Römer ließ Shapur in seiner neu gegründeten Residenz Bishapur und in Naqsh-e Rostam in Felsreliefs abbilden.

Nach Shapurs Tod im Jahr 272 folgte eine erste Schwächephase der Sasaniden, die bis zur Regierungszeit Shapurs II. (Anfang 4. Jh.) andauern sollte. Während dieser Periode regierten sechs Könige: Hormizd I., Bahram I., Bahram II., Bahram III., Narseh und Hormizd II. Innenpolitisch wurde in dieser Zeit das Reich von Religionskriegen aufgerieben, und außenpolitisch verloren die Sasaniden ihre Auseinandersetzungen gegen die Römer. Zur Regierungszeit Bahrams II. belagerte der römische Kaiser Carus Ktesiphon in Mesopotamien und eroberte die Stadt. Narseh, der Sohn Shapurs I., verlor gegen Galerius und mußte, nach dem Frieden von Nisibis, Armenien und Nordmesopotamien räumen.

Bishapur, das überlebensgroße Standbild Shapurs I. in der Mundan-Höhle

Erst **Shapur II.** (309–379) machte das sasanidische Reich wieder zu einem ernstzunehmenden Machtfaktor im Vorderen Orient. Nach seinem Sieg über Julian Apostata holte er sich im Jahr 363 Armenien und Nordmesopotamien zurück. Im Osten seines Reiches war er gezwungen, nach 371 gegen das Bündnis der zentralasiatischen Stämme der Chioniten und Hephthaliten vorzugehen, um die Gefahr eines Einfalls in sein Territorium abzuwenden.

Auf die Regierungszeit Shapurs II. folgte eine zweite Schwächeperiode, die diesmal gut 100 Jahre andauerte. In diesem Zeitraum regierten zehn sasanidische Großkönige, die sich alle mit Angriffen von den Hephthaliten im Osten und dem Byzantinischen Reich im Westen auseinandersetzen mußten und häufig gegen beide verloren. Einer dieser Könige war der sagenumwobene **Bahram V.**, der den Beinamen *gur*, der Jäger, trug. Er war ein sinnenfreudiger Herrscher, der dem Wohlleben und der Jagd frönte. Als erfolgreicher und scharfäugiger Jäger ging er in die Geschichte ein, und über ihn wurden zahlreiche, bis in die heutige Zeit bekannte Jagd- und Liebesabenteuer erzählt.

Am Ende der Regierungszeit **Kavads I.** (488–496) kam es im Reich der Sasaniden zu heftigen Spannungen zwischen den Armen und dem Adel sowie dem zoroastrischen Klerus. In diesem Kampf tat sich ein Mann namens Mazdak hervor, der für die Rechte der Armen eintrat und soziale Reformen forderte. Adel und Klerus schlossen sich gegen Mazdak und seine Anhänger zusammen und nahmen Einfluß auf den Sohn und Nachfolger Karvads, **Khosrow I. Anu-**

shirvan (531–578), der daraufhin Mazdak und viele seiner Gefolgsleute ermorden ließ. Nach diesem Gewaltakt aber beschloß Khosrow I., sich den Ursachen des Aufruhrs zu stellen. Er leitete eine Steuerreform ein, mit dem Ziel, mehr Gerechtigkeit im Land durchzusetzen. Darüber hinaus gab er seinen Untertanen die Gelegenheit, im Palast ihre Sorgen vorzutragen. Gewissenhaft kümmerte er sich um die Belange der einfachen Menschen und regierte fortan sehr volksnah, weshalb er den Beinamen *adel,* der Gerechte, erhielt. Auch außenpolitisch bemühte er sich, wieder eine gewisse Stabilität für das sasanidische Reich zu schaffen. Er schloß Frieden mit Byzanz, und im Osten vernichtete er, im Bündnis mit türkischen Stämmen aus Zentralasien, endgültig das Königtum der Hephthaliten. Gegen Ende seiner Regentschaft konnte er sogar Jemen in Südarabien für kurze Zeit unter persische Herrschaft bringen.

Khosrow II. Parviz (591–628) war der letzte mächtige Großkönig der Sasaniden. Er führte zahlreiche Angriffskriege gegen Byzanz, gegen die Araber, gegen Syrien und Palästina, und kaum ein Ort war vor seinen Plünderungen sicher. Aus Jerusalem, das er eroberte, soll er sogar das Kreuz Christi nach Ktesiphon verschleppt haben. Angeblich ließ er es von dort aus weiter zum Takht-e Sulaiman bringen, zum wichtigsten Feuerheiligtum der sasanidischen Könige. 628 wurde Khosrow II., selbst ein Vatermörder, durch seinen Sohn Shiruyeh ermordet, der daraufhin als Kavad II. den Thron bestieg.

Während der Gewaltherrschaft Khosrows II. breitete sich der neue Glaube des Islam durch den Propheten Mohammad und die Araber über den gesamten Nahen Osten aus. Gleichzeitig zeichnete sich der Untergang des sasanidischen Reiches ab. Zwischen 628 und 633 zermürbten permanente Bruderkriege und Machtkämpfe im Königshaus das Reich. In diesen nur fünf Jahren regierten vierzehn Herrscher, darunter zwei Frauen. Eine dieser Königinnen, Puran, ließ das Kreuz Christi nach Jerusalem zurückbringen. Der letzte König der Sasaniden, **Yazdgerd III.** (632–652), unterlag in den Schlachten von Qadesiyeh und Nehavand (642) in Westiran der immer mächtiger werdenden islamisch-arabischen Armee. Er floh nach Osten, wo er in Marw (Turkmenistan) von einem Müller beraubt und ermordet wurde. Die kriegsmüde Bevölkerung konnte und wollte sich nicht mehr den arabischen Muslimen widersetzen, und so kamen bis zum Jahr 650 nach und nach die größten Teile Irans unter arabische Kontrolle. Damit ging die Epoche der iranisch-orientalischen Antike unwiederbringlich zu Ende.

Persien und die altorientalische Gesellschaft erlebte zum letzten Mal in dem über 420 Jahre währenden Reich der Sasaniden eine kunst- und kulturgeschichtliche Blüte, von der ein nicht unbeträchtlicher Einfluß auf Byzanz und Rom im Westen, auf die Chinesen im Osten und besonders die Araber im Süden ausging. Die parthische Dynastie, die länger als die Sasaniden an der Macht war, ist in mancherlei Hinsicht als Vorläufer der Sasaniden anzusehen, doch schufen die Sasaniden im künstlerischen und kunsthandwerklichen

Bereich Werke, die weitaus reifer und auch monumentaler waren als die der Parther und eher mit dem Schaffen der Achämeniden zu vergleichen sind. Die Sasaniden verstanden sich politisch wie künstlerisch als Nachkommen ihrer persischen Ahnen, der Achämeniden.

Über das Leben und Denken der Sasaniden ist die Wissenschaft deshalb so gut informiert, weil mehr Inschriften und Primärquellen aus dieser Zeit überliefert sind als aus jeder anderen Periode zuvor. Eine Vielzahl von Pergamenten und Handschriften ging zwar verloren, jedoch blieben die dauerhaften Steininschriften erhalten. Für die Geschichte bieten die sasanidischen Münzen mit ihren Legenden eine lückenlose Quelle. Auch das Avesta, das heilige Buch der Zoroastrier, das in sasanidischer Zeit abgefaßt wurde, übermittelt zahlreiche und wichtige Informationen. Die originalen Fassungen sind zwar ebenfalls nicht überliefert, der Inhalt des heiligen Buches wurde jedoch mündlich weitergegeben und in der frühislamischen Zeit erneut aufgeschrieben. Eine weitere Informationsquelle über die Sasaniden bilden die frühislamische Dichtung und Lyrik sowie die Berichte der frühislamischen Historiker und Reisenden. Die archäologischen Zeugnisse sind noch vielfältiger. Erhalten blieben größere Stadtanlagen, Paläste und Tempel, Gräber und Felsreliefs und eine Reihe der verschiedensten Erzeugnisse der Kleinkunst und des Kunsthandwerks.

Die Eroberung Irans durch die muslimischen Araber (7.–8. Jh.)

Durch den arabischen Sieg über die Sasaniden bricht die Kontinuität der iranischen Geschichte ab. Mit dem Beginn der islamischen Ära änderte sich nicht nur die Religion, sondern auch die Lebensweise und Kultur, die gesellschaftlichen Strukturen, ja sogar die Zeitrechnung. Während der Zeit der Sasaniden versuchten die Stämme der Arabischen Halbinsel immer wieder, in sasanidisches Gebiet vorzudringen. Deshalb brachten die Sasaniden das Fürstentum der Lakhmiden in Nordostarabien unter ihre Herrschaft und machten es zu einem abhängigen Vasallenstaat, der dem sasanidischen Großkönig verpflichtet war und feindliche Bewegungen im arabischen Raum sofort meldete.

Mohammad und der neue Glaube hatte die verfeindeten arabischen Stämme geeint und ihnen ein gemeinsames Ziel gegeben, das nicht vordergründig nach weltlichem Reichtum strebte, sondern die heilbringende Religion des Islam verbreiten wollte. Dem Sasanidenkönig Khosrow II. Parviz schickte Mohammad einen Brief, in dem er ihn aufforderte, mit dem Übertritt zum Islam seine Gewaltherrschaft zu beenden. Khosrow II. jedoch zerriß den Brief, woraufhin die Araber zum Angriff übergingen. Sie eroberten und zerstörten die ehemalige Hauptstadt der vorangegangenen persischen Dynastien, die Doppelstadt Ktesiphon-Seleukia, die sie al-Mada'in (= die [zwei]

Städte) nannten. Nur wenige Kilometer weiter nördlich gründeten sie am Tigris Baghdad und in Südmesopotamien die Städte Kufa und Basra. Vom Süden aus eroberten sie 640 Ahwaz und Susa in Khuzistan, und kurz darauf drangen sie über den Zagros in das iranische Hochland vor. 642 kam es zu der alles entscheidenden Schlacht bei Nehavand südlich von Hamadan, und nach dem Tod des letzten Sasanidenkönigs Yazdgerd III. übernahmen die Araber 650 endgültig die Macht in Iran.

Mit offenen Armen nahm die iranische Bevölkerung, die von dem streng hierarchisch gegliederten Gesellschaftssystem des sasanidischen Adels unterdrückt worden war, den neuen Glauben an, der die Gleichwertigkeit aller Menschen propagierte. Die politische Umsetzung dieses Prinzips gelang jedoch in Iran zunächst nicht. Aus den Machtkämpfen um die Nachfolge Mohammads und um das Kalifat war die Dynastie der Umayyaden siegreich hervorgegangen und etablierte sich in Damaskus. Die umayyadischen Kalifen wandten sich sehr bald von den religiösen Idealen ab und regierten die gesamte islamische Welt mit harter Faust. In Iran setzten sie fremde, nicht persische Statthalter ein, deren Hauptaufgabe darin bestand, das reiche Land durch hohe Abgaben auszubeuten. Erneut mußte die iranische Bevölkerung unter einer brutalen Herrschaft leben.

Die Unzufriedenheit führte in Iran wie in anderen Teilen des umayyadischen Reiches zu Revolten und Aufständen. Khorasan wurde zum Zentrum des Widerstands; von hier aus organisierte ein Perser namens Abu Muslim die Oppositionellen in Iran. Unter seiner Führung gelang es den Aufständischen, die nicht mit Mohammad verwandte umayyadische Dynastie zu stürzen und die aus der Sippe des Propheten stammende Familie der Abbasiden an die Macht zu bringen. Nachdem Abu al-Abbas 750 in Baghdad zum Kalifen ausgerufen worden war und die Abbasiden endgültig die Macht übernommen hatten, ließen sie Abu Muslim hinterlistig ermorden.

Um das neu gegründete große Reich zu regieren, mußten die Abbasiden auf die Erfahrungen persischer Beamter zurückgreifen, die sie mit der Verwaltung betrauten. Einige Perser stiegen sogar zu mächtigen Wesiren auf, wie Djafar aus der Adelsfamilie der Barmakiden. Auf diese Weise konnte die persische Elite am Hof von Baghdad Fuß fassen. Als berühmtester Kalif der Abbasiden und Förderer von Kunst und Wissenschaft ging Harun al-Rashid, der in der frühen abbasidischen Zeit regierte und ein Zeitgenosse Karls des Großen war, in die Geschichte ein.

In der ersten Hälfte des 9. Jh. fielen, ebenso wie vorher die Umayyaden, nun auch die Herrscher der Abbasiden von den islamischen Grundsätzen ab und entfremdeten sich der Bevölkerung. Sowohl dies als auch die immensen Abgabenforderungen Baghdads und die Ermordung Abu Muslims, die das persische Volk nicht vergessen hatte, schufen die Grundlage für erneute Aufstände in Iran. Als Folge errangen die Perser politische Unabhängigkeit von den Abbasiden, und es entstanden lokale, nur noch nominell mit Baghdad verbundene Dynastien.

Selbständige lokale Dynastien (9.–11. Jh.)

Nach 820 gründete der Gouverneur von Khorasan, ein persischer General mit dem Namen Taher, dort als erster einen unabhängigen iranischen Kleinstaat und damit die Dynastie der **Taheriden**, die nur 50 Jahre bestand. Die Nachfolger Tahers gliederten Zentraliran, Tabaristan, Kerman und zeitweilig sogar die Fars ihrem Machtbereich ein. Nishabur in Khorasan wurde zur Residenzstadt der Taheriden.

Gegen Mitte des 9. Jh. sammelte in Sistan, im Südosten Irans, ein Kupferschmied namens Yaaqub Ibn Laith die Unzufriedenen um sich und machte sich zu ihrem Anführer, um das Land von der ungeliebten Fremdherrschaft Baghdads zu befreien. Er eroberte mit seinen Truppen bis 875 Khorasan, Kerman und die Fars und begründete damit die Dynastie der **Saffariden**. Danach beschloß er, nach Baghdad zu ziehen und das abbasidische Kalifat zu stürzen. Zwar gelang es dem Kalifen, Yaaqubs Vormarsch kurz vor Baghdad aufzuhalten, doch erschien ihm der Saffaride so bedrohlich, daß er, allerdings erfolglos, versuchte, mit falschen Versprechungen einen schnellen Frieden zu erwirken. Kurz darauf starb Yaaqub an einem Fieber in Djondi Shapur, und sein Bruder Amr übernahm die Führung der Saffariden, bis er um 900 von den mittlerweile erstarkten Samaniden verhaftet und ermordet wurde. Die Fars und Sistan blieben jedoch noch lange nach seinem Tod in saffaridischer Hand.

Bereits unter den Taheriden war die Familie der aus Khorasan stammenden **Samaniden** zu Gouverneuren von Westturkestan und Afghanistan aufgestiegen. Erstmals in der islamischen Zeit erhob Anfang des 10. Jh. der Samanide Amir Ismail Anspruch auf den iranischen Königsthron. Er besiegte die Saffariden bei Balkh, erreichte ein Bündnis zwischen Westturkestan und Khorasan und residierte in Bukhara, Samarqand und Nishabur. In Bukhara, wo er starb und beigesetzt wurde, ist noch heute sein in sasanidischer Architekturtradition errichtetes Mausoleum eine berühmte Sehenswürdigkeit. Die Dynastie der Samaniden beherrschte für etwa 100 Jahre große Teile Irans und Zentralasiens.

Während die bisherigen lokalen Dynastien der sunnitischen Richtung des Islam angehörten, waren die beiden aus der Gegend des Kaspischen Meeres stammenden Dynastien der **Ziyariden** und **Buyiden** Schiiten. Die Geschichte der Buyiden beginnt mit drei Brüdern, die nach dem Tod des Ziyariden Mardawidj an die Macht gelangten, den Iran unter sich aufteilten und gemeinschaftlich regierten. Der älteste Bruder Ali Imad al-Dowla, der von seinen jüngeren Brüdern als Führer der Sippe anerkannt wurde, wählte 934 Shiraz zu seiner Residenz. Hasan Rokn al-Dowla erhielt Isfahan, und Ahmad Muizz al-Dowla regierte in Ahwaz. Nachfolger der drei Brüder war der Sohn Hasans, Adhud al-Dowla, der sich im Jahr 977 in der Tradition der alten sasanidischen Könige krönen ließ, sich erstmals in der islamischen Zeit *shahinshah* (König der Könige) nannte und völlig unabhängig von Baghdad regierte. Unter ihm wurden nicht nur die

Firdowsi beweist sein literarisches Talent am Hof des Ghaznawiden-Sultans Mahmud Yamin al-Dowla. Illustration zur Einleitung des ›Shahnameh‹, das der Dichter dem Fürsten gewidmet hatte. Heute Privatbesitz in den USA ▷

Königsresidenzen ausgebaut, sondern auch die schiitischen Hochburgen Qom, Kashan, Qazwin und Ray. Er wurde so mächtig, gleichzeitig das Kalifat in Baghdad so schwach, daß gegen Ende des 10. Jh. das buyidische Territorium ein Gebiet umfaßte, das im Süden vom Meer von Oman bis zum Kaspischen Meer im Norden, von Sistan im Osten bis zur syrischen Grenze im Westen reichte. Nach dem Tod Adhud al-Dowlas zerfiel das buyidische Reich, in Tabaristan und Gorgan machten sich die Ziyariden selbständig, und in Azarbaidjan kamen die **Muzaffariden** an die Macht. Selbst Isfahan fiel unter den **Kakuyiden** (Kakwahiden) ab.

Der türkische General Alptakin, der in samanidischen Diensten stand, machte sich 961 von seinen Dienstherren unabhängig und eroberte Balkh und Ghazna im heutigen Afghanistan. 977 gründete sein Nachfolger Saboktakin in Ghazna die Dynastie der **Ghaznawiden.** Kurz darauf fiel er in Khorasan und Sistan ein und entriß diese Gebiete der buyidischen Herrschaft. Der wichtigste Herrscher dieser Dynastie war Mahmud Yamin al-Dowla (998–1030), der Bukhara, Khwarazm in Westturkestan, Ray und Isfahan eroberte. Er zog weiter nach Osten bis an den Indus (heute Pakistan) und nach Nordindien, unterwarf diese Gebiete und bekehrte die Bevölkerung zum Islam. Seine Königsresidenzen waren Ghazna und Nishabur. Mahmud Yamin al-Dowla, eine große Persönlichkeit der Geschichte, war der erste türkische Herrscher der islamischen Welt. Er war nicht nur ein politisch gewandter Regent und Eroberer, sondern förderte auch die iranische Literatur, Kunst und Wissenschaft. Der berühmte persische Dichter Firdowsi (s. S. 90) widmete ihm das ›Shahnameh‹ (Königsbuch), das iranische Nationalepos. Während in Iran Mahmuds Sohn Masud I. (1031–1041) der letzte König der Ghaznawiden war, herrschte die Dynastie in Afghanistan weiter bis 1190.

Die Zeit der türkisch-mongolischen Vorherrschaft (1050–1500)

Die **Seldjuken** waren ein Stamm der in Zentralasien beheimateten Turkvölker. Um die Jahrtausendwende nahmen sie den islamischen Glauben an und organisierten sich unter ihrem Führer Toghrol Beg. Nach 1040 fielen sie von Turkestan aus in Iran ein und beendeten dort die Herrschaft der Ghaznawiden im Osten und der Buyiden im iranischen Hochland. Von hier aus eroberten sie Mesopotamien, Syrien und Palästina. Durch die Einnahme Jerusalems lieferten sie den europäischen Christen den entscheidenden Anlaß, die Kreuzzüge zu beginnen. 1068 marschierten die Seldjuken nach Kleinasien, führten erfolgreich Kriege gegen die byzantinische Armee und gründeten dort die Dynastie der Rum-Seldjuken (Rum = Ostrom = Konstantinopel). Damit endete der Einfluß Europas auf Kleinasien, das von nun an türkisch war. Neben den Iranern hatte nun mit den türkischen Seldjuken ein zweites nichtarabisches Volk die islamische

Weltbühne betreten und schwächte weiter die Macht der arabischen Kalifen in Baghdad.

Nach Toghrol Begs Tod (1063) kam Alp Arslan an die Macht und eroberte 1071 Armenien. Kurz darauf wurde er ermordet. Sein Sohn und Nachfolger Malik Shah (1072–1092) gilt als der wichtigste Herrscher der Seldjuken in Iran, die unter seiner Regentschaft den Höhepunkt ihrer Macht erreichten. In den Kämpfen um die Nachfolge Malik Shahs zersplitterte das Reich der Seldjuken in mehrere Kleinstaaten, denn verschiedene Familienclans der Dynastie und einige Generäle machten sich in Kerman, Westiran, Iraq und Syrien selbständig. Im 12. Jh. richteten die Seldjuken in Khwarazm in Zentralasien ein Vasallenkönigtum ein, dessen Dynastie sich Khwarazm-Shahian nannte. Die Könige dieser Dynastie wurden bis zum frühen 13. Jh. so stark, daß sie die Seldjukenherrschaft in Iran stürzen konnten. Doch bereits Mitte des 13. Jh. löschte der Mongolensturm die Khwarazm-Shahian, die verbliebenen Seldjuken-Dynastien und die Rum-Seldjuken in Kleinasien vollständig aus.

Anfänglich hatten die Seldjuken ihre Residenzstädte in Bukhara und Nishabur, später regierten sie von Ray, Hamadan und Isfahan aus. Nachdem sie Iran erobert hatten, beeindruckte sie die Zivilisation, die sie vorfanden, so stark, daß sie in allen Bereichen die iranische Kultur annahmen. Im Lauf der Jahrhunderte transportierten sie die persische Sprache an die türkischen Höfe in Zentral- und Kleinasien und sogar bis nach Nordindien. In diesen Gebieten blieb bis in das frühe 20. Jh. hinein Persisch die Sprache des gebildeten Adels und der Poesie.

In seldjukischer Zeit gab es in Iran zwei Persönlichkeiten des öffentlichen Lebens, deren Wirken entscheidend zur Blüte von Kunst und Wissenschaft beitrug. Der eine war der Großwesir Malik Shahs, Nizam al-Molk, der andere der Theologe, Philosoph und Hochschullehrer Imam Mohammad al-Ghazzali. Als herausragende Geister im Bereich der persischen Literatur und Poesie sind Omar Khayyam aus Nishabur, Nizami, Meister der romantischen Epik, und Mowlana Djalal al-Din Rumi (türkisch: Mewlana) zu erwähnen.

Die turkstämmigen Seldjuken gehörten der sunnitischen Glaubensrichtung des Islam an, während der größere Teil der iranischen Bevölkerung sich zum Schiitentum (Glaube an die Imame in der direkten Nachfolge Mohammads) bekannte. Aus der irregeleiteten Sekte der Ismailiten ging ein Mann namens Hasan-e Sabbah hervor, für den die Sunniten Ungläubige waren, weshalb er der Seldjukenherrschaft in Iran den Krieg ansagte. Er rief im Jahr 1090 die radikale Sekte der **Assassinen** ins Leben und errichtete sein Hauptquartier in der als uneinnehmbar geltenden Bergfestung Alamut, nördlich von Qazwin im Elburz-Gebirge. In der Nachbarschaft wurden weitere Burgen erobert oder gebaut, in die sich seine wachsende Anhängerschaft zurückzog.

Hasan-e Sabbah gründete eine lokale Dynastie, die mehr als 160 Jahre Bestand haben sollte und in ihrer Überheblichkeit sogar Münzen prägen ließ. Er bildete seine Anhänger nicht nur religiös aus, sondern auch als Krieger und Kämpfer, die sich *fedaiyyun* nannten, die sich selbst Opfernden. Mit Einsätzen, die sie zumeist nicht überlebten, verübten sie im ganzen Land Mordanschläge. Der Legende nach löste Hasan den Todesmut und die durchschlagende Kraft seiner Krieger durch eine Täuschung aus. Angeblich betäubte er sie mit Haschisch, ließ sie in einen paradiesisch hergerichteten Garten hinter der Burg bringen und, nachdem sie aus dem Rausch erwacht waren, von schönen Sklavinnen verwöhnen. Später überzeugte er sie davon, daß sie das Paradies gesehen hätten, in das sie nach ihrem ruhmreichen Kampf gegen die sunnitischen Machthaber eingehen würden. Die Getäuschten waren nun bereit, das irdische Leben zu verachten und schnellstmöglich den Tod zu suchen, um zurück ins Paradies zu gelangen.

Inwieweit die Einzelheiten dieser Geschichten der Wahrheit entsprechen, ist heute nicht mehr zu sagen. Belegen läßt sich jedoch, daß Hasan die berauschende Wirkung der Hanfpflanze Haschisch benutzte, um seine Kämpfer einzustimmen, denn die Assassinen wurden im Persischen auch mit den Namen *hashishiyyun,* Hanfgenießer, benannt. Im Französischen entwickelte sich aus *hashishiyyun* das Wort für ermorden, *assassiner,* das wiederum zum Ursprung für die Bezeichnung der Assassinen wurde.

Während ihrer Schreckensherrschaft ermordeten die Assassinen Tausende von Menschen. Staatsmänner wie Malik Shah und Nizam al-Molk gehörten zu ihren Opfern, aber auch Geistliche aller Glaubensrichtungen, auf die häufig beim Freitagsgebet in den Moscheen Anschläge verübt wurden. Daraus ergab sich die Notwendigkeit, die Geistlichen bei der Predigt auf der Kanzel zu schützen. Deshalb gab es seit dieser Zeit schützende Wände und eine Tür an der Kanzel, die die Meuchelmörder vom Imam fernzuhalten vermochten. Die Seldjuken wurden bis zum Ende ihrer Herrschaft von den Assassinen bedrängt, und es gelang ihnen nicht, dieser Bedrohung Herr zu werden. Erst der Mongolenfürst Hulagu eroberte 1250 die Festung Alamut, zerstörte die Burg und zerschlug die Gemeinschaft der Assassinen endgültig.

Iran wurde während des 13. Jh. zum zweiten Mal von innerasiatisch-türkischen Eindringlingen heimgesucht und überrannt. Der **Mongolensturm** begann nach 1200 mit dem mächtigen Fürsten Chingis Khan, der Zentralasien an sich riß und in Nordiran einfiel. Sein Nachfolger Hulagu eroberte um 1250 ganz Iran und nahm 1258 Baghdad ein. Er stürzte die abbasidische Dynastie und ließ den letzten Kalifen von Baghdad hinrichten. So entstand in Iran und Mesopotamien das mongolische **Ilkhanidenreich,** dem später sogar Kleinasien und Teile Kaukasiens angehörten.

Der Sturm der Mongolen hatte für Iran katastrophale Folgen. Die wilden Reiterhorden ermordeten Tausende von Menschen, plünderten die Städte und brannten alles nieder, was für sie ohne Wert war. So fielen viele Universitätsstädte und u. a. auch die weltberühmte

Isfahan, ilkhanidischer Stuckmihrab des Oldjaitu in der Freitagsmoschee

Bibliothek von Nishabur ihrer Vernichtungswut zum Opfer. Die riesigen Viehherden im Gefolge der Mongolen zertrampelten und fraßen die Ernte und machten dadurch die Felder für lange Zeit unbrauchbar, so daß neben Mord und Brandschatzung auch Hungersnöte und Seuchen die Bevölkerung heimsuchten. In dem verwüsteten Land siedelten sich die vormals nomadischen Mongolen an, nahmen mit ihrem Herrscher Mahmud Ghazan Khan (1295–1304) den islamischen Glauben an und begannen, die Städte wieder aufzubauen. Ghazan Khan ordnete die Verhältnisse im Land, organisierte ein zentrales Verwaltungssystem und stellte die Einheit des Staates wieder her. Damit waren die Voraussetzungen geschaffen, Handel zu treiben und die wirtschaftliche Lage zu verbessern. Die Handelsbeziehungen der Ilkhaniden reichten vom Balkan bis nach Zentralasien und Indien. Diese Veränderungen führten sogar zu einer wirtschaftlichen Blüte mit reger Bautätigkeit, insbesondere im sakralen Bereich, und zur Förderung der persischen Literatur und der Künste. Ihre Residenzen errichteten die Ilkhaniden in Maragheh, Tabriz und Sultaniyeh. Der Nachfolger Ghazan Khans war sein Bruder Oldjaitu, der in Sultaniyeh (Zandjan) in einem prächtigen Grabbau bestattet wurde.

Während das zentral regierte Ilkhanidenreich in Iran mit der Ermordung Abu Saids im Jahre 1335 ein Ende fand, bestand die Dynastie der Ilkhaniden, wenn auch zersplittert in kleine Fürstentümer, in einigen Teilen des Landes weiter. Sowohl diese Spaltung als auch die Erbstreitigkeiten nach dem Tod Abu Saids begünstigten 1381 die dritte aus dem Norden kommende mongolisch-türkische Invasion

Irans, die von Timur-e Lang (= der hinkende Timur), in Europa bekannt als Timur Leng oder Tamerlan, angeführt wurde.

Der Einfall der **Timuriden** in Iran war ähnlich folgenschwer für das Land wie der Mongolensturm. Gelegentlich übertrafen deren grausame Massenhinrichtungen und Zerstörungen der Städte sogar die Unmenschlichkeiten der Mongolen. Timur eroberte in einer unglaublichen Geschwindigkeit ganz Iran und stieß über Mesopotamien und Kleinasien bis in die Ägäis vor. Diese Gebiete konnte er jedoch nicht lange halten; sehr bald mußte er sich nach Iran und Zentralasien zurückziehen. Er gründete mit seiner Herrschaft die Dynastie der Timuriden, die in Samarqand residierte. Um seine Hauptstadt Samarqand auf das prunkvollste auszustatten, ließ Timur Künstler, Handwerker, Architekten und Wissenschaftler aus Iran nach Zentralasien verschleppen. Aber auch in Iran selbst entstanden großartige Bauten. Die typischen blauen Kachelverzierungen und die Fliesenmosaike an timuridischen Bauten zeugen noch heute vom hohen künstlerischen Können dieser Zeit.

Nach dem Tod Timurs 1405 zerfiel sein Reich. Im Osten (Sistan und Khorasan) und in Afghanistan bestand für einige Zeit die timuridische Dynastie mit der Hauptstadt Herat weiter. Im Westen Irans hingegen machten sich einige kleinere timuridische Fürstentümer unabhängig. Daneben gewannen in dieser Region zwei turkmenische Stämme zunehmend Macht, die **Qara Qoyunlu** (= Schwarze Hammel) und die **Aq Qoyunlu** (= Weiße Hammel), und beanspruchten ihr eigenes Territorium. Während des gesamten 15. Jh. unterstand Iran demnach keiner Zentralgewalt, sondern wurde von mehreren Kleinfürsten beherrscht.

Das persisch-schiitische Reich der Safawiden (1501–1732)

Im frühen 14. Jh. lebte in Ardabil ein sunnitischer Derwisch namens Shaikh Safi al-Din Is'haq. Dort gründete er eine Sufi-Ordensgemeinschaft, deren Leitung bis zum Ende des 15. Jh. in der Hand seiner Familie blieb. Gegen Ende des 14. Jh. trat Shaikh Safis Enkel Khwadjeh Ali mit allen Ordensangehörigen zum Schiitentum über. Die schiitische Bevölkerung Irans war fast 500 Jahre lang von den türkisch-mongolischen Herrschern, die hauptsächlich der sunnitischen Glaubensrichtung angehörten, unterdrückt und verfolgt worden. Im abgelegenen Ardabil, wo die schiitischen Gläubigen Schutz suchten und fanden, formierte sich mit dem Derwisch-Orden der Widerstand gegen die sunnitischen Machthaber. Es entstand eine Bewegung, die von Azarbaidjan aus die Unterdrückten und Armen überall im Land zu unterstützen versuchte. Unter der Führung Shaikh Djunaids formierte sich eine Derwisch-Armee, die notfalls mit Waffengewalt die Rechte der Mittellosen und Bedürftigen durchzusetzen bereit war. Sein Nachfolger Shaikh Haidar führte für seine Glaubenskämpfer eine rote Mütze ein, die fortan die Krieger kennzeichnete und ihnen den Namen *qizil bash* (= die Rotköpfigen) eintrug.

Haidars Nachfolger, dem jungen Ismail, gelang es, mit seiner Ordensarmee von Ardabil aus Tabriz zu erobern. Er übernahm als **Ismail I.** (1501–1524) den persischen Thron und begründete damit die Dynastie der Safawiden. Wie die vorislamische Dynastie der Sasaniden, die einer zoroastrischen Priesterfamilie entstammte, gingen auch die Safawiden, durch ihren Vorfahren Shaikh Safi, den Gründer eines Sufi-Ordens, aus religiösem Umfeld hervor. Ganz in altpersischer Tradition führte Ismail I. wieder den Titel ›Shahinshah‹, König der Könige. Binnen kürzester Zeit eroberte er ganz Iran, marschierte mit seinen Kriegern in den Iraq ein und schlug 1510 in Khorasan den Mongolen-Khan der Usbeken. Damit hatte das safawidische Reich, das von Turkmenistan und Afghanistan im Osten bis an die Grenze zu Anatolien und zum Euphrat im Iraq reichte, fast die Größe des sasanidischen Imperiums angenommen.

Ismail I. erklärte das Schiitentum zur Staatsreligion, die es bis heute in Iran geblieben ist. In Kleinasien hingegen herrschten sunnitische Muslime. Mitte des 15. Jh. hatte der türkische Osmanenherrscher Mehmed II. die byzantinische Hauptstadt Konstantinopel erobert, sie in Istanbul umbenannt und zum Sitz des sunnitischen Kalifats gemacht. Der Osmanen-Kalif Selim I. fühlte sich durch die aufsteigende Macht und die Ausdehnung des schiitisch-safawidischen Reiches bis an die türkischen Grenzen und bis tief in den Iraq

Isfahan, Chehel Sotun-Palast, Wandgemälde im Thronsaal mit der Darstellung Shah Ismails I. in der Schlacht gegen die Usbeken

hinein bedroht und stellte im Sommer 1514 in Chaldoran, nordwestlich von Tabriz, die Safawiden zum Kampf. Da die Osmanen kampftechnisch weit überlegen und besser ausgerüstet waren, verlor die safawidische Armee die Schlacht; an die 20 000 Qizil Bash-Krieger fielen. Die Türken nahmen Tabriz ein, und Ismail I. mußte nach Osten fliehen. Zwar befahl der Kalif, Ismail und seine dezimierte Armee zu verfolgen, doch hatten die vom Kampf geschwächten türkischen Soldaten nicht mehr die Kraft, weiter nach Persien vorzustoßen. Sie meuterten und zwangen den Kalifen, sich wieder in die Türkei zurückzuziehen. Dies war der letzte große Vorstoß der sunnitischen Osmanen in den schiitischen Osten. Von nun an konzentrierten sie sich auf den Mittelmeerraum, in dem sie Syrien, Palästina und Ägypten bis zur marokkanischen Grenze eroberten. Damit stieg das osmanische Reich zur Weltmacht auf und wurde zum Repräsentanten aller Sunniten, die knapp 90 % der Muslime weltweit stellten. Das safawidische Reich hingegen beherrschte weiterhin den Osten und repräsentierte die Schiiten, die die übrigen 10 % der muslimischen Welt ausmachten, in Iran, Teilen des Iraq und Afghanistans sowie Nordindiens.

Isfahan, Chehel Sotun-Palast, Wandmalerei mit einer Bankettszene. Als Hauptpersonen sind Shah Abbas II. und sein Ehrengast, der Emir von Turkestan, dargestellt

Ismail I. starb 1524 und wurde in Ardabil im Mausoleum des Shaikh Safi neben seinem Vorfahren beigesetzt. In der Zeit zwischen 1524 und 1587 erlahmte die Macht des safawidischen Reiches unter Ismails Nachfolgern Tahmasp I., Ismail II. und Mohammad Khodabandeh. Das Land wurde permanent von Westen her durch die Osmanen und im Osten von den Usbeken bedrängt. 1534 eroberte der Osmanen-Kalif Sulaiman I. den gesamten Iraq und sperrte damit den Weg für die schiitischen Gläubigen zu ihren höchsten Heiligtümern, den Gräbern der Imame.

Tahmasp I. verlegte wegen der ständig schwelenden Gefahr aus dem Westen seine Hauptstadt von Tabriz nach Qazwin. Erst 1587 kam mit dem jungen **Abbas I.** (1588–1629) wieder ein starker Herrscher an die Macht. Er regierte über 40 Jahre lang und führte das Land zu einer absoluten Blüte. Im außenpolitischen Bereich besiegte er seine sämtlichen Widersacher. Er unterwarf in Afghanistan die unabhängigen Fürstentümer Balkh und Herat und sicherte damit die Grenzen nach Zentralasien endgültig. Im Süden ordnete er die Verhältnisse des Landes, eroberte die größeren Inseln im Persischen Golf, vertrieb die Portugiesen von dort und gründete die nach ihm benannte Hafenstadt Bandar-e Abbas an der Meerenge von Hormoz. Danach fiel er in den Iraq ein, wo er die heiligen schiitischen Stätten Nadjaf und Kerbela 1616 von den sunnitischen Osmanen befreite.

Bereits 1598 hatte Shah Abbas I. die geopolitisch günstig am Zayandehrud gelegene Oase Isfahan zu seiner Residenz gemacht. Um seine Stadt auszubauen und prunkvoll zu gestalten, holte er Künstler aus dem ganzen Land, unter anderem die wegen ihrer handwerklichen Fähigkeiten hoch geschätzten Armenier. Er ließ Moscheen, Medressen, Karawansaraien, Paläste inmitten von ausgedehnten Parkanlagen, öffentliche Plätze und ein großzügiges Straßensystem erbauen. Damit schuf er eine Stadt, die bis heute der Inbegriff des märchenhaften Orients geblieben ist.

Aber nicht nur in Isfahan förderte Abbas I. neue Projekte, im gesamten Land ließ er die vorhandenen Karawanenwege ausbauen und das Straßennetz so erweitern, daß alle wichtigen Städte miteinander verbunden waren. An den Karawanenstraßen wurden Hunderte, der Legende nach 999, Karawansaraien angelegt, die nach ihm in der Landessprache *abbasi* genannt wurden, wie sie heute noch heißen. So trägt die mitten in Isfahan errichtete vornehmste Karawansarai dieser Periode, die in jüngerer Zeit zu einem Luxushotel umgebaut wurde, den Namen Abbasi-Hotel (s. Abb. S. 275). Durch den Ausbau der Infrastruktur und weitere innenpolitische Reformen, die Shah Abbas einleitete, gedieh der Handel, und der Staat wurde reich. Shah Abbas beschränkte sich nicht auf die traditionellen Handelsbeziehungen zum Mittelmeer und bis nach Indien, sondern schickte sogar Handelsgesandtschaften an die Höfe der russischen und europäischen Herrscher.

Als frommer Schiit ließ Shah Abbas I. die wichtigsten schiitischen Heiligtümer in Mesopotamien ausbauen, glanzvoll gestalten und mit goldenen Kuppeln ausstatten. In Iran selbst wurden im selben Stil die heiligen Grabmäler in Mashhad, Qom und Ray hergerichtet und damit ein Ersatz für die Heiligtümer im Iraq geschaffen, falls diese in der Zukunft für schiitische Pilger aus Persien nicht erreichbar sein sollten. Damit gewährleistete Shah Abbas für die persischen Schiiten eine religiöse Unabhängigkeit von den Arabern und Türken. Zusätzlich verschönerte er landesweit auch weniger wichtige Heiligtümer. Durch den Ausbau des Straßennetzes wurden außerdem Pilgerreisen erleichtert, die von nun an verstärkt einsetzten.

Auch Wissenschaft und Kultur unterstützte Shah Abbas zunehmend während seiner Regierungszeit. Architektur und Baudekor, Kunsthandwerk, Miniaturmalerei, die Kunst der Kalligraphie und die Dichtung erreichten, ebenso wie die Geistes- und Naturwissenschaften, einen absoluten Höhepunkt. Künstler, wie der berühmte Kalligraph Reza Abbasi, und Gelehrte arbeiteten an seinem Hof und wurden von ihm gefördert.

All diese Leistungen brachten Shah Abbas, als erstem islamischen Herrscher Persiens, den Beinamen ›der Große‹ ein. Er bescherte seinem Land dadurch eine nationale Identität, Einheit und Unabhängigkeit, die während der Fremdherrschaften der letzten Jahrhunderte verlorengegangen war. Unter seiner schiitisch geprägten Herrschaft verlieh er dem bis dahin in der Welt geringer geachteten Schiitentum Geltung und Macht und schuf damit einen Gegenpol zu dem sunnitischen Imperium, das zu dieser Zeit nahezu den gesamten Mittelmeerraum bis Spanien und Nordafrika beherrschte. Die Minderheit der Schiiten wurde von nun an auch von der sunnitischen Mehrheit anerkannt. Shah Abbas übte darüber hinaus politisch, sprachlich und kulturell einen großen Einfluß auf Nordindien aus, wo in der Nachfolge der Timuriden die Moghulen-Dynastie regierte.

Nach Shah Abbas dem Großen bestieg keine große Persönlichkeit mehr den safawidischen Thron. Statt dessen setzte in vielerlei Hinsicht der Verfall ein, und Dekadenz breitete sich am Hof aus. In der Zeit zwischen 1629 und 1722 regierten Shah Safi I., Abbas II., Sulaiman I. und Hossein I. Als während der Regentschaft Hosseins I. ein afghanischer Rebell mit Namen Mahmud mit seinem Heer Isfahan belagerte, verriet der safawidische Hof die Bürger und übergab die Stadt ohne Gegenwehr und ohne Auflagen an die Rebellen. Die einfallenden Afghanen wüteten in Isfahan wie die Berserker, schlachteten die Bevölkerung zu Tausenden ab und zerstörten die glanzvolle Stadt.

Mit Hilfe des Generals Nadir gelang es Hosseins Sohn, **Tahmasp II.,** Isfahan wieder zu befreien und die Afghanen zu vertreiben. Im Kampf gegen die Osmanen war Tahmasp II. jedoch weniger erfolgreich; er wurde im Grenzgebiet zwischen Persien und Iraq von den Osmanen besiegt, die daraufhin Teile von Persiens Westen besetzten. Nach dieser Niederlage entmachtete General Nadir Tahmasp II. und setzte 1732 dessen Sohn Abbas III. als Shah ein, damit er sich in Ruhe auf eine komplette Machtübernahme vorbereiten konnte. 1736 war es dann soweit, daß er selbst den Thron übernehmen konnte. Damit endete die Herrschaft der Safawiden-Dynastie.

Interregnum: Afsharen- und Zand-Dynastie (1736–1794)

Nach dem Sturz der Safawiden war die Einheit und Kontinuität des Staates für die Dauer des gesamten 18. Jh. vorbei. Stammesfürsten und militärische Befehlshaber übernahmen die Macht, und ihre kurzlebigen Dynastien regierten in den verschiedenen Regionen zeitweilig parallel. Der aus Khorasan stammende General Nadir verließ das von den Afghanen verwüstete Isfahan und wählte Mashhad als Amtssitz. Dort ließ er sich 1736 als **Nadir Shah** krönen und begründete damit die **Afsharen-Dynastie.** Als militärisch ausgebildeter Regent versuchte er zunächst die, Probleme mit den kriegerischen Nachbarn zu bewältigen. Er trat erneut gegen die Osmanen an und befreite die besetzten Gebiete im Westen Irans. Im Osten eroberte er Qandahar in Afghanistan und unternahm 1739 einen Feldzug nach Indien, bei dem er bis nach Delhi vorstieß. Dort erbeutete er die Schätze aus dem Besitz der Moghulen-Dynastie, unter anderem den Darya-ye Nur-Diamanten und angeblich auch den legendären Pfauenthron, und verschleppte sie nach Persien.

Der Takht-e Naderi, der mit 26 733 Edelsteinen eingelegte Pfauenthron Nadir Shahs. Teheran, Nationales Juwelenmuseum

Nadir Shah war ein despotischer Herrscher, der mit harter Hand das Land regierte. 1747 wurde er von dreien seiner militärischen Befehlshaber entmachtet und ermordet. Als seine Nachfolger regierten diese drei Männer bis 1795 vorwiegend in Khorasan weiter. In Zentral- und Südiran hingegen kam 1750 **Karim Khan,** ein Fürst aus dem lurischen Stamm der Zand, an die Macht. Er wählte Shiraz als Hauptstadt und begründete dort die **Zand-Dynastie,** die aus nur wenigen, z. T. gemeinsam oder nebeneinander regierenden Herrschern bestand. Im Gegensatz zu Nadir Shah war Karim Khan, der sich im übrigen niemals zum Shah krönen ließ und auch nicht den Titel Shah in Anspruch nahm, ein eher zurückhaltender und gemäßigter Herrscher. Er führte lediglich den Titel *wakil al-raaya,* Anwalt des Volkes. Während der aus militärischem Umfeld stammende Nadir Shah wenig Interesse an Kultur gezeigt hatte, widmete sich Karim Khan in begrenztem Ausmaß auch der Kultur. In Shiraz finden sich Belege seiner Bautätigkeit, öffentliche Bauten, die auch heute noch den Titel *wakil* im Namen tragen.

Die Qadjaren-Dynastie und der Verlust der nationalen Souveränität (1779–1924)

Aus den Wirren und Machtkämpfen des 18. Jh. ging ein Stammesfürst der Turkmenen namens **Agha Mohammad Khan** (1779–1797) siegreich hervor. Er wurde zum ersten Herrscher der Qadjaren-

Dynastie, die etwa 130 Jahre bestehen sollte. Agha Mohammad Khan, der ab 1787 große Teile Irans unter seine Kontrolle brachte, wählte Teheran zu seiner Hauptstadt und ließ sich dort 1795 zum Shah krönen. Seine Wahl fiel auf das bis zu diesem Zeitpunkt recht unbedeutende Teheran, weil die Stadt verhältnismäßig weit im Norden und von daher näher an seinen Stammesverbänden lag. Agha Mohammad Khan war ein brutaler und erbarmungsloser Herrscher, der von seinen Untertanen und Vertrauten gleichermaßen gefürchtet wurde. Eines seiner grausamsten Verbrechen war die Hinrichtung Tausender von Menschen in Kerman, als Strafe dafür, daß sie dem letzten König der Zand-Dynastie Zuflucht gewährt hatten.

Taq-e Bostan, große Grotte. Das farbig gefaßte frühqadjarische Felsrelief stellt den thronenden Mohammad Shah dar, den Sohn Fath Ali Shahs

Nach der Ermordung Agha Mohammad Khans durch seinen Leibdiener folgte ihm sein Neffe Fath Ali Khan auf dem Thron. **Fath Ali Shah** (1797–1834) beschäftigte sich vorwiegend mit den Hunderten von Frauen seines Harems und kümmerte sich weniger um die Staatsgeschäfte. Durch die Untätigkeit dieses Herrschers begünstigt, fielen 1826 erstmals die Russen in persisches Territorium ein, führten zwei Kriege gegen Persien und besetzten den Nordwesten des Landes. Seinem Sohn, Abbas Mirza, der Oberbefehlshaber der Verteidigungskräfte war, versagte Fath Ali Shah jegliche Unterstützung im Kampf gegen die Bedrohung. Deshalb konnte es der russischen Führung gelingen, Persien die beiden Verträge von Golestan und Turkmanchai aufzuzwingen, die u. a. die Übergabe von Georgien, Armenien und des nördlich des Aras (Araxes) gelegenen Azarbaidjan an die Russen beinhalteten.

Fath Ali Shah folgte zunächst **Mohammad Shah** (1834–1848) und dann **Nasir al-Din Shah** (1848–1896) auf dem persischen Thron. Zu

Beginn der Regierungszeit Nasir al-Din Shahs machte Amir Kabir (s. S. 95) als erster Ministerpräsident des Landes von sich reden. Er leitete Reformen ein und kämpfte gegen die kolonialen Machtbestrebungen der Europäer. Wegen seines politischen Engagements ließ Nasir al-Din Shah ihn jedoch ermorden.

Bereits 1747 hatte sich Afghanistan von Persien unabhängig erklärt. Als Nasir al-Din Shah nun Afghanistan zurückeroberte, fielen die Briten in Persien ein, weil Großbritannien den unabhängigen Pufferstaat zwischen ihrer größten Kronkolonie Indien und dem expandierenden Rußland nicht verlieren wollte. Auf diese Weise zwang England Nasir al-Din Shah, endgültig auf Afghanistan und Teile des heutigen Pakistan zu verzichten. Die Russen hingegen verleibten 1868 dem Zarenreich die Länder Zentralasiens ein, die zu diesem Zeitpunkt zwar nicht mehr zu persischem Territorium gehörten, dennoch mit ihren Städten Samarqand und Bukhara seit Jahrhunderten Zentren persischer Kultur waren. So wurde Rußland, wie auch an der Westküste des Kaspischen Meeres, unmittelbarer Nachbar Persiens und kontrollierte nun den gesamten Norden des Landes. Im teilweise besetzten Süden übten die Briten ihren politischen Einfluß aus. Damit verlor Persien zunehmend seine Souveränität und verkam für die Dauer von 100 Jahren zum Zankapfel der beiden Kolonialmächte, die sich um die Vorherrschaft stritten.

1872 sagte Nasir al-Din Shah den Briten das Recht zu, Fabriken in Persien zu bauen, dort selbständig auf eigene Rechnung zu produzieren und die Bodenschätze des Landes auszubeuten. Zusätzlich sicherte er den Briten vertraglich das Monopol für Tabakindustrie und -handel zu. Dieser Ausverkauf des Landes an die Kolonialmächte brachte die Opposition auf den Plan, die aus der patriotisch gesinnten Bildungsschicht und der Geistlichkeit bestand. Zwischen 1890 und 1892 formierten sich die oppositionellen Kräfte, die Geistlichkeit rief das Volk zum passiven Widerstand auf und brachte es tatsächlich dazu, den Tabakverbrauch zu boykottieren. Daraufhin sah sich der Shah gezwungen, den Vertrag mit den Briten zu annullieren. Dies war das erste Mal in der neueren Geschichte des Iran, daß die schiitische Geistlichkeit politisch Einfluß nahm; sie wandte sich gegen die Ausbeutung der Bodenschätze von seiten der europäischen Kolonialmächte und verlangte nach nationaler Unabhängigkeit und Selbstbestimmung des persischen Volkes.

Im Widerspruch dazu verlagerte der Shah, als erster, jedoch nicht als letzter persischer Monarch, sein Hauptinteresse auf die Kultur des Westens. Er bereiste Europa und versuchte, seinem Land die Errungenschaften der fremden Kultur, unter Mißachtung der eigenen Wurzeln, aufzuzwingen. Ein Beispiel hierfür ist die architektonische Umgestaltung Teherans nach dem Vorbild europäischer Stadtplanung. Damit forcierte er den Verfall der persischen Kunst und Kultur, der bereits im 18. Jh. eingesetzt hatte. Das Ergebnis war eine halbherzige Mischkultur, die weder unverfälscht orientalisch noch echt europäisch war. Diese Verwestlichung, die in der Zeit der darauffolgenden Pahlavi-Dynastie noch kompromißloser wurde, führte zur Auslöschung der kulturellen und religiösen Identität Persiens. Von nun an sollte es in keiner Kunstgattung mehr spezifisch orientalisch-persische Züge geben.

Nach der Ermordung Nasir al-Din Shahs durch die Opposition bestieg sein Sohn **Muzaffar al-Din** (1896–1907) den Thron. Wie sein Vater arbeitete er in erster Linie für die Interessen der Kolonialmacht England. Sogar die ausschließlichen Rechte für die Nutzung des persischen Öls vergab er an die Briten. Von nun an floß der Hauptteil der Gewinne aus dem Ölgeschäft in englische Kassen und ein geringerer Anteil in die Taschen des Kaiserhauses. Als während Muzaffar al-Din Shahs Regierungszeit die Briten den Süden und die Russen den Norden Persiens zum Militärstützpunkt machten, kam es 1905 zum offenen Aufstand des Volkes unter Führung der Opposition. Der Shah mußte einer politischen Umstrukturierung Persiens zustimmen, die ihn in seiner persönlichen Macht stark einschränkte. 1906 bekam das Land eine Verfassung, ein Parlament mit einem gewählten Ministerpräsidenten wurde gebildet, und die absolutistische Monarchie wurde in eine konstitutionelle umgewandelt, die dem Herrscher nur noch repräsentative Funktionen zugestand. Alle im Parlament verabschiedeten Gesetze sollten zukünftig daraufhin überprüft werden, ob sie im Einklang mit den islamischen Normen und Geboten standen.

Nach dem Tod Muzaffar al-Din Shahs 1907 übernahm **Muhammad Ali Shah** die Herrschergewalt. Obwohl er als Kronprinz der neuen Verfassung zugestimmt hatte, löste er 1908 das Parlament auf und ließ das Parlamentsgebäude durch seine unter russischem Oberbefehl stehende Armee von Panzern beschießen. In allen größeren Städten Persiens gab es daraufhin Demonstrationen. Der Shah gab Befehl, in die Menge der Demonstranten zu schießen, und ließ alle Anführer der Opposition, deren er habhaft werden konnte, hinrichten. In der Zwischenzeit hatte sich in Azarbaidjan eine oppositionelle Streitmacht formiert, der es trotz der massiven Maßnahmen des Shahs gelang, Teheran zu erobern und das Parlament wieder einzusetzen. Muhammad Ali Shah mußte ins russische Exil fliehen.

Der letzte Monarch der Qadjaren-Dynastie, **Ahmad Shah** (1909–1924), bestieg im Alter von 12 Jahren den persischen Thron. Zu diesem Zeitpunkt wurde das Land durch innere Unruhen aufgerieben, das im Regieren unerfahrene Parlament hatte keine Durchsetzungskraft, und auch der jugendliche Shah, der von niemandem als Autorität akzeptiert wurde, war nicht in der Lage, der fatalen Zustände Herr zu werden. Im Zuge des Ersten Weltkriegs besetzten weitere britische und russische Streitkräfte Persien. Nachdem die Russen 1917 nach der Oktoberrevolution ihre Armee aus dem Gebiet des heutigen Iran zurückgezogen hatten, beherrschte Großbritannien bis 1919 als einzige Kolonialmacht das gesamte Land. Der Versuch Englands, per Protektoratsvertrag Iran zur britischen Kronkolonie zu machen, scheiterte an dem massiven Protest des persischen Volkes, wurde aber auch von Ahmad Shah nicht in dem Maß unterstützt, wie die Briten es sich gewünscht hätten. Die Kolonialmacht sah sich gezwungen, die militärische Besetzung aufzuheben und sich mit einer politischen Einflußnahme sowie mit der wirtschaftlichen Nutzung der Rohstoffe, d. h. mit der Förderung des Erdöls im Süden des Landes, zu begnügen.

Die Pahlavi-Dynastie (1924–1979)

Reza Khan, der Sohn einer einfachen Bauernfamilie aus Mazandaran, trat schon als Jugendlicher in die Armee ein, wurde sehr früh bereits Offizier und stieg schließlich zum Oberbefehlshaber der in Qazwin stationierten Kosaken-Brigade auf. Damit hatte jedoch seine steile Karriere erst begonnen. 1921 wurde er zum Kriegsminister unter Ahmad Shah ernannt, und 1923 ließ er sich zum Ministerpräsidenten wählen.

Als Ahmad Shah 1925 kurzzeitig im Ausland weilte, nutzte Reza Khan die günstige Gelegenheit, um zu putschen und den letzten Qadjarenherrscher vom Thron zu stürzen. 1926 ließ er sich als **Reza Shah** in Teheran krönen und gab sich, da er einfacher Herkunft war und seine Dynastie nicht nach einem berühmten Vorfahren oder Stamm benennen konnte, den vorislamisch-mittelpersischen Zunamen Pahlavi, der Heroische.

Unmittelbar nach seiner Krönung setzte Reza Shah, nach dem Vorbild des türkischen Staatspräsidenten Kemal Atatürks, den er wegen seiner politischen Reformen bewunderte, eine Säkularisierung des Staates und eine sofortige und radikale Anpassung an westliche Normen per Gesetz durch. Er erklärte das Tragen europäischer Kleidung in der Öffentlichkeit zur Pflicht und verbot traditionelle Gewandung, wie den Chador für Frauen oder Turban und Kaftan für Männer und Geistliche. Das Gesetz wurde in den Städten wie auf dem Land durch Polizeikräfte kontrolliert und durchgesetzt, auf Zuwiderhandlung standen harte Strafen. Dieser unvermittelte Bruch mit allen Traditionen führte zu landesweiten Protesten, die ihren Höhepunkt im heiligen Bezirk von Mashhad fanden und dort in Massenerschießungen und einem Blutbad endeten. Das eigentliche Motiv Reza Shahs, mit den aus religiösem Hintergrund erwachsenen Traditionen zu brechen, war jedoch das Zerreißen der Bindung zwischen Gläubigen und Geistlichkeit. Damit hoffte er, den Einfluß der Religion und damit die Vormachtstellung der Geistlichen in der persischen Gesellschaft zu zerschlagen.

Um die wirtschaftlichen Bedingungen des Landes zu verbessern, wies er im Lauf der Jahre viele britische und russische Berater und Industrielle aus und ersetzte sie durch deutsche Ingenieure, Techniker und Wirtschaftsexperten. Die Ölförderung blieb jedoch weiterhin in britischer Hand. Das Verhältnis Persiens zu Deutschland war politisch völlig unbelastet, da das Deutsche Reich bis zu diesem Zeitpunkt keinen Einfluß im kolonialen Stil auf Persien auszuüben versucht hatte. Nun halfen die mit modernstem Know-how ausgestatteten deutschen Fachleute dabei, Persien mit einer funktionierenden Infrastruktur auszustatten, indem sie sowohl das Straßennetz ausbauten, zwei wichtige Eisenbahnverbindungen von Nord nach Süd und von West nach Ost schufen und schließlich mit der Einrichtung des Teheraner Flughafens den Grundstein für ein Flugnetz legten. Unter ihrer Leitung wurde das Post- und Bankwesen organisiert sowie Universitäten und technische Hochschulen nach europäischem Muster eingerichtet.

Ebenfalls unter dem Einfluß der deutschen Berater änderte Reza Shah 1935 den Staatsnamen Persien in Iran. Nach Ausbruch des Zweiten Weltkriegs erklärte sich Iran zwar offiziell als neutral, Reza Shah jedoch zeigte deutlich seine Sympathien für das Dritte Reich, nicht zuletzt deshalb, weil er nur gute Erfahrungen in der Zusammenarbeit mit seinen deutschen Beratern gemacht hatte. Dies nahmen Russen und Briten 1941 zum Anlaß, Iran erneut zu besetzen. Sie zwangen Reza Shah, zugunsten seines Sohns Mohammad Reza abzudanken und nach Johannesburg (Südafrika) ins Exil zu gehen, wo er 1944 starb.

Die 2,8 kg schwere Pahlavi-Krone wurde nach dem Vorbild der qadjarischen Kiani-Krone gearbeitet. Teheran, Nationales Juwelenmuseum

Der junge Shah **Mohammad Reza Pahlavi** (1941–1979) regierte das Land 38 Jahre lang. Zu Beginn seiner Herrschaft zeigte er, bedingt durch seine Unerfahrenheit und seine Jugend, weniger Durchsetzungskraft, Zielstrebigkeit und Härte als sein Vater. Die Tatsache, daß er in Europa erzogen worden und mit den Eigenheiten seines Landes wenig vertraut war, tat ein Übriges – es kam zu einer nicht beabsichtigten Liberalisierung, in der politische Gruppierungen und Parteien kurzzeitig relativ viel demokratische Freiheit genossen.

Zwischen 1950 und 1953 formierte sich unter Führung des Ministerpräsidenten Dr. Mohammad Mosadegh und Ayatollah Kashanis eine Gruppe, die erfolgreich gegen die britische Ausbeutung der Ölressourcen antrat. Die Ölförderung wurde schließlich vom Parlament in iranische Hände gelegt und verstaatlicht. Nicht zuletzt daran entzündete sich ein Konflikt zwischen Shah und Mosadegh, der den Shah zur Flucht aus Iran veranlaßte und damit endete, daß unter Federführung des amerikanischen Geheimdienstes CIA der rechtmäßig gewählte Premierminister gestürzt wurde. Danach kehrte der Shah nach Iran zurück, da durch diese Ereignisse seine Stellung wieder gefestigt war.

Außenpolitisch stützte sich der Shah in der Folgezeit immer mehr auf den Westen und entfernte sich dabei immer weiter von seinem Volk. Von nun an duldete er im Land auch keine politische Opposition mehr, es gelang ihm jedoch nicht, der eng mit dem Volk verbundenen Geistlichkeit einen Maulkorb anzulegen. Das zeigt die berühmte Rede, die Ayatollah Khomeyni 1963 in Qom hielt und in der er das Volk zum offenen Widerstand gegen den Shah aufrief.

Ayatollah Khomeyni wurde daraufhin verhaftet und die theologische Hochschule in Qom, an der er lehrte und predigte, geschlossen. 1964 wurde er ins Exil, zunächst in die Türkei und dann nach Nadjaf im Iraq, verbannt.

Während in seinem Land die Menschen in Armut und unter größten Entbehrungen leben mußten, veranstaltete Shah Mohammad Reza 1971 eine gigantische Feier für die oberen Zehntausend des Landes, um das 2500jährige Bestehen der iranischen Monarchie zu manifestieren und zu demonstrieren. Als er 1976 den islamischen Sonnenkalender abschaffte und ihn durch eine neue Zeitrechnung ersetzte, die vom Krönungsjahr Kyros' des Großen ausging, brach die letzte Verbindung zwischen ihm und der gläubigen muslimischen Bevölkerung unwiederbringlich ab.

Die Islamische Republik Iran (seit 1979)

Mit dem Sturz der Pahlavi-Dynastie wurde am 31. März 1979 die konstitutionelle Erbmonarchie abgeschafft und am 1. April 1979 die Islamische Republik Iran durch ein Volksreferendum offiziell proklamiert. Vorangegangen waren im Verlauf des Jahres 1978 Unruhen, Aufstände und Demonstrationen, hinter denen nahezu die gesamte Bevölkerung stand. Auslöser dafür war im Januar 1978 ein Artikel in der größten Tageszeitung des Landes, in dem Ayatollah Khomeyni beschimpft und verunglimpft wurde. Es kam zu großen Demonstrationen in allen Teilen Irans. Im September 1978 erklärte der Shah den Ausnahmezustand, setzte das Militär gegen die Demonstranten ein und ließ damit ein Blutbad anrichten. Danach war die Empörung und der Zorn der Bevölkerung so übermächtig, daß der Shah das Land am 16. Januar 1979 verlassen mußte; am 1. Februar kehrte Imam Khomeyni aus seinem Exil zurück und wurde von der iranischen Bevölkerung jubelnd und mit offenen Armen empfangen. Die Islamische Republik trat an, ein Gottesstaat im Sinne des Koran zu sein, das heißt, eine totale Verknüpfung zwischen Religion und Staat zu schaffen.

Der 1980 vom Iraq ausgehende Krieg gegen Iran dauerte knapp acht Jahre und kostete Millionen Menschen auf beiden Seiten das Leben. Imam Khomeyni starb am 3. Juni 1989, als seinen Nachfolger ernannte ein geistliches Gremium Ajatollah Seyyed Ali Khamenei. Der bisherige Parlamentspräsident Hodjatol-Islam Ali Akbar Hashemi Rafsandjani wurde von der Bevölkerung am 19. August 1989 als Staatspräsident gewählt. Er hatte dieses Amt insgesamt acht Jahre inne und leistete während dieser Zeit viel für den Wiederaufbau des Landes nach dem Krieg und für einen wirtschaftlichen Aufschwung.

Trotzdem ist Iran auch heute noch ein Entwicklungsland, das sein Einkommen hauptsächlich aus dem Export landwirtschaftlicher Erzeugnisse, der Produkte von Rohöl- und Erdgasförderung und des traditionellen Kunsthandwerks, wie Perserteppiche und Intarsienarbeiten, bezieht. Die Infrastruktur des Landes ist hingegen recht fortschrittlich mit ihrem vergleichsweise gut ausgebauten Straßennetz und den 32 Flughäfen, von denen neun auch von internationalen Fluglinien angeflogen werden.

Nach den jüngsten Schätzungen zählt die Bevölkerung Irans rund 65 Millionen Menschen. Ende des iraqisch-iranischen Krieges 1988 begann man damit, ein allgemeines Rentensystem aufzubauen, von dem alle Teile der Bevölkerung profitieren. Parallel dazu wurde zum einen eine straffere Familienplanung propagiert, die pro Familie maximal zwei Kinder empfahl, zum anderen eine allgemeine medizinische Versorgung mit einer Krankenversicherung für alle Klassen der Gesellschaft, und nicht nur für einige wenige Privilegierte, angestrebt. Daneben führte die Regierung eine Kampagne gegen das Analphabetentum, das zur Zeit der Shah-Regierung noch gut 50% betrug. Nach letzten Schätzungen ist es mittlerweile auf etwa 30% gesunken. Auch die Stellung der Frau hat sich seit zehn Jahren stetig gebessert. Sofern sich eine Frau an die islamischen Bekleidungsvorschriften hält, gibt es für sie gesellschaftlich und beruflich kaum Einschränkungen. Sogar in traditionellen Domänen der Männer, wie Presse, Publizistik, Justiz und Politik, wurde den Frauen der Zugang ermöglicht.

Nach geltendem Recht können all jene Gruppierungen in Iran politisch aktiv werden, die auf dem Boden der Verfassung stehen und mit den islamischen Glaubensregeln konform gehen. Das passive und aktive Wahlrecht haben alle Iraner, Männer wie Frauen, ab dem 16. Lebensjahr. Die Tatsache, daß heute 50% der Bevölkerung jünger als 30 Jahre ist, hat für den Ausgang von Wahlen und die Liberalisierung der strengen traditionellen Werte eine entscheidende Bedeutung. Dies wurde am 23. Mai 1997 deutlich, als Seyyed Mohammad Khatami mit 76 % der Wählerstimmen zum neuen Staatspräsidenten durch freie und geheime Wahlen ins Amt berufen wurde. Er erweiterte daraufhin die vorsichtigen Öffnungsansätze seines Vorgängers Rafsandjani. Wie weit die Liberalisierungspolitik durch die Bevölkerung unterstützt und gewünscht wird, zeigte sich bei den sechsten Parlamentswahlen am 18. Februar 2000, die den Reformern um den Staatspräsidenten eine deutliche Zweidrittel-Mehrheit brachten.

Von kleineren Verstimmungen in den 1980er Jahren abgesehen, waren die Beziehungen zwischen Deutschland und Iran eigentlich immer recht gut. Deutschland war für die Islamische Republik während dieser Zeit das Tor zum europäischen Markt. Die Belastungen der diplomatischen Beziehungen begannen mit der Fatwa gegen Salman Rushdi und fanden ihren Höhepunkt mit dem Mykonos-Urteil, wodurch das Verhältnis der beiden Staaten zutiefst erschüttert wurde. Der Fall Höfer hat diesen Mißstand über einen langen Zeitraum hinweg aufrecht erhalten. Nach seinem glücklichen Ausgang jedoch steht der Weg zu einem erneuten aufeinander Zugehen offen. Der Ausgang der Wahlen bietet nun die Grundlage für eine weitere Intensivierung der Beziehungen auf allen Ebenen, *inshallah*.

Zeittafel: Daten zur Geschichte

Vor- und Frühgeschichte im iranischen Hochland

Mittlere Steinzeit (Mesolithikum): Von Jägern und Sammlern besiedelte Höhlen in den Randgebirgszonen des Hochlands — *40 000–10 000 v. Chr.*

Jungsteinzeit (Neolithikum): Siedlungshügel in Tälern und Flußauen; Ackerbau und Viehzucht; u. a. Susa, Tepe Sialk, Tepe Hissar — *10 000–5500 v. Chr.*

Kupferzeit (Chalkolithikum) — *5500–3000 v. Chr.*

Bronzezeit — *3000–ca. 1250 v. Chr.*

Eisenzeit: Ca. 1250–ca. 900: das Reitervolk der **Protoiranier** wandert vom Kaspischen Meer her ins Hochland ein; 9.–6. Jh.: in Ostanatolien und Westazarbaidjan gründen die **Urartäer** ein starkes Reich, das im ständigen Machtkampf mit den Assyrern liegt; 715–550: die **Meder** werden in Westiran heimisch; 612 stürzen sie zusammen mit den verbündeten Babyloniern das assyrische Weltreich — *1250–600 v. Chr.*

Von der ersten Hochkultur bis zum Sasanidenreich

Das elamische Reich in Khuzistan und Fars (3000–620 v. Chr.)

Protoelamische Periode: Frühe Stadtkultur mit bevölkerungsreichen Siedlungen wie Susa und Chogha Mish; differenziertes Wirtschafts- und Handelssystem bedingt Aufkommen der Schrift; Verwendung von Rollsiegeln — *ca. 3000–2600*

Altelamische Periode: Dynastie von Awan (2600–2100); Dynastie von Shimashki (2100–1900); Kämpfe mit Völkern Mesopotamiens; eigenständige Mythologie und Kunst; Übernahme der mesopotamischen Keilschrift — *2600–1900*

Mittelelamische Periode: Epartiden-Dynastie (19. bis 16. Jh.); Auseinandersetzungen mit Babyloniern; Igihalkiden-Dynastie (14. Jh. bis ca. 1230); um 1250: König Untash-Napirisha (1275–1240) gründet die Tempelstadt Dur Untash (Chogha Zanbil); um 1200–1100: Shutrukiden-Dynastie; König Shutruk-Nakhunte I. (1190–1155), erfolgreich als Heerführer und Bauherrr, läßt in Susa, im Garten des Inshushinaktempels, das erste ›Museum‹ der Welt errichten; es enthält Beutestücke aus den Eroberungszügen in Mesopotamien; auch seine Nachfolger, Kutir-Nakhunte (gestorben um 1150) und Shilhak-Inshushinak (ca. 1150–ca. 1120) führen Feldzüge nach Mesopotamien durch — *1900–1100*

Neuelamische Periode: Shutruk-Nakhunte II.(716–699) vereint alle elamischen Stämme von Susa und Anshan zu einem Reichsverband. In der Schlacht am Ulai-Fluß (659) wird König Tepti-Humban-Inshushinak (Te-Umman; 663–659) vom assyrischen König Assurbani- — *800–620*

Tötung des Te-Umman durch assyrische Soldaten in der Schlacht am Ulai-Fluß. In der linken Szene wird er mit einer Keule niedergeschlagen, im Bildabschnitt daneben trennt ein feindlicher Krieger ihm den Kopf ab. Ausschnitt aus einem spätassyrischen Relief vom Palast Assurbanipals in Ninive (Iraq). London, Britisches Museum

pal vernichtend geschlagen; Beginn des endgültigen Niedergangs Elams; Assurbanipal verwüstet das gesamte Land und schlachtet den größten Teil der Bevölkerung ab.

Das achämenidische Großreich (559–330 v. Chr.)

559–530 Kyros II., der Große; er eint die Meder und Perser unter seiner Herrschaft, erobert Mesopotamien und Kleinasien und gründet damit das achämenidische Weltreich

530–522 Kambyses II. 525 erobert er Ägypten und Palästina und verleibt sie dem persischen Großreich ein

522–486 Darius I., der Große; in dieser Zeit erfährt das achämenidische Weltreich eine hohe Blüte und seine größte Ausdehnung; die Auseinandersetzungen mit den Griechen gipfeln in der Niederlage in der Schlacht von Marathon (490)

486–465 Xerxes I. Niederlage gegen die Griechen in den Schlachten von Salamis (480), Plataiai und Mykale (479)

465–424 Artaxerxes I.; erzwungener Friedensvertrag mit den Griechen (448)

423–404 Darius II. regiert das immer noch mächtige Achämenidenreich; Verlust Ägyptens

Artaxerxes II. Unruhen gefährden die Stabilität des Reiches	*404–359*
Artaxerxes III.	*359–338*
Darius III. 333 Beginn des Feldzugs Alexanders des Großen in den Orient; Niedergang des Achämenidenreichs mit der Zerstörung der Königsresidenzen	*335–331*

Seleukiden (323–250 v. Chr.)

Seleukos I. Nikator übernimmt die Ostgebiete des Alexanderreichs und gründet die Dynastie der Seleukiden	*312–281*

Parther (250 v. Chr.–224 n. Chr.)

Arsakes I.	*247–217 v. Chr.*
Mithradates I. herrscht über Iran und Babylonien; er nimmt den achämenidischen Titel ›König der Könige‹ an	*171–138 v. Chr.*
Mithradates II. Höhepunkt der Macht der Parther, Herrschaftsbereich von Baktrien bis Mesopotamien, Beziehungen zu Rom und China	*123–88 v. Chr.*
Gotarzes II.	*43–51 n. Chr.*
Ardawan V.	*213–224 n. Chr.*

Sasaniden (224–642 n. Chr.)

Ardashir I. gründet nach dem Sieg über Ardawan V. die Dynastie der Sasaniden	*224–241*
Shapur I. besiegt die drei römischen Kaiser Gordianus III., Philippus Arabs und Valerian	*241–272*
Shapur II. herrscht über Iran, Armenien, Mesopotamien und Teile Syriens	*309–379*
Bahram V. Gur	*421–439*
Khosrow I. Arnushirvan	*531–578*
Khosrow II. Parviz führt groß angelegte Kriegs- und Plünderungszüge gegen Byzanz und die Araber; er erobert neben mehreren syrischen Städten auch Jerusalem; 619 n. Chr. fällt er sogar in Ägypten ein	*591–628*
Yazdgerd III.	*632–652*

Islamische Zeit: ab 622 n. Chr. = Jahr 1 A. H.

Der Prophet **Mohammad** zieht von Mekka nach Medina; damit beginnt die islamische Zeitrechnung und die Ausbreitung des Islam auch auf dem Gebiet des sasanidischen und des byzantinischen Reiches	*622*
Umayyadische Kalifen in Damaskus	*661–750*
Abbasidische Kalifen in Baghdad; in Iran herrschen sie nur bis 1050; der Kalif Harun al-Rashid (786–809) fördert Wissenschaften und Künste	*749–1258*

Lokale Dynastien, vorwiegend im Osten Irans (ab 820)

819–1005 **Samaniden:** in Teilen von Khorasan und Zentralasien

821–873 **Taheriden:** in Khorasan

867–911 **Saffariden:** in Sistan herrschen die Saffariden bis 1495

927–ca. 1090 **Ziyariden:** an der Kaspischen Meeresküste; 978–1012: Qabus ibn Wushmgir (Shams al-Maali Qabus)

zw. 932 und 1062 **Buyiden:** in Fars, Khorasan, Kerman, Hamadan, Isfahan, Ray; 949–983: Adhud al-Dowla

977–1186 **Ghaznawiden:** in Afghanistan und Khorasan; Mahmud Yamin al-Dowla (998–1030) ist der erste türkische Herrscher der islamischen Welt und Förderer der iranischen Literatur, Kunst und Wissenschaft; der Dichter Firdowsi widmet ihm das iranische Nationalepos ›Shahnameh‹

Die Zeit der türkisch-mongolischen Vorherrschaft (1050–1500)

1038–1194 **Seldjuken:** 1038–1063: Toghrol I. Beg; Khwadjeh Nizam al-Molk ordnet als Großwesir das Reich mit Hilfe einer neuen Verwaltungsstruktur; 1072–1092: Malik Shah I., der bedeutendste Seldjukenherrscher in Iran

1090–1256 **Assassinen:** Hasan-e Sabbah (1090–1124) überzieht das Land mit Terror und läßt Staatsmänner, Geistliche und Wissenschaftler ermorden

1256–1336 **Ilkhaniden:** Chingis Khans Nachfolger Hulagu Khan (1256–1265) erobert Iran, stürzt in Baghdad die Abbasiden-Dynastie und etabliert in Iran und Mesopotamien das mongolische Ilkhanidenreich; 1295–1304: Mahmud Ghazan; Mohammad Khodabandeh Oldjaitu (1304-1317) läßt einen riesigen Grabbau in Sultaniyeh errichten, in dem er selbst schließlich beigesetzt wird; 1317–1335: Abu Said Bahadur

1314–1393 **Muzaffariden:** 1364–1384: Djalal al-Din Shah Shudja

1370–1506 **Timuriden:** Timur Leng (1370–1405) erobert Isfahan und verschleppt Künstler, Architekten und Wissenschaftler in die timuridische Hauptstadt Samarqand; 1405–1447: Shahrokh

1378–1508 Aufstieg der **Aq Qoyunlu** (Weiße Hammel) im Westen Irans

1380–1468 Der Turkmenenstamm der **Qareh Qoyunlu** (Schwarze Hammel) gewinnt an Macht im Westen Irans

16. bis Anfang 20. Jahrhundert

Das persisch-schiitische Reich der Safawiden (1501–1732)

Shaikh Safi al-Din Is'haq (1251–1334), Stammvater der Safawiden

1501–1524 Ismail I. (1501–1524); er erklärt das Schiitentum zur Staatsreligion; kriegerische Auseinandersetzungen mit dem sunnitischen Reich der Osmanen enden mit dem Sieg der Türken 1514 in der Schlacht von Chaldoran. Unter Tahmasp I. (1524–1576) und seinen Nachfolgern

kommt es zu einem spürbaren Nachlassen der Macht des Safawidenreichs	
Abbas I. der Große; glanzvolle Hauptstadt Isfahan, internationaler Handel und Förderung der Kunst, des Kunsthandwerks und der Architektur. Unter seinen Nachfolgern Abbas II. (1642–1666), Sulaiman I. (1666–1694) und Hossein I. (1694–1722) setzt der Verfall des Reiches ein	*1588–1629*

Interregnum (1736–1795): Afsharen- und Zand-Dynastie

Afsharen: in Khorasan (Norden Persiens); Nadir Shah (1736–1747) erobert 1739 Afghanistan und Indien bis nach Delhi	*1736–1795*
Zand-Dynastie: in Zentral- und Südiran; Mohammad Karim Khan (1750–1779) wählt Shiraz als Hauptstadt; 1789–1794: Lotf Ali Khan	*1750–1794*

Qadjaren-Dynastie (1779–1924)

Der turkmenische Stammesfürst Agha Mohammad Khan (1779–1797) gründet die Qadjaren-Dynastie	*1779–1797*
Fath Ali Shah; Rußland fällt in Iran ein; territorialer Verlust von Georgien, Armenien und Teilen Azarbaidjans an Rußland	*1797–1834*
Nasir al-Din Shah; Iran wird für die Großmächte Rußland und Großbritannien zum Spielball der Interessen; Teilkolonialisierung des Landes	*1848–1896*
Muzaffar al-Din Shah; auch er setzt sich vor allem für die Interessen der englischen Kolonialmacht ein. Der Volksaufstand 1905 führt zur Einsetzung von Verfassung und Parlament (1906)	*1896–1907*
Ahmad Shah; von 1917–1919 steht Iran unter englischer Besetzung. Der Ölreichtum des Landes fließt noch über Jahrzehnte hinweg den Briten zu	*1909–1924*

Das 20. Jahrhundert

Pahlavi-Dynastie (1924–1979)

Reza Shah, gekrönt 1925, setzt die Säkularisierung des Staates und eine radikale Verwestlichung durch	*1924–1941*
Mohammad Reza, gekrönt 1967; nach Volksaufständen wird er gezwungen, das Land zu verlassen	*1941–1979*

Islamische Republik Iran (seit 1979)

Im Volksreferendum vom 1. April entscheidet sich die Bevölkerung für die Einrichtung der Islamischen Republik	*1979*
Iraqisch-iranischer Krieg	*1980–88*
Tod Imam Khomeynis	*3. Juni 1989*
Nach achtjähriger Amtszeit des Staatspräsidenten Akbar Hashemi Rafsandjani wird in freien und geheimen Wahlen mit 76 % der Wählerstimmen Seyyed Mohammad Khatami zum neuen Staatspräsidenten gewählt	*23. Mai 1997*
Die Reformer um den Staatspräsidenten gehen mit einer Zweidrittel-Mehrheit siegreich aus den 6. Parlamentswahlen hervor.	*18. Feb. 2000*

Galerie bedeutender Persönlichkeiten

Kartir (3. Jh. n. Chr.)

Kartir war ein Magier, ein hochrangiger Priester des zoroastrischen Glaubens, während der ersten 60 Jahre der sasanidischen Herrschaft. Über seine Persönlichkeit und Herkunft ist überhaupt nichts bekannt, man weiß nur, daß er den Namen Kartir während der Regierungszeit Shapurs I. (241–272) annahm. Shapur verlieh ihm den Rang des höchsten Priesters im Staat, weswegen er auch häufig als Papst der Sasaniden bezeichnet wird. Kartir veranlaßte den König, den zoroastrischen Glauben zur Staatsreligion zu erheben, er sorgte für eine straffere Organisation innerhalb des religiösen Systems und baute die politische Macht der Magier weiter aus. Nach den Siegen seines königlichen Herrn im westlichen Vorderasien wurden auf seinen Befehl in Syrien, Mesopotamien und Kleinasien Feuerheiligtümer errichtet. Seine Macht im sasanidischen Staat war so umfassend, daß er in seinem Namen vier offizielle Staatsinschriften an prominenten Bauwerken anbringen und sich selbst neben seinem König auf Felsreliefs darstellen ließ. Bis zum Tod Bahrams II. (276–293), der ihn außerdem zum obersten Zeremonienmeister und höchsten Richter im Staat ernannte, war die Macht Kartirs ungebrochen. Während dieser Zeit gelang es ihm auch, endlich seinen langjährigen Rivalen Mani zur Strecke zu bringen. Nach Manis Ermordung verfolgte er dessen Glaubensanhänger, die Manichäer, unerbittlich. Gleichzeitig sagte er auch den Christen, Juden und Buddhisten in Persien den Kampf an und zerstörte ihre Tempel und heiligen Stätten. Für das Überleben des zoroastrischen Glaubens hingegen waren seine Errungenschaften bis in die heutige Zeit hinein entscheidend.

Firdowsi (um 932–um 1026)

Im Jahr 1934 wurde das Mausoleum des Firdowsi in Tus errichtet

Abol Qasim Mansur Firdowsi ist wohl der berühmteste aller persischen Dichter. Er wurde zwischen 932 und 934 in Tabaran bei Tus (Khorasan) geboren. Seine Familie gehörte den *dehqane* an, der Landadelsschicht, die ihre Entstehung bis in die mittelpersische Zeit zurückführen konnte und deshalb viele vorislamische Traditionen bewahrt und lebendig erhalten hatte. Dies lieferte Firdowsi die Grundlage für die Sammlung und Bearbeitung alter iranischer Legenden und Überlieferungen. Im Jahr 975 begann er mit der epischen Umsetzung dieser Geschichten. Sein Werk wurde von dem samanidischen Gouverneur von Tus, Abu Mansur, gefördert und finanziert, da Firdowsi selbst in eher bescheidenen Verhältnissen lebte. Länger als 30 Jahre arbeitete er an seinem Buch der Könige, dem ›Shahnameh‹, das in über 50 000 Versen die Sagen und historischen Ereignisse von den Anfängen bis zur Eroberung Persiens durch die Araber zu einem homogenen Geschichtswerk verband. Der Held des ›Shahnameh‹, um den sich zahlreiche Episoden ranken, ist Rostam, ein legendärer Fürst und Feldherr aus Zabolistan (Sistan). Im Jahr 1009 vollendete Firdowsi sein Werk und widmete es dem ghaznawidischen Herrscher Mahmud Yamin al-Dowla (s. Abb. S. 67), der die Leistung des gigantischen Epos jedoch nur ungenügend würdigte und Firdowsi mit 20 000 Silberdirham abspeiste. Wütend verfaßte Firdowsi ein langes Gedicht, in dem er den König schmähte, was zur Folge hatte, daß er nach Tabaristan fliehen mußte. Nachdem der Zorn des Herrschers verraucht war, rief er – zwischen 1020 und 1026 – den Dichter zurück und befahl, ihm eine Schenkung von 60 000 Golddinar zukommen zu lassen. Die Wiedergutmachung jedoch erreichte Firdowsi nicht mehr, da er inzwischen gestorben war. Das persische Nationalepos ›Shahnameh‹ wurde seit dieser Zeit nicht nur mehrfach in Persisch publiziert und vielfältig mit Miniaturen illustriert, sondern auch in nahezu alle orientalischen und viele europäische Sprachen übersetzt.

Avicinna (980–1037)

Abu Ali al-Hossein ibn Sina, lateinisch Avicinna, wurde 980 in Bukhara geboren, das zu dieser Zeit zu Khorasan gehörte. Bis zu seinem 10. Lebensjahr widmete er sich dem Koranstudium, danach studierte er Logik, Geometrie und Astronomie. Da er schon als Knabe seine Lehrer überflügelt hatte, brachte er sich selbst Physik, Metaphysik und Medizin bei. Mit 17 Jahren hatte er sich bereits durch eine eigene Arztpraxis große Erfahrungen in der praktischen Medizin angeeignet. Es gelang ihm, den Samanidenfürsten Nuh ibn Mansur zu heilen, und dieser machte ihn zu seinem Leibarzt. Nach dem Tod seines Vaters begann für den etwa 21jährigen Avicinna ein unstetes und ereignisreiches Leben; um diese Zeit begann er auch wissenschaftliche Bücher zu schreiben. Er ging zunächst nach Khwarasm, dann nach Ray, wo er für den buyidischen Fürsten Madjd al-Dowla Rostam arbeitete; von dort nach Hamadan, wo er Shams al-Dowla, dem Bruder seines früheren Herrn, als Wesir diente. In all diesen Stellungen war er nicht nur als Arzt tätig, sondern auch als Politiker. 1021 ging er nach Isfahan, um als Leibarzt in den Dienst Ala al-Dowlas zu treten, bei dem er bis zu seinem Tod im Jahr 1037 blieb. Er starb während eines Feldzugs seines Herrn in der Nähe von Hamadan an den Folgen einer Kolik. Nach seinem Tod schrieb sein Schüler Abu Ubaid al-Djuzdjani anhand der Aufzeichnungen Avicinnas seine Biographie.

Das Standbild Avicinnas vor dem Mausoleum des Gelehrten in Hamadan ist ein Werk der 50er Jahre des 20. Jahrhunderts

Avicinna, der im gesamten Orient Fürst aller Wissenschaften genannt wird, war nicht nur ein bahnbrechender Mediziner, sondern ein ungeheuer vielseitiger Gelehrter, der es verstand, das Wissen seiner Zeit zu systematisieren. Von seinen zahlreichen Büchern sind besonders seine philosophische Enzyklopädie und sein medizinisches Hauptwerk über die Gesetzmäßigkeiten in der Heilkunde zu nennen. Seine zumeist in Arabisch, der Wissenschaftssprache der Muslime, abgefaßten Werke wurden in die zeitgenössischen abendländischen Sprachen übersetzt, und seine medizinischen Erkenntnisse beeinflußten die europäische Heilkunde bis in das 17. Jh. hinein. In persischer Sprache schrieb er zwei Handbücher, eine Abhandlung ›Die Wissenschaft des Pulses‹ und ein philosophisches Werk über die Gelehrsamkeit im allgemeinen. Avicinna war ungeheuer ehrgeizig und konnte keiner Herausforderung widerstehen. Als er bei Hof wegen seiner angeblichen Unkenntnis der arabischen Literatur angegriffen wurde, verfaßte er selbst drei Episteln im Stil bekannter Autoren. Seine Imitationen waren so gut, daß sein Gegner die Fälschung nicht erkannte und deshalb öffentlich eingestehen mußte, daß Avicinna bessere Kenntnisse in der arabischen Literatur hatte als er selbst.

Nizam al-Molk (1018–1092)

Abu Ali al-Hasan ibn Ali ibn Is'haq al-Tusi wurde 1018 in Radkan bei Tus geboren und verbrachte seine Schuljahre in Nishabur. Seine berufliche Laufbahn begann er als Beamter in Ghazna, danach trat er in seldjukische Dienste. Unter dem Seldjukenherrscher Alp Arslan, der zu dieser Zeit in Marv residierte, wurde er zwischen 1059 und 1061 Wesir und Verwalter der Provinz Khorasan. Gleichzeitig erhielt er den Titel Nizam al-Molk, Ordner des Reiches. Als nach der Ermordung Alp Arslans der 18jährige Malik Shah den Thron bestieg und der Regierungssitz nach Isfahan verlegt wurde, bestimmte Nizam al-Molk als Großwesir sowohl das Leben des jungen Shah als auch Politik und Verwaltung des Landes. Außerdem geht auf ihn die Idee der Medresse zurück, der islamischen Hochschule, an der neben Theologie und Geisteswissenschaften auch Medizin und andere Naturwissenschaften gelehrt wurden. In Nishabur, Ray und Baghdad gründete er die ersten Universitäten dieser Art, die nach ihm *nizamiyeh* genannt wurden. Dadurch, daß auf diesen Hochschulen nun mehrere Gelehrte unabhängig voneinander gleichzeitig unterschiedliche Fächer unterrichteten, entstand das architektonische Konzept der weiträumigen Vier-Iwan-Anlage.

Nizam al-Molk war ein genialer Staatsmann, der in der Art, mit der er den Vielvölkerstaat zusammenhielt und regierte, in der Tradition altpersischer Herrscher stand. Im Jahr 1091 schrieb er im ›Siyasat-Nameh‹, einem aus 50 Kapiteln bestehenden Lehrbuch für Herrscher, seine Ratschläge nieder und verdeutlichte sie mit geschichtlichen Anekdoten. In diesem Werk setzte er sich auch mit den Gefahren auseinander, die die radikale Sekte der Assassinen für das Reich darstellte. Am 14. Oktober 1092 wurde er deshalb auf Befehl des Assassinenführers Hasan-e Sabbah in der Nähe von Bisotun ermordet.

Saadi (um 1193–1292)

Der richtige Name des um 1193 in Shiraz (Fars) geborenen und 1292 dort im hohen Alter von 102 Mondjahren verstorbenen Saadi lautete Shaikh Muslih al-Din Shirazi. Sein Vater stand im Dienst des Atabeg Saad ibn Zangi, der ihn förderte und nach dem er sich deshalb seinen Dichternamen Saadi gab. Seine erste Ausbildung erhielt Saadi in Shiraz, dann führte er sein Studium in der berühmten Nizamiyeh von Baghdad weiter. Während er die ersten 30 Jahre seines Lebens der Gelehrsamkeit widmete, bereiste er in den nächsten mehr als 30 Jahren die gesamte islamische Welt vom Mittelmeer bis Indien. In seinen Werken berichtet er von zahlreichen gefährlichen Etappen und Abenteuern, u. a. davon, daß er in die Gefangenschaft der Kreuzfahrer geriet. In diese Periode fällt auch die Zeit seines dichterischen Schaffens. Er hinterließ eine große Menge literarischer und poetischer Schriften, und er wird allgemein als der Meister der kurzen Ode bezeichnet. Seine wichtigsten Werke waren das 1257 verfaßte ›Bostan‹ (›Obstgarten‹), eine Gedichtesammlung über ethische Themen, und das 1258 fertiggestellte ›Golestan‹ (›Rosengarten‹), eine belehrende, mit Versen gewürzte Prosaerzählung. Im letzten Drittel seines Lebens widmete sich Saadi, der, wie seine 14 Pilgerreisen nach Mekka zeigen, ein tief religiöser Mensch war, dem Mystizismus der Sufis und lebte sehr zurückgezogen und asketisch bis zu seinem Tod.

Hafiz (um 1320–1389)

Über die Herkunft des um 1320 in Shiraz als Sohn einer Handwerkerfamilie geborenen lyrischen Dichters, dessen voller Name Khwa-djeh Shams al-Din Mohammad Shirazi lautete, ist so gut wie nichts bekannt. Wie sein Dichtername Hafiz anklingen läßt, betrieb er auch religiöse Studien und verfaßte einige theologische Werke. Als im Jahr 1358 die strenge Herrschaft des Muzaffariden Mubariz al-Din, der fünf Jahre zuvor Shiraz erobert hatte und keinerlei Sinn für weltliche Dinge besaß, zu Ende ging, hatte sich Hafiz bereits einen Namen als Literat gemacht. Der neue Herrscher, Djalal al-Din Shah Shudja, der bis 1384 an der Macht blieb, war der Dichtkunst gegenüber weitaus aufgeschlossener und förderte Hafiz in seinen Arbeiten – in die Regierungszeit Shah Shudjas fällt seine hauptsächliche Schaffensperiode.

Der Dichtername Hafiz bedeutet ›der den Koran auswendig beherrscht‹

Unter dem Nachfolger Shah Shudjas, Shah Mansur, der ebenfalls zu seinen Gönnern zählte, bekleidete Hafiz eine Beamtenstellung. Zeit seines Lebens jedoch reichte sein kleines Einkommen nicht aus, um die Familie des mit zahlreichen Kindern gesegneten Dichters zu ernähren. Deshalb hatte Hafiz, obwohl er sich durch das Abschreiben fremder Werke einen kleinen Nebenverdienst verschaffte, immer Schulden und war stets auf wohlhabende Mäzene angewiesen. 1389 starb er in der geliebten Heimatstadt, die er nur dreimal in seinem Leben verlassen und deren Schönheiten er in seiner Lyrik häufig gepriesen hatte.

Hafiz ist wohl der größte persische Lyriker; seine Liebesgedichte sind von einer zarten Zurückhaltung und gefühlvollen Intensität. Da ein großer Teil seines Werks verlorenging, machte sich nach seinem Tod ein Freund daran, die Gedichte wieder zusammenzutragen und erneut zu einem ›Diwan‹ genannten Sammelwerk zusammenzustellen. Obwohl es deshalb in diesem Werk einige Ungereimtheiten gibt, regte es Goethe, der sich als geistigen Zwillingsbruder des Hafiz empfand, im Jahr 1819 zu seinem ›Westöstlichen Diwan‹ an.

Abb. des im 18. Jh. erbauten Hafiz-Mausoleums in Shiraz s. S. 94

Heute noch ist das im 18. Jh. erbaute Hafiz-Mausoleum in Shiraz ein Wallfahrtsort für Verliebte

Ali Reza Abbasi Tabrizi (zweite Hälfte 16. bis erste Hälfte 17. Jh.)

Weder das Geburtsdatum Ali Reza Abbasis, des großen Kalligraphen des 16./17. Jh., noch sein Todesjahr sind exakt bekannt. In der zweiten Hälfte des 16. Jh. wurde er in Tabriz geboren und ausgebildet. Er begann seine berufliche Laufbahn 1585 in Qazwin und wurde 1593 von Shah Abbas in seinen Künstlerstab nach Isfahan geholt. Seine Arbeiten lassen sich für einen Zeitraum von 1585 bis 1618 belegen, keines seiner Werke trägt ein späteres Datum. Trotzdem scheint er für Shah Abbas bis zu dessen Tod 1629 gearbeitet zu haben, danach kehrte er nach Qazwin zurück, wo er vermutlich auch starb.

Ausgebildet wurde er im Thoth- und Naskh-Schriftduktus, selbst brachte er sich zusätzlich den Nastaliq-Duktus bei, und gerade für Arbeiten in dieser Schriftform wurde er berühmt. Während er seine früheren Werke mit al-Tabrizi, ›der aus Tabriz stammende‹, signierte, nannte er sich, seit er für Shah Abbas arbeitete, al-Abbasi. Er entwarf nicht nur Inschriften für die Bauten Shah Abbas' in Isfahan, das Imam Reza-Heiligtum in Mashhad und zahlreiche weitere Bauwerke im ganzen Land, er war auch lange Jahre für Shah Abbas als Bibliothekar tätig und fertigte zahlreiche Einzelblattkalligraphien. Charakteristisch für seine Arbeiten ist eine strenge Klarheit und konzeptionelle Ordnung, die seine Inschriften weitaus lesbarer gestaltete als andere aus derselben Zeit. Ein Kennzeichen seines Stils ist, daß er verschiedene Farben verwendete, um unterschiedliche Ebenen zu signalisieren.

Amir Kabir (1807–1852)

Mirza Taqi, der 1807 in Farahan (Markazi) geboren wurde, stammte aus ärmlichsten Verhältnissen. Sein Vater war Koch im Dienst des Ministers Mirza Bozorg, der die Klugheit des Knaben erkannte und ihn zusammen mit seinen eigenen Kindern erziehen ließ. Als junger Mann trat Mirza Taqi als Schreiber in den politischen Staatsdienst ein; bereits 1835 lag die Finanzoberaufsicht der azarbaidjanischen Armee in seinen Händen und einige Jahre später deren gesamte Organisation. Während dieser Zeit sammelte Mirza Taqi Khan bei einer zehnmonatigen politischen Mission in Rußland und einem vierjährigen diplomatischen Aufenthalt in der Türkei Auslandserfahrungen, die später stark sein politisches Handeln beeinflußten. Als Nasir al-Din kaum mehr als 15jährig den Thron bestieg, machte er Mirza Taqi Khan, jetzt Amir Kabir (›der große Befehlshaber‹) genannt, zu seinem Premierminister.

Amir Kabir im Staatsornat. Buchmalerei aus qadjarischer Zeit, Teheran, Nationalmuseum

Während der vier Jahre, die Amir Kabir sein Amt als Premierminister wahrnehmen konnte, modernisierte er die Armee und reformierte Wirtschaft, Verwaltung und Bildung. Er sanierte den kranken Staatshaushalt, indem er u. a. kompromißlos und erfolgreich gegen Vetternwirtschaft und Korruption vorging. Außenpolitisch wandte er sich gegen die Einflußnahme der um die koloniale Vorherrschaft streitenden Mächte Großbritannien und Rußland, die glaubten, leichtes Spiel mit dem jungen Shah zu haben. Besonders seine Beharrlichkeit bei der Verteidigung der nationalen Souveränität Irans brachte seine Feinde, allen voran die Shah-Mutter und deren Berater, auf den Plan. Während sie im ersten Jahr seiner Amtsübernahme erfolglos versucht hatten, ihn aus seiner Machtstellung zu beseitigen, gelang es ihnen dieses Mal, Nasir al-Din Shah davon zu überzeugen, daß Amir Kabir einen Putsch gegen ihn plane. Deshalb wurde er seiner sämtlichen Ämter enthoben, in Kashan unter Hausarrest gestellt und am 10. Januar 1852 im Badehaus des Fingartens ermordet.

Der Königsplatz in Isfahan zur Zeit Shah Abbas' I. Zeichnung aus E. Flandin und P. Coste, Voyage en Perse pendant les années 1840 et 1842, Paris 1843–1854 ▷

Kulturstätten in Iran

Die Provinzen beiderseits des Elburz-Gebirges

Teheran, Markazi, Qazwin, Zandjan, Gilan, Mazandaran

Die Stadt Teheran

Die Hauptstadt Irans liegt in der gleichnamigen Provinz im Norden des Landes. Sie schmiegt sich an die Hänge des Elburz-Gebirges, zu Füßen des etwa 80 km weiter nordöstlich gelegenen 5670 m hohen Damavand (s. Abb. S. 16); nach Norden hin begrenzen die Abhänge des fast 4000 m hohen Berges Towchal das Stadtareal, das eine Fläche von etwa 600 km^2 umfaßt. Bedingt durch die Hanglage gibt es in Teheran erhebliche Höhenunterschiede. Die südlichen Stadtteile grenzen an die Salzwüste Dasht-e Kavir und liegen auf einer Höhe von 1000 m über dem Meeresspiegel, das Stadtzentrum bei etwa 1100–1200 m und die nördlichen Vororte bei rund 1700 m. Im Süden der Stadt, wo die ärmere Bevölkerung lebt, herrscht daher ein merklich heißeres Klima als im Norden. Deshalb waren die nördlichen Bezirke immer das bevorzugte Wohngebiet der Wohlhabenden und der Teil der Stadt, in dem bevorzugt Regierungsgebäude und Botschaften errichtet wurden.

Zwei Flüsse versorgen die Großstadt mit Wasser – der Karadj im Westen der Teheran-Ebene und der Djadjrud, der östlich an Teheran vorbeifließt. An beiden wurden in den letzten Jahrzehnten Staudämme errichtet. Neben nahezu allen größeren Straßen und Alleen verlaufen offene Kanäle, *djub* genannt, in die frisches Wasser aus den Bergen geleitet wird. Auch das Trinkwasser in den Leitungen stammt direkt aus Gebirgsquellen und ist von daher auch unabgekocht trinkbar und durchaus schmackhaft.

Da Teheran als Hauptstadt die meisten Erwerbs- und die vielfältigsten Lebensmöglichkeiten bietet, siedeln sich immer mehr Menschen aus dem ganzen Land hier an. Während um 1800 nur etwa 15 000 Menschen in Teheran lebten, Mitte des 19. Jh. bereits 120 000 und in den 30er Jahren des 20. Jh. etwa eine Viertelmillion, ergab die letzte Volkszählung 1997 eine Einwohnerzahl von knapp 10 Millionen. Wie in allen großflächigen Metropolen der Welt liegt auch über Teheran fast das ganze Jahr ein dichter Smog, der häufig den Blick auf das Gebirge verhängt.

Geschichte

Sowohl die älteste inschriftliche Erwähnung Teherans aus dem Jahr 942 als auch Beschreibungen aus dem 13. und 14. Jh. berichten von einer Ansiedlung mit Obstgärten und reinem Wasser nördlich der Stadt Ray. Die Bewohner des Ortes hatten ihre Behausungen unter der Erde in Gängen und Höhlen eingerichtet, und es hieß, sie seien rebellische Straßenräuber. Als die Mongolen im Jahr 1220 die seldjukische Residenzstadt Ray zerstörten, flohen zahlreiche Bewohner Rays in das unterirdische Dorf und verbargen sich dort.

◁ Reisfelder in der Provinz Gilan

Teheran ☆
Moderne Metropole mit zahlreichen hochinteressanten Museen, v.a.: Nationalmuseum von Iran; Glas- und Keramikmuseum; Teppichmuseum; Nationales Juwelenmuseum; Reza Abbasi-Museum; Dafine-Museum; Golestan- und Saadabad Palastmuseum

Während der Herrschaft der Safawiden-Dynastie wuchs Teheran zu einer Stadt heran. Tahmasp I. (1524–1576) schuf eine mit einer Befestigungsmauer aus Lehmziegeln umgebene, bleibende Siedlung mit einer ummauerten Zitadelle, dem späteren Golestan-Palastgelände am Meydan-e Arg (heute Panzdah-e Khordad), und angrenzend einem Bazar, der heute noch an derselben Stelle zu finden ist. Das von der Stadtmauer eingefaßte Gebiet reichte im Norden bis zur heutigen Khiaban-e Imam Khomeyni und der Khiaban-e Amir Kabir, im Süden bis zur Khiaban-e Molawi, im Westen bis zur Vahdat-e Islami-Straße und im Osten bis zur Khiaban-e Ray. Die moderne Führung der Amir Kabir-Straße und der Ray-Straße folgt der älteren Stadtmauer. Unter dem Safawiden Shah Abbas (1588–1629), der Teheran teilweise als Residenz nutzte, kamen innerhalb dieses Stadtgebiets breite Straßen und Alleen hinzu.

Auch Karim Khan Zand residierte von 1758 an zeitweilig in Teheran. Er ordnete den Bau eines Palastes an und ließ, wegen der Bedrohung der sich im Norden sammelnden Qadjarenstämme, die Befestigungsmauer verstärken. Zunächst konnte er militärische Erfolge gegen die Qadjaren erzielen, er tötete ihren Anführer und nahm dessen Sohn Agha Mohammad Khan als Geisel. Trotzdem verlegte er, wohl aus Sicherheitsgründen, danach seine Residenz zurück nach Shiraz, und seine Palastanlage in Teheran blieb, bis auf den privaten Wohnpalast, den Karim Khan-e Khalvat, unvollendet.

Nach Karim Khans Tod im Jahr 1779 befreite sich Agha Mohammad Khan und riß mit Hilfe seiner Qadjarenstämme die Herrschaft an sich. Er machte 1789 Teheran zu seiner Residenz und ließ sich hier 1795 zum Shah krönen. Während von Agha Mohammad Khan, dem Gründer der Qadjaren-Dynastie, keine größeren Bauten überliefert sind, blieben von seinem Nachfolger Fath Ali Shah (1797–1834), der Moscheen, Medressen und Paläste errichten ließ, bis heute einige Bauwerke, u. a. die Imam Khomeyni-Moschee und der Golestan-Palast, erhalten. Er ließ auch die Stadtmauer teilweise restaurieren und ihre sechs Tore mit Fliesenmosaiken schmücken. Etwa 200 m westlich des heutigen Meydan-e Imam Khomeyni, an den sich im 19. Jh. noch die nördlichen Bezirke des Golestan-Palastgeländes anschlossen, ist das einzige dieser historischen Stadttore erhalten. Das ehemalige Dowlat-Tor trägt heute den Namen Bagh-e Meli-Tor.

Unter der Regierung Nasir al-Din Shahs (1848–1896), der von seinen Europareisen neue Ideen für die Stadtplanung mitbrachte, brach für Teheran eine neue Zeit an. Um die Stadt, die 1857 noch immer die gleiche Fläche umfaßte wie zu safawidischer Zeit, nach seinen Plänen erweitern zu können, ließ Nasir al-Din Shah die safawidische Befestigungsmauer einreißen. Zwischen 1868 und 1874 entstand eine neue Mauer mit 12 Toren und einer Gesamtlänge von 16 km, die ein fünfmal größeres Stadtgebiet als zuvor umfaßte.

Sein historisches Gesicht verlor Teheran jedoch erst in den 30er Jahren des 20. Jahrhunderts unter Shah Reza Pahlavi, der viele alte

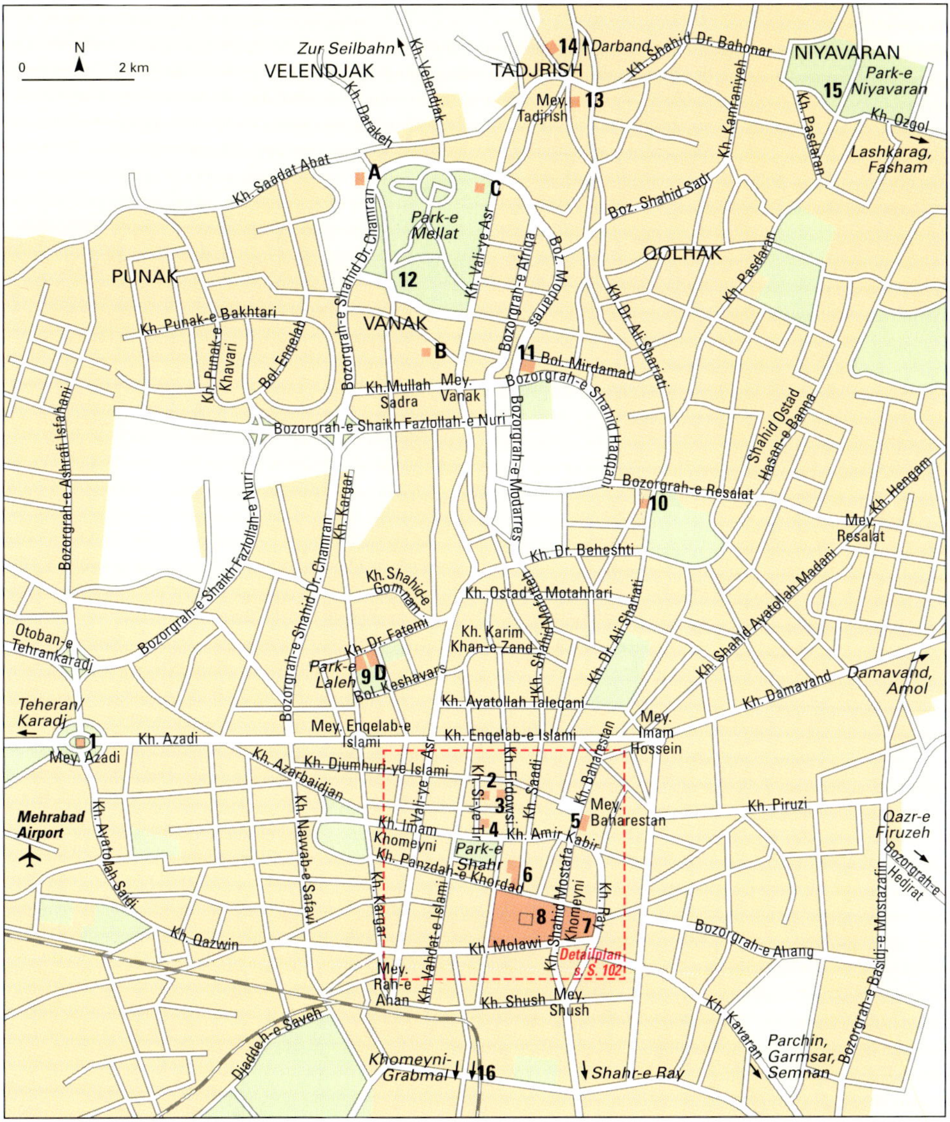

Übersichtsplan von Teheran; Ergänzung zum Detailplan auf S. 102 1 Azadi-Monument 2 Glas- und Keramikmuseum 3 Nationales Juwelenmuseum 4 Nationalmuseum (früher Bastan-Museum) 5 Masdjid-e Shahid Motahhari 6 Golestan-Palast 7 Bazars 8 Imam Khomeyni-Moschee 9 Teppichmuseum 10 Reza Abbasi-Museum 11 Dafine-Museum 12 Park-e Mellat 13 Imamzadeh Saleh 14 Saadabad Palastmuseum 15 Niyavaran-Park 16 Grabmal Imam Khomeynis A Azadi-Hotel B Homa-Hotel C Esteqlal-Hotel D Laleh International Hotel

Viertel mit Lehmziegelbauten, einschließlich der qadjarischen Altstadt, einebnen ließ, um sie durch Neubauten zu ersetzen. Die Stadtmauer Nasir al-Din Shahs wurde mit allen ihren Toren vollständig abgerissen und ein neues, geometrisches Straßennetz angelegt. Mohammad Reza Shah begann während der 60er und 70er Jahre damit, die Stadt mit Autobahnen zu durchziehen, deren Bau zwar für

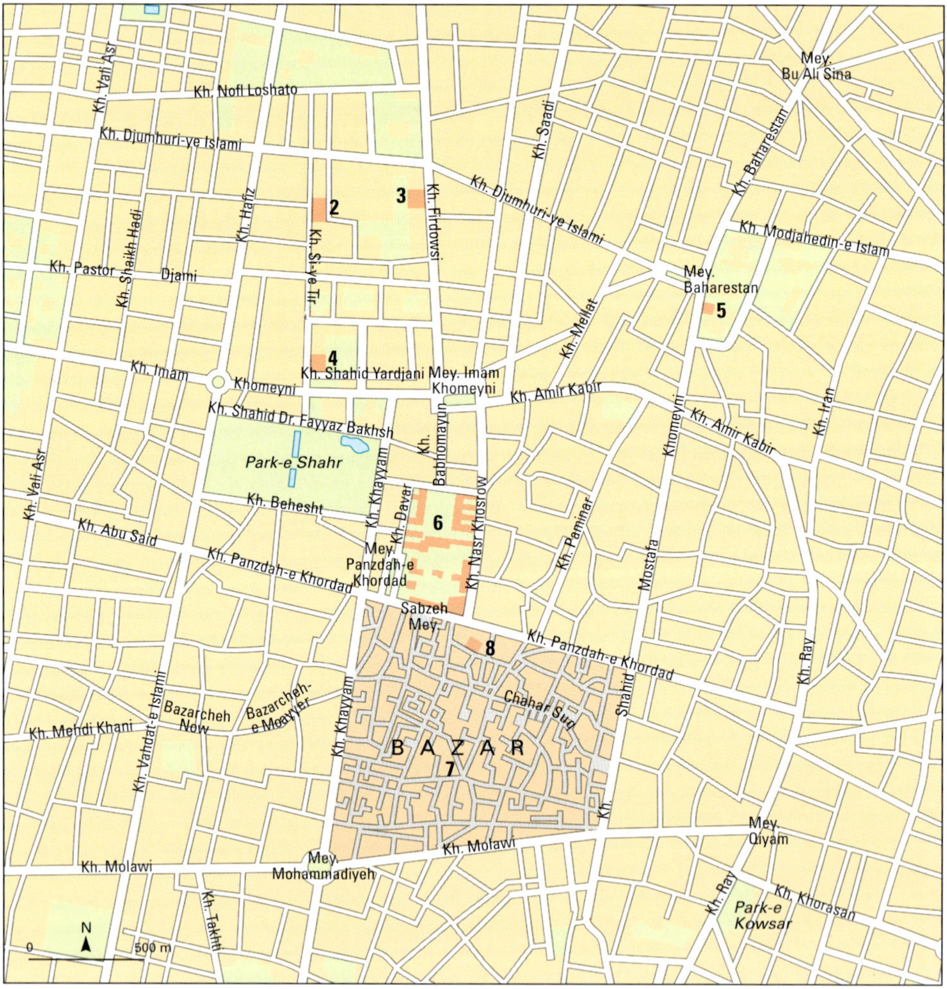

Teheran, Plan des Stadtzentrums (Detail des Plans von S. 101)
2 Glas- und Keramikmuseum 3 Nationales Juwelenmuseum 4 Nationalmuseum (früher Bastan-Museum) 5 Masdjid-e Shahid Motahhari 6 Golestan-Palast 7 Bazar 8 Imam Khomeyni-Moschee

die riesige Metropole unabdingbar war, aber auch viele Grünflächen zerstörte. In den letzten Jahren entstanden jedoch wieder großflächige neue Anlagen und Parks, so daß Teheran heute noch zu den grünsten Großstädten der Welt gehört.

Besichtigungen

Das riesige **Azadi-Monument** (1) beherrscht einen monumentalen Verkehrsknotenpunkt, den Meydan-e Azadi, auf dem Weg vom westlich der Stadt gelegenen Flughafen zum Zentrum. *Azadi* bedeutet Freiheit und bezieht sich auf die Souveränität des Staates und seine Unabhängigkeit von der Einflußnahme fremder Mächte. 1971 wurde das Denkmal anläßlich der 2500-Jahrfeier des iranischen Kaiserreichs errichtet. Die Türflügel der Eingänge bestehen jeweils aus einem einzigen Granitblock aus Hamadan. Das 45 m hohe, dreigeschossige Monument ist aus 25 000 weißen, in Isfahan gebrochenen Steinblöcken in annähernd 15 000 unterschiedlichen Formen gebaut. In seiner Erscheinung wirkt es modern, seine architektonischen Elemente sind jedoch historischen Bauformen entlehnt.

Der 21 m hohe, von Westen nach Osten orientierte Durchgangsbogen folgt dem Vorbild vorislamisch-sasanidischer Rundbogen-Iwane. Seine Gewölbe sind in Anlehnung an die fliesenverkleideten Stalaktitenreliefs islamischer Bauwerke in rautenförmige Kassetten gegliedert, deren Innenflächen mit blaugrundigem Kachelmuster ausgelegt sind. Die nach Westen und Osten weisenden Fassaden vermitteln in ihrer Formgebung vorislamische Bautraditionen, während Nord- und Südseite islamische Architekturformen aufgreifen, erkennbar an den vergleichsweise niedrigen, spitzbogigen Durchgängen und den relativ geschlossenen, turmartig anmutenden Seitenansichten.

Teheran, Azadi-Monument

Im Souterrain des Bauwerks gibt es ein Museum mit zwei Ausstellungsräumen. Der Hauptraum enthält eine Auswahl iranischer Keramik von den Anfängen im 6. Jt. v. Chr. über ihren Höhepunkt in der islamischen Zeit bis hin zur Moderne. Außerdem werden einige Bronzegegenstände aus dem 2. und 1. Jt. v. Chr. aus Luristan sowie einige Glasobjekte aus vorislamischer und islamischer Zeit gezeigt. Im zweiten Raum sind anhand von Fotos und Modellen die Landschaften Irans und verschiedene Aspekte des modernen städtischen und traditionellen ländlichen Lebens dargestellt. Auf dem Dach des Monuments gibt es eine Besucherterrasse, zu der vier Aufzüge und zwei Treppenhäuser mit jeweils 286 Stufen hinaufführen.

Das Glas- und Keramikmuseum

In der Khiaban-e Si-ye Tir 55, die von der Djumhuri-ye Islami nach Süden abzweigt, befindet sich seit 1978 das Glas- und Keramikmuseum (2; Muzeh-e Abgineh va Sofalineha-ye Iran). Das Gebäude selbst entstand um 1915 als Wohnhaus des iranischen Politikers Ahmad Qavam al-Saltanah, der unter Reza Shah zwei Jahre Premierminister war und dort bis 1953 lebte. In den 50er Jahren war hier für sieben Jahre die ägyptische Botschaft untergebracht. Die Außenfassade des Gebäudes ist mit reliefierten Ziegelornamenten versehen, die der seldjukischen Ziegeldekoration nachempfunden sind. Ausnahmslos alle Fenster des Gebäudes bestehen aus zwei Flügelpaaren mit geschnitzten Holzrahmen, die jeweils innen und außen an der Fensterlaibung angebracht sind. Die Decken im Inneren des Bauwerks sind mit teilweise spätqadjarischen, zum Teil jedoch jüngeren Stuckreliefs verziert. Einige Stuckdecken entstanden während der Zeit, in der die ägyptische Botschaft hier residierte, in ägyptischer Manier, andere sind Beispiele iranischer Gegenwartskunst aus den 80er Jahren.

Das querrechteckige Gebäude mit seinen vorspringenden dreiseitigen Erkern, die die Fassadenfront rechts und links einrahmen, hat zwei Geschosse. Über ein schmales und langes Vestibül erreicht man das zentral gelegene, runde und offene Treppenhaus. Von der Decke des Obergeschosses hängt ein riesiger Glaslüster herab. Eine breite, geschwungene Holztreppe beginnt in der Mitte der Halle, teilt sich auf halber Höhe in zwei rechts und links abzweigende Treppenbögen und mündet im Obergeschoß in einer offenen, um die Halle herumführenden Empore. Die Exponate des Museums sind in fünf Ausstellungssälen untergebracht. Im Erdgeschoß liegen rechts und links des Treppenhauses die Email- und die Kristallgalerie, im Obergeschoß direkt darüber die Perlmutt- und Goldgalerie. An die Goldgalerie schließt sich die aus zwei Räumen bestehende Lapislazuligalerie an.

In der **Emailgalerie** sind Fundstücke aus dem 3. bis 1. Jt. v. Chr. ausgestellt, die allesamt in Glasflußtechnik hergestellt wurden. Dazu gehören Parfumfläschchen und Schminktöpfchen aus Glaspaste sowie mehrfarbige Glasfaserbündel, die in Chogha Zanbil als Fassadendekoraton und gelegentlich zur farbigen Verkleidung von fensterähnlichen Lichtöffnungen Verwendung fanden. Außerdem sieht man hier bemalte und unbemalte Keramik aus Tepe Sialk, Cheshme Ali und aus der Qazwin-Ebene und schließlich glasierte und unglasierte Ware aus achämenidischer, parthischer und sasanidischer Zeit.

Die **Kristallgalerie** zeigt Glasgegenstände aus dem 1. Jt. v. Chr. bis zum Ende der sasanidischen Ära. Während dieses Zeitraums entwikkelte sich eine neue Technik in der Glasherstellung, bei der die Gefäße in eine Form geblasen wurden. Die meisten Ausstellungsstücke dieser Galerie tragen aufgesetzte Zierelemente, eingedrückte oder geschnittene Dekorationen. Achämenidische Glasgefäße, wie sie auf den Reliefs von Persepolis dargestellt wurden, sind hier im Original zu bewundern, z. B. eine flache Glasschale mit ausladendem Rand und zarter Riefendekoration außen am runden Boden.

In der **Perlmuttgalerie** sind frühislamische Gläser und Keramiken aus dem 9. bis 13. Jh. n. Chr. ausgestellt. Die Keramik dieser Zeit trägt geometrisches Dekor, figürliche Muster und hauptsächlich im

Kufi-Duktus kalligraphisch geschriebene Koranverse. Die Glasprodukte, die größtenteils aus Nishabur, Saveh und Gorgan stammen, wurden teilweise mit einer neuartigen Glasschnitzkunst verziert, bei der die reliefierten Muster und Motive aus dem Glas herausgeschnitten wurden.

In der **Goldgalerie** ist eine repräsentative Auswahl von Keramiken aus allen iranischen Produktionszentren während der islamischen Zeit ausgestellt. Namengebend für die Goldgalerie war die hier präsentierte goldfarbene Keramikware aus dem 12./13. Jh., deren Dekor aus Inschriften besteht, entweder religiöse Segenssprüche oder Verse berühmter Dichter, wie Nizami und Firdowsi.

Teheran, Garten und Palais, in dem das Glas- und Keramikmuseum untergebracht ist

Zwei Räume umfaßt die **Lapislazuli-Galerie;** sie erhielt ihren Namen von einer nach dem Mongolensturm entwickelten Glasurtechnik für Keramikgefäße, bei der ausschließlich geometrische Motive und Schrift auf vorwiegend blauem Hintergrund verwendet wurden. Die in dem einen Raum gezeigten Ausstellungsstücke aus dem 12. Jh. brechen endgültig mit der sasanidischen Tradition der Darstellung von Menschen und Tieren. In dem anderen Raum werden Gläser aus dem 17. bis 19. Jh. präsentiert. Während die Glasgefäße aus safawidischer Zeit stark von den venezianischen Glasbläsern geprägt wurden, die Shah Abbas an seinen Hof holte, spiegelt die ebenfalls hier ausgestellte Keramik aus dem 16. bis 18. Jh. mit ihren Vogel-, Blumen- und Landschaftsmotiven den Einfluß des chinesischen Porzellans wieder.

Das Nationale Juwelenmuseum

Heute ist das Nationale Juwelenmuseum (3), ehemals Kronjuwelenmuseum, im Tiefgeschoß der Bank-e Markazi-ye Iran (Iranische Zentralbank) untergebracht. Die Bank liegt in der Khiaban-e Firdowsi gegenüber der deutschen und türkischen Botschaft. Aus Sicherheitsgründen sind die Ausstellungsräume nur Sonntag, Montag und Dienstag zwischen 14 und 17 Uhr, geöffnet.

In diesem Museum ist die bedeutendste Juwelensammlung der Welt untergebracht. Weder ihr historischer noch ihr materieller Wert konnte bislang auch nur annähernd geschätzt werden. Den Grundstock der Sammlung bilden die Kronjuwelen der Safawiden, die sie während der zweieinhalb Jahrhunderte ihrer Herrschaft zusammentrugen. Der größte Teil des safawidischen Schatzes ging zwar durch Unruhen und kriegerische Auseinandersetzungen verloren, wurde aber teilweise von Nadir Shah im 18. Jh., besonders während seines Indienfeldzugs, zurückerobert.

Zu den zahlreichen Ausstellungsstücken gehören große Mengen ungefaßter Edelsteine und Solitäre, juwelenbesetzte Schmuckstücke und Herrschaftsinsignien, Waffen, Möbel und Gerätschaften aus mit Edelmetalleinlagen und Juwelen verzierten wertvollen Materialien. Bei vielen Stücken fanden Türkise aus Khorasan Verwendung. Das berühmteste Juwel der Sammlung ist der 2,5 cm lange und 2 cm breite, rosarote **Darya-ye Nur-Diamant** (= Meer des Lichtes), der mit seinen 182 Karat als der größte aus einem Stück geschliffene Diamant der Welt gilt. Er ruht in einer vollständig mit Brillanten besetzten rechteckigen, goldenen Krampenfassung, an deren Oberseite eine Krone prangt, die rechts und links von einem persischen Löwen mit Krummschwert flankiert wird. Häufig wird der Darya-ye Nur mit dem ebenso legendären Kuh-e Nur-Diamanten (= Berg des Lichtes), der heute im Tower zu London aufbewahrt wird, in einem Atemzug genannt, obwohl die beiden Juwelen weder von Schliff noch Farbe her Ähnlichkeit miteinander haben. Ursprünglich gehörten beide Steine zum Besitz des Afsharen Nadir Shah. Nach dessen Tod gelangte der Kuh-e Nur über Afghanistan und Indien 1850 in den Besitz Königin Victorias, der Darya-ye Nur jedoch blieb in Persien und wurde über die Zand-Dynastie an die Qadjarenherrscher vererbt. Er war das Lieblingsjuwel Nasir al-Din Shahs, der glaubte, er stamme aus der Krone des Achämenidenkönigs Kyros. Nasir al-Din Shah ließ eigens zur Aufbewahrung des Steins ein Amt einrichten, das verdienstvollen Persönlichkeiten des qadjarischen Adels verliehen wurde.

Mit seinem Gewicht von 182 Karat gilt der Darya-ye Nur als der größte aus einem Stück geschliffene Diamant der Welt

Das älteste Hoheitszeichen der Sammlung ist die **Djeqqah Nadir Shahs,** eine Brosche in Form eines Federbuschs. Dieses Schmuckstück diente als Kronenersatz und wurde am Gewand, an der Kopfbedeckung oder einem Diadem befestigt. Den Mittelpunkt dieser Brosche bildet ein großer, als Cabochon geschliffener Smaragd. Um ihn herum ranken sich diamant- und rubinbesetzte Bänder und

Schleifen, darüber wächst aus einer liegenden Sichel ein nach links geneigter Diamantenstrauß. An seiner hängenden Spitze und an der Basis des Schmuckstücks wurden insgesamt fünf Smaragd-Tropfen angebracht.

Die erste Krone, die seit dem Untergang des altpersischen Reiches der Sasaniden hergestellt wurde, ist die **Kiani-Krone** der Qadjarenherrscher. Sie wurde für Fath Ali Shah geschaffen, der sie bei seiner Krönung trug; ein Vorbild, dem alle qadjarischen Könige folgten. Mit ihrem massiven zylindrischen Hauptteil, das oben in dreieckigen Zacken endet, und dem kugeligen Einsatz gleicht sie eher einer altorientalischen Tiara. Der Schaft der Krone ist flächig und lückenlos bedeckt mit Perlen und unterschiedlichen Edelsteinen aller Größen. An der Vorderseite ist oben zwischen zwei Zacken ein ebenfalls vollständig mit Juwelen besetztes, federbuschartiges Schmuckelement angebracht; der kuppelartige Einsatz wird von einem Smaragd-Strauß bekrönt.

Die 2,8 kg schwere **Pahlavi-Krone** (s. Abb. S. 82), mit der sowohl Reza Khan 1925 als auch Mohammad Reza 1967 gekrönt wurde, ist eine direkte Weiterentwicklung der Kiani-Krone. Um ein ballonartiges, rotes Innenteil legt sich ein filigran gearbeiteter, oben in vier ausladenden, getreppten Zinnen auslaufender Kranz aus Gold und Silber, in den Diamanten, Smaragde, Saphire und Perlen gefaßt sind. Aus der Zinne an der Stirnseite wächst ein von juwelenbesetzten Goldbändern gehaltener Schwanenfederbusch. Bei dieser Krone wurden insgesamt 3380 Diamanten von zusammen 1144 Karat, fünf Smaragde (199 Karat), zwei Saphire (19 Karat) und 368 Perlen verarbeitet.

Ebenso zu den Kronjuwelen der Pahlavi-Dynastie gehört das aus Platin gearbeitete und mit 324 Diamanten und Brillanten besetzte **Diadem** der letzten Kaiserin, Farah. Der zentral angebrachte 60-karätige Diamant trägt den Namen Nur al-Ain (= Augenlicht). Wegen seiner hellen rosaroten Färbung wurde vermutet, daß er ursprünglich ein Teil des Darya-ye Nur gewesen war. Da jedes Mitglied der Pahlavi-Familie, auch die Töchter und Schwestern des letzten Shah, eigene Kronen, Diademe und Schmuckstücke besaßen, die für die ausschließliche Benutzung durch eine einzige Person vorgesehen waren, bestand der Kronschatz der Pahlavi-Dynastie aus einer großen Menge überaus wertvoller Pretiosen. Wegen des immensen Wertes hatte das Parlament den offiziellen Beschluß gefaßt, daß alle Schmuckstücke in einem Safe der Zentralbank aufbewahrt wurden und unverzüglich nach der Benutzung bei Zeremonien oder öffentlichen Anlässen zurückgebracht werden mußten. Diesem Umstand ist es zu verdanken, daß der einzigartige Schatz in Iran verblieb, als die Shahfamilie 1979 das Land verließ.

Ein besonders ausgefallenes Stück ist ein **Globus** aus Feingold und Juwelen, der 1869 von Nasir al-Din Shah in Auftrag gegeben wurde. Die im Durchmesser 66 cm große Weltkugel und der dreibeinige Ständer aus Massivgold, der die Kugel trägt, sind mit 51 366 Edelsteinen besetzt. Das Goldgewicht des Globus beträgt 34 kg, das

Gewicht aller Edelsteine 3,656 kg, und er wurde hauptsächlich deshalb bei einer Gruppe iranischer Goldschmiede in Auftrag gegeben, um die zahlreichen losen Juwelen des Kronschatzes zu verwerten.

Ebenfalls zur Kronjuwelensammlung gehört der **Takht-e Naderi** (= Thron Nadir Shahs; s. Abb. S. 77), ein mit Blattgold überzogener Thronsessel, in den 26 733 Edelsteine gefaßt sind. Dieses Stück wird allgemein als der sagenumwobene Pfauenthron Nadir Shahs angesehen, um den sich mehrere Legenden ranken. So soll Nadir Shah den Original-Pfauenthron, zusammen mit neun weiteren juwelenbesetzten Thronmöbeln, 1739/40 bei seinem Feldzug aus Indien mitgebracht haben. Angeblich ging er jedoch auf dem Transport nach Persien verloren. Eine andere Legende besagt, daß Nadir Shah den in Indien erbeuteten Pfauenthron so schön fand, daß er ein identisches Gegenstück herstellen ließ. Tatsächlich hat der hier ausgestellte Thronsessel, der vom letzten Shah bei seiner Krönung benutzt wurde, überhaupt nichts mit dem aus Indien stammenden Pfauenthron zu tun, vielmehr wurde er von Fath Ali Shah in Isfahan in Auftrag gegeben. Seinen Namen Pfauenthron trägt er deshalb, weil er angeblich für die Lieblingsfrau Fath Ali Shahs gefertigt wurde, die Tavus (Pfau) hieß. Aber auch dies gehört in den Bereich der Legende – das aus zwölf Einzelteilen gearbeitete Möbelstück ließ sich bei Bedarf für den Transport zerlegen und diente Fath Ali Shah, der sehr darauf bedacht war, bei Reisen durch das Land seine Macht und seinen Prunk darzustellen, als persönlicher Reisethron.

Das Nationalmuseum von Iran

Das Nationalmuseum von Iran (4), ehemals Muzeh Iran-e Bastan genannt (= Museum des alten Iran, Archäologisches Museum), ist das bedeutendste und älteste Museum des Landes und wurde 1937 eröffnet. Es liegt südlich des Glasmuseums ebenfalls an der Khiaban-e Si-ye Tir, der Eingang befindet sich in der Khiaban-e Shahid Yardjani, einer Parallelstraße zur Khiaban-e Imam Khomeyni.

Das zweistöckige Gebäude wurde von dem französischen Bauhistoriker und Archäologen André Godard, der von 1931 bis 1960 Leiter der Iranischen Antikenverwaltung war, in Anlehnung an den sasanidischen Palast Ardashirs I. in Firuzabad entworfen. Sowohl die dunkelroten Ziegel, die man als Baumaterial verwendete, als auch die Grundriß- und Fassadengestaltung sind von der parthisch-sasanidischen Architektur inspiriert. In der Mittelachse des monumentalen, langrechteckigen Baus liegen zwei quadratische Innenhöfe, die die Ausstellungsräume gut mit Licht versorgen. Der Mittelteil der nach Süden blickenden Eingangsfassade wurde leicht nach hinten versetzt und in der Achse zu den Innenhöfen mit einem hohen und tiefen, rundbogig abgeschlossenen Iwan ausgestattet, der sich nach außen hin öffnet. Wie Türme treten die Bauteile an den Ecken, in denen im Erdgeschoß Vortragssaal und Bibliothek untergebracht sind, vor die Fassade. In diesem historischen Bau waren bis 1995 sowohl die Funde aus vorislamischer als auch aus islamischer Zeit untergebracht. Das Erdgeschoß war den Exponaten aus der Vorgeschichte bis zur sasanidischen Epoche vorbehalten, die Kunstwerke der islamischen Zeit hingegen waren im Obergeschoß zu besichtigen. 1997 wurde in einem modernen Nachbargebäude auf demselben Gelände eine eigenständige islamische Abteilung eröffnet; seither steht das obere Stockwerk des alten Baus leer.

Einen Rundgang durch das Erdgeschoß des alten Museums sollte man rechts vom Eingang in der **vor- und frühgeschichtlichen Abteilung** beginnen und sich gegen den Uhrzeigersinn vorarbeiten. Den Anfang, auch im zeitlichen Sinn, macht eine Vitrine mit Steingerätschaften aus der Mittleren Steinzeit (Mesolithikum). In den Vitrinen im östlichen Flügel sind Exponate aus der vor- und frühgeschichtlichen Zeit Irans ausgestellt, beispielsweise Keramikerzeugnisse vom 5.–1. Jt. v. Chr. aus Tepe Sialk, Cheshme Ali, Tepe Giyan, Ismailabad, Tell-e Bakun, Tepe Hissar und Susa. Aus der Zeit, als die Protoiranier in das iranische Hochland kamen, stammen anthropomorphe und zoomorphe Keramikgegenstände sowie die für diese Epoche charakteristischen Tüllengefäße, die auch Schnabelkannen genannt werden. Im Gang zwischen den Keramikvitrinen steht ein Abguß der **Gesetzesstele des Hammurabi** von Babylon (18. Jh. v. Chr.). Das Original dieses Steins, das sich heute im Louvre in Paris befindet, wurde bei den französischen Ausgrabungen in Susa gefunden. Elamische Funde aus Susa und Chogha Zanbil, darunter eine aus Terrakotta hergestellte halblebensgroße Stierplastik, finden sich in der Mitte des Ostgangs. Im Gang zwischen beiden Innenhöfen werden Funde aus Luristan aus dem 3. bis 1. Jt. v. Chr. aufbewahrt.

Das Audienzrelief des Darius; Umzeichnung von Friedrich Krefter. Hinter dem König steht der Kronprinz Xerxes, vor ihm der Hofmarschall, der die Vertreter der Reichsvölker ankündigt. Ursprünglich war das Relief am Treppenaufgang des Apadana in Persepolis angebracht; später ließ Xerxes es im Schatzhaus verstauen

Im nördlichen Quergang und im anschließenden Westflügel sind Exponate aus der **altiranischen Epoche** ausgestellt. Hierzu gehören achämenidische Reliefs, Rundplastiken, Bauplastik, Glasurziegel, Inschriftendokumente und Kleinkunst aus Persepolis und Susa. Zu den wichtigsten Exponaten der **achämenidischen Zeit** gehört das Audienzrelief des Darius aus dem Schatzhaus von Persepolis. Es zeigt den thronenden König; hinter ihm steht der Kronprinz Xerxes. Vor dem auf einem niedrigen Podest aufgestellten Thronsessel sieht man zwei Räucherständer. Die rechte Hand im Grußgestus erhoben, nähert sich der Hofmarschall Farnaka mit einer leichten Verbeugung dem König. Das bislang einzige Zeugnis achämenidischer Rundplastik ist eine in den 60er Jahren in Susa gefundene, leider kopflose Statue des Darius im langen Schalgewand. Auf der Statue sind Inschriften sowohl in Keilschrift als auch in ägyptischer Hieroglyphenschrift angebracht. Darius, der als Feldherr an den Ägyptenfeldzügen des Kambyses teilgenommen hatte, zeigt damit an, daß Ägypten zur Zeit seiner Herrschaft Teil des persischen Großreichs war.

Zeitlich in der Folge schließen im Westgang die **seleukidischen, parthischen** und **sasanidischen Funde** an, speziell Rundplastiken, Reliefs und Architekturornamentik. Besonders zu erwähnen sind ein knapp unterlebensgroßes Sitzbild einer iranischen Prinzessin aus seleukidischer Zeit in voll ausgearbeitetem hellenistischen Stil und das überlebensgroße Bronzestandbild eines Partherfürsten aus Shami. Er trägt plumpe, breite Schuhe, eine weite, in runden Falten fallende Hose, eine mit einem Gürtel zusammengehaltene Jacke und eine auffällige Halskette. Ein breites Band hält sein halblanges Haar aus der Stirn. Am Ende des Ganges, kurz vor dem Ausgang, wurden an der Wand Teile von Fußbodenmosaiken angebracht, die ursprünglich den Palast Shapurs in Bishapur schmückten. Sie stellen iranische Themen in römischer Manier und Technik dar, weil sie von kriegsgefangenen römischen Künstlern gefertigt wurden.

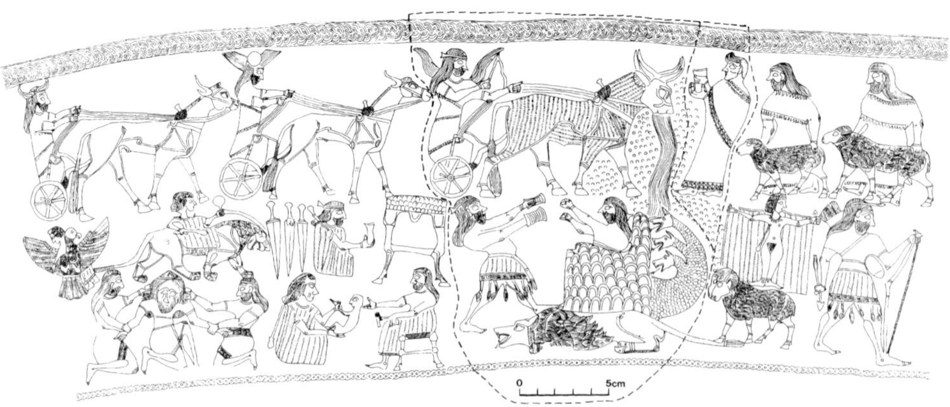

Umlaufende Reliefdarstellung auf einem in Hasanlu gefundenen Goldbecher nach einer Umzeichnung von M. T. M. de Schauensee (1974). Der mit einer Strichellinie eingegrenzte Bereich zeigt in etwa die Form des Bechers an und kennzeichnet die Schauseite mit dem Hauptthema. Teheran, Nationalmuseum

In der zur Zeit aus Sicherheitsgründen noch nicht wieder eröffneten **Schatzkammer** im Obergeschoß, direkt neben dem westlichen Treppenaufgang, waren ursprünglich der Goldschatz aus der Nekropole von Marlik, Elfenbein-, Gold- und Silbergegenstände aus Ziwiyeh und Hasanlu, sowie Gold- und besondere Bronzefunde aus Luristan untergebracht. Außerdem wurden hier noch achämenidische, parthische und sasanidische Bronze- und Edelmetallgefäße sowie die goldenen und silbernen Gründungsurkunden aus Persepolis aufbewahrt. Wann und in welcher Form diese Funde zukünftig zu besichtigen sein werden, ist ungewiß.

Die umfangreichen Funde der **islamischen Zeit** sind auf zwei Stockwerke verteilt im neuen Nachbarbau untergebracht. Der inhaltliche und optische Mittelpunkt dieses Museums ist ein Marmormihrab aus der Freitagsmoschee von Abarkuh, der im Zentrum des Erdgeschosses auf einem Podest aufgestellt wurde. Rund um den Mihrab sieht man wertvolle, handgeschriebene Koranausgaben aus der frühislamischen Zeit bis in die Gegenwart. In den umliegenden Räumen sind die Exponate jeweils nach Sachgruppen zusammengefaßt: In einem Saal findet man beispielsweise Ausstellungsstücke, die mit Lichtspendern jeglicher Art zusammenhängen. In den anderen Räumen sind Teppiche und Textilien, glasierte Keramik und Glas, Metall- und Holzgegenstände sowie schließlich Schreibgerätschaften und astronomische Meßgeräte ausgestellt.

Die Ausstellungsstücke im oberen Geschoß sind chronologisch nach Epochen und Dynastien angeordnet. Da gibt es frühislamische Stuckdekorationen und Inschriftenfriese, zahlreiche Mihrabnischen aus Stuck und Fliesenmosaik, einige geschnitzte Holzkanzeln sowie hölzerne Türflügel mit geschnitzten Dekorationen und Intarsien. Eine Vielzahl unterschiedlicher Erzeugnisse der kunsthandwerklichen Kleinkunst liefern einen vorzüglichen Überblick über die gesamte islamische Zeit bis in das 19. Jh.

Die Shahid Motahhari-Moschee

Die Moschee des Märtyrers Motahhari mit angeschlossener Medresse (5) liegt an der Südostecke des Meydan-e Baharestan in der Khiaban-e Shahid Mostafa Khomeyni. Wie eine leider nicht mehr vollständige Inschrift am Hauptportal besagt, wurde der Bau unter dem Qadjarenherrscher Nasir al-Din Shah 1878 begonnen und 1890 abgeschlossen. Gegründet wurde er vom Premierminister Mirza Hossein Khan Sepahsalar Qazwini, nach dem der Gebäudekomplex bis zur Islamischen Revolution benannt war (Sepahsalar-Moschee).

Mit einer Grundfläche von 62 auf 61 m (3700 m^2) und insgesamt 60 Räumen ist der nahezu quadratische Baukomplex die größte (und letzte) im Vier-Iwan-Stil konzipierte sakrale Anlage Teherans. Die vergleichsweise schmucklose, mit doppelstöckigen Arkaden gegliederte Außenfassade wird im Westen an dem zurückversetzten und von zwei Minaretten flankierten Haupteingang von einem kleinen Vorplatz unterbrochen. Durch das Portal mit seinem stalaktitengeschmückten Iwan gelangt man in einen üppig mit Bäumen und Sträuchern bepflanzten und mit einem runden Wasserbecken versehenen Innenhof. Rund um den Hof liegen hinter Arkaden die zweigeschossigen Trakte mit den Wohnräumen der Studenten. Außer den Wohnräumen gibt es noch zwei Hörsäle und mehrere kleine Gebetsräume.

Hinter dem Südiwan, der mit vier Minaretten geschmückt ist, befindet sich der überkuppelte Mihrabsaal. Die Kuppel, deren Kachelverzierung nicht qadjarisch ist, sondern aus den letzten Jahrzehnten stammt, ist relativ flach. Sie hat ein zartgliedriges, in gelb, weiß und türkis gehaltenes Fliesenmuster. Hinter dem Ostiwan liegt der Hauptgebetssaal, auch Shabestan genannt, der bei besonderen politisch-religiösen Anlässen als Versammlungsraum genutzt wird. Er ist fünfschiffig angelegt, unterteilt durch 44 jeweils aus einem einzigen Quader gearbeiteten Steinsäulen, die Rundbogenarkaden tragen. Das höhere Mittelschiff wird aus einer Aneinanderreihung kleiner Kuppeln gedeckt. Sämtliche Minarette des Gesamtkomplexes sind von oben bis unten mit Fliesendekor verziert; neben rein ornamentalen und floralen Motiven finden sich hier auch mit Landschaftsszenen gefüllte Medaillons.

Der Golestan-Palast

Mitten im Zentrum Teherans, am Meydan-e Panzdah-e Khordad (Platz des 15. Khordad), liegt in einer großen, gepflegten Parkanlage mit Wasserbecken und Kanälen der Golestan-Palast (6; *golestan* = Rosengarten). In safawidischer Zeit wurden unter Shah Abbas I. (1588–1629) auf dem Gebiet des heutigen Palastes eine Parkanlage, ein Regierungspalast und ein Platanenwäldchen angelegt. Karim Khan Zand (1750–1779) ließ das Areal vergrößern und mit einer Befestigungsmauer aus Lehmziegeln umgeben. Er ordnete auch den Bau eines eigenen Palastes an, der aber nie fertiggestellt wurde.

In qadjarischer Zeit erweiterte man das Areal im Norden und Süden um weitere Palastbauten, die im 20. Jh. dem Bau des ehemaligen Ministeriums für Finanzen und der Bank-e Meli sowie dem Straßenbau zum Opfer fielen. Der zu Beginn des 19. Jh. unter Fath Ali Shah errichtete **Empfangspalast,** der in seinem gesamten Baustil den Einfluß dessen widerspiegelt, was Fath Ali Shah auf seinen Europareisen kennengelernt hatte, war während der gesamten Herrschaft der Qadjaren-Dynastie Residenz und Amtssitz des Shah. In jüngerer Zeit wurde er mit allen seinen Einrichtungsgegenständen in ein Museum umgewandelt, in dem qadjarische Waffen, Teppiche, Kunstobjekte jeglicher Art und Geschenke europäischer Herrscher und Staatsmänner an das persische Kaiserhaus zu besichtigen sind.

Sowohl in der Eingangshalle, von der aus eine breite Treppe ins Obergeschoß führt, als auch im Thronsaal sind Wände und Decken mit den für die qadjarische Zeit so typischen Spiegelmosaiken verkleidet. Im ersten Stock des Treppenhauses wurden an den Wänden Fliesenpaneele mit Jagddarstellungen angebracht. Im Thronsaal steht ein rechteckiger, diwanartiger Thron mit einem goldenen Rahmen, der an allen Seiten mit Edelsteinen besetzt ist. Dieser aus der Zeit Fath Ali Shahs stammende Thronsessel wurde häufig mit dem Pfauenthron gleichgesetzt, tatsächlich jedoch handelt es sich um den *takht-e khorshidi* genannten Sonnenthron.

Zum Gelände des Golestan-Palastes gehört auch das **Badgir-Gebäude** im Südteil des Gartens. Das nach seinen vier Windtürmen *(badgir)* benannte kleine Palais aus der Zeit Nasir al-Din Shahs weist in seiner Architektur eher europäische Elemente auf, wie Säulenvorhallen an der Fassade und Stuckornamente im französischen Stil bei der Innendekoration. Innerhalb des gesamten Palastgeländes ist das **Emaret-e Takht-e Marmar** (= Marmorthronpalast) das älteste erhaltene Gebäude. Es wurde von Karim Khan Zand errichtet und von Agha Mohammad Khan Qadjar (1779–1797) ausgebaut, der im Jahr 1791 zusätzlich Einrichtungsgegenstände, Kunstobjekte und Dekorationselemente aus dem Palast Karim Khans von Shiraz hierher verbringen ließ. Seinen Namen erhielt der Bau erst in jüngerer Zeit, nachdem 1806 Fath Ali Shah veranlaßt hatte, einen riesigen, aus Marmor gemeißelten Thron im Palast aufzustellen. Heute steht dieser Thron in einem sich zum Park hin öffnenden Iwan, dessen Rückwand mit qadjarischen Spiegelmosaiken geschmückt ist, mit dem Blick auf ein langrechteckiges Wasserbecken. Auch die Nachfolger Fath Ali Shahs ließen den Palast weiter verschönern.

An der Ostseite des Golestan-Palastes wurde an der Khiaban-e Nasser Khosrow 1867, zur Zeit Nasir al-Din Shahs, ein fünfstöckiges Palais, das **Shams ol-Emareh,** errichtet. Dieser qadjarische Bau hat einen ganz außergewöhnlichen, dreistufigen Aufbau. Von einem Wasserbecken aus führt eine geschwungene Freitreppe in die offene, von zwei Säulen getragene Halle eines eineinhalbgeschossigen Vorbaus, der sich über die gesamte Breite des Palastes erstreckt. Der U-förmig angelegte, fünfstöckige Haupttrakt des Gebäudes ist etwas nach hinten versetzt. Ein einstöckiger Bauteil, auf dem in der Mitte ein schlanker, hoher Uhrturm sitzt, verbindet die beiden turmartig ausgebauten Seitenflügel. Die Fassade ist insgesamt mit rundbogigen Arkaden, Scheinnischen und Fenstern gegliedert. In den Bogenfeldern über den mit geschnitzten Holzrahmen versehenen Fenstern sieht man Blumenbilder aus Fliesen.

Am Eingang zum Palastgelände steht im Südwesten das **Weiße Palais** (Kakh-e Abyaz) aus der Regierungszeit Muzaffar al-Din Shahs. Heute ist in dem kleinen, zweigeschossigen Bau das **Ethnologische Museum** untergebracht. Hier wird die Lebensweise der iranischen Volksgruppen in unterschiedlichen Epochen sehr anschaulich dargestellt. Lebensgroße Wachsfiguren in persischen Trachten und Zunftge-

Teheran,
Shams ol-Emareh

wändern mit traditionellem Schmuck sind zu Szenen aus dem täglichen Leben gruppiert, zusammen mit den charakteristischen Möbelstücken, Textilien, Haushaltsgegenständen, Werkzeugen und Musikinstrumenten. In einer eigenen Abteilung werden schiitisch-rituelle Objekte gezeigt, die bei den Prozessionen und Passionsspielen im Rahmen der Trauerfeierlichkeiten im Monat Moharram Verwendung fanden.

Der Bazar und die Imam Khomeyni-Moschee

Gegenüber dem Golestan-Palast gelangt man von der Khiaban-e Panzdah-e Khordad zum Haupteingang des **Bazars** (7), der am Sabzeh Meydan, dem Grünen Platz, liegt, dessen Name davon erzählt, daß es hier einst Bäume und Blumenbeete gab. Noch Mitte des 19. Jh. grenzte der Bazar direkt an die Umfassungsmauer des Palastbezirks. Die Straßenführung und Größe seines historischen Kerns ist in dieser Form bereits für die qadjarische Zeit belegt. Erweiterungen und Ausläufer im Osten und im Norden machen den über mehrere Jahrhunderte gewachsenen Bazar mit seinem Gewirr von ineinander verschachtelten alten und neueren Bauteilen, seinen insgesamt 10 km langen Gassen und den Zehntausenden von kleinen Läden zum größten überdachten Bazar der Welt. Jede Warenkategorie und jede Handwerkszunft hat auf diesem riesigen Areal mit seinen überkuppelten, mit Holzbrettern oder Wellblech gedeckten oder mit Zeltplanen überspannten Gassen einen eigenen Bezirk. Neben den Läden findet man auch Lagerhäuser von Großhändlern, Werkstätten, Moscheen, Medressen, Grabheiligtümer, Badehäuser, Banken und Teehäuser oder Restaurants.

Früher gehörten auch Karawansaraien mit zum Gesamtbild des Bazars, mittlerweile sind sie jedoch fast ganz verschwunden. So standen beispielsweise nahe dem Haupteingang einst drei Karawansaraien, die wegen eines Straßenneubaus in den 30er Jahren des 20. Jahrhunderts abgerissen wurden. Von den 150 Karawansaraien im Teheraner Bazar, von denen ein europäischer Reisender des 18. Jh. berichtete, sind nunmehr maximal zehn erhalten, die in einem bemitleidenswerten Zustand sind und nicht mehr ihrem ursprünglichen Zweck dienen. Bei den ehemals ebenso zahlreich vorhandenen Badehäusern sieht die Situation recht ähnlich aus. Während die Frauen vorbehaltenen historischen Hammams mittlerweile alle zerstört sind, ist zumindest eines Männerbadehäuser heute noch in Betrieb. Dieses im Gebiet der Kistenhändler gelegene, **Shaikh Hammam** genannte Bad wurde Anfang des 19. Jh. erbaut.

In früheren Zeiten war der Bazar für die Händler sowohl Arbeitsplatz als auch der Ort, an dem sie wohnten. Nicht zuletzt wegen der katastrophalen sanitären Verhältnisse sind sie jedoch mittlerweile aus den Bazargassen in die besseren Gegenden Teherans gezogen und ließen ihre Wohnhäuser im Bazar verfallen. Die Welt des Bazars ist eine Welt der Männer. Nur in wenigen Gassen, wie beispielsweise im Goldbazar oder bei Haushaltsgeräten, sind Frauen als Kunden anzutreffen. In dem Teil des Bazars, in dem die Textilhändler ansässig sind, kaufen sie ihre Stoffe, aus denen u. a. die Chadors gefertigt werden. Im Gegensatz zur Vorstellung der Europäer gibt es keine fertigen Chadors zu kaufen – die Frauen nähen sie selbst oder lassen sie bei Schneiderinnen aus der Nachbarschaft anfertigen.

Die direkt am Rand des Bazars neben dessen Hauptzugang gelegene **Imam Khomeyni-Moschee** (8), ehemals Masdjid-e Shah (Shah-Moschee), wurde zwischen 1809 und 1824 zur Regierungszeit Fath Ali Shahs erbaut, und Nasir al-Din Shah ließ Reparatur- und Ergänzungsarbeiten durchführen. Beide Herrschernamen sind in Inschriften genannt.

In die Moschee gelangt man von der Khiaban-e Panzdah-e Khordad über ein paar Treppen und einen kleinen Platz, der etwas tiefer liegt als die Straße. Außer diesem Eingang zur Moschee gibt es zwei Seiteneingänge, die direkt von den Bazargassen in den Innenhof der großen Vier-Iwan-Anlage führen. In der Mitte des von einstöckigen Arkaden umgebenen Innenhofs ist ein rechteckiges Wasserbecken angelegt. Wie die Außenfassaden tragen auch die Arkaden, die Iwanfassaden und -decken gelbgrundiges Fliesenmosaik, das auf die Zeit der Erbauung zurückgeht. Der Hauptmihrabsaal hinter dem Südiwan wird von einer Kuppel überspannt, die außen mit einem Fliesenschmuck in türkis und weiß verkleidet ist. Daneben ist noch eine kleine vergoldete Kuppel sichtbar. Über dem Nordiwan, durch den man den Innenhof betritt, erheben sich zwei Minarette aus der Zeit Nasir al-Din Shahs. Zwischen ihnen ragt ein rechteckiger Uhrturm auf, ein typisches Phänomen der qadjarischen Moscheen Irans. Die Imam-Moschee ist die größte und wichtigste Moschee im Bazar, jedoch nicht die einzige – es gibt hier noch fünf weitere Moscheen und zahlreiche Imamzadehs.

Das Teppichmuseum

Am nordwestlichen Ende des Park-e Laleh (Tulpenpark) liegt das Teppichmuseum (9), an der Ecke von Khiaban-e Kargar und Khiaban-e Dr. Fatemi, in Laufentfernung vom Laleh International Hotel. Es wurde 1978 eingeweiht und ist seitdem für Besucher geöffnet. Der moderne zweigeschossige Bau hat eine breitere Basis und erhält dadurch eine leichte Trapezform, die an einen Teppichknüpfrahmen erinnern soll. Im Erdgeschoß befindet sich die ständige Ausstellung mit ca. 135 Teppichen aus allen Teilen Irans. Außerdem gibt es in der Empfangshalle einen Verkaufsstand für Postkarten und Bücher und einen Vorführraum, in dem Filme und Dias über die Teppichherstellung gezeigt werden. Ebenfalls im Erdgeschoß untergebracht ist eine Spezialbibliothek mit gut 4000 Werken über Teppiche in Persisch, Arabisch, Französisch, Englisch und Deutsch. Die Ausstellungsfläche des ersten Stocks ist für Wanderausstellungen vorgesehen; das Kellergeschoß beherbergt eine Werkstatt, Lager- und Archivräume. Eine zusätzliche Attraktion bietet ein traditionell eingerichtetes Teehaus mit Kalligraphien an den Wänden und dem in Rußland hergestellten größten Samovar Irans.

Die Entwicklung der persischen Teppichkunst

Die Exponate des Museums vermitteln einen Eindruck des persischen Teppichhandwerks seit dem 16. Jh. Frühere Belege, seien es schriftliche Berichte über Teppiche oder Originalfunde, gibt es nur wenige. Der älteste erhaltene, in Knüpftechnik hergestellte Perserteppich wurde 1942 von russischen Archäologen im Altai-Gebirge an der Grenze zur Äußeren Mongolei gefunden. Er lag in einem skythischen Fürstengrab, das die Wissenschaftler im Pazyryk-Tal, nach

Medaillonteppich (427 mal 225 cm) mit Tiermotiven – Löwen, Leoparden, Wölfen, Hirschen, Steinböcken und Gazellen; in Medaillon und Bordüre sieht man Fasanen und Pfauenpaare. Persien, Ende 16. Jh.; Museum für Islamische Kunst, Berlin dem der Teppich später benannt wurde, geöffnet hatten. Bereits in der Antike hatten Räuber das Grab aufgebrochen und alle wertvollen Beigaben mitgenommen, den 200 x 183 cm großen Teppich jedoch zurückgelassen. Wasser, das nach der gewaltsamen Öffnung in das Grab eingedrungen war, gefror und bedeckte alle verbliebenen Gegenstände einschließlich des Teppichs mit einer konservierenden Eisschicht. Der deshalb außerordentlich gut erhaltene Teppich wird heute in der Eremitage in St. Petersburg aufbewahrt. Sowohl die restlichen Funde aus dem Grab als auch eine C14-Untersuchung datieren den Teppich in das 5. oder 4. Jh. v. Chr., die erstaunlich perfekte Knüpftechnik (3600 Knoten pro cm^2) setzt jedoch eine längere Tradition und Erfahrung voraus.

Das Muster besteht aus einem schachbrettartig gestalteten Mittelfeld, das von einer breiten Bordüre aus mehreren gemusterten Streifen und von einem Elch- und Reiterfries umgeben ist. Der Stil des Teppichmusters gilt allgemein als persisch-achämenidisch, und so darf angenommen werden, daß der Pazyryk-Teppich den ältesten Beleg für das persische Knüpfhandwerk darstellt.

In der sasanidischen Zeit war die Textilkunst in Persien hoch entwickelt, erhalten sind aber ausschließlich Stoffe und feinere Gewebe, jedoch keine Teppiche. Daß die Sasaniden durchaus eine weit fortgeschrittene Teppichkunst besaßen, belegt eine frühislamische schriftliche Quelle. Dieser Bericht beschreibt den legendären Baharestan-Teppich, der im Thronsaal Khosrow II. Parviz' in Ktesiphon gelegen haben soll. Wegen des Musters auf dem 27 m im Quadrat großen Teppich, das eine blühende Parklandschaft mit Wasserläu-

fen, Blumenbeeten, Rasenflächen, Büschen und Bäumen darstellte, erhielt er den Namen Baharestan (= Frühlingsland). Dem Bericht zufolge war der Teppich aus feinster Seide gearbeitet, die Gartenwege waren durch Goldfäden, die Bäche durch Silberfäden angegeben, und in die Rasenflächen und Blumen waren Edelsteine eingewirkt.

Aus timuridischer Zeit (1370–1506) stammen die folgenden Belege für die persische Teppichkultur, jedoch sind auch aus dieser Periode keine Originale erhalten, sondern lediglich Abbildungen von Teppichen in den Miniaturmalereien des 15. Jh. Anhand dieser sehr detaillierten Darstellungen läßt sich eindeutig erkennen, daß die frühsafawidischen Teppiche den timuridischen im Muster ähnelten und konzeptionell auf ihren Vorläufern aufbauten.

In safawidischer Zeit (16. und 17. Jh.) erreichte die persische Teppichkunst ihre höchste Blüte. Während dieser Periode können anhand der Muster noch keine echten Manufakturzentren ausgemacht werden, und die regionalen Charakteristika der Teppichmuster sind noch nicht so stark ausgeprägt. Deshalb ordnet die Wissenschaft safawidische Teppiche eher nach ihren Darstellungen und der Anordnung ihrer Muster ein. Einer dieser Typen der safawidischen Teppichkunst ist der **Kassettenteppich,** bei dem die gesamte Fläche des Innenfeldes symmetrisch in unterschiedliche geometrische und florale Kassettenelemente aufgeteilt ist. Die Kassetten sind gelegentlich auch mit Arabeskenranken, floralen Motiven und Drachen gefüllt.

Ein weiterer Typ, der **Medaillonteppich,** hat in der safawidischen Zeit seine kanonische Form herausgebildet. Kennzeichen des Me-

Gartenteppich, 880 x 289 cm; geknüpft um 1800 in Nordwestiran. Museum für Islamische Kunst, Berlin

daillonteppichs ist nicht nur das runde, ovale oder mehreckige Medaillon in der Mitte des Teppichs, sondern auch die Eckmotive des Innenfelds, die jeweils ein Viertel des Medaillons wiederholen. In der Längsachse ist in der oberen und unteren Hälfte je ein Paar schild- oder kartuschenförmiger Felder angebracht. Die Begleitmuster und Füllmotive sind sowohl zur Vertikal- als auch zur Horizontalachse symmetrisch verteilt, so daß jedes Muster im Innenfeld viermal vorkommt.

Einem ähnlichen Aufbau folgen die **Spiralranken-Teppiche,** deren Muster an der vertikalen und der horizontalen Mittelachse gespiegelt sind. Ihr Dekor besteht ausschließlich aus floralen Elementen. Besonders charakteristisch sind komplizierte Palmettenblüten mit einem flammenartig ausgezackten Rand. Alle Einzelformen im Mittelfeld und in der Bordüre sind durch feingliedrige Ranken miteinander verbunden. Zahlreiche Teppiche dieses Typs wurden im 17. Jh. nach Europa exportiert, wie die in der niederländischen Genremalerei dieser Zeit abgebildeten Teppiche belegen.

Einem völlig anderen Prinzip folgen die **Vasenteppiche.** Die hier verwendeten floralen Muster sind nur zur Längsachse symmetrisch angeordnet, d. h. die einzelnen Elemente kommen meist nur zweimal vor. Ein besonders häufig dargestelltes Motiv bei dieser Gruppe ist eine chinesische Vase, die dieser Art von Teppichen den Namen gab.

Formal einen sehr auffälligen Typ bilden die **Gartenteppiche,** die in der Tradition des Baharestan-Teppichs stehen und die safawidische Zeit lange überlebten. Im Mittelfeld dieser Teppichgruppe wird aus der Vogelperspektive ein von geradlinigen Kanälen durchzogener und so in rechteckige Felder eingeteilter Paradiesgarten abgebildet, eine Darstellung des seit Jahrtausenden tradierten Prinzips des persischen Paradeisos. In den bepflanzten Inseln zwischen den ornamental angegebenen Wasserläufen sieht man häufig Vögel und andere Tiere.

Bei der in allen muslimischen Ländern wichtigen Kategorie der **Gebetsteppiche** ist das Motiv des Mittelfelds immer ein stilisierter oder auch realistisch dargestellter Mihrab in der Frontalansicht. Die Verzierungen und der obere Abschluß können aus Inschriftenbändern bestehen. Kartuschen mit Inschriften finden sich gelegentlich in der Bordüre.

In nachsafawidischer Zeit bildeten sich mehr und mehr Herstellungszentren heraus, und damit entstanden unverwechselbare Charakteristika beim Teppichdekor für die verschiedenen Städte Persiens. Noch heute sind Tabriz, Isfahan, Kerman, Kashan, Mashhad, Qom und Nain die wichtigsten Teppichstädte. Daneben gibt es noch die Teppichprodukte der Nomadenstämme, die häufig nach ihren Umschlagmärkten benannt sind. So wurden die Bukhara-Teppiche, die turkmenische Nomadenerzeugnisse sind, lediglich in Bukhara, das keine eigene Teppichmanufaktur besaß, auf den Markt gebracht. Während im allgemeinen in der Neuzeit die Teppichknüpfrahmen vertikal aufgestellt werden, arbeiten die Nomadenfrauen häufig heute noch an flach auf dem Boden liegenden Rahmen, wie sie früher gebräuchlich waren.

Außerhalb des Stadtzentrums

Das **Reza Abbasi-Museum** (10) für Kulturgeschichte Irans liegt an der Khiaban-e Dr. Ali Shariati 972, etwas südlich der Kreuzung mit der Bozorgrah-e Resalat. Das nach dem berühmten safawidischen Maler und Kalligraphen benannte Museum präsentiert in einem modernen, viergeschossigen Gebäude eine Sammlung iranischer Kunst und Kunsthandwerkserzeugnisse aus vorgeschichtlicher, vorislamischer und islamischer Zeit.

Im Erdgeschoß gibt es einen Verkaufsstand mit Postkarten und Nachbildungen verschiedener Ausstellungsstücke, außerdem werden hier gelegentlich Wanderausstellungen gezeigt. Will man bei dem Rundgang durch das Museum chronologisch vorgehen, so muß man im obersten Stockwerk gleich links neben dem Treppenaufgang beginnen. Neben vor- und frühgeschichtlicher Keramik sind hier Bronzegegenstände aus Luristan und Urartu (spätes 2. Jt./frühes 1. Jt.), mit besonderem Augenmerk auf die Entwicklung der Handwerkskunst, ausgestellt. Den Höhepunkt in diesem Stockwerk stellt eine einmalige Sammlung von Gefäßen, Schmuck und kleinen Tierplastiken aus Gold und Silber dar, die in achämenidischer, parthischer und sasanidischer Zeit gefertigt wurden.

Die Exponate aus der islamischen Zeit befinden sich sowohl im zweiten als auch im ersten Stockwerk. Im zweiten Obergeschoß links sind einzelne Kacheln aus Fassadendekorationen und Fragmente von Fliesenmosaiken ausgestellt. Es folgen Waffen, Schmuck und Textilien aus seldjukischer, timuridischer und safawidischer Zeit und schließlich Lackarbeiten des 19. Jh. Rechts der Treppe wird die größte und lückenloseste Sammlung iranischer Glasurkeramik von der frühislamischen Zeit (8.–9. Jh.) bis in das 18. Jh. hinein gezeigt, mit Beispielen aus allen persischen Manufakturzentren, von denen Ray, Saveh und Nishabur nur die wichtigsten sind. Das erste Geschoß ist der Buchkunst gewidmet. Links vom Treppenaufgang aus wird anhand von Handschriften und historischen Büchern, vorwiegend besonderen Koranausgaben, die Entwicklung der Schrift und der kalligraphischen Stilrichtungen (Kufi, Tholth, Naskh, Nastaliq) von der frühislamischen Zeit bis in die Gegenwart dargestellt. Auf der rechten Seite des Stockwerks sind Miniaturmalereien vom 14. Jh. an zu bewundern, mit dem Schwerpunkt auf Illustrationen des Shahnameh-Epos. Daneben finden sich Beispiele der feinsten Buchbindekunst und historische Berichte ausländischer Reisender in Iran. Zu erwähnen ist schließlich die wissenschaftliche Bibliothek des Museums, die sowohl Werke zur Kunst- und Kulturgeschichte als auch historisch interessante Zeitungen und Magazine enthält.

Nördlich des Meydan-e Varnak am Anfang des Bolvar-e Mir Damad befindet sich das in den 80er Jahren eröffnete **Dafine-Museum** (11), das einen kulturgeschichtlichen Überblick über Iran bietet. Im ersten Ausstellungsraum werden Keramikerzeugnisse, Metallgegenstände und Glas von der Vorgeschichte bis in die islamische Zeit gezeigt. Im zweiten Raum liegen wertvolle islamische Handschriften aus, und im dritten Raum sind Teppiche verschiedener iranischer Provenienz seit etwa 1880 ausgestellt.

Die vierte und fünfte Halle befaßt sich mit der neueren Kunstgeschichte Europas. Während im vierten Raum vorwiegend aus Frankreich stammende kleinformatige Bronze- und Marmorplastiken des 19./20. Jh. präsentiert werden, finden sich im fünften Raum aus derselben Zeit Kristallerzeugnisse, die hauptsächlich in Böhmen, aber auch in Frankreich, Deutschland und England hergestellt wurden. Die beiden letzten Abteilungen zeigen vorwiegend iranische Metallwaffen von der Safawidenzeit bis zum Beginn des 20. Jh. und zeitgenössische iranische Aquarellmalerei.

Im Nordwesten der Stadt liegt nördlich des Meydan-e Vanak an der Khiaban-e Vali-ye Asr der große **Park-e Mellat** (12); in seiner näheren Umgebung stehen drei große internationale Hotels, das Esteqlal-, das Homa- und das Azadi-Hotel. Der Park-e Mellat wurde 1968–1975 mit künstlichem See und verschlungenen Wegen angelegt. Auf dem See kann man mit gemieteten Booten fahren. Entlang der Wege und neben den Treppenaufgängen stehen Skulpturen moderner Künstler, die berühmte persische Wissenschaftler, Philosophen, Schriftsteller und Dichter darstellen. Zum Park gehören auch ein kleiner Zoo und eine Bibliothek.

Außer dem Mellat-Park gibt es in Teheran zahlreiche kleinere und größere Grünanlagen, von denen der im Stadtzentrum gelegene

Die nördlichen Stadtbezirke Teherans vor der Kulisse des Elburz-Gebirges

Park-e Shahr die älteste ist. Besonders in der letzten Zeit wurde die Anlage weitläufiger und interessant gestalteter Parks von der Stadtverwaltung vorangetrieben, einmal um durch diese grünen Lungen eine Verbesserung des Klimas in der versmogten Metropole zu erreichen, und zum anderen, um Naherholungsgebiete für Familien zu schaffen.

Nördlich von hier schließen sich auf einer Höhe von 1600–1700 m die Stadtteile Tadjrish und Darband an, die ehemals eigene Dörfer waren, mittlerweile jedoch in die Großstadt integriert sind. Ihren dörflichen Charakter haben sie sich jedoch bis zu einem gewissen Grad erhalten. Die Luft in dieser Höhe oberhalb der Smogglocke Teherans ist relativ sauber und weitaus kühler als im Zentrum oder gar im Süden der Stadt. Der Begriff *shemiranat* (= die kühleren Orte) faßt diese ehemaligen Dörfer am Fuß des Elburz zusammen. Die Straßen dieser Stadtteile schlängeln sich zwischen schroffen Gebirgshängen hindurch, und von den Bergen plätschern Bäche in kleine Flüsse, die entlang der ländlichen Gassen fließen. Überall findet man unter Bäumen Ausflugslokale, in denen man im Freien essen und Tee trinken kann. Die Restaurants sind empfehlenswert; sie haben eine große Auswahl verschiedenster Fleischsorten, am Spieß gebraten oder gegrillt. An den Straßen gibt es Stände, die Säfte oder süße Spezialitäten aus Obst anbieten, z. B. zu klebrigen Platten verdickter Pflaumenbrei.

Während der weitaus höhere Damavand vom Stadtgebiet aus nicht zu sehen ist, überragt der **Qolleh-e Towchal,** der 3933 m hohe Hausberg Teherans, der noch bis Juli mit Schnee bedeckt ist, die ansteigenden Berghänge der Großstadt. Von **Velendjak** aus, dem nördlichsten Stadtteil Teherans, führt in 35 Minuten Fahrzeit eine Seilbahn zum Gipfel des Berges, wo es an der Endstation ein Ausflugsrestaurant gibt. Diese Seilbahn gehört zu den längsten, die weltweit jemals gebaut wurden.

Der Stadtteil **Tadjrish** hat südwestlich des Meydan-e Tadjrish einen eigenen kleinen Bazar, in dessen Südteil das **Imamzadeh Saleh** (13) liegt. In einem abgegrenzten Hof steht eine sehr alte Platane vor dem nach Norden weisenden Eingang des Heiligtums. Ein zum Hof hin sich öffnender Iwan führt in die mit einer Kuppel überspannte und mit Spiegelmosaiken verzierte Grabkammer, in der das von mehreren kleineren Gräbern umgebene Hauptgrab liegt. Die Grundmauern des Gebäudes datieren ins 13. und 14. Jh., der heutige Zustand ist jedoch qadjarisch. Eine Inschrift über dem Eingang, die den Namen Fath Ali Shahs nennt, belegt Restaurierungsarbeiten Anfang des 19. Jh.

Das Saadabad-Palastmuseum

Das insgesamt 410 ha messende Gelände des Saadabad-Palastmuseums (14) liegt im Stadtteil Darband am äußersten Nordrand Teherans. Hier war die Sommerresidenz des letzten Shah untergebracht.

In dem riesigen Parkareal gibt es mehrere Einzelpaläste, Sportanlagen und einen Flugplatz. Ein Kleinbus bringt die Besucher zu den einzelnen Museen, zu denen die Prunkbauten der ehemaligen Shahfamilie umorganisiert wurden.

Das größte Gebäude auf dem Gelände ist der **Weiße Palast,** einst der Zeremonien- und Empfangspalast Reza Shahs und seines Sohns. Mit seinem Bau wurde 1931 unter Reza Shah begonnen, 1936 wurde er vollendet und 1982 in das **Mellat-Museum** umgewandelt. Das von außen eher nüchtern wirkende Bauwerk ist zweigeschossig, mit einem Hochparterre und einem ersten Stock. Zehn der 54 Räume dienten als Empfangs- und Festsäle für offizielle Anlässe. Die Front des Palastes ist abgestuft gestaltet, indem der Eingangsfassade ein doppelstöckiger Säulenportikus vorgelagert wurde, zu dem eine breite Treppe hinaufführt. Links der Treppe ist noch ein bronzenes Stiefelpaar erhalten, das zu einer überlebensgroßen Statue Reza Shahs gehörte.

Im Erdgeschoß des Palastes waren Büros, das Arbeitszimmer des Shah, Wachräume, eine Empfangshalle und ein kleiner Festsaal untergebracht. Im Obergeschoß befanden sich die Privaträume des Kaiserpaares, ein großer Festsaal und eine Audienzhalle, in dem ausländische Gesandte empfangen wurden. Die Fenster des großen Saals öffnen sich auf den Säulenportikus an der Front. Noch heute stehen in diesem Raum die bronzenen Hüftbilder des letzten Shah und seiner Frau Farah. Eine bauliche Besonderheit des Palastes ist in beiden Stockwerken jeweils eine quadratische Halle mit vier Säulen, von der aus alle Räume und Säle zu erreichen sind. Im oberen Stockwerk wird der Raum durch eine viereckige Lichtkuppel, die mit einem Zeltdach gedeckt ist, ausgeleuchtet. Wandgemälde zwischen den Fenstern der Kuppel und den Säulen zeigen Szenen aus dem ›Shahnameh‹, u. a. Episoden aus dem Leben des Helden Rostam und des sasanidischen Königs Bahram der Jäger.

Im gesamten Palast sind Fußböden und Treppen mit edelstem Marmor aus Yazd verkleidet. Für die riesigen Hallen und Säle ließ Reza Shah extra große Teppiche in Kerman, Mashhad und Tabriz anfertigen. Der größte wurde in Mashhad für den Festsaal im ersten Stock hergestellt; er hat eine Fläche von 145 m^2, und sein Muster ist eine Nachahmung des kostbarsten erhaltenen Teppichs der Welt, der ursprünglich im Shaikh Safi-Mausoleum in Ardabil lag und heute im Victoria and Albert Museum in London ausgestellt ist. In allen Räumen hängen prachtvolle aus Böhmen, Italien und Frankreich eingeführte Glaslüster, von denen wiederum derjenige für den Festsaal mit seinen 108 Armen der größte ist. Die luxuriöse Ausstattung mit exquisiten Möbeln, Gemälden und Teppichen wird auf Schrifttafeln in englischer und persischer Sprache erläutert. Im Souterrain des Palastes ist in einer Halle gegenüber einem Privatkino eine von Farah Diba zusammengetragene Sammlung iranischer Antiquitäten sowie europäischer und afrikanischer Kunstgegenstände ausgestellt.

Der 1966 erbaute **Palast der Shahmutter** war seit 1982 als Museum der Öffentlichkeit zugänglich. Im Erdgeschoß des Gebäudes befinden sich ein Kino und Räumlichkeiten, in denen man der Zerstreuung nachgehen konnte, im Obergeschoß lagen die Privatgemächer der Shahmutter. Seit 1996 ist das Museum geschlossen.

Der 1925 für Reza Shah errichtete **Grüne Palast,** der seinen Namen von der mit reliefierten grünen Marmorplatten verkleideten Fassade erhielt, ist das älteste und architektonisch bedeutendste Bauwerk der gesamten Anlage. Auf erhöhtem Gelände wurde das zweigeschossige Gebäude in einen Hang hineingebaut. Der Eingang, der in das Hochparterre mit den offiziellen Räumlichkeiten führt, weist nach Norden, zu den Bergen hin. Die Eingangshalle, von der aus man direkt in den offiziellen Empfangssaal gelangt, geht über in einen zentral gelegenen Verbindungssaal, der im Persischen *talar* genannt wird. Von ihm gehen rechts und links die Zugänge zum Arbeitszimmer und einem kleineren Wohnraum ab; seine Südseite öffnet sich in einer Fensterfront, die einen freien und faszinierenden Blick über ganz Teheran gewährt. Die Wände und die facettierte, gewölbte Decke sind vollständig mit überaus kleinteiligem, kunstvoll verlegtem Spiegelmosaik bedeckt. Speziell für den Spiegeltalar wurde in Mashhad ein Teppich angefertigt, der eine Größe von 80 m^2 hat und extrem dicht geknüpft ist. Die gesamten Dekorationen im Palast, die aus Stuckarbeiten, Spiegelmosaiken, Wandbehängen und Intarsienpaneelen bestehen, sind ausschließlich traditionelle persische Handarbeiten. Im Souterrain sind Gasträume und ein Speisesaal untergebracht; es ist für Besucher bislang noch nicht zugänglich.

Der **Palast des Kronprinzen** wurde zu einer Art Naturkundemuseum umgewandelt, in dem die vorwiegend aus Afrika stammenden Jagdtrophäen der Pahlaviherrscher ausgestellt sind. Ebenfalls ein Palast der Shahfamilie war das heutige **Militärmuseum,** in dem ne-

Ein überaus kleinteilig verlegtes Spiegelmosaik verkleidet Decken und Wände des Empfangssaals Reza Shahs im Grünen Palast

ben antiken und modernen Waffen u. a. auch die historischen Gewänder und Uniformen zu besichtigen sind, die bei der 2500-Jahr-Feier benutzt wurden.

Etwas abseits in der südlichen Ecke des Areals steht das ehemalige Hofministerium. Der geradlinige, dreistöckige Bau aus der Zeit Reza Shahs wurde wegen seiner Sockelverkleidung aus schwarzem Marmor gelegentlich auch **Schwarzer Palast** genannt. Bis auf die Marmorverkleidung des Erdgeschosses ist das in Hanglage errichtete Bauwerk eher schmucklos. Seit 1982 enthält es das **Museum für Schöne Künste,** in dem Gemälde iranischer und ausländischer Künstler aus dem Besitz der letzten Königin Farah Diba zu besichtigen sind.

Im Erdgeschoß des Schwarzen Palasts wird die historische Malerei Persiens vom 16. Jh. bis zu den 20er Jahren des 20. Jahrhunderts ausgestellt. Die Gemälde der *safawidischen Zeit* schildern hauptsächlich das Leben am Hof von Isfahan. Sie waren Auftragsarbeiten der Angehörigen des Hofes und wurden alle, bis auf eine Ausnahme, vom jeweiligen Schöpfer des Werkes nicht signiert. Trotzdem steht fest, daß sie samt und sonders aus der zu dieser Zeit hoch angesehenen Isfahaner Malerschule hervorgegangen sind und einige Werke sogar von der Hand der berühmten Maler Ali Reza Abbasi, Kamal al-Din Behzad und Mirak stammen.

Aus der *Afsharenzeit* ist ein Gemälde erwähnenswert, das von dem Maler Abul Hasan im Jahr 1775 geschaffen wurde. Das erst drei Jahre nach der Ermordung Nadir Shahs fertiggestellte Werk stellt Nadir Shah umgeben von seiner Familie und seinen Höflingen dar. Alle Werke aus der *Zand-Dynastie* (zweite Hälfte 18. Jh.) wurden von der Shirazer Schule hergestellt, weil dort zu dieser Zeit der Hof residierte. Die Werke dieser Periode zeigen Vögel und Blumen oder religiöse Inhalte, beispielsweise Szenen aus dem Leben der ersten drei Imame Ali, Hasan und Hossein.

Die meisten Gemälde im Erdgeschoß stammen jedoch aus der *Qadjarenzeit.* Sie beinhalten nun wieder mehr weltliche Themen, wie Szenen des höfischen Wohllebens mit Musikern und Tänzern, Porträts von Herrschern, Wissenschaftlern, Dichtern und Philosophen, aber auch von Geistlichen. Das berühmteste Ölbild dieser Periode ist wohl das von Mehr Ali signierte überlebensgroße Porträt Fath Ali Shahs (1813/14), das den König stehend darstellt. Der bedeutendste Maler der Qadjarenzeit jedoch war Kamal al-Molk (1843–1940). Für neun seiner Werke wurde hier ein eigener Ausstellungsraum eingerichtet, in dem auch seine wichtigsten Bilder, ›Der Wahrsager‹, ›Golestan-Palast‹ und ein Selbstporträt des Künstlers, zu besichtigen sind.

Im Tiefgeschoß ist eine spezifisch iranische Volkskunst-Gattung ausgestellt, die Kaffeehaus- oder Teehaus-Malerei. Diese hauptsächlich während des 18. und 19. Jh. im naiven Stil gemalten Bilder wurden nicht nur in den Kaffee- und Teehäusern aufgehängt, sondern hatten auch Szenen zum Thema, die sich an diesen Orten abspielten.

Das erste Stockwerk ist hauptsächlich den Werken europäischer Künstler, unter anderem auch Bildern des Surrealisten Salvatore Dalí, und der persischen Moderne gewidmet. Außerdem finden hier Wanderausstellungen zeitgenössischer iranischer Künstler statt.

In zwei ebenfalls auf dem Palastgelände stehenden Gartenpavillons wurden 1994 zwei **kleine Museen** für zeitgenössische persische Miniaturmalerei eingerichtet. In einem sind die mehr als 300 Werke des Miniaturisten Hossein Behsad ausgestellt, im anderen die der in Isfahan geborenen armenischen Malerin Klara Abkar. Beide Künstler, deren Werke in der klassischen persischen Miniaturmalerei fußen, wurden mehrfach international ausgezeichnet.

Östlich von Tadjrish liegt im Stadtteil **Niyavaran,** am Ende der Shahid Dr. Bahonar-Straße, der **Niyavaran-Park** (15). Im Norden der 62 000 m^2 großen, mit Freizeiteinrichtungen ausgestatteten Anlage gibt es ein abgegrenztes Gelände, in dem der unter dem letzten Shah 1969 erbaute **Niyavaran-Palast** mit Privatkino, Konferenzräumen und Helikopter-Landeplatz liegt. Das Zentrum des zweistöckigen Gebäudes bildet eine über beide Etagen hinweggehende, offene Halle, um die sich alle Räume gruppieren. Im unteren Geschoß waren die offiziellen Räumlichkeiten untergebracht und oben die Privatgemächer, das Wohnzimmer der Familie und Farahs Arbeitszimmer. Der vom Stil her moderne Bau ist mit 50-100 Jahre alten Teppichen aus Mashhad und Isfahan ausgestattet.

Vor dem Eingang zum Palastgarten ist ein **qadjarischer Gartenpavillon** erhalten, den der letzte qadjarische Herrscher Ahmad Shah, der noch vor seinem dreißigsten Lebensjahr gestürzt wurde, Anfang des 20. Jh. erbauen ließ. Dieser Pavillon wurde vom letzten persischen Kronprinzen bewohnt.

Teheran, Grabmal Imam Khomeynis. Ein Gitter umgibt den Sarkophag in der zentralen Halle des Heiligtums

Im Süden der Stadt

Im äußersten Süden Teherans, an der Autobahn nach Qom, etwa 30 km von der Stadtmitte entfernt und direkt neben dem größten Friedhof des Landes, dem Behesht-e Zahra, liegt das **Grabmal Imam Khomeynis** (16). Mit dem Bau des Mausoleums wurde 1990, nach dem Tod Imam Khomeynis, begonnen. Bis heute ist die Anlage noch nicht fertiggestellt, und es ist nicht abzusehen, wann sie vollendet sein wird. In Zukunft sollen neben dem Grabmal noch eine Universität und mehrere Koranschulen entstehen. Der Grundriß der Anlage ist rechteckig, mit Eingangsiwanen in der Mitte jeder Seite der zentral gelagerten Grabhalle. In der riesigen Halle steht, umgeben von einem weißen Gitter, der Schrein mit dem grün bespannten Sarkophag. Der Boden der Halle ist mit Marmor ausgelegt und teilweise mit Teppichen bedeckt. Vier hohe Minarette schmücken das Mausoleum, und über der Mittelhalle erhebt sich eine goldene Kuppel.

Ray

Die Stadt Ray liegt 12 km südlich des Stadtzentrums von Teheran und ist heute praktisch ein Vorort, wenn auch mit eigener Stadtverwaltung. Ihre Besiedlung ist bis ins 4. Jt. v. Chr. nachzuweisen;

Ray, Innenhof des Hazrat-e Abd al-Azim-Heiligtums

Ray
Besonders sehenswert: Bordj-e Toghrol; Felsrelief bei Cheshme Ali; Mausoleum der Bibi Shahrbanu

nachweislich erwähnt wird sie erstmals in der Bisotun-Inschrift unter dem Namen Raga. In achämenidischer Zeit war Ray eine kleine Stadt mit dem Namen Rhages, die auch Alexander der Große erreichte, als er 330 v. Chr. Darius III. und seine letzten Getreuen verfolgte. Der Begründer der Seleukiden-Dynastie, Seleukos Nikator, ließ Ray um 300 v. Chr. weiter ausbauen und nannte es Europos, nach seiner Geburtsstadt in Makedonien. Um 200 v. Chr. wurde die Stadt von den Parthern erobert, befestigt und umstrukturiert. Im 8. Jh. n. Chr. bauten die Abbasiden sie erneut aus; zu dieser Zeit hieß sie Mohammadiyeh. Harun al-Rashid soll im Jahr 763 n. Chr. hier geboren worden sein. Seit dem 10. Jh. führt sie den Namen Ray. Nach der Eroberung durch den Ghaznawiden Mahmud entwickelte sich die Stadt Mitte des 11. Jh. zu einer der schönsten Residenzen des Seldjukenreichs, und ihre Keramikproduktion machte sie weltberühmt. 1220 zerstörten die Mongolen Ray und metzelten die Bevölkerung nieder. Diejenigen, die überlebten, flohen nach Varamin oder Teheran. Heute ist Ray einerseits eine moderne Industriestadt, glandererseits aber wegen seiner Heiligengräber auch ein wichtiger schiitischer Pilgerort.

In der Altstadt von Ray steht nördlich des Zentrums der **Turm des Toghrol Beg** in einem umfriedeten Garten. Das runde, 20 m hohe Bauwerk ist das Grabmal Toghrols I., des Begründers der Seldjuken-Dynastie, und wurde im Jahr 1139 errichtet. Die Inschrift, die dieses Jahr nennt, befindet sich heute im University Museum in Michigan/USA. Eine Marmorplatte über dem Eingang weist auf die Restaurierungsarbeiten im Jahr 1882 unter Nasir al-Din Shah hin, die allerdings mehr zerstörten als bewahrten.

Tatsächlich erhalten sind aus der Gründungszeit des Turms nur noch die Außenmauern, das vermutlich ehemals kegelige Dach ist vollständig eingefallen. Prismenförmige Pfeilervorlagen gliedern die Außenfassade des runden Turms und verleihen dem Grundriß eine Sternform. Die Vertiefungen zwischen den dreieckigen Vorsprüngen schließen oben mit drei Moqarnas ab, darüber verläuft ein einfacher Stalaktitenfries. Über Bauinschriften, Innendekorationen und die ursprüngliche Fassadengliederung des Baus ist nichts bekannt, da sie bei den Restaurierungsarbeiten im 19. Jh. komplett zerstört wurden. Der Haupteingang liegt im Süden, von Norden her gibt es zusätzlich einen weiteren Zugang zu der runden Grabkammer, deren Innenwände keinerlei Schmuck mehr aufweisen. Erwähnenswert ist die architektonische Gliederung des Hauptportals, die aus drei ineinander geschachtelten Nischen besteht.

Eine der wichtigsten schiitischen Pilgerstätten Irans ist das **Grabmal Hazrat-e Abd al-Azim** mitten in Ray. Nichtmuslimen ist der Zutritt zu diesem heiligen Ort verboten. Das Hauptheiligtum ist das Mausoleum des Abd al-Azim, der ein Nachkomme des zweiten Imam Hasan war und 860 in Ray ermordet wurde. Angegliedert sind weitere Gräber, in denen Nachkommen Mohammads und der 12 Imame bestattet wurden. So fanden hier Hamzeh, der Bruder des achten Imam Reza, und Taher, ein Nachkomme des vierten Imam Hazrat-e Sadjdjad, ihre letzte Ruhestätte.

Die ursprüngliche Anlage ist seldjukisch, einige Ausstattungsgegenstände, wie Holz- und Eisentore, stammen aus dem 14.–16. Jh., und der Hauptiwan vor der Grabkammer datiert in die Zeit des safawidischen Shah Tahmasp. Während der Herrschaft der Qadjaren wurde die Stätte umfassend restauriert, denn sie war das einzige bedeutende Heiligtum, das in unmittelbarer Nähe zur qadjarischen Residenz Teheran lag.

Die Gesamtanlage umfaßt fünf Höfe. Der Haram grenzt an den Nordhof, von dem aus ein Iwan mit Spiegeldekoration in die Grabkammer des Abd al-Azim führt. Rechts und links vom Eingang stehen auf dem Iwan zwei 24 m hohe, runde Minarette auf quadratischer Basis. Die beiden mit Fliesenmosaik geschmückten Minarette wurden im 19. Jh. während der Restaurierungsarbeiten durch Nasir al-Din Shah errichtet. Das Portal, das in den Haram führt, ist zweiflügelig, und seine mit Inschriften und ornamentalen Mustern versehenen Türflügel sind vergoldet.

Über dem quadratischen Grundriß der zentralen Grabkammer liegt eine achteckige Mauerzone, gefolgt von einer 16seitigen, auf der die 12 m hohe, außen vergoldete Doppelkuppel ruht. Die Wände sind bis in eine Höhe von 1,65 m mit abwechselnd schwarzen und weißen Marmorplatten verkleidet. Oberhalb des Marmorsockels wurden bis an den Saum der Kuppel Spiegelmosaiken angebracht. Sowohl die Spiegelmosaikverzierung als auch die Vergoldung der Kuppel gehen auf die Zeit Nasir al-Din Shahs zurück. In der Mitte der Grabkammer steht der geschnitzte, hölzerne Sarkophag, umgeben von einem umlaufenden, monumentalen Silbergitter, das von Fath Ali Shah in qadjarischer Zeit gestiftet wurde und dem Nasir al-Din Shah kurz darauf einen Kranz mit 64 goldenen Vasen aufsetzen ließ. Der Sarkophag im Inneren des Gitters ist leer, denn der Heilige wurde, ebenso wie jeder andere Tote auch, in der Erde bestattet; er liegt unterhalb des Grabmals.

Im Osten und Westen führen Zugänge in zwei angegliederte Betsäle, die als Männer- und Frauenmoschee bezeichnet werden; im Süden liegt eine weitere Grabkammer, die mit einer fliesenverkleideten Kuppel bekrönt ist. Rund um den Haram liegen noch weitere Mausoleen, in denen berühmte *ulamas* (= islamische Hochschulgelehrte) und qadjarische Monarchen bestattet sind, unter anderem auch Nasir al-Din Shah, der auf dem Weg von Teheran nach Ray ermordet wurde. In dem zum Gesamtkomplex gehörigen Schatzhaus, das gelegentlich auch Museum genannt wird, werden alle Weihegaben, die Pilger den Heiligen mitbrachten, gesammelt und aufbewahrt.

Östlich der Stadtmitte von Ray entspringt unterhalb eines Felsrükkens die Quelle **Cheshme Ali** und bildet dort einen kleinen Teich. Die Ruinen und Besiedlungsreste rund um diese Quelle gehören zum antiken Rhages. An der Quelle werden noch heute nach alter Tradition Teppiche gewaschen und auf den angrenzenden Felsen zum Trocknen ausgelegt.

Oberhalb der Quelle wurde in qadjarischer Zeit ein **Felsrelief** angebracht. In der Mitte der Reliefdarstellung thront Fath Ali Shah (1797–1834), umgeben von seinen Söhnen und anderen Persönlichkeiten seines Umfelds. Gerahmt wird der Mittelteil des Bildes von zwei schlanken Säulen mit dreiteiligem Kapitell. Während am linken Rand des Bildfelds vier stehende Personen abgebildet sind, wird auf der rechten Seite jenseits der Säule eine vollständige Szene dargestellt. Hauptfigur dieser kleinen Szene ist wiederum Fath Ali Shah. Er trägt einen Falken auf der Faust; hinter ihm steht ein Diener, der einen Schirm oder Baldachin über ihn hält. Das Relieffeld schließt oben mit einer Reihe länglicher Inschriften-Medaillons ab.

Auf der anderen Seite des Bergrückens ließ Fath Ali Shah ein weiteres Relief anbringen, von dem jedoch heute keine Reste mehr vorhanden sind. Es zeigte den Herrscher zu Pferd mit einer langen Lanze, einen Löwen erstechend. Reiseberichten aus der Zeit vor Fath Ali Shah zufolge hatte es an dieser Stelle ursprünglich ein sasanidisches Reiterrelief gegeben, das Fath Ali Shah durch sein eigenes Bild ersetzen ließ.

Der **Siedlungshügel,** der den Namen der Quelle trägt, liegt in unmittelbarer Nähe hinter den Felsen. Er wurde in den 30er Jahren von amerikanischen Archäologen ausgegraben. Die älteste Besiedlung läßt sich für das 4. Jt. v. Chr. nachweisen. Während des 3. Jt. war der Hügel nicht besiedelt, danach jedoch wieder vom 2. Jt. bis in das 1. Jt. v. Chr. Obenauf finden sich Reste eines parthischen Palastes und sasanidische Ruinen.

Südöstlich von Cheshme Ali liegt am Hang des Kuh-e Ray das **Mausoleum der Bibi Shahrbanu.** Hier ist die Tochter des letzten Sasanidenkönigs, Yazdgerds III., bestattet, die mit Imam Hossein, dem Enkel des Propheten, verheiratet war. Der auf einer künstlichen Terrasse errichtete Gebäudekomplex ist an zwei Seiten von Felsen eingefaßt und mit der Rückwand in den Berg hineingebaut. Man betritt das Heiligtum über mehrere Treppen und gelangt durch eine an einer Seite offene Säulenhalle in den ersten der beiden Höfe. An

Cheshme Ali, qadjarisches Felsrelief mit der Darstellung Fath Ali Shahs oberhalb der Quelle

einer Schmalseite des Hofes schließt sich ein quadratischer, als Moschee genutzter Kuppelraum an. Die schlichte Ziegelkuppel ruht auf einem achteckigen Mauerring aus Bruchstein. Der zu diesem Hof gehörige Gebäudetrakt besteht aus tonnenüberwölbten Gängen mit dicken Bruchsteinmauern, von denen aus man in die Schlafräume der Pilger gelangt. Vom ersten Hof aus erreicht man auch den höher gelegenen zweiten Hof, an dessen Schmalseite sich das Heiligtum befindet. Der Schrein liegt ebenfalls in einem Kuppelraum, der innen bis in die Höhe der Ecktrompen mit Marmor verkleidet ist. Fliesenmosaike schmücken die dazugehörige Kuppel.

Die ältesten Bauteile, zu denen auch der Kuppelraum des ersten Hofs gehört, stammen aus dem 10. Jh., das Heiligtum selbst ist jedoch jüngeren Datums und mehrfach restauriert. Am Grabgitter, das den Sarkophag umgibt, nennt eine Inschrift das Jahr 1490; die eingelegten Türflügel des Hauptzugangs zum Mausoleum sind safawidisch, die Fliesenmosaikverkleidung der Kuppel ist qadjarisch.

Südlich der Stadt Ray an der Straße nach Qom, etwa bei Kahrizak, steht **Deir-e Gachin**, eine der größten Karawansaraien Irans. In islamischer Zeit lag sie an einer wichtigen Pilgerstraße, die von Nadjaf und Kerbela in Mesopotamien über Bisotun und Ray nach Mashhad führte. Diese Straße war in vorislamischer Zeit eine bedeutende Handelsroute, die Ktesiphon (Mesopotamien) mit Marv in Zentralasien verband. Reste der gepflasterten Straße sind in der Nähe der Karawansarai noch zu sehen. Die riesige, aus Ziegeln errichtete Anlage wurde in frühsasanidischer Zeit erbaut und in seldjukischer Zeit während der ersten Hälfte des 12. Jh. sowie in safawidischer Zeit restauriert.

Diese Karawansarai ist von ihrem Aufbau her mit später in Iran erbauten Karawansaraien vergleichbar. Sie wurde exakt quadratisch

Der sasanidische Palast auf dem Tepe Mil

angelegt, mit massiven Rundtürmen an den Ecken, einem repräsentativen Eingang, der von halbrunden Bastionen gerahmt ist, und einem riesigen Innenhof mit vier Iwanen. Der Zugang im Süden führt durch einen Kuppelraum und mündet in einem der vier Iwane. Rund um den Hof liegen insgesamt 40 Schlafräume verteilt; jeder davon ist mit einer flachen Kuppel überwölbt und mit einem zum Hof hin offenen, kleinen Vorraum ausgestattet, der es den Gästen ermöglichte, in der heißen Jahreszeit im Freien zu kochen, sich aufzuhalten oder zu schlafen. Hinter den nebeneinander aufgereihten Gasträumen liegen 66 mit Gewölben gedeckte Ställe. Die Raumaufteilung in den Ecken ist, im Gegensatz zu vergleichbaren Anlagen, nicht gleichförmig, sondern in jeder Ecke anders in Struktur und Funktion. In der Nordwestecke steht eine Mühle, in der Südwestecke schließen sich an einen kleinen Hof eine Küche und ein Badehaus an, in der Nordostecke liegt der Shahneshin mit eigenem Innenhof, und in der Südostecke schließlich findet sich eine kleine Moschee.

10 km südöstlich von Ray an der Strecke nach Varamin liegt der **Tepe Mil**, ein großer prähistorischer Siedlungshügel, auf dessen Kuppe die Ruinen eines teilweise restaurierten Palastes aus sasanidischer Zeit stehen. Nur wenige Räume dieser mehrstöckigen Anlage sind bislang freigelegt worden. Gut erhalten ist eine auf einem terrassenartigen Unterbau errichtete und die restlichen Palastteile überragende, dreischiffige Pfeilerhalle mit einem nach Osten hin offenen Vorraum, dessen Dach von vier Säulen getragen wurde. Östlich davon gibt es eine etwa gleich große Säulenhalle mit ähnlicher Grundrißstruktur. Die Wände, Pfeiler und Säulen beider Räume waren mit reichem, überwiegend ornamental-floralem Stuckdekor verziert, das mit der Hand geschnitzt war und nicht aus der Model geformt.

Varamin

Varamin
Besonders sehenswert: Ilkhanidische Freitagsmoschee; Grabturm des Ala al-Din Takesh

Die am Rand des Dasht-e Kavir gelegene Kleinstadt Varamin war während des 13. Jh. bis ins 14. Jh. eine bedeutende Handelsstadt; deshalb stammen die meisten Baudenkmäler aus dieser Zeit. Die **Freitagsmoschee** von Varamin ist heute zum größten Teil verfallen, seit einigen Jahren jedoch arbeitet der iranische Antikendienst an einer historischen Rekonstruktion der Anlage. Sie wurde im 14. Jh. während der Regierungszeit des Abu Said, des letzten Ilkhanidenherrschers, errichtet und im 15. Jh. restauriert. Stilistisch wirkt die als besonders typisches Beispiel für die Architektur der Ilkhanidenzeit geltende Moschee weitgehend einheitlich.

Von der achsensymmetrisch angelegten Vier-Iwan-Moschee sind heute nur noch das Hauptportal, der mit diesem in einer Achse liegende Südiwan mit dem dahinterliegenden und einer Ziegelkuppel überspannten Mihrabsaal erhalten. Die den breiten Hauptiwan rahmende Südfassade des Hofs hat eine zweigeschossige Arkadengliederung und eine kombinierte Dekoration aus Ziegel- und zweifarbi-

Varamin, Grabturm des Ala al-Din Takesh

gen Fliesenmustern. Größtenteils in Trümmern liegen die Seitentrakte mit ihren aneinandergereihten, überwölbten Räumen und den extrem hohen und schmalen Durchgängen. Am Portal sind noch Reste einer Flieseninschrift aus schwarzer Tholth-Schrift vor blauem Grund sichtbar.

In Varamin gibt es mehrere Grabbauten und Mausoleen; gut erhalten ist jedoch nur der 1287 erbaute **Grabturm des Ala al-Din Takesh,** einem Nachkommen des Propheten. Der runde Turm hat eine Höhe von 12 m, darüber erhebt sich ein 5 m hohes, mit blauen Fliesen verkleidetes Kegeldach. Der Hauptzugang im Westen ist zweifach abgewinkelt, so daß der Blick nicht ungehindert in das Innere fallen kann. Im Osten führt das Nebenportal direkt in die runde Grabkammer hinein. Die Fassade besteht aus 30 dreieckigen Risaliten, die dem Grundriß ein sternförmiges Aussehen verleihen. In der Vertiefung zwischen den vorstehenden Prismen der Fassade wurde am oberen Abschluß eine Moqarnasdekoration angebracht, die mit einer Verkleidung aus kombinierten Ziegel- und Fliesenmustern verziert ist. Darüber verläuft ein Kufi-Inschriftenfries aus Fliesen.

Qom

Qom ☆
Theologische Universitätsstadt mit dem bedeutenden schiitischen Heiligtum der Fatimeh Masumeh

140 km südlich von Teheran liegt am Rande der Dasht-e Kavir die Großstadt Qom, mittlerweile Hauptstadt der gleichnamigen Provinz. Wegen ihrer bedeutenden schiitischen Heiligtümer wurde die Stadt zum wichtigsten Pilgerort Irans nach Mashhad. Außerdem befindet sich hier die zentrale Ausbildungsstätte für die schiitische Geistlichkeit, an der auch Imam Khomeyni studierte und lehrte. Da Qom in erster Linie auf die Pilger, die Geistlichen und die religiösen Belange Gläubiger eingestellt ist, gibt es keinerlei auf westliche Touristen ausgerichtete Angebote oder Hotels westlichen Zuschnitts. Auch hier bleiben die heiligen Stätten größtenteils Nichtmuslimen verschlossen.

Der exakte Zeitpunkt, zu dem Qom gegründet wurde, ist nicht mit Bestimmtheit zu ermitteln. Als 644 die Araber Qom eroberten und islamisierten, war der Ort vermutlich bereits eine größere Ansiedlung, die sich wenig später, im 8. Jh., zum Zentrum des Schiitentums entwickelte. Zum Pilgerort wurde Qom im Jahr 816 durch Fatimeh Masumeh, die Tochter des siebten Imam und Schwester des achten Imam Reza, nicht zu verwechseln mit Fatimeh, der Tochter des Propheten. Auf ihrer Reise zu ihrem Bruder nach Tus (Khorasan) erkrankte Fatimeh in Saveh und wurde von dort in das nahe Qom gebracht, wo sie kurz darauf starb und bestattet wurde. Da Fatimeh, als Tochter und Schwester eines Imam, eine Imamzadeh war, wurde ihr Grab zur heiligen Stätte.

Im Jahr 1221 zerstörten die Mongolen die Stadt und ermordeten viele Bewohner. Zur Zeit der Safawiden jedoch, im 16. Jh., war Qom wieder zu einer blühenden Pilgerstadt herangewachsen. Die safawi-

dischen Herrscher restaurierten und erweiterten das Grabmal der Fatimeh Masumeh sowie die Mausoleen anderer Imamzadehs, die im Lauf der Zeit neben dem Hauptheiligtum entstanden waren. Einige Safawidenkönige ließen auch ihre eigenen Grabmäler dort errichten, um in unmittelbarer Nähe von Fatimehs Grab bestattet zu werden. Im 19. Jh., während der Regierungszeit des Qadjarenherrschers Fath Ali Shah, wurden die Heiligtümer der Stadt weiter ausgebaut und geschmückt. Heute ist der Wallfahrtsort Qom zusätzlich berühmt für seine traditionelle Keramikkunst, besonders für Glasurfliesen und blaue Perlen, seine Teppichproduktion und für seine besonderen Süßigkeiten, Sowhan genannt.

Qom, Grabmal der Fatimeh Masumeh. Fliesen schmücken die Minarette, über der zentralen Grabkammer erhebt sich eine goldene Kuppel

Hohe Ziegelmauern umgeben das heilige **Grabmal der Fatimeh Masumeh,** einen riesigen Komplex mit mehreren Gebäudeteilen. Das Außentor zum heiligen Bezirk ist mit qadjarischen Fliesenmosaiken und auf jeder Seite mit einem Paar schlanker Zierminarette geschmückt. Von hier aus gelangt man in einen weiträumigen Hof von unregelmäßiger Form, auf den sich insgesamt sieben Iwane öffnen. Auf dem Iwan, durch den man den Hof betritt, stehen rechts und links eines Goldasteh die zwei kleinsten Minarette der gesamten Anlage; trotzdem sind es gerade diese beiden Türme, von denen aus heute die Gläubigen zum Gebet gerufen werden. Der Hof mit allen seinen architektonischen Zierelementen und der Hauptzugang zum Grab der Fatimeh entstanden in qadjarischer Zeit während der Jahre 1878–1885.

In jeder Beziehung ist die Grabstätte der Fatimeh Masumeh als das zentrale Heiligtum zu erkennen. Der Haupteingang zum Grab besteht aus einem hohen Iwan mit einer aufwendigen Spiegelmosaikverzierung innen und farbenprächtigem Fliesenmosaik an der Außenfassade. Dem Iwan vorgelagert ist eine zum Hof hin offene Vorhalle mit schlanken Säulen, und auf seinem Dach stehen zwei reich mit Fliesenmosaiken geschmückte, stämmige Minarette, die mit einer Höhe von 28 m die höchsten des gesamten Komplexes sind. Über der Grabkammer erhebt sich eine zwiebelförmige, goldene Kuppel, die auf einem breiten, ebenfalls vergoldeten Mauerring ruht. Die Vergoldung wurde 1803 auf Veranlassung von Fath Ali Shah aus 12 000 einzelnen Goldplättchen hergestellt. Vom Boden bis zur Spitze hat die Kuppel eine Gesamthöhe von 32 m. In der überreich mit Fliesenschmuck versehenen und einem polierten Marmorfußboden ausgestatteten Grabkammer steht der Sarkophag, umgeben von einem etwa 2 m hohen Gitter aus Silber, das oben mit einem reich verzierten Dach abschließt. Dieses Silbergitter stammt aus der Zeit Fath Ali Shahs, der umfangreiche Restaurierungsarbeiten am gesamten Heiligtum durchführen ließ.

Die ältesten Bauteile entstanden im 9. Jh. direkt um das Grab der Fatimeh Masumeh herum, und bis in das 12. Jh. hinein wurde am Hof und am Kuppelraum über dem Grab gebaut. Zwischen 1208 und 1232 entstand die Fliesendekoration im Inneren des Grabmals, u. a. die vollständige Verkleidung des Sarkophags mit emaillierten Keramikfliesen. Zum Gesamtkomplex gehören sowohl die Gräber der vier safawidischen Herrscher Shah Abbas II., Shah Safi I., Shah Sulaiman und Shah Sultan Hossein als auch die Grabstätten der Qadjarenkönige Fath Ali Shah und Mohammad Shah. Alle sechs sind in separaten Räumen bestattet, über denen sich gedrungene, fliesengeschmückte Kuppeln wölben.

Im Lauf der Jahrhunderte entstanden rund um das Heiligtum zahlreiche Moscheen und Medressen. Anfang des 20. Jh. wurde hier auch die **Feyziyeh** gegründet, ein Zusammenschluß mehrerer theologischer Hochschulen, an denen die schiitischen Geistlichen des gesamten Iran ausgebildet werden. Der prominenteste Schüler und später auch Lehrer an dieser zentralen Ausbildungsstätte war Imam Khomeyni. Von hier aus rief er am 4. Juni 1963 in seiner berühmten Rede zum Sturz des Shah auf. In der Zeit danach entwickelte sich unter seiner geistigen Führung die Idee der Islamischen Republik Iran.

Die **Azam-Moschee** ist der imposanteste und dem Heiligtum am nächsten gelegene Sakralbau der unmittelbaren Umgebung. Sie besitzt eine riesige, zwiebelförmige Kuppel mit einem feingliedrigen, in ocker und blau gehaltenen Fliesenmosaik und ein Paar hoher, stämmiger Minarette. Zum Masumeh-Heiligtum gehören auch eine Art **Museum,** in dem besondere Weihegeschenke aufbewahrt und ausgestellt werden, und eine **Bibliothek** mit dem Schwerpunkt auf theologisch-schiitischen Schriften.

In und um die heilige Stadt Qom gibt es eine Vielzahl von Mausoleen und **Grabbauten,** in denen historische Persönlichkeiten oder geistliche Würdenträger bestattet sind. Der Überlieferung zufolge sollen hier mehr als 300 Nachkommen der Imame begraben sein. Während des 14. Jh. wurde der Heiligenkult besonders stark betrieben, und daher stammen viele der erhaltenen Grabbauten in Qom auch aus dieser Zeit. Fünf dieser ilkhanidischen Mausoleen sind heute noch im Südteil der Stadt, in der Nähe des alten Kashan-Tors, erhalten. Dazu zählen die Grabheiligtümer von Ali ibn Djafar (1337), Ali ibn Abil Maali (1360), Khwadjeh Imad al-Din (1389) und Djamal al-Din; am schönsten und am besten erhalten ist der **Grabturm des Imamzadeh Ibrahim** aus dem Jahr 1321. Bei den genannten Gräbern handelt es sich immer um quadratische oder oktogonale Bauten mit einer einzigen überkuppelten Grabkammer, über der sich ein mehrteiliges, fliesengeschmücktes Zeltdach erhebt. Die Besonderheit dieser Grabtürme liegt weniger in ihrer vergleichsweise einfach strukturierten Architektur als vielmehr in der Meisterschaft und Vielfältigkeit der geschnitzten und mehrfarbig bemalten Putz- und Stuckdekoration.

Qom, Eingangsiwan mit Spiegelmosaikverzierung zur Grabkammer der Fatimeh Masumeh

Saveh

Das ländlich wirkende Saveh liegt 137 km südwestlich von Teheran. Mit Sicherheit ist Saveh eine der ältesten islamischen Städte Irans, mit einer verwinkelten, traditionellen Altstadt, die den Besucher in vergangene Jahrhunderte versetzt. Die zahlreichen Windtürme geben der Kleinstadt das für iranische Wüstenstädte so charakteristische Bild.

Saveh war schon im 10. Jh. ein bedeutendes Karawanenzentrum und seit dem Ende des 12. Jh. Winterhauptstadt der letzten Seldjuken, nachdem sie Baghdad verloren hatten. 1220 wurde die Stadt durch die Mongolenstürme zerstört, dabei fiel auch eine bedeutende Sammlung astronomischer Literatur, die in Saveh aufbewahrt wurde, in Schutt und Asche. Zur Zeit Marco Polos, der auf seinem Weg nach Osten durch Saveh reiste, war es ein großes Töpferzentrum mit einer bedeutenden Keramik- und Fliesenproduktion. Heute ist die Stadt berühmt für die Qualität ihrer Granatäpfel und ihre Teppiche.

Die in der Stadtmitte am Hauptplatz liegende **Masdjid-e Meydan** ist eine nicht allzu große seldjukische Moschee aus dem 11. Jh.; nur wenige Teile, so einige Elemente im Gebetssaal und der Mihrab, sind jüngeren Datums. Über dem Mihrabsaal erhebt sich eine einfache, relativ flache und unscheinbare Ziegelkuppel. Das hinter dem Portal in den Bau eingebundene Minarett ist nicht nur das älteste datierte seldjukische Minarett Irans, sondern auch das niedrigste. Wie die gesamte Moschee ist es aus Ziegeln gebaut und besitzt einen runden und breiten Schaft, der sich leicht nach oben verjüngt. Im Schaft schrauben sich zwei eigenständige und über separate Türen zu betretende Wendeltreppen parallel zueinander in die Höhe. Unterhalb der spitzbogigen Fenster, mit denen das Minarett oben abschließt, verläuft eine Ziegelrelief-Inschrift und darunter ein Ornamentband. In der fragmentarischen Inschrift wird als Gründungsdatum des Minaretts und der Moschee das Jahr 1061 genannt.

Die **Freitagsmoschee** liegt etwa 1 km entfernt vom Zentrum am südwestlichen Stadtrand. Ihr nördlicher Teil ist zerstört und von der Stadtmauer, die heute die Begrenzung der Moschee bildet, teilweise überbaut. Einige Fundamentmauern und Pfeiler mit runden Bögen stammen aus frühislamischer Zeit (8. bis 10. Jh.), der Hauptteil des Baus ist seldjukisch, mit mongolisch-ilkhanidischen und safawidischen Überbauungen und Ergänzungen.

Die Moschee hat einen großen, rechteckigen Innenhof, der von unregelmäßig ausgestalteten Raumtrakten umgeben ist. In der Westseite öffnet sich ein tiefer Iwan zum Hof, in der Mitte der Südseite liegt der überkuppelte Mihrabsaal, dem ein flacher Iwan vorgelagert ist. In der Moschee gibt es mehr als einen Shabestan, einer ist in der Südostecke des Gebäudes untergebracht. Süd- und Westiwan stammen beide aus der Mongolenzeit, die Kuppel mit ihrer türkisfarbenen Fliesendekoration, die Innenverkleidung des Kuppelsaals und

Landschaft in der Umgebung der Festung Alamut ▷

des Südiwans sowie der bemalte Stuckmihrab sind safawidisch und datieren in die Regierungszeit Shah Ismails I. (1501–1524).

Ein freistehendes, rundes Ziegelminarett, von dem nur noch 14 m erhalten sind, findet sich vor der Nordostecke der Moschee außerhalb der Stadtmauer. Der Schaft ist verziert mit Ornamentbändern und vier Inschriftenbändern, von denen nur noch zwei vollständig lesbar sind. Drei der Inschriften sind in Kufi geschrieben, eine in Naskhi, möglicherweise der älteste Beleg für diesen Schriftduktus in Iran. Wie aus einer der Inschriften hervorgeht, wurde das Minarett im Jahr 1110/11 erbaut.

Alamut

Alamut
Berühmteste Festung der Assassinen in beeindruckender Berglandschaft

In der Umgebung der Stadt Qazwin gibt es, gut im Gebirge versteckt, mehrere Bergfestungen der Assassinen, die alle als schwer erreichbar und nahezu uneinnehmbar galten. Auch heute noch ist es nicht einfach, zu diesen historischen Stätten zu gelangen.

Die berühmteste von ihnen, die Festung Alamut, liegt in den südlichen Ausläufern des Elburz-Gebirges, nahe der Quelle des Alamut, ei-

nem Nebenfluß des Taleqan. Von Qazwin geht es nach Nordosten bis nach Moallem Kalayeh, danach führt der Weg zunächst durch das Taleqan-Gebirge, dann kreuzt man das Tal des Taleqan-Flusses. 800 m über dem Dorf Gazorkhan liegt die Festung Alamut auf einem Bergrükken, der aus der Entfernung wie ein kauerndes Kamel aussieht. Da Alamut nicht mit öffentlichen Verkehrsmitteln zu erreichen ist, sollte man einen Geländewagen mieten und einen ortskundigen Führer anheuern, denn abseits der großen Verkehrswege ist die richtungsweisende Beschilderung an den Straßen nur noch in Persisch und nicht mehr in Englisch.

Der in frühislamischer Zeit zwischen 650 und 850 errichtete Festungsbau war vermutlich ursprünglich ein Stützpunkt der nördlich von Qazwin in den Bergen lebenden kriegerischen Dailamitenstämme, die gegen die Herrschaft der in Bagdhad residierenden Abbasiden Widerstand leisteten. Der Volksmund gab der Burg den Namen Adlerhorst, denn der Legende zufolge ließ ein dailamitischer Fürst die Burg an der Stelle erbauen, an der sich sein für die Jagd abgerichteter Adler niedergelassen hatte. Gegen 1090 wurde die Burg von Hasan-e Sabbah, dem Gründer der Assassinen, einer militanten Abspaltung der Sekte der Ismaeliten, erobert und erheblich umgebaut. Hasan machte Alamut zu seinem Hauptstützpunkt und wurde deshalb im Volksmund auch der Alte vom Berg genannt. Er wurde 1040 in Ray geboren; 1124 starb er in Qazwin, wo man ihn auch beisetzte. 1256 nahm der Ilkhanidenfürst Hulagu Khan die Bergfestung ein, raubte den Schatz der Assassinen und zerstörte die wissenschaftliche Bibliothek der Sekte. In der Safawidenzeit wurde die Burg erneut umgebaut, und während des 17. und 18. Jh. diente sie als königliches Gefängnis.

Die aus Bruchstein und Mörtel konstruierte Festung war ein großer Gebäudekomplex mit zwei Höfen, um die sich Wohn-, Gesinde-, Wirtschafts- und Vorratsräume, mehrere Gebetssäle, Gärten und Stallungen gruppierten. Um eine unabhängige Wasserversorgung zu sichern, hatte die Burg eigene Brunnen und Zisternen. Heute sind von dem einstmals beeindruckenden Bauwerk nur noch Teile der äußeren Befestigung und einiger Mauern im Inneren erhalten.

Nordwestlich von Alamut liegt die zweite Assassinenfestung, **Meymun Dezh.** Der ebenfalls von Hulagu Khan vollständig zerstörte Gebäudekomplex war ein befestigter Garnisonsstützpunkt mit einer palastartigen Burg. Die dritte und am besten erhaltene Assassinenburg, **Lammassar,** befindet sich 4 km nördlich des Dorfes Shahristan Bala auf einem Hügel an einem Nebenfluß des Taleqan.

Qazwin ☆
Imamzadeh Hossein; Freitagsmoschee; Chehel Sotun Palais; Torbau Ali Qapu

Qazwin

Die rund 130 km von Teheran entfernte Stadt Qazwin gehörte vormals zur Provinz Zandjan und ist heute die Hauptstadt einer eigenen, gleichnamigen Provinz. Sie liegt am nordwestlichen Ende des

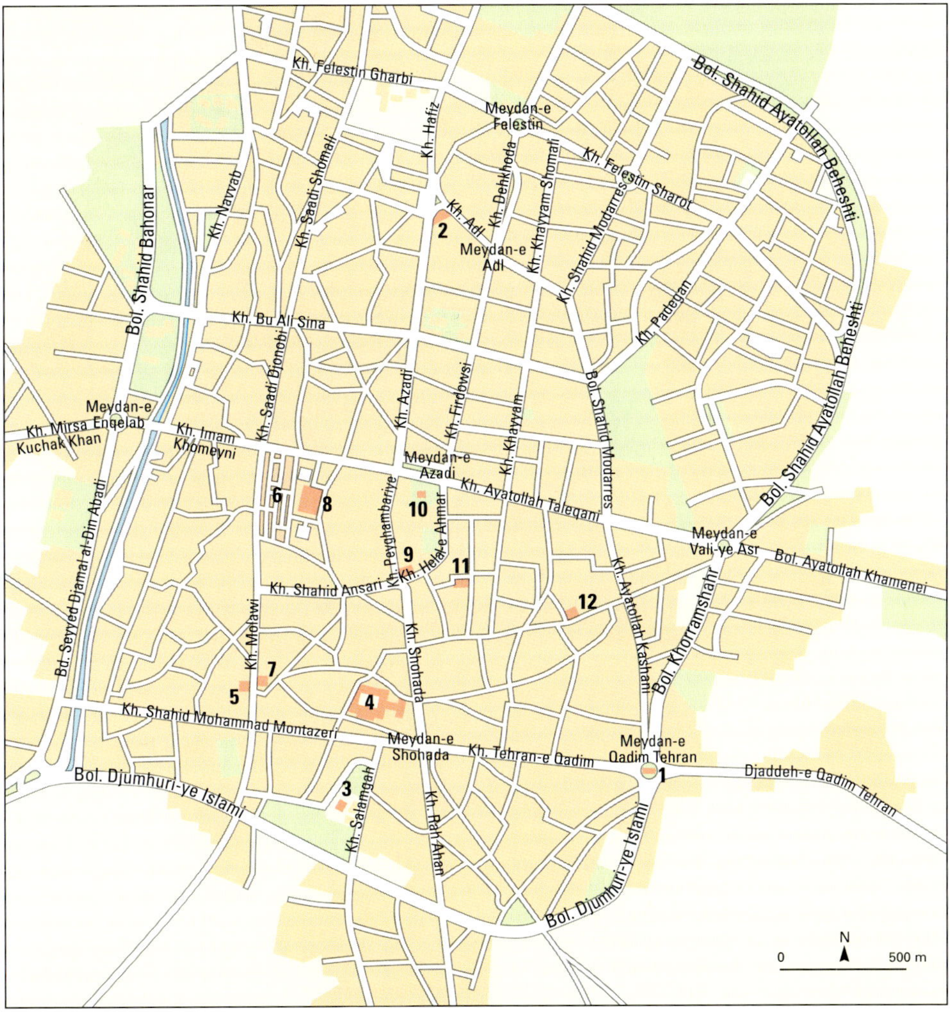

Plan von Qazwin 1 Teheran-Tor 2 Kushk-Tor 3 Imamzadeh Hossein 4 Freitagsmoschee 5 Hosseiniyeh Amini 6 Gedeckter Bazar 7 Hammam Hadji Mohammad Rahim (Safar) 8 Masdjid-e Nabi 9 Torbau Ali Qapu 10 Chehel Sotun-Pavillon 11 Medresse Heydariyeh 12 Grabturm des Hamdollah Mostowfi

iranischen Hochlands direkt im Zwickel von Zagros- und Elburz-Gebirge in einer Höhe von 1800 m. Das Gebiet ist stark erdbebengefährdet; deshalb zeugen nur relativ wenige historische Bauwerke von der wechselhaften Geschichte der Stadt und ihrer Bedeutung.

Shapur I. (241–272 n. Chr.) soll Qazwin gegründet und ihm den Namen Shad-e Shapur, Shapurs Freude, gegeben haben. 664 wurde

Qazwin, qadjarisches Stadttor

Qazwin von den Arabern eingenommen, und unter den Abbasiden erlebte es eine Blütezeit. Zum Schutz vor den im Elburz lebenden kriegerischen Dailamitenstämmen wurde zu dieser Zeit der erste Befestigungswall um die Stadt erbaut. Während des 11. Jh. fielen mehrfach die Assassinen über die Siedlung her und überzogen sie mit ihrem Terror; im 13. Jh. wurde sie zweimal von den Mongolen überfallen und zerstört. Unter den Safawiden im 16. Jh. schließlich machte Tahmasp I. (1524–1576) Qazwin für ein halbes Jahrhundert zur Hauptstadt des Safawidenreichs. Bereits 1598 ließ Shah Abbas der Große die Residenz nach Isfahan verlegen. Von dieser Zeit an war Qazwin eine nicht unbedeutende Handelsstadt an der Karawanenroute zwischen Anatolien bzw. Baghdad und Indien.

Von den acht **Stadttoren** aus qadjarischer Zeit sind noch zwei erhalten, das Teheran-Tor (1), an dem man vorbeikommt, wenn man von Teheran her in die Stadt hineinfährt, und das Kushk-Tor (2), das am nördlichen Ausgang der Stadt liegt. Alle Tore waren ursprünglich mit zitronengelbgrundigen Fliesen verkleidet. Das Kushk-Tor wurde 1877 erbaut und beim letzten Erdbeben erheblich beschädigt.

Südlich der Khiaban-e Shahid Mohammad Montazeri steht das **Imamzadeh Hossein** (3), das Grabmal eines Sohns des achten Imam Hazrat-e Reza, der 821 als Kind mit seinem Vater auf der Durchreise nach Khorasan in Qazwin starb und hier bestattet wurde. Daneben sind in dem Mausoleum Angehörige des safawidischen Herrscherhauses begraben. Erbaut wurde das Grabmal im 16. Jh. unter Shah Tahmasp I.; seine Tochter Zainab Beygum ließ es 1630 erweitern. Der eher wie ein kleiner Palast wirkende Grabbau steht innerhalb eines ummauerten, teilweise bepflanzten Geländes, auf dem zahlreiche in den Boden eingelassene Grabplatten auf weitere Bestattungen hinweisen. Umgeben ist der Hof von Mauern, die an der Innenfront von kleinen Iwanen und Nischen unterbrochen werden und im oberen Bereich Fliesendekoration tragen. Das Haupttor zum Gelände ist mit sechs bunt gefliesten Zierminaretten versehen. Direkt hinter dem Zugang steht ein achteckiges Brunnenhäuschen; vor dem Eingang gibt es außerdem ein Wasserbassin.

Eine blau-gelb geflieste Kuppel überspannt das Grabmal. Vor dem mit Spiegelmosaiken geschmückten Mittelteil des Baus liegt eine breite, von schlanken Säulen getragene Vorhalle, deren zinnenförmig abgetreppte Bekrönung, ebenso wie die Kuppel und die gesamte Fassade, mit Fliesenmosaiken verkleidet ist. Die Vorhalle wird von turmartig gestalteten Seitenteilen gerahmt, durch die je eine Tür ins Innere des Grabmals führt. Ein Eingang ist für Männer, der andere für Frauen bestimmt. Wie die Spiegelmosaiken der Vorhalle stammt die Fliesendekoration von Fassade und Kuppel aus dem 19. Jh.

Qazwin, Blick auf den Torbau des Imamzadeh Hossein

Nordwestlich des Meydan-e Shohada liegt die **Freitagsmoschee** (4; Masdjid-e Djame Kabir). Die Legende berichtet, daß Ende des 8. Jh. Harun al-Rashid, als er Qazwin besuchte, die Freitagsmoschee gegründet haben soll, und tatsächlich finden sich Reste aus dieser Zeit im Südostteil der Moschee. Deshalb wird die Moschee auch Masdjid-e Haruni, Haruns Moschee, genannt. Die heute sichtbare Freitagsmoschee ist ein seldjukischer Bau, aus der Zeit zwischen 1113 und 1120. Vermutlich wurde das Bauwerk aber bereits früher begonnen, und einige Teile, wie beispielsweise der Nordiwan, der 1153 angefügt wurde, sind mit Sicherheit erst später hinzugekommen. Während safawidischer Zeit wurde die Moschee erheblich umgebaut und ergänzt, wie Inschriften von Shah Abbas II. und Shah Sulaiman, mit den Daten 1690 und 1701, berichten.

In ihrem jetzigen Zustand hat die Moschee einen ungewöhnlich großen Hof, auf den sich vier Iwane öffnen. Der Hauptiwan und der von zwei Minaretten flankierte Nordiwan tragen safawidische Ziegeldekorationen. Zu den ältesten Bauelementen gehört die quadratische, überkuppelte Gebetshalle hinter dem südlichen Hauptiwan. Die Kuppel ist außen mit einem späten, relativ groben Fliesenmosaik verkleidet. Sie gehört mit ihrem mehr als 15 m breiten Durchmesser neben derjenigen der Freitagsmoschee in Isfahan, die die gleichen Abmessungen hat, zu den größten seldjukischen Kuppeln Irans.

Die Innendekoration des Kuppelraums ist eine Kombination aus Ziegelmustern, -inschriften und bemalten Stuckdekorationen. Flächige Ziegelornamente sowie ein Stuckinschriftenband überziehen die Wände. Der mittlerweile nicht mehr erhaltene Mihrab aus seldjukischer Zeit soll einst der größte der islamischen Welt gewesen sein; der heute vorhandene Hauptmihrab datiert in die Zeit der Mongolen.

Ursprünglich war die an der Khiaban-e Molawi liegende **Hosseiniyeh Amini** (5) das Wohnhaus des reichen qadjarischen Kaufmanns Hadji Mohammad Reza Amini, der sein Haus der örtlichen Geistlichkeit zur Nutzung als Hosseiniyeh spendete. Die Räume des Hauses, in denen heute Passionsspiele abgehalten werden, liegen teilweise im Souterrain des Gebäudes. Die Spiegelmosaikverzierung, die Holzschnitzereien an der Decke und die hölzernen Fensterverkleidungen sowie die farbige Verglasung der Fenster sind typisch für die qadjarische Zeit.

Östlich der Khiaban-e Molawi liegt der sehenswerte gedeckte **Bazar** (6) von Qazwin, in dem noch ein beträchtlicher Teil historischer Bausubstanz aus qadjarischer Zeit erhalten ist. Aus der gleichen Epoche stammen auch das **Hammam Hadji Mohammad Rahim (Safar)** (7) in der Molawi-Straße, schräg gegenüber der Hosseiniyeh, und die östlich des Bazars gelegene **Masdjid-e Nabi** (8), eine Vier-Iwan-Anlage, die zu den größten Irans zählt.

Die einzigen – wenn auch mit qadjarischen Veränderungen – erhaltenen Bauten der safawidischen Palastanlage, die Shah Tahmasp errichten ließ und in der er residierte, sind der Torpalast Ali Qapu und der Gartenpavillon Chehel Sotun. Am Sabzeh Meydan,

Qazwin, safawidisches Palais Chehel Sotun

dem Hauptplatz des Stadtzentrums, liegt im Süden der Torbau Ali Qapu, ursprünglich der Eingang zur Palastanlage, und im Norden, inmitten eines Parks, der kleine Chehel Sotun-Palast.

Mittelpunkt des langgestreckten Torbaus **Ali Qapu** (9) ist ein Kuppelraum, dem ein Eingangsiwan vorgelagert ist und von dem zwei Seitenräume abgehen. Diese Räume werden auch als *naqqareh khaneh* (Trommlerhaus) bezeichnet, denn hier waren außer den königlichen Palastwachen auch die Trommler stationiert, die zu besonderen religiösen oder politischen Anlässen mit ihren Instrumenten die Bevölkerung informierten oder zusammenriefen. Die am Gebäude angebrachten Fliesenmosaikinschriften in Tholth-Schrift auf azurblauem Hintergrund stammen von dem berühmten Kalligraphen Ali Reza Abbasi.

Auf einer niedrigen Terrasse steht der kleine **Chehel Sotun-Pavillon** (10), ein zweigeschossiges Gebäude mit einer großen zentralen Halle im Untergeschoß, von der sich in der Mitte jeder Seite insgesamt vier Iwane zum Garten hin öffnen; dazwischen liegen von innen und außen zugängliche Eckräume. Ein Säulengang umgibt den Mittelteil. Innen war der Gartenpalast mit Fliesenmosaiken und Fresken geschmückt. Reste der in allen Räumen angebrachten safawidischen Wandmalereien aus der zweiten Hälfte des 16. Jh. sind noch erhalten. Zur erlesenen Dekoration des Bauwerks gehören auch geschnitzte und mit wertvollen Materialien eingelegte Holztüren. Das Untergeschoß schließt innen mit einem flachen Ziegelgewölbe ab. Das Obergeschoß, das erst in qadjarischer Zeit, zusammen mit einem Balkon, hinzugefügt wurde, hat eine Decke aus polierten Holzbalken. Heute ist im oberen Stock des Gartenpavillons ein **Museum** eingerichtet, in dem vor- und frühgeschichtliche Keramik, Fliesenarbeiten, safawidische Malereien und anderes islamisches Kunsthandwerk ausgestellt sind.

Etwa 250 m südöstlich des Sabzeh Meydan liegt die **Medresse Heydariyeh** (11). Von der ursprünglichen Anlage des frühen 12. Jh. stammt nur noch der quadratische und überkuppelte Gebetssaal mit vorgelagertem Iwan. Dieser Gebäudeteil ist aus mächtigen Mauern errichtet. Weder die Kuppel des Mihrabsaals noch das Originalgewölbe des Iwans sind erhalten. Die Medresse ist weniger wegen ihrer Architektur bedeutend als wegen ihrer Dekoration. Hier wurden gemalte Stuckornamente mit Ziegelmustern kombiniert. Der Stuckfries unterhalb der Trompenzone, auf der die Kuppel ruht, besteht, ebenso wie die Ecktrompen und die Nischen, aus weißen Kufi-Inschriften und Ranken vor einem blauen Hintergrund. Ein einfaches, aber sehr harmonisches, ornamentales Ziegeldekor schmückt die Wandflächen. Der seldjukische Mihrab an der Qiblawand des Kuppelraums, wohl eines der schönsten Beispiele dieser Periode, ist mit kleinteiligen und dichten Stuckornamenten, die noch Reste blauer Bemalung aufweisen, und in Stuck geschnittenen Kufi-Inschriften versehen.

Unweit östlich der Heydariyeh-Medresse liegt an der Khiaban-e Mahmudiyeh der **Grabturm des Hamdollah Mostowfi** (12). Hier wurde der 1281 in Qazwin geborene und 1350 verstorbene Historiker und Geograph Hamdollah Mostowfi bestattet. Das aus dem 14. Jh. stammende, aus Ziegeln errichtete Mausoleum umfaßt einen zentralen, quadratischen Kuppelraum und eine unterirdische Krypta. In halber Höhe geht der viereckige Bau zunächst in einen achteckigen, danach in einen runden Turmschaft über. Obenauf sitzt ein konisches, spitz zulaufendes Ziegeldach, das erst in jüngerer Zeit mit grünlich-türkisen Fliesen verkleidet wurde. Unterhalb der Kuppel wurde in der ersten Hälfte des 20. Jh. eine Verzierung angebracht, die aus zwei schmalen, fliesenverkleideten Stalaktitenbändern und darunter einem aus Fliesenmosaik zusammengesetzten Inschriftenfries besteht. Die Inschrift beschreibt das Leben Mostowfis und nennt die Titel seiner Werke.

Etwa 50 km südwestlich von Takestan in Richtung Hamadan liegen an der Straße, die nach Qedar abgeht, die Ortschaften Ab Garm und Hesar. In einer 2 km von Hesar entfernten Ebene stehen die beiden seldjukischen Grabtürme von **Kharaqan.** Die sehr ähnlichen Bauwerke wurden in einem Abstand von 29 m errichtet und tragen beide inschriftliche Datierungen; der östliche Turm wurde 1067, der westliche erst 1093 erbaut. Zwar sind die Grabinhaber nicht namentlich bekannt, es ist aber zu vermuten, daß sie dem türkisch-seldjukischen Adel angehörten. In Inschriften beider Bauten wurde erstmals der – wenn auch nur unvollständig erhaltene – Name und die Herkunft des Architekten genannt.

Die Grundfläche der Ziegelbauten ist achteckig, an den Ecken sind breite, zu Dreivierteln aus dem Mauerwerk herausragende und teilweise innen hohle Säulenvorlagen in den Gesamtumriß eingebunden. Flache, spitzbogige Nischen gliedern die acht Wandflächen.

Über die Mauern wurde ein lückenloser, ornamental auf unterschiedlichste Weise gestalteter Ziegelmantel gelegt. Die Ornamente sind so abwechslungsreich ausgearbeitet, daß sie sich an keiner Stelle wiederholen. Am Kuppelsaum beider Türme verläuft ein durchgehendes Inschriftenband ebenfalls aus Ziegeln. Der Hintergrund der Inschrift ist mit Stuck geebnet. An der Eingangsseite des jüngeren Turmes setzt sich die Inschrift in einzelnen Bändern auf der Kuppel fort.

Beide Grabtürme haben eine Doppelkuppel, d. h. eine Kuppel, die aus zwei Schalen besteht. Eine halbkugelige flache Schale bildet die Decke des Bauwerks innen, darüber liegt mit einem kleinen Zwischenraum eine höhere und breitere Schale, die von außen als die eigentliche Kuppel erscheint. Die Mausoleen von Kharaqan sind die frühesten datierten Beispiele von Doppelkuppeln in Iran. Als Holzkonstruktion oder als Kombination aus kugeliger Innenkuppel und konischem Dach darüber war das Bauprinzip zwar in der islamischen Welt während der seldjukischen Zeit bereits gängig, nicht jedoch als Ziegelkonstruktion. Bei dem älteren Turm führen schmale Wendeltreppen in zwei der acht Säulenvorlagen, die bis hinauf zum Ansatz der Kuppel reichen, nach oben zum leeren Raum zwischen den Kuppelschalen. Niedrige Türen im Inneren der Grabkammer führen zu den engen Stiegen. Im jüngeren Turm wurde nur eine einzige Wendeltreppe angelegt. In dem einzigen Innenraum jedes Grabbaus säumte ursprünglich eine umlaufende Ziegelbank die Wände. An den Wänden der Grabkammer im älteren Turm sieht man Reste verschiedener Fresken, die jedoch mit Sicherheit jüngeren Datums sind.

Sultaniyeh

***Sultaniyeh* ☆**
Das kolossale Grabmal des Oldjaitu, hervorragend restauriert

Etwa 5 km südlich der Straße von Takestan nach Zandjan liegt auf einer Höhe von 1900 m Sultaniyeh, ein relativ unscheinbarer Ort, dessen Name (Sultaniyeh = kaiserliche Stadt) jedoch eine bedeutende Geschichte ahnen läßt. Bereits Ende des 13. Jh. wurde die Stadt von dem mongolischen Ilkhanidenherrscher Arghun Khan gegründet; seine Söhne erweiterten sie im 14. Jh. Während der ältere Sohn, Mahmud Ghazan, der zunächst an der Macht war, sich weniger beim Ausbau der Stadt hervortat, leitete der jüngere Bruder und Nachfolger Sultan Mohammad Khodabandeh Oldjaitu (1304–1317) ab 1305 umfangreiche Erweiterungen ein. Er ließ eine Zitadelle, eine Moschee, einen Palast und ein ausgedehntes Wohngebiet für seine Untertanen errichten. Nach der Einweihung (1313) verlegte Oldjaitu seinen Herrschersitz von Tabriz nach Sultaniyeh, das während seiner Regierungszeit erblühte und zu einer wichtigen persischen Handelsstadt wurde. 1383 jedoch überrannten und zerstörten die Timuriden Sultaniyeh; danach versank die ehemalige Hauptstadt in Bedeutungslosigkeit.

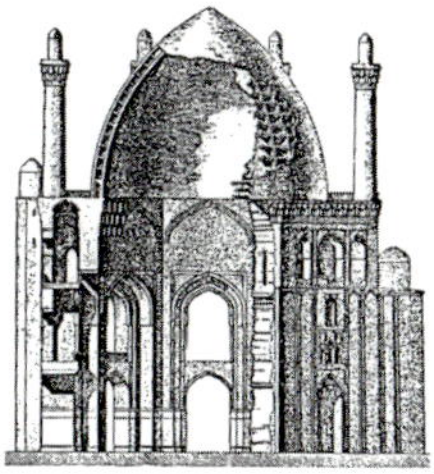

Sultaniyeh, Mausoleum des Oldjaitu. Schnitt nach M. Dieulafoy (1883)

Von der Residenzstadt des 14. Jh. sind nur drei Grabmäler erhalten, von denen das **Mausoleum des Oldjaitu,** Gonbad-e Sultaniyeh, eines der großartigsten Grabbauten Persiens darstellt. Untrennbar mit dem Mausoleum ist die wechselhafte Lebensgeschichte Oldjaitus verknüpft. Der Legende nach wurde er als Kind christlich getauft, wandte sich als junger Mann dem Buddhismus zu und trat dann zum Islam über. Zunächst gehörte er der sunnitisch geprägten Hanafi-Glaubensrichtung an, aber sein Besuch in Nadjaf im Winter 1309/10 beeindruckte ihn so stark, daß er sich dem Schiitentum anschloß. Seine große Verehrung für Imam Ali und Imam Hossein, die in Nadjaf und Kerbela bestattet sind, brachte ihn auf die Idee, ein gigantisches Grabmal in Sultaniyeh zu errichten und die Gebeine der beiden Heiligen dort zur letzten, ehrwürdigen Ruhe zu betten. Sein Ansinnen wurde jedoch von seiten der schiitischen Geistlichkeit abgelehnt. Dies hatte zwei Dinge zur Folge: einmal ließ er das bereits begonnene Grabmal für sich selbst umrüsten, und zum anderen wandte er sich wieder der sunnitischen Glaubensrichtung zu. Als er 1316 starb, wurde er in seinem Monumentalbau beigesetzt.

Das Mausoleum stand ursprünglich nicht so isoliert wie heute, sondern war, wie aus zeitgenössischen Berichten bekannt, umgeben von öffentlichen Bauten und Gebäuden des Palastbereichs, die jedoch nicht mehr erhalten sind. Ebenso wird berichtet, daß es in der Nähe des Mausoleums einen bescheideneren Grabbau gab, den Ol djaitu zunächst für sich selbst vorgesehen hatte. Der Grundriß seines monumentalen Grabmals ist achteckig, der Aufriß dreigeschossig. Zentrales Element des Gebäudes ist der achtseitige Mittelsaal mit einem inneren Durchmesser von rund 25 m, über dem sich die eiförmige Kuppel erhebt. Mit der Kuppel hat der Bau eine Gesamthöhe

Sultaniyeh, der Grabbau Oldjaitus in seinem heutigen Zustand

Ziegeldekor und Stuck verziert die Gewölbe der Arkadengänge des Oldjaitu-Mausoleums

von 51 m; die Maße des Mausoleums stehen nicht weit hinter denen der Hagia Sophia in Istanbul zurück. Einst besaß der Bau fünf Zugänge zum Mittelsaal, von denen der im Norden gelegene der Haupteingang war.

Um den Mittelraum legt sich ein dreigeschossiger Mantel, in dem in den beiden Obergeschossen umlaufende Galerien untergebracht sind. Im Bereich des unteren Stockwerks sind die Mauern kompakt und haben eine Dicke von 7 m. Im unteren Geschoß ist der äußere Umriß nicht mehr achteckig, denn die Nordfront wurde über die jeweils rechts und links angrenzenden Achteckseiten hinaus durchgezogen, um beiderseits des Hauptzugangs Raum für Treppenhäuser zu schaffen. Im Inneren des Zentralraums macht sich dies nicht bemerkbar, denn alle acht Innenwände öffnen sich in geräumigen, abgetreppten Nischen, in deren Mitte jeweils ein Durchgang liegt. Im

Süden führt der Durchgang in den angrenzenden Mihrabsaal, gegenüber zum Hauptzugang, rechts und links davon in die Treppenhäuser. Die beiden oberen Geschosse werden von Galerien eingenommen, von denen sich die untere nach innen zum Zentralraum und die obere nach außen hin öffnet.

Von außen ist der massive Bau optisch in drei horizontale Bereiche geteilt. Verblendete Nischen gliedern die unteren beiden Zonen, im oberen öffnet sich jede der acht Seiten in drei Bögen. Abgeschlossen wird die obere Galerie von einem breiten, durchgehenden Stalaktitenband; auf ihrem Dach stand ursprünglich über jeder der acht Ecken ein kleines Minarett. Von diesen acht ehemals mit blauem Fliesenmosaik verkleideten Minaretten sind heute nur noch Stümpfe erhalten.

Das Architekturprinzip eines achteckigen Baukörpers, bei dem alle Fassaden von Nischen oder Durchgängen unterbrochen sind, entstand aus der Notwendigkeit heraus, den immensen Druck der Kuppel von oben abzufangen und über Bögen zu verteilen. Oldjaitus Mausoleum steht als letztes und perfektestes in einer langen Reihe von Bauten, die nach eben diesem Prinzip errichtet wurden. Die Kuppel, die zu den größten der islamischen Welt gehört, besteht aus zwei konzentrischen Schalen von jeweils 35 cm Dicke, die durch Rippen miteinander verbunden sind. Mehrfach wurde sie, unter anderem von den Safawiden und den Qadjaren, repariert und ausgebessert. Ihre Oberfläche war mit Fliesenmosaik verkleidet, dessen Muster drei verschiedene Blautöne umfaßte. Große Teile der Fliesenverkleidung sind heute noch erhalten.

Bei der Verzierung wurden an den Innen- und Außenwänden des Grabbaus alle gebräuchlichen Techniken verwendet. Man findet sowohl das typisch seldjukische Verblendwerk aus versetzt verlegten, unglasierten Ziegeln, flächig verlegtes Ziegelmauerwerk mit ornamental ausgestalteten Fugen und farbiges Fliesenmosaik als auch ein kombiniertes Muster aus glasierten Ziegeln vor ungefärbtem Hintergrund. Teilweise gibt es sogar Muster aus lüsterierten, d. h. mit Goldglasur versehenen Kacheln. Neben den Ziegel- und Fliesentechniken kamen auch Wandmalereien und bemalte Stuckreliefs zur Anwendung.

Die Orte am Kaspischen Meer

Das Gebiet nördlich des Elburz-Gebirges, das zum Kaspischen Meer hin abfällt, ist in jeder Beziehung anders als die restlichen Teile Irans. An das Kaspische Meer grenzen zwei Provinzen an, **Gilan** (das alte Daylam) mit seiner Hauptstadt Rasht und **Mazandaran** mit der Hauptstadt Sari. Der wichtigste Fluß der 14 700 km^2 großen Provinz Gilan ist der Sefidrud, der im Mündungsbereich ein breites Delta bildet. Während in der Deltaregion das Gelände erst nach 50 km in den

Elburz ansteigt, reichen die Berghänge bei den Städten Ramsar und Chalus fast bis ans Meer heran.

Die Provinz Mazandaran, die früher Tabaristan hieß, ist mit ihren 46 500 km^2 wesentlich größer als Gilan, der Nordosten ist weniger bewaldet, und der Anstieg in das Gebirge ist dort weniger steil. Durch diese geringfügig besseren Lebensbedingungen wurde Mazandaran früher besiedelt als Gilan. An seiner ausgedehntesten Stelle beträgt die Breite des Küstenstreifens 60 km, bevor das Land in die dicht bewaldeten Berghänge übergeht.

Um das gesamte Kaspische Meer werden Reis, Baumwolle, Tabak und Zitrusfrüchte, besonders Orangen, angebaut, hauptsächlich aber Tee. Für die Wirtschaft beider Provinzen hat auch der Tourismus, vor allem der inländische, eine beträchtliche Bedeutung. Der Küstenstreifen am Kaspi ist seit jeher für wohlhabende iranische Familien, die im Hochland leben, sowohl wegen seiner landschaftlichen Schönheit als auch seiner klimatischen Besonderheit Wochenend- und Erholungsgebiet Nummer eins. In den Dörfern finden sich noch häufig Beispiele der traditionellen Bauweise des Küstengebiets – Häuser aus Holz und Stroh, für die spitze Rietdächer und gelegentlich umlaufende, hölzerne Veranden charakteristisch sind. Viele Bauten stehen hier auf Pfählen, aber nicht nur an Wasserläufen, sondern auch an den Hängen oder mitten in der Ebene. In Gilan leben zwei ethnische Gruppen, die Gilak und die Talesh, die jeweils ganz

Reisfelder in Gilan

eigene Dialekte sprechen. Die hauptsächlich im Westen der Provinz lebenden Talesh waren ehemals Nomaden. Ihre Frauen, die man auf den Feldern arbeiten sieht, tragen sehr bunte und recht eigenwillige Kleidung.

Bandar-e Anzali

Bandar-e Anzali
Besonders sehenswert: Naturschutzgebiet in der Süßwasserlagune Mordab-e Anzali

40 km nordwestlich von Rasht liegt die bedeutende Hafenstadt Bandar-e Anzali auf einer 33 km langen Halbinsel, die das Kaspische Meer von einer landeinwärts gelegenen Süßwasserlagune trennt. Als zu Beginn des 19. Jh. der russische Einfluß auf den Handel im Kaspischen Meer größer wurde, gewann auch der Hafen Anzali an Bedeutung, da die Russen hier einen entscheidenden Handelsposten einrichteten. Ihr Einfluß bezog sich jedoch nicht nur auf den Handel und den Aufstieg der Stadt, sondern hinterließ seine Spuren auch im Flair und in der Architektur.

Heute ist Anzali die Zentrale der staatlichen Fischereistationen Gilans, deren Schwerpunkt in der Gewinnung des berühmten persischen Kaviars liegt. Im Hafen gibt es zahlreiche riesige Kühlhäuser zur Lagerung der gereinigten Störe, denen Spezialisten den Laich bereits aus der Bauchhöhle entnommen haben und die jetzt auf ihre weitere Vermarktung warten. Zwei Abflüsse der Lagune teilen den Hafen von Anzali in zwei Teile, die nur durch eine einzige Brücke, die Pol-e Ghaziyan, miteinander verbunden sind. Am westlichen Ufer führt eine Promenade entlang, über die man den Bazar und zu Fuß in fünf Minuten die Stadtmitte mit ihrem Hauptplatz, dem Meydan-e Imam Khomeyni, erreicht.

Die Süßwasserlagune **Mordab-e Anzali** liegt 20 m über dem Meeresspiegel zwischen dem Festland und der Halbinsel von Anzali. Die Übersetzung des Wortes *mordab,* totes Wasser, ist eher irreführend, denn in den sumpfähnlichen, von Schilfdickicht bewachsenen Süßwasserlagunen, von denen es zahlreiche an der Küste gibt, gedeihen die unterschiedlichsten Wasserpflanzen, leben eine Vielzahl verschiedener Wasservögel und laichen eine Menge von Fischarten aus dem Kaspischen Meer. Von Anzali aus kann man eine Bootsfahrt unternehmen, um die Tier- und Pflanzenwelt dieser Sumpflandschaft zu bewundern.

Masuleh

Masuleh ☆
Von der UNESCO als schützenswertes Kulturerbe registriertes, traditionelles Bergdorf

Zu dem Bergdorf Masuleh fährt man von Rasht aus über die Stadt Fuman 56 km nach Südwesten in die Berge hinein. Das Dorf liegt 1050 m über dem Meeresspiegel und ist in unregelmäßigen Terrassen in den steilen Berghang hineingebaut. Wegen des extremen Gefälles konnten nur wenige kleine Sträßchen zwischen den Häusern angelegt werden. Treppen oder steile, in Serpentinen angelegte Gassen verbinden die Terrassen miteinander. Die tiefen und relativ niedrigen Stufen dieser Treppen wurden teilweise aus Naturstein und zum Teil aus einer Art Lehmestrich gebaut.

Jede Terrassenebene besteht aus mehreren, meist zweistöckigen aneinandergebauten Häusern, die auf einem Bruchsteinfundament stehen. Das aufgehende Mauerwerk ist aus Lehmziegeln hochgezogen und mit einem häufig ockerfarbenen Lehmputz versehen. Die flachen oder wie ein Pult mit einer ganz geringen Neigung angelegten Dächer bestehen aus dicht aneinandergelegten, schmalen Balken, die mit Reisig und Lehm abgedeckt werden. An einigen Stellen bilden die ineinander übergehenden Dachflächen den Gehweg für die nächsthöhere Terrassenebene. Charakteristisch für die Architek-

Die Häuser des Bergdorfs Masuleh wurden in Terrassen am Berghang erbaut

tur von Masuleh sind auch die hin und wieder farbig bemalten Holztüren, balkonartige Erker und Veranden aus Holz. In den Fenstern sitzen im unteren Teil halbhohe, kunstvoll geschnitzte Holzgitter.

35 km östlich von Rasht liegt an der Straße nach Langarud und Chalus die Ortschaft **Astaneh** mit dem Grabmal des Imamzadeh Seyyed Djalal al-Din Ibrahim, dem Bruder Imam Rezas, der in Mashhad bestattet wurde. Der Anfang des 20. Jh. errichtete Grabbau steht innerhalb eines ummauerten Hofes, in dem zahlreiche Gräber liegen. Der Bau ist quadratisch, die Grabkammer ist von einer mit Fliesen verkleideten Kuppel überwölbt und innen mit Spiegelmosaiken geschmückt.

Lahidjan

Lahidjan
Besonders sehenswert: Boqeh Shaikh Zahed mit seiner ungewöhnlichen, spezifisch gilanischen Bauweise

Nur 5 km weiter südöstlich liegt die in ganz Iran für ihren Tee berühmte Kleinstadt Lahidjan. Hier gibt es ein Grabmal, das **Aramgah-e Chahar Padeshah,** Vier-Fürsten-Mausoleum, genannt wird, weil in ihm vier Lokalfürsten aus der Sadat-e Kia-Familie bestattet wurden. Es scheint bereits vor dem 13. Jh. erbaut worden zu sein. Der Bau hat einen weiten Iwan und zwei Eingänge, die in die Grab-

Lahidjan, Boqeh Shaikh Zahed

kammer führen. Die geschnitzten hölzernen Türen und Sarkophage sind schöne Beispiele der Kunst des 13. bis 15. Jh.

Am Ortsausgang an der Straße nach Langarud steht der **Boqeh Shaikh Zahed,** ein weiteres Mausoleum, in dem neben Shaikh Zahed, dem geistlichen Berater des Sufimeisters Shaikh Safi al-Din (14. Jh.), zwei weitere Angehörige wichtiger Familien bestattet wurden. Das Grabmal stammt aus dem 14. bis frühen 15. Jh. Über der zentralen Grabkammer erhebt sich eine im Grundriß quadratische, mehrfach abgestufte und spitz zulaufende Kuppel, die mit blaugrundigem Fliesenschmuck bedeckt ist. Diese Kuppel überragt das sehr flach gehaltene, mit einfachen roten Ziegeln gedeckte Walmdach des Bauwerks. In der Ost-, Nord- und Südseite des Gebäudes öffnet sich jeweils ein Iwan auf einen an drei Seiten umlaufenden Pfeilerportikus.

Ramsar

Ramsar Luxuriöser Seekurort in üppig grüner Küstenlandschaft

Etwa 120 km östlich von Rasht, bereits in der Provinz Mazandaran, liegt an der Küste der Badeort Ramsar, wegen seiner warmen Schwefelquellen auch eine bedeutende Kurstadt. An dieser Stelle ist der Küstenstreifen zwischen den steil abfallenden, bewaldeten Berghängen und dem Strand nur etwa 2 km breit – eine landschaftliche Besonderheit, die dem Ort einen ganz eigenen Reiz verleiht. Daher war er schon immer der beliebteste und zugleich luxuriöseste Urlaubsort am Kaspischen Meer. Das historische Luxushotel, in dem auch die Ramsar-Konferenz der Alliierten während des Zweiten Weltkriegs stattfand, steht noch heute in seiner wenn auch etwas verblaßten architektonischen Pracht der 30er Jahre.

Fährt man bei Marzan Abad, das an der Straße von Chalus nach Teheran liegt, etwa 20 km nach Westen in die Berge hinein, gelangt man zu dem 1200 m hoch gelegenen Touristenort **Kalardasht.** Hier gibt es zahlreiche Wanderwege und im Winter vielfältige Möglichkeiten zum Skilanglauf. 1929 entdeckte man bei Kalardasht ein Fürstengrab aus dem 10. Jh. v. Chr. mit ungewöhnlich reichen Beigaben. Die zum großen Teil aus Gold und Bronze hergestellten Funde dieses Grabes wurden als Schatz von Kalardasht bekannt und befinden sich heute im Nationalmuseum in Teheran.

Die Stadt **Amol** liegt nicht mehr an der Küste, sondern rund 75 km westlich von Sari am Hazar-Fluß in einer Schwemmlandebene. Unter den Taheriden war Amol im 9. Jh. die Hauptstadt von Tabaristan. Zu diesem Zeitpunkt verlief die Küstenlinie weiter südlich, so daß Amol Hafenstadt an der Mündung des Hazar-Flusses war. Die Stadt hatte in wirtschaftlicher Hinsicht wegen der Herstellung von glasierter Keramik und Glas bis in die Seldjukenzeit hinein einige Bedeutung, die sie aber bereits im 13./14. Jh. wieder verlor.

Neben den Stadtvierteln mit den charakteristischen Häusern dieser Gegend in traditioneller Bauweise, d. h. mit steilen Dächern, Holzveranden, bunten Glasfenstern und mit Zypressen oder Ornamenten bemalten Außenfassaden, bietet Amol auch einige historische Grabbauten, von denen das **Mausoleum Mashhad-e Mir Bozorg** wohl das bedeutendste ist. Es wurde im 17. Jh. zur Zeit Shah Abbas' I. anstelle eines von Timur Leng zerstörten Heiligtums aus dem 10./11. Jh. errichtet. Das safawidische Bauwerk beeindruckt durch seine Größe. Ein Eingangsiwan führt in die zentrale quadratische Grabkammer, die mit einem Pyramidendach gedeckt ist. In dem von einer runden Kuppel überwölbten Innenraum sind Reste von safawidischen Fliesenmosaiken erhalten. An die Grabkammer schließen mehrere Seitenräume an. Das **Imamzadeh Ibrahim** ist ein Ziegelturm aus dem 16. Jh., und der achteckige Grabturm **Boqeh Se-Seyyed** oder Se-Tan stammt ursprünglich aus dem 12. Jh., wurde aber so oft restauriert, daß er heute fast wie ein moderner Bau wirkt.

Östlich von Zirab, an der Straße von Qaem Shahr nach Teheran, liegt der Ort **Ladjim** in den Bergen. Hier steht das Imamzadeh Abdollah, ein runder, zurückhaltend verzierter Grabturm mit eiförmiger Kuppel. Sehenswert sind ein einfaches Stalaktitenrelief im Bogenfeld über der Tür, die in einer mehrfach abgetreppten Nische liegt, und der breite Stalaktitenfries direkt unterhalb der Kuppel. Darunter sind zwei Inschriften angebracht, die sowohl den Grabinhaber als auch das Baudatum, 1022, nennen – damit ist das Gebäude in die Zeit der Ziyariden (927–ca. 1090) datiert. Das Bemerkenswerte an den beiden Inschriften ist die Tatsache, daß die eine in Kufi, die andere in Pahlavi geschrieben ist.

Ein ganz ähnlicher, aber nicht so gut erhaltener Ziegelgrabturm steht in dem südlich von Ladjim ebenfalls im Gebirge gelegenen Dorf **Resket.** Dieses Mausoleum datiert in das erste Jahrzehnt des 11. Jh. und trägt ebenfalls ein Ziegelinschriftenband in Kufi und darüber eines in Pahlavi. Das restliche Dekor ist ebenso einfach gehalten wie bei dem Turm von Ladjim, nur verläuft unterhalb der Kuppel ein doppelter Stalaktitenfries.

Am Rand der Schwemmebene, etwa 25 km nordöstlich von Qaem Shahr, liegt die Provinzhauptstadt **Sari**. Die Stadt hat eine lange Tradition, die bis in die Sasanidenzeit, in der Sari gegründet wurde, zurückgeht. Sie war bis ins 9. Jh. Provinzhauptstadt, bis die Taheriden Amol als Verwaltungszentrum für Tabaristan wählten. Zu Beginn des 13. Jh. wurde Sari durch die Mongolen zerstört, im 14. Jh. erneut von Timur Leng.

Zu den bedeutenden Denkmälern Saris gehört der aus Ziegeln errichtete, quadratische **Grabturm des Sultan Zain al-Abedin** mit einem achteckigen konischen Dach. In der Grabkammer steht außer dem Sarkophag für den Grabinhaber noch ein weiterer, der gemäß seiner Inschrift Sultan Amir Shams al-Din gehört. Er wurde im 15. Jh.

Grabturm Bordj-e Radkan

aus Holz gefertigt und mit Schnitzereien und Einlagen verziert. Aus derselben Zeit stammt das **Imamzadeh Yahya,** ein runder Ziegelturm mit einem etwa 20 m hohen, ebenfalls achteckigen Kegeldach. Der hier bestattete Yahya war ein Sohn des Imam Musa Kazim.

Als letzte und wichtigste Sehenswürdigkeit ist der im Osten der Stadt gelegene Grabturm des **Imamzadeh Abbas** zu nennen, der in das Ende des 15. Jh. datiert. Dieses Heiligtum mit seinen angeschlossenen Pilgerunterkünften besitzt dieselbe Dachkonstruktion wie die beiden vorgenannten, ist aber vom Grundriß her achteckig. Hier sind drei Imamzadehs bestattet: der namengebende Abbas, Mohammad und schließlich Hasan.

16 km südlich von Kordkuy liegt in einem kleinen Dorf namens **Radkan** der Bordj-e Radkan. Der aus Ziegeln errichtete Grabturm hat einen runden Grundriß, eine flache, unstrukturierte Oberfläche, ein kegelförmiges Dach und direkt darunter einen Stalaktitenfries und ein Kufi-Schriftband. Die Inschrift besagt, daß das Grabmal 1016 für einen General, Abu Djafar Mohammad ibn Vandarin aus der Bawand-Familie, errichtet wurde. Im Innenraum finden sich Ziegel- und Stuckdekorationen.

Die Stadt **Gorgan**, die bis 1960 Astarabad hieß, wurde von den Arabern kurz nach der Eroberung Tabaristans um 720 gegründet. Im 18. Jh. wurde sie zum Zentrum der Qadjarenstämme, die Ende jenes Jahrhunderts die Macht über ganz Persien übernahmen. Das Bild der Kleinstadt wird von den Turkmenen geprägt, die jenseits der nahegelegenen Grenze zu Turkmenistan auch heute noch als Nomaden in der Steppe leben.

Nördlich der Hauptstraße liegt die aus seldjukischer Zeit stammende **Freitagsmoschee.** Der Bau wurde durch mehrfache Restaurierungen unter Shah Abbas I. (1588–1629) und Shah Abbas II. (1642–1666) vollständig verändert; Inschriften auf der Kanzel und am Mihrab berichten über weitere bauliche Aktivitäten in den Jahren 1454 und 1696. Aus der Zeit der Entstehung blieb nur noch das relativ niedrige, stämmige Ziegelminarett erhalten.

Die den Hof umgebenden vier Seitentrakte sind mit flachen Walmdächern gedeckt. Aus dem Gebäudeteil, der den Hof im Süden begrenzt, ragt das seldjukische Minarett hervor, bekrönt von einem quadratischen, hölzernen Aufbau, der ebenfalls mit einem Walmdach abschließt. Der Schaft des Minaretts ist mit einem dichten Flechtwerk von Ziegelmustern überzogen, im mittleren Bereich verläuft ein breiter Ziegelfries mit einer Kufi-Inschrift. Teile der Inschrift werden vom Dach des Gebäudeteils, in den das Minarett integriert wurde, verdeckt. Diese für die iranische Architektur so untypische Moschee ist ein charakteristisches Beispiel der lokalen Baukunst am Kaspischen Meer.

Reste des **Alexanderdamms** (Sadd-e Iskandar), der gelegentlich auch Qezel Alang (Rote Mauer) genannt wird, sind 20 km nördlich von Gorgan zu erkennen. Der Damm beginnt etwa 5 km entfernt von der Küstenlinie und verläuft parallel zum Gorgan-Fluß rund 155 km nach Osten ins Landesinnere. Bei Aq Qaleh kreuzt er die Straße, die heute von Gorgan nach Norden führt. Erbaut wurde der Damm in der Partherzeit, etwa um Christi Geburt, als Schutzwall gegen die von Norden her einfallenden turkmenischen Nomadenstämme. Die aus Lehmziegeln bestehende Mauer erhielt in sasanidischer Zeit eine Verkleidung aus gebrannten Ziegeln. Alle 3–4 km war sie mit befestigten Stationen ausgerüstet, und etwa alle 16–20 km gab es in ihrem Schutz Städte und größere Ansiedlungen. Heute sind von der ehemals starken Mauer nur noch maximal 5 m breite, niedrige Erdwälle zu erkennen.

Gonbad-e Qabus

Gonbad-e Qabus ☆ Frühislamischer Grabturm des Qabus ibn Wushmgir

Die 40 km von der Grenze nach Turkmenistan gelegene Kleinstadt Gonbad-e Qabus ist das Zentrum der von Turkmenen bewohnten Region. Die mittlerweile seßhaft gewordenen Nomaden, die sich von Landwirtschaft und Viehzucht ernähren, prägen noch heute mit ihren Trachten die Atmosphäre und das Bild der Stadt. In regelmäßigen Abständen finden hier auf dem zentralen großen Platz traditionelle Reiterwettkämpfe statt. Der Name Gonbad-e Qabus geht auf Qabus ibn Wushmgir zurück, einen Fürsten der Ziyariden-Dynastie (927–ca. 1090), der hier sein Grabmal errichten ließ.

Der 1006 noch zu Lebzeiten des Fürsten erbaute **Grabturm des Qabus ibn Wushmgir** steht auf einem etwa 15 m hohen künstlichen Hügel im Ort. 37 m mißt der Schaft des aus Ziegeln errichteten hohen Baus, das Kegeldach weitere 18 m: Dach und Schaft dieses hohen Turms stehen in einem Größenverhältnis von 1:2, und die leichte Verjüngung des Körpers nach oben betont die Höhe des Bauwerks zusätzlich. Die Fassade des vom Grundriß her runden Turms ist mit zehn in regelmäßigen Abständen aus der Oberfläche herauswachsenden, dreieckigen Strebepfeilern gegliedert. Bis auf zwei horizontal um den Schaft gelegte Inschriftenbänder sind die Flächen zwischen den Strebepfeilern völlig schmucklos. Die beiden inhaltlich identischen Kufi-Inschriften, von denen die erste 7 m über der Basis und die zweite direkt unterhalb des Dachgesimses verläuft, wurden aus unglasierten Ziegeln gearbeitet. Horizontal verlegte Ziegel rahmen die Schriftzüge oben und unten. In den Inschriften werden der Name des Grabinhabers und das Baujahr, sowohl nach dem islamischen Mond- als auch nach dem Sonnenkalender, genannt.

Gonbad-e Qabus, Grabturm des Qabus ibn Wushmgir

Der einzige Zugang zu der runden, knapp 10 m im Durchmesser großen Grabkammer ist eine schmale, hohe Tür mit Spitzbogen, die in einer tiefen, ebenfalls spitzbogigen Nische sitzt. Die im Gewölbe der Nische oberhalb der Tür erhaltenen Reste einer Moqarnas-Verzierung gehören zu den ältesten Belegen dieser Dekorationsart in Iran. Doch nicht nur von der Gliederung und Verzierung der Fassade her, auch allgemein architektonisch wurde dieses Bauwerk Vorbild für viele spätere Grabtürme mit rundem Grundriß.

Qabus ibn Wushmgir starb 1012, und sein Leichnam wurde, den Berichten eines arabischen Historikers zufolge, in einem Glassarg bestattet, der mit Ketten hoch oben an der Decke des völlig treppenlosen Turms aufgehängt war. Es wurde auch berichtet, daß durch die einzige, in der Ostseite des Kegeldachs angebrachte Lichtöffnung jeden Morgen die Sonnenstrahlen direkt auf den gläsernen Sarg fielen. Trotz intensiver Untersuchungen und Grabungen im 19. Jh. wurden jedoch weder der Sarg noch irgendein anderes Grab im Turm gefunden.

Zwischen Kaspi und Urmia-See

Die Provinzen Ardabil, Ost- und Westazarbaidjan

Die Region Azarbaidjan im äußersten Nordwesten Irans grenzt im Westen an den Iraq und die Türkei und im Norden an die kaukasischen Republiken Armenien und Azarbaidjan. Politisch wurde dieses großflächige Gebiet früher in zwei Provinzen unterteilt, in **Westazarbaidjan,** mit der Provinzhauptstadt Urumiyeh, und in **Ostazarbaidjan,** mit der Hauptstadt Tabriz. In jüngerer Zeit hat man aus verwaltungstechnischen Gründen den östlichen Teil Ostazarbaidjans als eigene Provinz **Ardabil,** mit der gleichnamigen Hauptstadt, abgespalten.

◁ *Pelikane auf dem Urmia-See*

Rund 90 % der Menschen, die in dem gesamten Gebiet leben, gehören turkstämmigen Volksgruppen an, die ihre eigene Sprache, das dem Türkischen verwandte Azari, sprechen. Zur Bevölkerung Azarbaidjans gehören auch die christlichen Armenier, die ebenfalls ihre eigene Sprache haben, und teilweise die Kurden, deren Stammgebiet sich nach Süden zu anschließt. Historisch lag auf dem Gebiet Azarbaidjans im 1. Jt. v. Chr. das Reich der Urartäer.

In diesem Kapitel:
Ardabil ☆☆
Bastam
Djolfa/
St. Stephanos ☆
Kalkhoran
Kandovan ☆
Maragheh ☆
Qareh Kelisa/Thaddäuskirche ☆
Tabriz
Takht-e Sulaiman ☆

Azarbaidjan ist ein von Gebirgsketten durchzogenes Hochland. Im Norden bildet das Tal des Flusses Aras (Araxes) die Grenze zum Kaukasus und zum Armenischen Hochland. Im Osten fallen die Berge in das tiefliegende Delta des Aras ab, der sich hier ins Kaspische Meer ergießt. Das Tiefland des Deltas liegt auf dem Territorium der Republik Azarbaidjan. Aufgrund der Höhenlage sind die Sommer in Azarbaidjan heiß und trocken, die Winter hingegen sehr kalt und schneereich.

Zwischen den Provinzen Ost- und Westazarbaidjan liegt in einer Höhe von 1300 m über dem Meeresspiegel der **Urmia-See.** Mit seiner Größe von rund 5000 km^2 – etwa 140 km Länge und durchschnittlich 40 km Breite – hat der Urmia-See die zehnfache Fläche des Bodensees, ist im Gegensatz dazu aber extrem flach, weshalb sein Salzgehalt in trockenen Sommern mit nahezu 25 % Natrium-Chlorid etwa ebenso hoch ist wie der des Toten Meeres. In diesem See können weder Fische noch Wasserpflanzen leben, lediglich ein paar Arten von Krustentieren und Algen. Um so reicher ist die Vielfalt an Tieren aller Art auf den relativ großen Inseln in der Südhälfte des Sees. Auf der Insel Kabudan wurde ein Naturschutzgebiet eingerichtet. Im Frühjahr und im Sommer sind am ganzen See riesige Kolonien von Pelikanen und Flamingos zu beobachten.

Die Stadt Ardabil

Ardabil ☆☆
Erstes Sufi-Ordenskloster Azarbaidjans mit dem Grabmal seines Gründers Shaikh Safi al-Din, des Ahnvaters der Safawiden-Dynastie

70 km landeinwärts von der Hafenstadt Astara am Kaspischen Meer liegt in 1300 m Höhe Ardabil. Die Stadt wurde im 5. Jh. n. Chr. von dem Sasanidenkönig Peroz (459–484) gegründet. 642 nahmen die Araber sie ein und machten sie kurzzeitig zur Provinzhauptstadt Azarbaidjans. Bei ihrer nächsten Eroberung 1220 durch die Mongolen wurde sie fast vollständig zerstört. Ende 13. Jh./Anfang 14. Jh. wurde Ardabil zum Zentrum des schiitischen Sufi-Ordens, den Shaikh Safi al-Din hier ansässig machte. Ihre Blütezeit als Handelszentrum

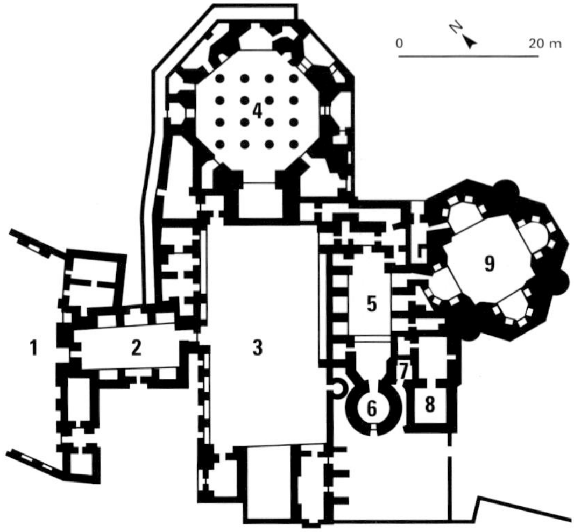

Ardabil, Grundriß des Shaikh Safi-Heiligtums
1 Gartenhof
2 Vorhof
3 Haupthof
4 Gebetshalle/ Masdjid-e Djannat Sara
5 Qandil Khaneh
6 Grabturm des Shaikh Safi
7 Mausoleum Shah Ismails
8 Haram Khaneh (Wohntrakt)
9 Chini Khaneh

erlebte die Stadt im 17. Jh. unter den Safawiden, deren namengebender Stammvater Shaikh Safi al-Din ist. Nach dem Zusammenbruch des safawidischen Reiches (1722) wurde Ardabil von den Osmanen kurzzeitig eingenommen, der Afsharenherrscher Nadir Shah brachte es aber wieder unter persische Kontrolle. 1826 eroberten russische Truppen die Stadt, zwei Jahre später wurde sie jedoch beim Friedensvertrag von Turkmanchai wieder an die Perser zurückgegeben.

Die größte Sehenswürdigkeit der Stadt ist das im Südwesten nahe der Khiaban-e Engelab gelegene **Heiligtum des Shaikh Safi al-Din**, der in Ardabil 1251 geboren und 1334 bestattet wurde. Shaikh Safi gründete hier das erste Sufi-Ordenskloster Azarbaidjans. Zum Klosterkomplex gehörten einstmals Unterrichtsräume und der Wohntrakt, in dem Shaikh Safi mit seiner Familie und später seine Nachfolger lebten. Nach seinem Tod wurde ein Grabturm für ihn und ein Anbau zur Unterbringung der Gräber seiner Familienangehörigen errichtet. Nachdem sein Urenkel Ismail als erster safawidischer Shah den persischen Thron bestiegen hatte, veränderte sich die Funktion des Gebäudekomplexes; er wurde zum Grabheiligtum. Auch Shah Ismail ließ sich hier bestatten, und seitdem pilgerten alle safawidischen Könige mit ihrem Hof einmal jährlich zum Grabmal ihrer Vorfahren. Dadurch war die Grundlage gegeben für neue Anbauten, Erweiterungen und Verschönerungen aller Art. Die Unterrichtsräume und die Gebäude des Wohnbereichs zerfielen hingegen mit der Zeit zu Ruinen.

Zum Grabheiligtum gehört ein ausgedehntes Gelände mit verschiedenen Gebäuden, die durch Höfe miteinander verbunden sind. Man betritt das Gelände von Nordwesten her durch einen zweigeschossigen Torbau aus qadjarischer Zeit (Anfang 20. Jh.). Danach

Ardabil, Shaikh Safi-Mausoleum, Eingang vom Gartenhof in den Vorhof

gelangt man in einen langgestreckten und von einer Mauer umgebenen **Gartenhof** (1) mit Wasserbecken und parkähnlicher Bepflanzung. Entlang der Mauer lagen früher Pilgerunterkünfte.

Über einen Eingangsiwan gelangt man in einen schmalen, langrechteckigen **Vorhof** (2), in dessen Längswände breite, iwanartige Sitznischen eingelassen waren. Hier trafen und unterhielten sich die Pilger, bevor sie das Heiligtum betraten. In der Mitte der südwestlichen Längswand führt ein Portal zu dem mittlerweile zerfallenen Klosterbereich. Über einen aus der Achse verschobenen weiteren

Eingangsiwan erreicht man den quer zum Vorhof gelagerten **Haupthof** (3) des Gebäudekomplexes, der in safawidischer Zeit unter Shah Abbas I. erbaut wurde. Während die Schmalseiten des gepflasterten Hofs in ihrer Mitte von Iwanen unterbrochen werden, die mit kunstvoll geschnitzten Gittern verschlossen sind, tragen die Längswände eine Gliederung aus hochrechteckigen Nischen. Alle Fassadenflächen sind oberhalb eines etwa mannshohen Marmorsockels mit kleinteiligen und komplizierten safawidischen Fliesenmosaiken verziert.

Der Nordostiwan des Haupthofs führt in einen oktogonalen Raum, der ursprünglich mit einer mittlerweile eingefallenen Kuppel überwölbt war. In seiner Mitte sind die Basen von 16 Holzsäulen erhalten. In dieser Halle fanden die Rituale der Derwische statt, gelegentlich wurde sie aber auch als **Gebetshalle** (4) genutzt. In diesem Fall übernahm der Eingang die Rolle des Mihrab. Deshalb wird sie auch häufig als Masdjid-e Djannat Sara (Paradiesmoschee) bezeichnet.

An die südöstliche Langseite des Hofes grenzt das **Qandil Khaneh** (5; Laternenhaus) an. An seiner Fassade verläuft direkt unterhalb des Gebälks ein breites Fliesenmosaikband, in dem vor einem dunkelblauen Hintergrund zwei ineinander verwobene Inschriften dargestellt sind. Die obere, kleinere Schrift ist ockerfarbig, die untere, größere Schrift hingegen weiß. Man betritt das Gebäude über ein in der Ostecke des Hofes gelegenes, schmales und gänzlich mit Fliesenmosaik bedecktes Portal. Innen ist die 11,5 m lange und 6 m breite Halle zweigeschossig. Ihre Längswände werden von tiefen, iwanartigen Nischen durchbrochen, die jeweils von einer halbrunden Kuppel überwölbt sind. Die mit Stalaktitenreliefs verkleideten Gewölbe und die Wandflächen der Nischen tragen überwiegend goldfarbene Wandmalereien mit geometrischen und floralen Ornamenten und Schriftzügen. Dieser Raum fungierte als Andachtshalle, in der der rituelle Höhepunkt der Pilgerreise zelebriert wurde. An der südwestlichen Schmalseite schließt ein halbrunder, überkuppelter Raum an, der Shahneshin, in dem sich der Shah während des Zeremoniells aufhielt und der mit einem verzierten Metallgitter von der Haupthalle getrennt war. In der Qandil Khaneh lag ehemals ein speziell für diesen Saal angefertigter Teppich, der heute im Victoria and Albert Museum in London aufbewahrt wird. Ein Duplikat dieses Teppichs wird zur Zeit direkt im Qandil Khaneh angefertigt.

In der halbrunden Rückwand des Shahneshin gibt es eine Tür, die in den runden, im 15. Jh. erbauten **Grabturm Shaikh Safis** (6) führt, der von einer Doppelkugel bekrönt ist. In die Wände der im Inneren achteckigen Grabkammer sind spitzbogige Nischen eingelassen, die mit bemaltem Stoff ausgekleidet wurden. Der geschnitzte Holzsarkophag Shaikh Safis steht in der Mitte der Grabkammer. In den Gräbern daneben wurden unter anderem sein Sohn und Sultan Heydar, der Vater Shah Ismails, bestattet. Genau gegenüber dem Eingang zur Grabkammer liegt eine Tür, durch die man früher nach außen in einen kleinen, ummauerten Hof mit zahlreichen weiteren Gräbern gelangte.

Fassade und Kuppel des Grabturms sind vollständig mit Mustern bedeckt, die aus türkisfarbenen glasierten und ockerfarbenen unglasierten Ziegeln kombiniert sind. Während die Verzierung des Schafts aus dem sich immer wiederholenden Wort Allah in geometrischem Kufi besteht – weshalb der Grabturm auch Gonbad e-Allah-Allah genannt wird –, ist die Kuppel mit großflächigen geometrischen Mustern versehen. Unterhalb der Kuppel verläuft ein breites Inschriftenband aus Fliesenmosaik, in dem drei Schriftzüge in weiß, hellblau und ocker miteinander verwoben sind.

Vom Laternenhaus aus gelangt man auch in das **Mausoleum Shah Ismails** (7). Über der rechteckigen Grabkammer erhebt sich ein mit großen geometrischen Mustern aus glasierten Ziegeln verzierter, relativ kurzer, überkuppelter Turm. Die Innenkuppel ist mit goldfarbenen Wandmalereien geschmückt. Ein Meisterwerk der Intarsienkunst des 16. Jh. stellt der mit Holz, Elfenbein, Gold und Lapislazuli eingelegte hölzerne Sarkophag Shah Ismails dar.

Neben dem Zugang zum Mausoleum Shah Ismails führt eine Tür in den ehemaligen **Wohntrakt** (8), das Haram Khaneh, in dem Shaikh Safi und später seine Nachfolger lebten. Teil dieses Gebäudeflügels ist ein überkuppelter, quadratischer Anbau mit einer außen

Heiligtum Shaikh Safis, mit Hohlräumen versehene Gipsverschalung der Gewölbe- und Wandflächen im Chini Khaneh

völlig unverzierten, auf einem hohen Ring ruhenden Kuppel, in dem mehrere Gräber, unter anderem die der Frau und der Tochter Shaikh Safis, untergebracht sind.

Im Osten wurde an das Qandil Khaneh in safawidischer Zeit das **Chini Khaneh** (9) angebaut, ein im Grundriß unregelmäßig achteckiger, überkuppelter Bau mit starken Außenmauern. Die Wände des als Festsaal genutzten Innenraums öffnen sich in tiefe, überwölbte Nischen. Wand- und Gewölbeflächen der Nischen sind mit einer Gipsverschalung ausgekleidet, in die verschieden geformte Hohlräume geschnitten wurden. Die einst in diesen Hohlräumen aufgestellten Glas-, Metall- und Porzellangefäße gaben dem Bau den Namen Chini Khaneh, Porzellanhaus. Ehemals diente der Saal auch als Ausstellungsraum für Weihegaben, zu denen ebenfalls erlesene Bücher und Manuskripte gehörten. Die wertvollsten Stücke wurden 1828 von den Russen als Kriegsbeute nach St. Petersburg gebracht, einige gelangten aber auch in iranische Museen. Heute ist das Chini Khaneh als Museum eingerichtet.

Kalkhoran

Kalkhoran Grabstätte Shaikh Djabrails, des Vaters von Shaikh Safi, der das Sufi-Kloster in Ardabil gründete

3 km nordöstlich von Ardabil steht in dem kleinen Ort Kalkhoran das **Mausoleum Shaikh Djabrails,** des Vaters von Shaikh Safi. Im 16. Jh. wurde das Grabmal erbaut und im Jahr 1621 während der Regierungszeit Shah Abbas' I. restauriert. Die Fassade des quadratischen Baus und der dreiseitige Vorbau mit dem Eingangsiwan sind dezent mit einem Dekor aus türkisfarbenen Ziegeln versehen. An der Rückwand des Iwans ist über dem Eingang eine Wandmalerei angebracht, die zwei einander gegenüberstehende, angekettete Raubkatzen zeigt, einen Löwen und einen Panther. Die Grabkammer ist von einer außen unverzierten Kuppel bekrönt, die auf einem hohen, gleichfalls ungeschmückten Ring ruht. Innen ist die Kuppel vollständig mit ornamentalen und floralen Wandmalereien bedeckt. Im Garten des Heiligtums wurden außerdem Persönlichkeiten des öffentlichen Lebens aus der safawidischen Zeit bestattet.

Tabriz

Tabriz Besonders sehenswert: Blaue Moschee; Azarbaidjan-Museum; Bazar mit Freitagsmoschee

Etwa 90 km südwestlich von Ahar liegt Tabriz, die Provinzhauptstadt Ostazarbaidjans, in einem 1340 m hoch gelegenen Tal am Nordabhang des Kuh-e Sahand. Das Klima der Stadt ist im Sommer durch die geringe Luftfeuchtigkeit recht angenehm, im Winter kann es jedoch empfindlich kalt werden. Eines der größten Probleme stellen die häufigen und zum Teil schweren Erdbeben in dieser Region dar, die Tabriz immer wieder verwüstet haben.

Tabriz wurde vermutlich in der Sasanidenzeit gegründet, könnte jedoch auch älter sein. In einer assyrischen Keilschrifturkunde aus

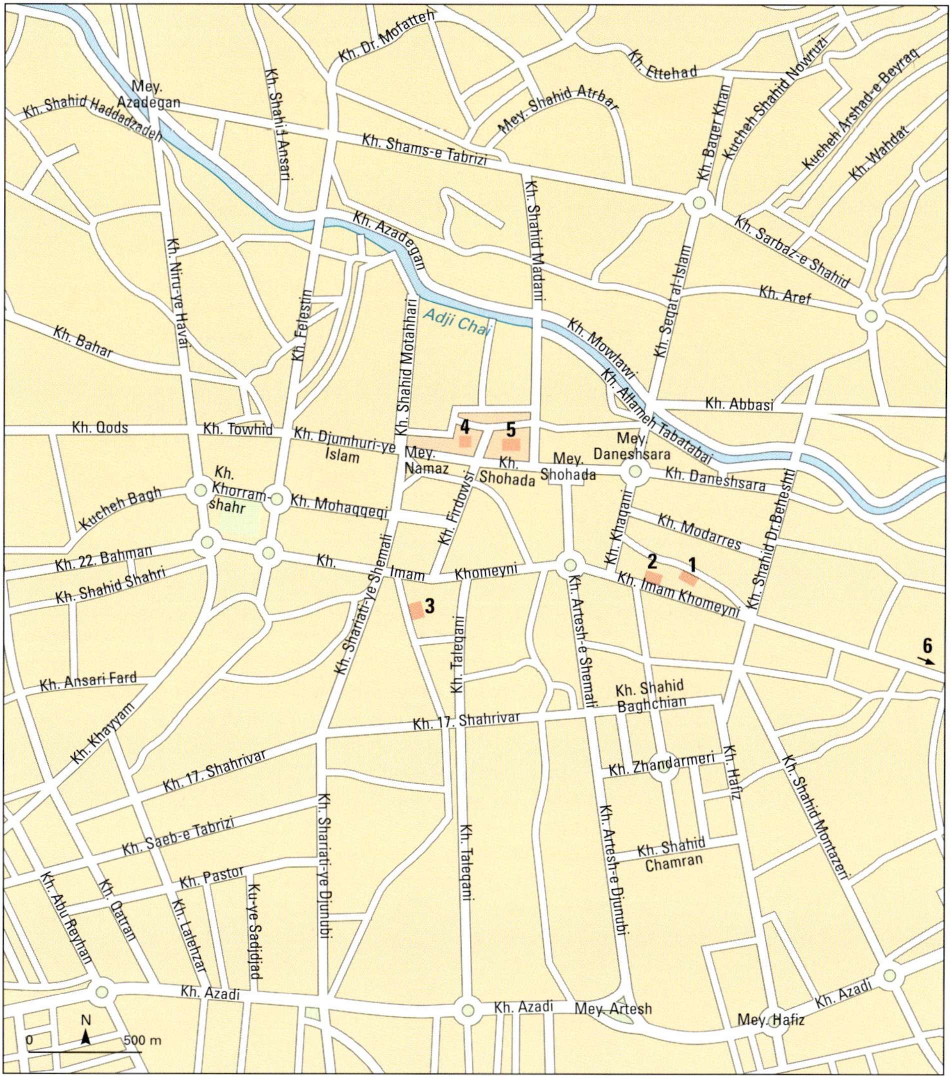

Tabriz, Stadtzentrum
1 Blaue Moschee
2 Azarbaidjan-Museum
3 Arg-e Alishah
4 Bazar
5 Freitagsmoschee
6 Bagh-e Meli

der Zeit Sargons II. (721–705 v. Chr.) wird eine Festung mit dem Namen Tauri genannt, die vielleicht mit Tabriz identisch ist. Möglicherweise entstand Tabriz aber auch erst durch die Araber, denn eine Legende spricht davon, daß Zubaideh, die Gemahlin Harun al-Rashids, 791 die Stadt gegründet hat, als sie nach einer schweren Krankheit einige Zeit in Azarbaidjan verbrachte. Unter den Ilkhaniden (1256–1336) wurde Tabriz zeitweilig zur Hauptstadt. 1392 nahm Timur Leng die Stadt ein und zerstörte sie. Die turkmenische Lokaldynastie der Qareh Qoyunlu, die von 1380–1468 in Azarbaidjan herrschte, baute Tabriz wieder auf, und der Stammesfürst Djahanshah (1438–1467) wählte es als seine Hauptstadt. Für eine kurze Zeitspanne wurde Tabriz auch unter den Safawiden Regierungssitz, bis Shah Tahmasp I. ihn nach Qazwin verlegte. Im 18. Jh. machten die Qadjaren Tabriz zur Residenz des Kronprinzen.

Tabriz, Blaue Moschee

Modernes Zentrum der Stadt ist der **Shahrdari-Platz,** an dem die Stadtverwaltung in einem palastartigen Gebäude untergebracht ist, das 1933 unter dem Einfluß russischer Architektur erbaut wurde. Von hier aus führt die Khiaban-e Imam Khomeyni nach Osten zur wichtigsten Sehenswürdigkeit von Tabriz, der im 15. Jh. erbauten **Blauen Moschee** (1; Masdjid-e Kabud). Ihren Namen erhielt sie wegen ihrer strahlend blaugrundigen Fliesenmosaikverzierung. Sie wurde 1465 während der Regierungszeit Djahan Shahs vollendet und nach einer schweren Zerstörung durch ein Erdbeben teilweise wieder aufgebaut.

Der geschlossene, breitrechteckige Grundriß der aus Ziegeln errichteten Moschee ist für Iran ausgesprochen ungewöhnlich. Mittelpunkt ist ein quadratischer Kuppelsaal, den man von Norden her über ein Vestibül betritt und an den sich im Süden ein ebenfalls überkuppelter Anbau, der Mausoleum genannt wird, anschließt. Die Sockel der Wände im Innenraum sind bis auf 2 m Höhe mit Marmorplatten verkleidet, am oberen Rand der Sockelverkleidung wurde ein umlaufender Inschriftenfries in den Marmor geschnitten. An drei Seiten, im Norden, Osten und Westen, umgeben mit flachen Kuppeln gedeckte, gangartige Seitentrakte den Mittelsaal. In das Vestibül führt von Norden her ein hoher und vollständig mit blauen Fliesenmosaiken bedeckter Eingangsiwan. Die floralen Ornamente und die Inschriften dieser Fliesenmosaikverzierung sind sehr kleinteilig und kompliziert aufgebaut. Der Iwan liegt in der Mitte der nach Norden ausgerichteten Hauptfassade, an deren Ecken zwei turmartige Minarette in die wie eine Festung mit Vor- und Rücksprüngen gegliederte Außenmauer eingebunden sind. In der Nähe der Blauen

Moschee wurde 1962 das **Azarbaidjan-Museum** (2) eingerichtet, das auf drei Stockwerken archäologische und ethnologische Exponate zeigt.

Geht man vom Shahrdari-Platz aus die Khiaban-e Imam Khomeyni in entgegengesetzter Richtung nach Westen, erreicht man die südlich der Straße gelegene **Arg-e Alishah** (3). Obwohl der Bau eine Moschee ist, wird er wegen seiner immensen Größe häufig als Zitadelle bezeichnet. Von dem gigantischen, aus massiven Mauern errichteten Bau, dessen Hauptiwan die größte jemals in Iran erbaute Bogenhalle ist, sind nur die Front mit zwei Toren und dazwischen ein in die Mauer eingebundener Turm erhalten. Erbaut wurde die Moschee in den Jahren 1316–1335 auf Veranlassung von Tadj al-Din Alishah Tabrizi, dem angesehenen Wesir des Ilkhanidenherrschers Oldjaitu.

Östlich der Khiaban-e Shahid Motahhari liegt der große, gedeckte **Bazar** (4) von Tabriz, dessen Tradition bis ins 15. Jh. zurückreicht; die ältesten erhaltenen Gebäude stammen jedoch aus dem 18. Jh., aus den letzten Regierungsjahren der Zand-Dynastie. Besonders sehenswert ist das Viertel der armenischen Silberschmiede. Am südlichen Ende des Bazars liegt die immer wieder restaurierte und ausgebesserte **Freitagsmoschee** (5) aus seldjukischer Zeit. Der heute sichtbare Bau hat nur noch wenig mit dem ursprünglichen Gebäude zu tun, auf dessen Grundmauern er steht.

Etwas außerhalb, 7 km südöstlich des Stadtzentrums, erstreckt sich ein ausgedehntes Parkgelände, der **Bagh-e Meli** (6), auch Ail Goli-Park genannt, mit einem künstlichen See in der Mitte, der während der Herrschaft der Aq Qoyunlu (Ende 14.–Anfang 16. Jh.) angelegt worden sein soll. Auf einer künstlichen Halbinsel steht mitten im See ein in safawidischer Tradition errichteter, mehreckiger Pavillon neueren Datums.

Kandovan

Kandovan ☆
Altes Höhlendorf, dessen Häuser aus den Tuffsteinformationen der Region geschnitten sind

50 km südlich von Tabriz, am westlichen Abhang des Kuh-e Sahand, liegt am Ende einer Nebenstraße das Bergdorf Kandovan. Die Besonderheit dieses altertümlich anmutenden Dorfes, das vor 800 Jahren gegründet wurde und zur Zeit des Mongolensturms den Menschen der Umgegend als Fluchtburg diente, beruht auf der geologischen Beschaffenheit der Region. Wie in Kappadokien (Türkei) haben sich hier durch Erosion große, kegelförmige Felsspitzen aus dem weichen Tuffgesteinsmassiv gebildet. In die Tuffkegel gruben die Gebirgsbauern von Kandovan mehrräumige Höhlen, die sie mit groben Bruchstein- oder Lehmmauern ergänzten und als Wohnungen nutzten. Zwischen den mit Fenstern, Balkonen, Dächern und Anbauten versehenen Steinkegeln führen steile, z. T. lehmverputzte Steintreppen bergauf. Gelegentlich gibt es zwischen den einzelnen Tuffkegeln schmale Holzbrücken, über die der Weg durch das Dorf

führt, das außer den Wohnhäusern zwei Moscheen, ein Hammam und zwei Mühlen zu bieten hat.

Djolfa/St. Stephanos

Djolfa/St. Stephanos ☆ Christliche Klosteranlage mit den für die armenische Kunst charakteristischen Architekturdekorationen und Reliefs

Djolfa an der Grenze zur Republik Azarbaidjan ist eine armenische Stadt, aus der Shah Abbas I. Ende 16./Anfang 17. Jh. für seine Bauvorhaben in Isfahan armenische Handwerker holte, die für ihre Fertigkeiten berühmt waren. 18 km nordwestlich der Ortschaft steht am Grenzfluß Aras die **Klosteranlage St. Stephanos.** Der Legende nach wurde das Kloster von dem Apostel Bartholomäus um 62 n. Chr. gegründet. Der Komplex soll ursprünglich von dem armenischen

König Ashot Ende des 9. Jh. errichtet worden sein; die meisten Bauteile datieren jedoch ins 16. Jh.

Die von einer hohen Bruchsteinmauer mit Turmbastionen umgebene Anlage besteht aus zwei nahezu gleich großen, rechteckigen Bauteilen, die über einen schmalen und kürzeren Mitteltrakt miteinander verbunden sind. Im nördlichen Teil steht die Klosterkirche; sie schließt im Norden über einen niedrigen, gangartigen Gebäudeteil an die Außenmauer und im Süden durch einen dreigliedrigen, im Grundriß quadratischen Glockenturm an die restliche Anlage an. Über der Mitte des von Westen her zugänglichen Kirchenbaus erhebt sich ein turmartiger Aufsatz, der innen eine runde Kuppel bildet und außen in einem spitz zulaufenden konischen Dach endet. Die gesamte Fassade ist mit den für die armenische Architektur so charakteristischen, phantasievoll reliefierten Ornamenten und unterschiedlich großen Reliefbildern verziert.

Die Urartäerfestung von Bastam

Bastam
Beeindruckende urartäische Festungsstadt in schöner Landschaft oberhalb des Aq Chai-Tals

Etwa 45 km nördlich von Khoy liegt östlich der Straße, die Maku mit Khoy verbindet, der Ort Qareh Ziya al-Din. Etwas westlich davon, jenseits der Straße, befindet sich oberhalb des Dorfes Bastam auf einem rund 1300 m hohen Bergrücken, der zum Aq Chai-Fluß hin steil abfällt, eine urartäische Festung mit einer Siedlung aus dem 7. Jh. v. Chr. Die Stadt, die vom Deutschen Archäologischen Institut ausgegraben wurde, wird aufgrund einer Bauinschrift als die urartäische Stadt Rusai-URU.TUR identifiziert, die Rusa II. zwischen 685 und 645 v. Chr. als Festung für eine Garnison errichten ließ. Vermutlich wurden die Festung und die unterhalb gelegene urartäische Siedlung zwischen 600 und 500 v. Chr. von den Medern zerstört. Im Mittelalter richtete sich vom 9. bis zum 13. Jh. in der Zitadelle eine gemischt islamische und christlich-armenische Bevölkerung ein.

Die Festung auf dem Berg nimmt eine Fläche von 800 x 400 m ein, die hauptsächlich an der Nordflanke des Berges gelegene Siedlung mit 600 x 300 m etwas weniger. Zur **Befestigungsanlage** der Zitadelle gehörten das Nordtor, das sich zur Siedlung hin öffnete, das Südtor, durch das man von der Flußebene her in die Burg gelangte, und 5 m hohe Umfassungsmauern mit Mauervorsprüngen. Innerhalb der Mauern lagen sowohl neben dem Nord- als auch neben dem Südtor je eine langgestreckte Säulen- beziehungsweise Pfeilerhalle.

Die **Zitadelle** wurde von den Ausgräbern wegen ihres terrassenförmigen Aufbaus in Unterburg, östliche und nördliche Vorburg, Mittelburg und Oberburg eingeteilt. Jede der bebauten Terrassen ist mit einer eigenen Umfassungsmauer, die auch als Stützmauer der darüberliegenden Bauten diente, umgeben. Zwischen den ummauerten Terrassen lagen Toranlagen. Vom Südtor führt durch die Unterburg ein Weg in die Mittelburg und trifft dort auf den Weg, der vom Nordtor her durch die nördliche Vorburg geleitet wurde.

Das Tal des Aq Chai bei Bastam

Westlich des Aufwegs zur Mittelburg liegt die **Unterburg** mit dem 66 x 48 m messenden Haus des Kommandanten. In der **Mittelburg** stand der in der Rusa-Inschrift erwähnte, 14 x 14 m messende Khalditempel. Von dem mit vorspringenden Eckrisaliten zu rekonstruierenden Heiligtum waren nur noch die Grundmauern erhalten. Ebenfalls in diesem Bereich fanden sich ausgedehnte Vorratshäuser und Lagerräume, in denen unter anderem drei lange Reihen von in den Boden eingelassenen, mannshohen Vorratsgefäßen gefunden wurden.

Die 90 m lange und an der breitesten Stelle 75 m messende **Oberburg,** die kontinuierlich während der gesamten urartäischen Besiedlungszeit bewohnt war, ist durch die mittelalterliche Überbauung am wenigsten erforscht. Man fand hier unter anderem die Archive der Burg, in denen Belege für Lieferungen verschiedener Güter aufbewahrt waren. Vermutlich war auf der Oberburg auch die königliche Residenz untergebracht, die der Herrscher bei seinen Besuchen bewohnte.

Die Thaddäuskirche

Qareh Kelisa/ Thaddäuskirche ☆ Armenisches Kloster mit Kirche aus dem 14. Jh., noch heute Wallfahrtsort armenischer Christen aus aller Welt

Etwa 18 km südlich von Maku liegt die Thaddäuskirche, auch Qareh Kelisa, Schwarze Kirche, genannt. Man erreicht den Ort über die Straße von Qareh Ziya al-Din nach Siyah Cheshme. Auf den Hügeln in der Umgebung der Thaddäuskirche stehen drei kleine armenische Kapellen.

Die Legende berichtet, daß etwa im Jahr 35 n. Chr. der Apostel Thaddäus, der vor der Christenverfolgung in Palästina nach Armenien geflohen war, kraft seines Glaubens König Abgar von Edessa von einer schweren Krankheit heilte. Fortan bekannten sich Abgar und sein gesamter Hof zum Christentum. Auf Bitte des Herrschers zog Thaddäus durch das ganze Königreich und bekehrte die Menschen, auch des Königs Tochter Sandokht. Nach Abgars Tod fiel sein Nachfolger wieder vom Glauben ab und ließ alle Christen im Land verfolgen. Thaddäus wurde gefaßt und starb zwischen 60 und 64 n. Chr. als Märtyrer. Auch die Königstochter Sandokht, die an ihrem Glauben festhielt, erlitt den Märtyrertod. Nach mehr als 400 Jahren soll ein Einsiedler die Gebeine des Thaddäus und der Sandokht gefunden und hierher überführt haben. Das Grab des Thaddäus liegt heute in der Nische rechts neben dem Altar in der Thaddäuskirche, der Sarkophag der Sandokht befindet sich in einer der drei genannten Kapellen, die ihr geweiht ist.

Die Kirche steht inmitten des von hohen Mauern umgebenen Klosterhofs. Im Hof wurden die Wohn- und Versorgungsräume des Klosters entlang der Mauer errichtet; westlich schließt sich ein Wirtschaftshof mit weiteren Küchen, einer Mühle und einer Ölpresse an. Ein Erdbeben im Jahr 1319 zerstörte den aus dem 10. Jh. stammenden Bau der Thaddäuskirche und das dazugehörige Kloster. Danach wurde die Anlage in den Jahren 1319 bis 1329 wieder aufgebaut;

Die Thaddäuskirche und das angeschlossene Kloster in der Zeit der Festlichkeiten zu Ehren des heiligen Thaddäus

erhalten sind aus dieser Phase der östliche Teil der Kirche mit dem Altarraum, dem mit einer kegelförmigen Kuppel überspannten Hauptraum, und das Baptisterium. 1490 wurden die Kirche und die Klostergebäude erneuert und ausgebaut. In den Jahren zwischen 1810 und 1820 entstand ein völlig neuer Anbau, der die Größe der Kirche verdoppelte, mit einem im Westen angegliederten, aber nicht vollendeten Glockenturm. Dieser Umbau eines christlichen Gotteshauses wurde, wie eine Inschrift über dem Eingang besagt, von dem qadjarischen Kronprinzen Abbas Mirza finanziert.

Der ins 14. Jh. datierende Teil der Kirche, aus dunklem Stein gebaut, gab der Klosteranlage den Namen Qareh Kelisa. Während der sich über dem Hauptraum erhebende Tambour aus abwechselnden Schichten von dunklem und hellem Stein zusammengesetzt wurde, besteht der neue Anbau aus dem 19. Jh. ausschließlich aus gelblichem Stein. Die gesamte Außenfassade des Baus ist mit steinernen Reliefs und Bauornamentik, wie eingebundene Säulen, Nischen und Bögen, geschmückt. Friese aus Flechtbändern und floralen Ranken werden rund um das Gebäude geführt und rahmen Fenster oder Reliefbilder, in denen die Apostel, zahlreiche Heilige und Engel, aber auch Kampf-, Jagd- und sogar Liebesszenen dargestellt sind. Im Juli jeden Jahres findet zu Ehren des heiligen Thaddäus ein drei Tage dauerndes Fest statt, zu dem Tausende armenischer Pilger aus der ganzen Welt zusammenkommen.

Westlich der Hauptroute, die von der Kleinstadt Maku zur 22 km entfernten türkischen Grenze führt, liegt im Südwesten des Dorfes **Baghchedjuq** ein Adelspalast vom Ende der Qadjarenzeit (Anfang 20. Jh.). Der von Teymur Teymuri, Gouverneur der Region und militärischer Oberbefehlshaber Muzaffar al-Din Shahs, erbaute Wohnpalast mit seinem kompletten Mobiliar ist heute als Museum der Öffentlichkeit zugänglich. Er wurde inmitten eines Parks errichtet, dazu gehören ein 50 m entfernt stehendes Küchengebäude, ein Badehaus und eine Orangerie.

Der zweigeschossige und mit einem Satteldach gedeckte Palastbau stellt eine Mischung aus persischen und europäischen Bauelementen dar. Mittelpunkt des symmetrisch angelegten, breitrechteckigen Gebäudes mit seinen leicht vor die Front tretenden Seitenteilen ist eine Howz Khaneh, eine Brunnenhalle, die über beide Stockwerke reicht. Ihre Innenwände sind vollständig mit für die qadjarische Zeit charakteristischen Spiegelmosaiken bedeckt. Im unteren Geschoß des Ostflügels gibt es einen Speisesaal, an dessen Decke zwei Gemälde in Ölfarbe angebracht wurden. Auf dem einen wird eine aus Damen und Herren bestehende, europäisch gekleidete Gesellschaft an einer langen Tafel sitzend dargestellt. Das zweite Gemälde zeigt einen gedeckten Tisch, an dem ausschließlich Herren in orientalischer Gewandung speisen.

An der alten Straße, die von Urumiyeh aus am Ufer des Urmia-Sees entlang nach Naqadeh führt, liegt etwa 6 km nordöstlich von

Naqadeh das Dorf **Hasanlu** mit dem danach benannten Siedlungshügel. Erforscht wurde der Fundort Ende der 40er Jahre des 20. Jahrhunderts von der iranischen Antikenverwaltung und später, seit 1957, von amerikanischen Archäologen. Im Hügel lag eine mächtige Stadtfestung verborgen, die von dem indoeuropäischen Reitervolk der Mannäer errichtet worden war. Die Mannäer wanderten in der zweiten Hälfte des 2. Jt. v. Chr. aus der südrussischen Steppe nach Nordwestiran ein und ließen sich hier nieder. In der Zeit vom 12. bis zum 9. Jh. v. Chr. lebten sie in Hasanlu, bis um 800 v. Chr. ihre Siedlung von den Assyrern oder den Urartäern zerstört wurde. Danach übernahmen im späten 8. Jh. v. Chr. die Urartäer die Stadt und umgaben sie mit einer 3 m dicken und 9 m hohen Befestigungsmauer. Die Bauten der Festung sind so gut erhalten und konserviert, daß man sich von der ursprünglichen Architektur dieser Anlage ein sehr gutes Bild machen kann.

In mannäischer Zeit war Hasanlu eine Siedlung mit einer befestigten Zitadelle in ihrer Mitte, die aus drei Hauptkomplexen bestand. Es gab einen Palast mit Nebengebäuden, einen Tempel mit dazugehörigen Anlagen und ein Gebäude, in dem man ausschließlich wertvolle Gegenstände fand, möglicherweise handelte es sich um eine Art Schatzhaus.

Das markanteste architektonische Element bei den Palast- und Tempelkomplexen waren zentral gelagerte Säulenhallen. In den meist rechteckig angelegten, großen Räumen standen mehrere parallele Reihen von Pappelholz-Säulen auf Steinbasen, die ein Flachdach trugen. Im Palast dienten diese Hallen wohl repräsentativen Zwecken, im Tempel wurden sie vermutlich als Versammlungsräume genutzt.

Zu den reichen Funden des Schatzhauses zählen ein Messergriff aus Gold, Trinkgefäße in Form von Widder- und Pferdeköpfen, ein mit Kampf- und Jagdszenen reliefierter Silberbecher mit Elektroneinlagen, ein bunter Glasmosaikbecher mit Darstellungen von Steinböcken vor einem Palmettenbaum und eine Goldschale mit getriebenem Reliefschmuck (s. Abb. S. 110). Diese Funde werden im Nationalmuseum von Teheran aufbewahrt.

Maragheh

Maragheh ☆
Besonders sehenswert: Die unterschiedlich ausgestalteten Grabbauten Gonbad-e Kabud, Gonbad-e Sorkh und Gonbad-e Ghaffariyeh

Die Stadt Maragheh am südlichen Abhang des Kuh-e Sahand wurde vermutlich bereits in parthischer oder sasanidischer Zeit gegründet. An der Wende vom 8. zum 9. Jh. ließ Harun al-Rashid den Ort mit starken Befestigungsmauern umgeben, die allerdings im 10. Jh. bereits zerstört wurden. Der Name Maragheh, Dorf der Viehweide, bezieht sich möglicherweise auf die großen Pferdeherden der Mongolen, die hier im 13. Jh. weideten, als der Ort unter Hulagu Khan, dem mongolischen Ilkhanidenherrscher, Hauptstadt war. Zur Zeit der Mongolen erlebte Maragheh eine Blüte; von den Bauwerken dieser Periode sind jedoch nur wenige erhalten.

Im Jahr 1259 ließ Hulagu Khan nach den Plänen seines Hofastronomen Nasir al-Din Tusi ein **Observatorium** erbauen, das allerdings bereits 100 Jahre später zerfallen war; seine Grundmauern liegen vor den nordwestlichen Außenbezirken der Stadt auf einem steilen Hügel.

In Maragheh sind vier Grabtürme erhalten, von denen aber bei keinem der Grabinhaber bekannt ist. 1147 entstand der älteste, der seldjukische **Gonbad-e Sorkh** (Roter Turm) im Südwesten der Stadt. Der quadratische Ziegelturm steht auf einem steinernen Sockel; zur Eingangstür führen sieben Stufen in den einzigen Raum dieser Ebene. Im Sockel ist die eigentliche Grabkammer in einer Krypta untergebracht, unter deren Boden der Grabinhaber bestattet wurde. Die Fassade des Grabbaus ist architektonisch mit Säulen-, Pfeilervorlagen und flachen Nischen gegliedert, zusätzlich ist sie auf der ganzen Außenfläche mit Ziegelornamenten geschmückt. Blau glasierte Ziegel heben die Ornamente über der Tür hervor – eines der ersten Beispiele für die Verwendung glasierter Ziegel an einer Außenfassade. Die äußere Schale des vermutlich ehemals achteckigen Pyramidendachs ist nicht mehr erhalten, wohl aber die runde Innenkuppel über dem oberen Hauptraum.

Der im Zentrum der Stadt gelegene **Gonbad-e Kabud,** der Blaue Turm, ist nur wenig jünger als der Gonbad-e Sorkh. Nach einer lokalen, chronologisch jedoch nicht haltbaren Legende ist er das Grabmal der Mutter Hulagu Khans, die erst 50 Jahre nach der Erbauung des Grabturms lebte. Der achteckige Ziegelturm aus dem Jahr 1196 steht ebenfalls auf einer Steinbasis, und sein innerer Aufbau mit Hauptraum und Krypta gleicht dem des Gonbad-e Sorkh. Jeder Ecke ist eine Säule vorgelegt, und jede Seite trägt eine spitzbogige, flache Nische, die mit einem Stalaktitenrelief abschließt. Seine gesamte Oberfläche ist mit Ziegelornamenten bedeckt, die teils aus naturfar-

Maragheh, die Grabtürme Gonbad-e Sorkh (links) und Gonbad-e Kabud

ben belassenen, teils aus blau glasierten Ziegeln bestehen. Unterhalb des mittlerweile eingestürzten Daches verlief ursprünglich ein Stalaktitenfries.

Direkt neben dem Blauen Turm steht der **Runde Turm,** der in das Jahr 1167 datiert. Er ist ebenfalls ein Ziegelbau auf einer Steinbasis, aber vollständig ohne jegliche Außenverzierung. Der jüngste der vier Grabtürme ist der **Gonbad-e Ghaffariyeh.** Das viereckige Mausoleum, das in der Zeit zwischen 1317 und 1335 während der Regierungszeit von Abu Said Bahadur Khan erbaut wurde, ähnelt im Aufbau dem wesentlich älteren Gonbad-e Sorkh, bei der Ziegelverzierung der Außenfassade wurden aber im Gegensatz dazu auch schwarze, weiße, dunkelblaue und türkisfarbene Fliesen verwendet.

Im Norden der Stadt steht in einem Garten das **Mausoleum** des **Owhadi Maraghehi,** eines in Maragheh geborenen Mystikers und Dichters, der im frühen 14. Jh. lebte. 1980 wurde ein moderner Bau über dem Grab, von dem der beschriftete Grabstein noch erhalten war, errichtet. In einem nahegelegenen Gebäude wurde im Jahr 1990 ein kleines **Museum** eingerichtet, in dem Keramikgefäße, Gläser und Münzen von der seldjukischen bis in die ilkhanidische Zeit ausgestellt sind. Zusätzlich werden handgeschriebene Koranausgaben des 19. Jh. gezeigt.

6 km südöstlich von Maragheh liegt am Rande eines Friedhofs in einer unterirdischen Höhle eine mehrräumige Anlage, die von einigen Wissenschaftlern als **Mithrasheiligtum** gedeutet wird. Ein gut 7 m langer, in die Tiefe führender Gang endet in einer unregelmäßig aus dem Fels gearbeiteten Halle. Von hier aus erreicht man drei runde Räume, die alle eine mit Ziegeln ausgekleidete Kuppel mit einem Lichtschacht in der Mitte haben. Die künstliche Höhle wurde wahrscheinlich in parthisch-sasanidischer Zeit geschaffen und zur Zeit der Ilkhaniden im 13. Jh. in ein islamisches Heiligtum umgewandelt.

Der Takht-e Sulaiman

Takht-e Sulaiman ☆
Riesiges sasanidisches Feuerheiligtum in geologisch interessanter Umgebung

Etwa 30 km nördlich von Takab liegen der Takht-e Sulaiman (Thron des Salomon) und, etwas weniger als 3 km Luftlinie entfernt, der Zendan-e Sulaiman (Gefängnis des Salomon) in einem weiträumigen Hochtal in einer Höhe von rund 2000 m. Im Tal finden sich in der näheren und weiteren Umgebung von Takht und Zendan eine Anzahl heißer und mineralhaltiger Quellen, die stellenweise Seen und kraterartig aussehende Sinterhügel bilden. Diese geologische Beschaffenheit der Region war mit Sicherheit der Grund für den Bau der hier erhaltenen Anlagen.

Der Takht-e Sulaiman liegt auf einem leicht die Ebene überragenden Kalksinterplateau, in dessen Mitte sich ein über 60 m tiefer See gebildet hat. Durch seinen hohen Mineralgehalt ist das Wasser weder für Mensch noch Tier genießbar, weswegen der See völlig ohne jedes Leben ist. Rund um den See wurden zu verschiedenen Zeiten Anlagen mit unterschiedlicher Funktion erbaut. Unterhalb einer dichten Sinterschicht, die von einer relativ langen und ungestörten Überflutung des Takht durch seinen See zeugt, liegt eine **achämenidische Siedlung;** wegen der darüberliegenden jüngeren Bebauung konnte sie jedoch nur stellenweise untersucht werden. Die aus Bruchsteinen errichteten Häuser der achämenidischen Schicht standen ihrerseits wiederum auf einer Sinterschicht, in die die Bestattungen dieser Siedlung eingetieft sind. Wenn auch Belege für ältere Besiedlungsphasen bislang noch nicht erbracht werden konnten, ist jedoch mit großer Wahrscheinlichkeit anzunehmen, daß auch vor der achämenidischen Zeit um oder auf dem Takht-e Sulaiman, ebenso wie in der Umgebung des Zendan-e Sulaiman, Menschen gelebt haben.

Der Takht-e Sulaiman mit dem zentral gelegenen See, vom Zendan-e Sulaiman aus gesehen

In sasanidischer Zeit stand am See ein großes Feuerheiligtum, das als eines der drei Hauptfeuerheiligtümer der Sasaniden, nämlich das Feuer der Krieger und Könige, identifiziert werden konnte. Das gesamte Heiligtum war mit einer ovalen **Festungsmauer** aus Bruchstein umgeben, die in regelmäßigen Abständen mit runden Turmbastionen versehen und mit zwei Toren ausgestattet war. Sowohl an den Toren, deren flankierende Türme dicker waren als die Bastionen der restlichen Befestigung, als auch an der gesamten Außenfassade war die Mauer mit sorgfältig bearbeiteten und stellenweise verzierten Steinplatten verkleidet.

Der Gesamtkomplex setzt sich zusammen aus zwei in etwa gleich großen, quadratischen Hälften, die jeweils ebenfalls von einer mit

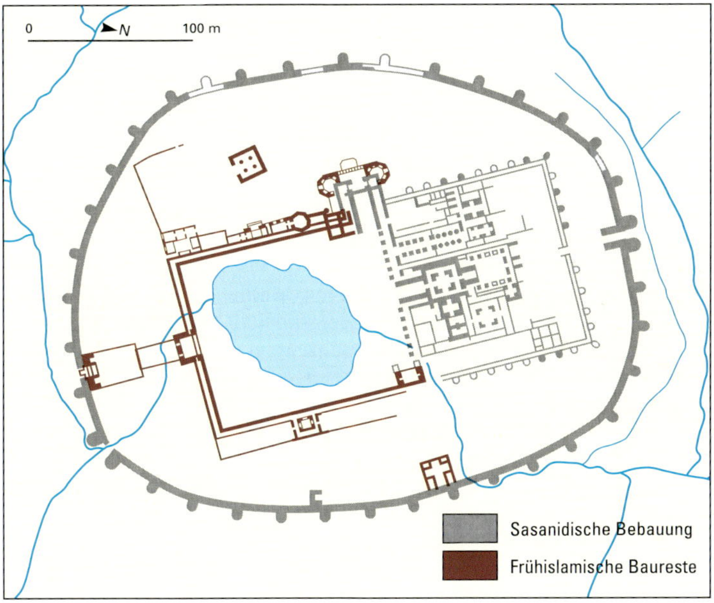

Takht-e Sulaiman, Plan der Anlage mit dem sasanidischen Feuerheiligtum; in frühislamischer Zeit errichtete man, unter Einbeziehung älterer Bauteile, um den See einen ilkhanidischen Jagdpalast

Bastionen verstärkten, doppelschaligen **Außenmauer** umgeben waren. Zwischen den beiden Mauerzügen der Umfassungsmauer verlief ein überwölbter, 2,30 m breiter Gang. Vom im Norden liegenden Haupttor aus gelangte man über insgesamt drei unterschiedlich große Vorräume in die **nördliche Hälfte des Heiligtums,** in der, neben dem eigentlichen Tempel, Innenhöfe und Säulenhallen, Vorratsräume, Archive und Schatzkammern, aber auch die Unterkünfte der Priester untergebracht waren. Mittelpunkt des Tempels war ein aus massiven Ziegelmauern errichteter und überkuppelter Vierbogenbau, ein Chahar Taq, in dem der Feueraltar stand und in dem die Zeremonien stattfanden. Dieser in sich abgeschlossene Bauteil war von einem Korridor umgeben, der sich an zwei Seiten auf tiefe Iwane hin öffnete. Von der dritten Seite aus erreicht man den zweitwichtigsten Raum des Heiligtums, in dem das Feuer erhalten wurde, während im Nachbarsaal der Gottesdienst stattfand. Dieser ebenfalls überkuppelte Raum war kreuzförmig angelegt.

In der Nordostecke des Tempels befindet sich eine dritte quadratische, ebenfalls von einem Gang umgebene Halle mit einem Podium in der Mitte. Vom Gang aus gelangt man an allen vier Seiten jeweils in einen langrechteckigen Seitenraum. Die Funktion dieser Raumgruppe ist bislang ungeklärt, möglicherweise handelte es sich um eine Kapelle für den Anahitakult, in dem Wasser eine besondere Rolle spielte.

Die **südliche Hälfte des Tempelkomplexes,** in deren Mitte der See liegt, wurde noch nicht sehr weit ausgegraben. Man erkennt jedoch, daß sich der Südiwan des Haupttempels auf einen im Süden vorgelagerten Arkadengang öffnete, an den im Westen und Osten monumentale Iwane angeschlossen waren. Die Rückseiten dieser Hallen durchbrachen außen die Front des Gesamtkomplexes.

Zur Zeit des Ilkhanidenfürsten Abaqa wurde in der zweiten Hälfte des 13. Jh. über den Ruinen hauptsächlich der Südhälfte des Heiligtums ein riesiger **Jagdpalast** errichtet. Beim Bau des mit farbiger Baukeramik verzierten Palastes bezog man einige Bauelemente des Tempels, wie beispielsweise die monumentalen Iwanhallen und den zentralen Kultraum, mit in das Konzept ein. Den See im Zentrum der Palastanlage umschlossen weitläufige Arkadengänge, an die kleinere und größere Räume und Bauten in verschiedenen Formen und mit unterschiedlichen Funktionen angebaut waren. Besonders hervorzuheben ist der reich mit exquisiten Fliesen verzierte **Bautrakt an der Westseite** des Sees, der an den sasanidischen Westiwan angeschlossen war. Er besteht aus einer nach Westen hin offenen Mittelhalle an der Rückseite des Iwan und zwei oktogonalen Kuppelräumen, die an die Seiten der Mittelhalle angebaut waren. Auf dem Gelände innerhalb der Festungsmauern standen kleinere Gebäude mit teilweise unbekannter Zweckbestimmung. Nordöstlich des Palastbaus fanden sich Reste von Keramikwerkstätten, in denen vermutlich Teile der Fliesenverkleidung des Palastes gefertigt wurden.

Wenige Kilometer entfernt liegt der **Zendan-e Sulaiman,** ein 110 m hoher Kegel mit einem über 100 m tiefen Krater. Dieser Kegel hatte sich im Lauf der Jahrtausende durch die Ablagerung von Mineralien rund um eine Quelle entwickelt, die dann irgendwann versiegte. In dem rund 70 m breiten Krater stand mit großer Wahrscheinlichkeit noch Wasser, als in sasanidischer Zeit an dem steilen Hang Bauten entstanden. Anfänglich gehörten die den Berg vollständig umschließenden Gebäude zu einem Heiligtum, wurden aber, nachdem das Heiligtum aufgegeben worden war, in der zweiten Hälfte des 7. Jh. in eine befestigte Siedlung umgebaut.

Der aus aneinandergereihten Räumen bestehende Gebäudering legt sich wie eine Befestigungsmauer in etwa 70 m Höhe um den

Hang. Auf dieser Ebene war an der Nordseite des Kraters der Abhang zu steil für eine Bebauung; deshalb wurde dort bei 60 m Höhe eine zweite, halbrunde Gebäudekette, die mit der oberen verbunden war, angeführt. Von diesen Mauern ist nur noch wenig erhalten. Eine große, aus drei Toren und mehreren Treppen bestehende Toranlage führte von Osten her in das ummauerte Gelände hinein. Im heiligen Bezirk selbst wurden im Südwesten die Substruktionen einer Hochterrasse gefunden, von deren Aufbauten aber keine Spuren mehr vorhanden waren. Welche Art von Kultanlagen hier untergebracht waren, ist nicht mehr zu rekonstruieren – möglicherweise hat der Kult im Zusammenhang mit Wasser gestanden, denn das Heiligtum wurde nach Absinken des Sees im Krater aufgegeben.

Blick über das Gelände des Takht-e Sulaiman auf den Zendan-e Sulaiman

Die Zagrosprovinzen

Kurdistan, Hamadan, Kermanshahan, Ilam und Luristan

Südlich der Linie Sardasht/Takab beginnt die **Provinz Kurdistan,** ein karges, landschaftlich beeindruckendes Bergland. Die hier lebenden Kurden tragen, zumindest in den ländlichen Gebieten, gelegentlich heute noch ihre traditionelle Tracht. Die Männer haben große Turbane und weite Pumphosen, die in der Taille gerafft und mit einer breiten Schärpe zusammengehalten werden. An den Knöcheln liegen diese Hosen eng an. Die Frauen tragen ähnliche Hosen, darüber bunte Schals oder Mäntel aus Brokatstoffen.

In diesem Kapitel:
Ali Sadr
Bisotun ☆☆
Hamadan ☆
Kangavar ☆
Khorramabad ☆
Qasr-e Shirin
Sanandadj
Sar-e Pol-e Zohab
Taq-e Bostan ☆☆

Unweit nordöstlich der Stadt Saqqez liegt der Ort **Ziwiyeh,** in dessen Nähe auf einem 1850 m hohen Felsrücken eine mannäische Festung aus dem 9.–7. Jh. v. Chr., die später die Skythen übernahmen, ausgegraben wurde. Auf dem höchsten Punkt des Berges, zu dem eine steinerne Treppe hinaufführt, stand ehemals der Palast der Festung; sein zentrales Element war eine mit glasierten Ziegeln geschmückte Säulenhalle.

1947 entdeckten Raubgräber etwa 3 km von der Burg entfernt einen Schatz, den sie an ortsansässige Kunsthändler verkauften. André Godard, zu dieser Zeit Direktor der Antikenverwaltung Irans, gelang es, einen großen Teil des Fundes für das Nationalmuseum in Teheran zurückzuerwerben. Da der Schatz von Raubgräbern unsachgemäß gehoben wurde, läßt sich heute nicht mehr rekonstruieren, wie und aus welchen Gründen die Reichtümer in die Erde gelangten. Zusammen mit den unterschiedlichsten Gegenständen aus Bronze, Edelmetallen und Elfenbein fanden die Raubgräber einen bronzenen Wannensarkophag, der vermutlich aus Assyrien stammt, wie der um den Außenrand eingravierte Fries mit Darstellungen von Tributbringern, assyrischen Beamten und Kriegern vermuten läßt. Möglicherweise deutet der Sarkophag darauf hin, daß es sich bei dem Schatzfund ursprünglich um das reich ausgestattete Grab eines Edlen handelte. Andererseits erscheint es ebenso wahrscheinlich, daß ein reicher Einheimischer seine Habe in dem Sarkophag verstaute und alles vergrub, um in den unruhigen und unsicheren Zeiten der skythisch-medischen Auseinandersetzungen seinen Besitz vor Diebstahl und Plünderung zu bewahren.

Sanandadj

Sanandadj
Qadjarische Freitagsmoschee mit interessanter Gebetshalle

Die Provinzhauptstadt Kurdistans liegt etwa 80 km südöstlich von Marivan. Unter der heutigen Stadt sollen die Ruinen der mittelalterlichen Stadt Sisar liegen. Außerdem wird berichtet, daß der abbasidische Kalif Amin hier eine Festung errichtet haben soll. Von all diesen Zeugnissen ehemaliger Bedeutsamkeit ist jedoch nichts mehr erhalten.

Die **Freitagsmoschee** der Stadt, Masdjid-e Djame Amanollah Khani, benannt nach einem ehemaligen Gouverneur Kurdistans, stammt aus qadjarischer Zeit und wurde auf Veranlassung von Fath Ali Shah 1813 errichtet. In die Moschee führt ein Eingangsiwan, auf dem zwei kurze, stämmige Minarette sitzen. Rund um den Hof liegen

Landschaft im
◁ Zagros

zwölf kleine Räume, deren Fassaden mit Fliesenschmuck verziert sind. Das aus 35 Einzelkuppeln und Bögen bestehende Dach der großen Gebetshalle ruht auf 24 Steinsäulen.

Im Südosten grenzt an Kurdistan die rund 19 000 km^2 große **Provinz Hamadan,** ein Bergland mit hochgelegenen Tälern und Ebenen zwischen steilen Gebirgshängen und hohen Bergspitzen. Der höchste Berg Hamadans ist der Alvand mit 3574 m Höhe. Durch die Höhenlage gehört Hamadan zu den kältesten Provinzen Irans; in den gebirgigen Regionen liegt acht Monate im Jahr Schnee, aber die Sommer sind relativ mild und angenehm.

Die Ali Sadr-Höhlen

Ali Sadr
Beeindruckende, teilweise noch unerforschte Tropfsteinhöhle

Etwa 60 km nordwestlich der Provinzhauptstadt Hamadan, beim Ort Ali Sadr, liegen die Ali Sadr-Höhlen, wohl eines der erstaunlichsten Naturphänomene Irans: ein Höhlensystem mit einem riesigen unterirdischen See und mit Höhlen, die gelegentlich breiter als 100 m sind. Vom Boden wachsen Stalakmiten hinauf bis zur 10 m hohen Decke, und von oben haben sich herabhängende Stalaktiten gebildet. Die Höhlen wurden in den 50er Jahren durch einen Zufall von einem Hirten, der seine Herde auf den Wiesen der Umgebung weidete, entdeckt. Auf der Suche nach einer Ziege, die sich verlaufen hatte, stieß er auf den Eingang. Aus dem Fehlen von Fledermäusen, die normalerweise in einer solchen Umgebung leben, ist zu schließen, daß die Höhlen nach oben hin keinerlei Öffnung haben. Das Wasser des Sees ist fast völlig frei von Lebewesen. Man schätzt, daß die bis jetzt erforschten 14 km etwa 60% des gesamten Höhlensystems darstellen.

Blick in das weitläufige System der Ali Sadr-Höhlen

Die Stadt Hamadan

Hamadan in einer Höhe von 1800 m ist die höchstgelegene Provinzhauptstadt Irans, außerdem die älteste kontinuierlich besiedelte Stadt des Hochlands. Einige Archäologen vermuten, daß ihre Ursprünge bis in das 3. Jt. v. Chr. zurückgehen. Erstmals wird der Ort in Texten des assyrischen Königs Tiglatpilesar I. erwähnt (um 1100 v. Chr.). Dem ›Shahnameh‹ zufolge soll er von dem legendären König Djamshid gegründet worden sein.

Hamadan ☆
Besonders sehenswert: Standbild Sang-e Shir; Mausoleum Abu Ali Sinas; Jüdisches Mausoleum Esther und Mordekhais; Gonbad-e Alavian

Tatsächlich liegt unter der modernen Stadt die in Keilschrifttexten Hagmatana und von den Griechen Ekbatana genannte Hauptstadt der Meder (ca. 715–550 v. Chr.). Wegen der heutigen Überbauung konnte Hagmatana bislang nicht flächendeckend erforscht werden; seit 1995 jedoch wird der Hagmatana-Hügel von einem iranischen Archäologenteam ausgegraben. Der Beschreibung Herodots zufolge war die Stadt im 7. Jh. v. Chr. eine Festung, die ihre Erbauer mit

Hamadan, Plan des Stadtzentrums
1 Sang-e Shir
2 Mausoleum des Abu Ali Sina
3 Mausoleum von Esther und Mordekhai
4 Gonbad-e Alavian

sieben Wällen umgeben hatten. Die Brustwehren der Umfassungsmauern leuchteten in unterschiedlichen Farben, die beiden inneren sollen mit Gold- und Silberplatten verkleidet gewesen sein. In achämenidischer Zeit war Ekbatana, neben Susa und Persepolis, Verwaltungshauptstadt des Reiches und sowohl in parthischer als auch in sasanidischer Zeit Sommerresidenz der Herrscher. Während die noch heute in Hamadan existierende, relativ große jüdische Gemeinde ihre Entstehung auf die biblische Esther zurückführt, die Gemahlin des achämenidischen Herrschers Xerxes I. (486–465 v. Chr.), halten einige Historiker die jüdische Gattin des sasanidischen Königs Yazdgerd I. (399–421 n. Chr.) für die Gründerin. Von den Arabern wurde die Stadt im Jahr 644 erobert; seit dieser Zeit hieß sie Hamadan. In der Seldjukenzeit erlebte sie eine Blütezeit, wurde jedoch im 13.Jh., wie die meisten historischen Orte Persiens, von den Mongolen erobert und verwüstet.

Das moderne Hamadan mit seinem sternförmig angelegten Stadtzentrum entstand 1928 nach den Plänen des deutschen Architekten Karl Fritsch. Sechs große Straßen, die jeweils im Winkel von 60 Grad aufeinander zulaufen, treffen sich am Imam Khomeyni-Platz. Diese regelmäßige Stadtplanung mit ihren vielen Parks und Grünflächen prägt das Stadtbild Hamadans, dessen bewegte Geschichte nur an ganz wenigen Stellen auch heute noch nachvollziehbar ist. Ein weithin sichtbares Zeichen ist der an der Khiaban-e Ekbatana nördlich des Meydan-e Imam Khomeyni gelegene Hagmatana-Hügel, in dem die Paläste und Verwaltungsbauten der achämenidischen Zeit vermutet werden.

Am Stadtrand auf einer Anhöhe steht der **Sang-e Shir** (1), der ›Steinerne Löwe‹, auf dem Meydan-e Sang-e Shir – ein stark verwittertes, mittlerweile beinloses Standbild eines Löwen von 2,50 m Länge. Über den Zeitpunkt seiner Herstellung ist sich die Wissenschaft nicht einig, manche halten ihn für medisch, andere für achämenidisch oder parthisch. Der Legende zufolge hat ihn Alexander der Große im späten 4. Jh. v. Chr. in Erinnerung an seinen hier gefallenen General Hephaistion in Auftrag gegeben, um ihn bei dessen Mausoleum aufstellen zu lassen; sein tatsächlicher Originalstandort ist jedoch nicht bekannt. In frühislamischer Zeit war der Löwe, zusammen mit einem ähnlich gestalteten Gegenstück, das heute verschollen ist, auf einem der Stadttore, dem Bab al-Asad (arab. Löwentor) angebracht.

In der Mitte der Bu Ali-Straße, die vom Meydan-e Imam Khomeyni aus genau nach Süden führt, steht auf einem begrünten Platz das im Jahr 1952 neu errichtete, moderne Mausoleum des 1037 in Hamadan verstorbenen Arztes, Wissenschaftlers und Philosophen **Abu Ali Sina** (2), der in Europa unter dem Namen Avicinna bekannt ist und in Iran Bu Ali heißt. Der turmartige Bau mit einem Kegeldach, das auf 12 Strebepfeilern ruht, wurde dem Grabturm des Qabus ibn Wushmgir in Gonbad-e Qabus nachempfunden. Neben Avicinna ist der mystische Dichter Shaikh Abu Said, der Förderer und Freund des Wissen-

Hamadan, Sang-e Shir, die steinerne Löwenskulptur, an der heute noch junge Frauen, die sich einen Ehemann wünschen, Kerzen entzünden und kleine Steine deponieren

schaftlers, in dessen Haus er in Hamadan lebte, bestattet. Im Erdgeschoß des Mausoleums wurde ein kleines Museum eingerichtet, in dem sowohl Schriften Abu Sinas als auch Gerätschaften aus seinem Besitz ausgestellt sind. In einem Nebengebäude gibt es eine Bibliothek, in der nationale und internationale Literatur über Abu Sina zusammengetragen wurde.

Ein Grabmal ganz anderer Art mit mittelalterlichem Flair ist das westlich des Meydan-e Imam Khomeyni gelegene **Mausoleum von Esther und Mordekhai** (3). Wer tatsächlich in diesem kleinen jüdischen Grabheiligtum beigesetzt wurde, das auch heute noch von Pilgern besucht wird, weiß man nicht. Die Meinungen schwanken zwischen Esther, der Frau des Xerxes, die hier neben ihrem Onkel Mordekhai begraben liegt, und Shushandokht, der jüdischen Frau des Sasanidenkönigs Yazdgerd I.

Das Mausoleum ist ein einfacher und unverzierter Ziegelbau aus dem 13. Jh. Man betritt es durch einen niedrigen Eingang, der mit einer sehr alten, einflügeligen Steintür verschlossen wird. Über einen Vorraum erreicht man die ein wenig tiefer gelegene Grabkammer, die von einer auf einem hohen, leicht konisch zulaufenden Ring sitzenden Ziegelkuppel bekrönt wird. Innen stehen zwei Ebenholzsarkophage, die mit Samt- und Brokattüchern abgedeckt sind. In einem anschließenden Nebenraum wird ein altes, angeblich auf Gazellenhaut geschriebenes Thora-Exemplar aufbewahrt. An das Mausoleum schließen eine Synagoge und ein jüdischer Friedhof an.

Am Bolvar-e Alavian steht in einem Schulhof das wohl bedeutendste Denkmal Hamadans, der **Gonbad-e Alavian** (4), ein schöner und recht gut erhaltener Grabbau. Da keinerlei Inschriften vorhanden sind, die eine exakte Datierung ermöglichen, schwanken die Meinun-

Hamadan, Gonbad-e Alavian

gen über seine Entstehungszeit zwischen dem 11. und dem 14. Jh. Wer in diesem Grabbau bestattet wurde, ist nicht bekannt. Der aus Ziegeln hergestellte Sarkophag des Grabinhabers ist nicht in dem etwas erhöht gebauten, zentralen und mit einem Stuckmihrab ausgestatteten Hauptraum untergebracht, sondern in der darunterliegenden Krypta, die man über eine Wendeltreppe erreicht. Die Innenwände des Mihrabraums sind vollständig mit üppigem floralen und ornamentalen Stuckdekor sowie mehreren Stuckfriesen mit Kufi-Inschriften verkleidet. Einst trug der viereckige Ziegelbau mit seinen sechskantigen, im Grundriß sternförmigen Türmen an den Ecken eine Kuppel. Die gesamten Außenfassaden und besonders das in eine spitzbogige Nische gesetzte Portal sind mit komplizierten Stuckornamenten und Ziegelmustern versehen.

An der Peripherie von Hamadan, etwa 12 km südwestlich des Stadtzentrums, hat sich in den Ausläufern des Alvand-Gebirges ein achämenidisches Denkmal erhalten. Hier wurden an einem Wasserlauf zwei Inschriften in den Felsen geschlagen, die heute **Gandj Nameh**, Schatzbuch, genannt werden. Die beiden leicht versetzt angebrachten Inschriftenfelder sind nahezu gleich groß und tragen beide drei vertikal voneinander getrennte, 20 Zeilen lange Rubriken. Alle wurden in Keilschrift geschrieben, aber jedes in einer anderen Sprache, in Altpersisch, Neuelamisch und Neubabylonisch. Inhalt beider Inschriftenfelder, von denen das linke von Darius I. und das rechte von Xerxes I. stammt, ist die Genealogie der beiden Herrscher und eine Huldigung an den zoroastrischen Gott Ahura Mazda.

Etwa 10 km nordwestlich von Malayer liegt der Fundplatz von **Nushidjan,** ein ca. 37 m hoher Hügel, der von der Hauptstraße Hamadan–Malayer aus sichtbar ist. Hier wurde in den Jahren 1967 und

1974 von britischen Archäologen gegraben und dabei als einzige Besiedlungsphase eine medische Festung oben auf dem natürlichen Hügel freigelegt. Die Mauern der Lehmziegelbauten standen außergewöhnlich hoch an; sie wurden so konserviert, daß auch heute noch beachtliche Ruinen auf dem Nushidjan zu sehen sind. Die medische Anlage war wohl von der Mitte des 8. Jh. v. Chr. bis zur ersten Hälfte des 6. Jh. v. Chr. bewohnt.

Die Zitadelle wurde auf der Kuppe des Hügels erbaut und um den Kranz des Hügels eine mit Wehrtürmen versehene Befestigungsmauer gelegt. Innerhalb der Mauern befanden sich ein Festungsgebäude mit dicken Mauern und Magazinräumen und ein repräsentativer Bau mit einer 20 m langen und 16 m breiten Säulenhalle, deren Dach von drei Reihen zu jeweils vier Säulen getragen wurde. Außerdem stand in der Zitadelle ein kreuzförmig angelegter Feuertempel, der älteste nachweisbare Kultbau dieser Art in Iran.

Westlich von Tuysarkan beginnt die **Provinz Kermanshahan,** eine der Grenzprovinzen zum Iraq. Ihre Fläche beträgt ungefähr 24 500 km^2, und hier leben viele Kurden und einige Luren-Stämme. Am Rand der Kuh-e Sefid-Berge und im Tal des Sarab-Flusses befindet sich die Provinzhauptstadt Kermanshah (Bakhtaran).

Kangavar

Kangavar ☆
Beeindruckendes Anahita-Heiligtum

Knapp 50 km westlich von Tuysarkan, an der Straße von Hamadan nach Kermanshah, liegt Kangavar. Die Geschichte der Kleinstadt geht bis in die parthische Zeit zurück, aus der am Rand der Ortschaft ein Heiligtum erhalten ist, ein aus dem 2. Jh. v. Chr. stammender Tempel für Anahita, die Göttin des Wassers und der Fruchtbarkeit. Er stand auf einer 220 m im Quadrat messenden Terrasse aus bearbeiteten Steinen. Auf die 4,50 m hohe Plattform führte eine doppelläufige Treppenanlage, die mit den Aufgängen von Persepolis vergleichbar ist. Obenauf waren entlang der Kante in einer Reihe 3,50 m hohe und dicke, unkannelierte Säulen aufgestellt. Unmittelbar dahinter ragte eine wohl ebenfalls umlaufende, massive Mauer auf. In der Mitte der Terrasse fand man Reste eines großen, quadratischen Bauelements, das sowohl als freistehende Cella als auch als Altar gedeutet werden kann.

Bekannt war der Anahitatempel bereits um 1840, als Sir Henry Layard ihn erstmals in seinen Publikationen erwähnte; ausgegraben wurde er seit 1969 von der iranischen Antikenverwaltung. Auf den Ruinen der Tempelterrasse standen mehrere moderne Wohnhäuser. Sie mußten aufgekauft und nach der Umsiedlung der Menschen abgerissen werden, bevor die Ausgrabungsarbeiten beginnen konnten. Unterhalb der Bebauung, zu der ein Imamzadeh gehörte, das man nicht niederriß, fanden sich Belege für eine kontinuierliche islamische Besiedlung bis zurück in die Seldjukenzeit. Aus dieser Periode grub man u. a. ein Hammam aus. An der Ostseite der Terrasse wurde ein Gräberfeld ebenfalls aus parthischer Zeit entdeckt, mit zahlreichen Pithosgräbern, einigen Pantoffel-Sarkophagen und reichen Beigaben.

Das Denkmal von Bisotun

Bisotun ☆☆
Besonders sehenswert: Das für die Geschichts- und Sprachforschung einzigartige Siegesrelief König Darius' des Großen

Nur wenige Kilometer hinter der Abzweigung nach Sonqor liegt beim Dorf Bisotun, direkt an der Straße zur gut 30 km entfernten Provinzhauptstadt Kermanshah, der Berg der Götter, ein steiler Felsrücken, an dem der Gamasab vorbeifließt. Die Umgebung des Berges war seit alters her besiedelt und ein historisch bedeutender Ort an der Hauptverbindungsroute von der Mittelmeerküste nach China. In achämenidischer Zeit führte an der Stelle die wichtigste Königsstraße vorbei.

Hier ließ Darius I. am Abhang des Berges direkt oberhalb einer Quelle ein **Felsrelief** mit einer dreisprachigen Inschrift anbringen. Diese Inschrift, die denselben Text in Altpersisch, Elamisch und Neubabylonisch wiedergibt, wurde 1835 von H. C. Rawlinson, dem britischen Konsul von Baghdad, kopiert und 1846 in Europa entziffert. Möglicherweise halfen ihm dabei die Ergebnisse G. F. Grotefends, der bereits seit 1802 an der Entzifferung der Keilschrift arbeitete.

Relief und Inschrift sind hoch oben in den Fels geschlagen. Ein Fußweg führt entlang der Bergflanke bis 66 m unterhalb des Reliefs. Die bildliche Darstellung ist etwa 5,50 m breit und gut 3 m hoch, das darunterliegende Inschriftenfeld bedeutend breiter, da es 1200 Zeilen umfaßt. Im Bildfeld sieht man Darius, wie er den Fuß auf den Bauch seines am Boden ausgestreckten Gegners Gaumata stellt, der ihm flehend beide Arme entgegenreckt. Vor ihm stehen, durch einen Strick am Hals miteinander verbunden und mit auf dem Rücken gefesselten Händen, die neun sogenannten Lügenkönige. Unter Gaumatas Führung hatten sie sich zusammengeschlossen, um die Macht an sich zu

Bisotun, Felsrelief Darius' des Großen mit der Darstellung seines Sieges über die Lügenkönige

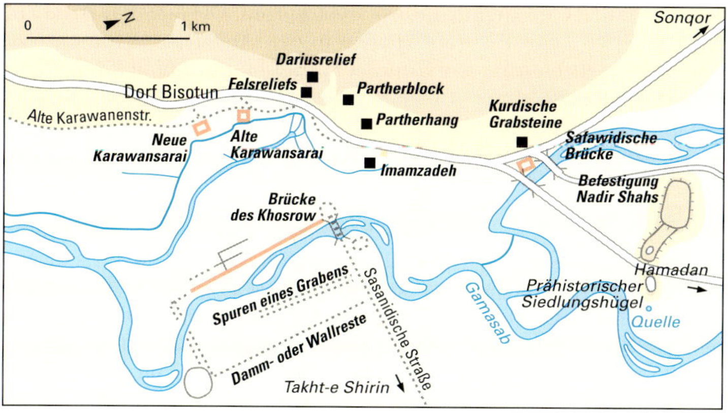

Bisotun, Plan der Stätte

reißen, nachdem der Großkönig Kambyses I. auf seinem Ägyptenfeldzug gestorben war. Als Darius, ein Offizier und entfernter Verwandter des Kambyses, mit der königlichen Armee vom Feldzug heimkehrte, bekämpfte er die abgefallenen Fürsten und besiegte sie innerhalb eines Jahres. Danach bestieg er selbst den persischen Thron. Das Relief ist die bildliche Umsetzung der Geschehnisse, mit denen Darius seinen Anspruch auf die Königswürde legitimierte. Über allem schwebt, wie zur Bestätigung durch die Götter, die geflügelte Sonnenscheibe des Gottes Ahura Mazda.

Das Dariusrelief ist das bedeutendste Relief am Bisotun-Felsen, aber nicht das einzige. 3,50 m oberhalb des Weges, der zum Dariusrelief hinaufführt, wurde in seleukidischer Zeit ein Felsbild geschaffen, auf dem nahezu vollplastisch ein lagernder **Herakles** mit einem Becher in der Hand dargestellt ist (s. Abb. S. 57). Herakles liegt auf seinem Löwenfell, das unter einem Olivenbaum ausgebreitet ist. Hinter ihm lehnt links seine Keule an der Wand, rechts von seinem Kopf sieht man eine beschriftete Stele. Die Inschrift datiert das Relief in das Jahr 148 v. Chr.

Am **Partherhang** unterhalb des Dariusreliefs finden sich zwei parthische Felsbilder. Das eine stellt vier Satrapen dar, die ihrem Herrscher, dem König Mithradates II. (123–88 v. Chr.), huldigen, das zweite zeigt den parthischen König Gotarzes II., wie er seinem Feind, dem Gegenkönig Meherdates, den Speer in den Leib bohrt. Daneben sind drei Berittene abgebildet. Die Darstellung bezieht sich auf den im Jahr 50 n. Chr. errungenen Sieg des Gotarzes. Das Relief ist stark verwittert und von einer Inschrift aus dem 17. Jh. übermeißelt. In einem isoliert stehenden, als **Partherblock** bekannten Felsen 50 m weiter nördlich fand man ein weiteres, sehr grob gearbeitetes parthisches Felsbild. Es stellt einen Priester oder König dar, der mit einem Becher in der Hand vor einem Altar steht.

Abgesehen von den Reliefbildern, die die Felswand des Bergs der Götter überziehen, gibt es eine Reihe anderer Denkmäler, die von der wechselvollen Geschichte dieses Ortes zeugen. Die ältesten Funde in der Umgebung von Bisotun wurden in den Ablagerungen mehrerer natürlicher Höhlen im Berg entdeckt. Sie belegen eine Besiedlung der **Bisotun-Höhlen** während des Mittleren Paläolithikums (40 000/35 000 v. Chr.).

Außerdem finden sich in der Umgebung des Relieffelsens die Reste einer medischen Festung, einer parthischen Siedlung, eines sasanidischen Paradeisos mit einer Brücke (Brücke des Khosrow), eines etwa 1000 m langen Dammes und einer Straße aus derselben Periode. Ebenfalls aus sasanidischer Zeit stammt der **Takht-e Shirin,** der aus einem unvollendeten Palast und einem Steinbruch besteht, in dem nahezu 1000 unvollständig bearbeitete Steinblöcke gefunden wurden. In das Ende der sasanidischen Epoche datiert eine große geglättete Felsfläche am Rand der Straße, an der ursprünglich weitere propagandistische Felsbilder der sasanidischen Herrscher angebracht werden sollten; der Siegeszug der Araber verhinderte dies jedoch. Aus islamischer Zeit sind eine Siedlung der Ilkhaniden, ein Robat aus der Zeit der arabischen Eroberung (Alte Karawansarai) und eine 1685 erbaute **safawidische Karawansarai** (Neue Karawansarai) mit einer 115 m langen **Brücke** aus derselben Periode erhalten. Bei den beiden safawidischen Bauwerken wurden behauene Steine der Sasanidenzeit wiederverwendet.

Der Taq-e Bostan bei Kermanshah

Taq-e Bostan ☆☆ Paradeisosanlage mit einzigartigen Reliefbildern

4 km nordöstlich von Kermanshah liegt der Taq-e Bostan, der Gartenbogen, mit einem kleinen künstlichen See. Alle Teile der Anlage gehörten einst zu einem sasanidischen Paradeisos, dessen Lehmziegel-Einfriedung teilweise noch neben der Zufahrtsstraße erhalten ist. Archäologische Untersuchungen ergaben, daß der Platz schon in parthischer Zeit (250 v. Chr.–224 n. Chr.), wahrscheinlich ebenfalls als Gartenanlage, genutzt wurde. Am Ufer des Sees sind zwei unterschiedlich große, tiefe Bogennischen oder Iwane, die auch als Grotten bezeichnet werden, nebeneinander in den Fels geschlagen.

Die Fassade der **großen Grotte** wird von einer reliefgeschmückten Scheinarchitektur gebildet; die gesamte Rückwand der Nische nehmen zwei übereinander angeordnete Reliefbilder ein. Im unteren Bereich ist nahezu vollplastisch ein sasanidischer König in voller Rüstung und mit eingelegter Lanze hoch zu Pferd dargestellt. Der abgebildete Herrscher könnte Piruz (459–484 n. Chr.) sein, wahrscheinlicher ist jedoch Khosrow II. Parviz (591–628). Im Bogenfeld darüber wird die Investitur, d. h. Amtseinsetzung und Legitimation *Khosrows II.* gezeigt. Der König steht frontal zum Betrachter gewandt; links neben ihm hält die Göttin Anahita einen Ring der Macht in seine Richtung, und von rechts empfängt er einen zweiten Ring der Macht aus den Händen Ahura Mazdas.

Auf der Ebene des Reiterreliefs wurden auf beiden Längsseiten des Iwans detaillierte Szenen angebracht, die von großen Treibjagden Khosrows II. zusammen mit seinem Gefolge in einem abgegrenzten Gelände, d. h. einem Paradeisos, berichten. Im Relief auf der linken Seite jagt der König vom Boot aus im Schilfdickicht verborgene *Wildschweine*, während am Rand des Sees Diener mit Elefanten warten, um die erlegten Tiere abzutransportieren. Interessant an dieser Szene ist die doppelte Darstellung des Königs. Einmal wird er während der Jagd in voller Aktion mit erhobenem Bogen in der Mitte seines Bootes stehend gezeigt, das zweite Mal daneben nach der Jagd, mit gesenktem Bogen, die überflüssigen Pfeile zurückgebend und mit einem Nimbus um den Kopf.

Taq-e Bostan, Reliefbild in der großen Grotte mit der Darstellung einer Wildschweinjagd Khosrows II. in einem Paradeisos

Das gegenüberliegende Relief zeigt eine *Hirschjagd*. Am rechten Bildrand, außerhalb einer Umzäunung aus Netzen, finden die Vorbereitungen statt: Das Wild wird in einem Pferch gesammelt, damit Elefantenreiter es in das Jagdrevier treiben können. Am linken Seitenstreifen sieht man die Geschehnisse nach der Jagd, der Abtransport der erlegten Tiere durch Kamele. In der Mitte des Bildes wird ebenfalls eine zeitliche Abfolge durch die mehrfache Darstellung des Königs wiedergegeben. Ganz oben reitet der König vor der Jagd in das Gehege ein, gefolgt von Musikanten und einem Schirmträger, im Mittelfeld ist er während der Jagd mit gespanntem Bogen auf seinem galoppierenden Pferd zu sehen und unten nach der Jagd, mit umgehängtem Bogen im verhaltenen Schrittempo reitend. Der hinter ihm abgebildeten trächtigen Hirschkuh schenkt er das Leben, indem er ein Band an ihrem Hals befestigen läßt, um das Muttertier zu kennzeichnen. Direkt vor ihm ist die Hirschkuh mit flatterndem Band zu sehen, einmal, wie sie auf die Umzäunung zuläuft, und dann wieder jenseits des Zauns, nachdem sie unter der von einem Diener hochgehaltenen Abgrenzung durchgeschlüpft ist.

Taq-e Bostan, Überblick der Stätte mit beiden Höhlen

Diese beiden eher wie ein Wandteppich gegliederten Reliefbilder waren mit an Sicherheit grenzender Wahrscheinlichkeit farbig gefaßt. Anlaß zu dieser Annahme gibt das über der Wildschweinjagd angebrachte *Relief aus frühqadjarischer Zeit* (s. Abb. S. 78), an dem noch deutlich Farbspuren zu erkennen sind. Vermutlich war die Farbgebung der Jagdreliefs zum Zeitpunkt der Anbringung dieses Bildes noch erkennbar. Das qadjarische Relief stellt den Sohn Fath Ali Shahs, Mohammad Ali Mirza Dowlatshah (1834–1848), auf einem Thron sitzend und im Kreise seines Gefolges dar.

Die Rückwand der **kleinen Grotte** wurde ebenfalls in Reliefs ausgestaltet. Hier ließ sich *Shapur III.* (383–388), der hart um sein Thronrecht kämpfen mußte, zur Legitimation seines Herschaftsanspruchs neben seinem Großvater, Shapur II. (309–379), darstellen. Rechts steht der Großvater, links der Enkel, beide frontal abgebildet, aber mit einander zugewandten Gesichtern. Beide Könige, an ihren Kronen zu unterscheiden, haben die Hände auf die Griffe ihrer vor sich aufgestellten Schwerter gelegt.

Rechts neben dem kleineren Iwan wurde ein großes, gerahmtes Bildfeld direkt in den Felsen geschlagen. Dieses Felsbild stellt die *Investitur Ardashirs II.* (379–383) dar (s. Abb. S. 32). Der König steht in der Mitte des Bildes, unter seinen Füßen außerhalb des eigentlichen Bildfelds liegt der römische Kaiser Julian Apostata, den Ardashir im Jahr 363 n. Chr. besiegte. Der König empfängt den bebänderten Ring der Macht aus den Händen des rechts von ihm stehenden Ahura Mazda. Hinter ihm ist der Gott Mithras dargestellt, kenntlich an der Strahlenkrone und dem geweihten, aus Granatapfelzweigen bestehenden Barsombündel, das er in der Hand hält. Unter seinen Füßen ist eine geöffnete Lotusblüte reliefiert.

Im Distrikt von Sar-e Pol-e Zohab an der Straße von Islamabad-e Gharb nach Qasr-e Shirin ist am Pataq-Paß, 26 km nordwestlich von Kerend, noch die alte gepflasterte Straße zu erkennen. In einer Kurve dieser Straße steht die Ruine eines aus Steinen errichteten Bogens oder Iwans, des **Taq-e Gara.** Im Inneren des Bogens sind Reste von parthischem und sasanidischem Reliefschmuck erhalten. Die Funktion des Gebäudes ist nicht klar, es kann von einer Pferdewechselstation über eine große Grenzmarkierung bis hin zum Rastplatz für hochgestellte Reisende alles gewesen sein.

3 km vor Sar-e Pol-e Zohab wurde in der steil aufragenden Felswand in 12 m Höhe ein Felsengrab angebracht. Im Volksmund wird dieses Grab **Dokan-e Dawud,** Davids Laden, genannt, basierend auf der Legende, daß ein jüdischer Schmied zum König erhoben und nach seinem Tod hier begraben wurde.

Der Eingang zur rechteckigen Grabkammer wurde als Scheinfassade mit zwei Säulen innerhalb einer dreifach abgestuften Rahmung gestaltet; von den Säulen sind nur noch Reste eines Kapitells und einer Basis erhalten. 8 m unterhalb des Eingangs wurde ein in einen hochrechteckigen Rahmen gefügtes Relief aus dem Fels gearbeitet. Es stellt einen nach rechts blickenden Mann mit einem langen Gewand dar. Sein Haar ist vollständig mit einer Kopfbedeckung verhüllt, und in einer Hand hält er ein Barsombündel. Beides läßt vermuten, daß es sich hier um die Darstellung eines zoroastrischen Priesters handelt. Das Grab ist nicht mit absoluter Sicherheit zu datieren; die zeitliche Einordnung schwankt zwischen vorachämenidisch und achämenidisch (8.–4. Jh. v. Chr.).

Die Lullubäer-Reliefs von Sar-e Pol-e Zohab

Sar-e Pol-e Zohab Die einzigen Felsreliefs lullubäischer Fürsten, von denen das des Anubanini das bedeutendste ist

An der Stelle der kurdischen Kleinstadt Sar-e Pol-e Zohab, 20 km vor der Grenze zum Iraq, lag an der Wende vom 3. zum 2. Jt. v. Chr. eine Siedlung, die zum Fürstentum der Lullubäer gehörte. Die Lullubäer, die sich bis in das 1. Jt. v. Chr. in dieser Gegend nachweisen lassen, werden in Schriftdokumenten aus Mesopotamien mehrfach erwähnt. In assyrischen Quellen des 8. Jh. v. Chr. wird die lullubäische Stadt Klamanu genannt, die sich möglicherweise hier lokalisieren läßt. Auch die Parther hinterließen in Sar-e Pol-e Zohab ihre Spuren. Der Ort wurde 640, nach der Eroberung durch die Araber, Hulvan genannt; ab 1046 gehörte er zum Reich der Seldjuken.

Etwas außerhalb des Städtchens, in einer vom Alvand-Fluß gebildeten Schlucht, sieht man beiderseits des Flusses insgesamt vier lullubäische Reliefs, die Ende des 3. Jt./Anfang des 2. Jt. v. Chr. in den Fels geschlagen wurden: die ältesten erhaltenen Felsreliefs in Iran. Die Wahl dieser Stelle läßt vermuten, daß die Region seit alters her ein nicht unbedeutender Grenzübergang war.

In der Felswand am Ostufer des Flusses befindet sich das interessanteste der lullubäischen Reliefs: seine Inschrift identifiziert den abgebildeten Fürsten als **Anubanini.** Dargestellt ist der Lullubäerfürst, wie er den Fuß auf die Brust eines nackten, gefallenen Feindes setzt. Vor ihm steht die Göttin Ishtar; mit der rechten Hand reicht sie dem König den Ring der Macht, mit der anderen hält sie einen Strick, mit dem zwei weitere Gefangene hinter ihr an den Hälsen zusammengefesselt sind. In einem Register unterhalb dieser Darstellung sind weitere nackte Gefangene abgebildet und neben ihnen die Inschrift angebracht. Dieses Motiv des über seine Feinde triumphierenden Herrschers, das sich in Mesopotamien schon in älterer Zeit nachweisen läßt, wurde rund eineinhalb Jahrtausende später von Darius für sein Siegesrelief in Bisotun wieder aufgegriffen (s. Abb. S. 190).

Sieg des Anubanini über seine Feinde. Umzeichnung eines Lullubäer-Reliefs bei Sar-e Pol-e Zohab; das Motiv war Vorbild für das Siegesrelief Darius' des Großen in Bisotun

Die anderen drei lullubäischen Reliefs, das eine etwas weiter nördlich an derselben Felswand, das zweite und dritte auf der gegenüberliegenden Seite des Flusses, tragen keine Inschriften; sie stellen reduzierte, verkürzte Fassungen des Hauptreliefs dar. Unterhalb von diesem befindet sich ein parthisches Felsbild. Es zeigt **Gotarzes I. oder II.** zu Pferd dar, möglicherweise bei der Einsetzung eines Satrapen. Der parthische König wird in einer stark zerstörten Inschrift namentlich genannt.

Qasr-e Shirin

Qasr-e Shirin Beeindruckender Palast und eines der größten Feuerheiligtümer aus sasanidischer Zeit

Die grenznahe Kleinstadt Qasr-e Shirin mit ihren meist kurdischen Einwohnern ist nach Shirin, der christlichen Gemahlin des sasanidischen Königs Khosrow II. Parviz, benannt. Aus der Regierungszeit des Herrschers stammen auch die Ruinen in der Umgebung des Ortes. In islamischer Zeit war Qasr-e Shirin ein wichtiger Ort an der belebten Handels- und Pilgerstraße von Hamadan nach Baghdad oder zum Heiligtum von Kerbela und Nadjaf (Mesopotamien). Im Norden der Stadt sind die Ruinen einer mächtigen Zitadelle aus dem 19. Jh. erhalten.

Am östlichen Stadtrand liegen die Reste eines Tempelkomplexes, der **Chahar Qapu** genannt wird. Das gesamte bebaute Tempelgelände bedeckte eine Fläche von 82,6 x 134 m. Es ist in der Größe vergleichbar mit dem Feuerheiligtum vom Takht-e Sulaiman und gehört somit zu den größten in Iran gefundenen Feuertempeln. Teil dieses gigantischen Bauwerks aus Höfen, kleinen und größeren Räumen ist ein quadratisches Chahar Taq mit extrem dicken Mauern und einer Seitenlänge von 25 m. Die Kuppel, die die quadratische Halle ursprünglich bedeckte, hatte eine Spannweite von 16,15 m. Von dem majestätischen Bauwerk sind heute nur noch wenig beeindruckende Steinhaufen und -mauern erhalten.

Nördlich des Chahar Qapu stehen auf einer 8 m hohen Terrasse die Ruinen einer Palastanlage, **Emerat-e Khosrow** oder auch Kakh-e Sasani genannt, die ebenfalls Khosrow II. Parviz zugeschrieben wird. Die gesamte Anlage mißt 370 x 190 m. Auf die Palastterrasse gelangt der Besucher über zwei breite Rampen im Norden und zwei kleinere Rampenanlagen an der östlichen und westlichen Längsseite. Auf der Terrasse steht eine riesige repräsentative, rechteckige und mit einem Tonnengewölbe gedeckte Halle. Entlang ihrer Seitenwände standen Säulen, und sie mündete in einem quadratischen Kuppelsaal, wohl dem Thronsaal. Jenseits des Kuppelsaals lag ein von Arkaden umgebener Innenhof, von dem aus man die inneren, privaten Teile des Palastes erreichen konnte.

Von der Fläche her ist das entlang der Grenze zum Iraq gelegene **Ilam** eine verhältnismäßig kleine Provinz, deren Einwohner größtenteils von der Landwirtschaft leben oder viehzüchtende Nomaden sind. Die im Westen an die mesopotamische Tiefebene anschließende Provinz ist durch die grenznahe Lage eine relativ unterentwickelte Region. Im Gegensatz dazu ist die östliche **Nachbarprovinz Luristan** weitaus reicher. Der Seymareh-Fluß, der die Provinzgrenze bildet, sicherte dieser Gegend seit jeher Fruchtbarkeit und Wohlstand, was die Entwicklung der Zivilisation förderte. Die Provinzhauptstadt von Ilam ist die Stadt Ilam und von Luristan Khorramabad.

30 km südwestlich von Ilam entdeckte man Anfang der 70er Jahre in den Hängen des Kabir Kuh das neuassyrische Relief von **Shikaft-e Gulgul.** Das 128 cm hohe und 82 cm breite, rechteckige Felsbild mit leicht abgerundetem oberen Abschluß zeigt den stehenden assyrischen König mit Göttersymbolen vor und hinter dem Kopf. Über fast die ganze Darstellung verläuft eine stark verwitterte Keilinschrift. Durch den schlechten Erhaltungszustand ist zwar nicht zu ermitteln, welcher assyrische König auf seinem Feldzug in dieser Gegend das Felsbild hat anbringen lassen, in jedem Fall kann es jedoch in das 7. Jh. v. Chr. datiert werden.

Die Ortschaft **Pol-e Dokhtar** liegt an der Straße, die die Kleinstadt Darreh Shahr mit Khorramabad verbindet. Über einen kleineren Fluß, der weiter südlich in den Seymareh mündet, führt eine von Shapur I. erbaute sasanidische Brücke, die in islamischer Zeit restauriert wurde. Erhalten von der Brücke sind acht Bögen. 60 km weiter an der Straße nach Khorramabad führt die mittlerweile z. T. zerstörte Steinbrücke **Pol-e Kashkanrud** (s. Abb. S. 199) über den Kashkanrud. Ursprünglich war sie etwa 20 m hoch und besaß 13 Bögen. Die Fundamente der Brücke, die ebenfalls der sasanidischen Zeit zugewiesen werden, bestehen aus großen, behauenen Steinen. Nach der kufischen Inschrift wurde das Bauwerk in der jetzigen Form zwischen 998 und 1098 auf Anordnung eines kurdischen Generals namens Abu al-Nadjim Badr ibn Hasanuyeh errichtet.

Khorramabad

Khorramabad ☆
Besonders sehenswert: Die monumentale mittelalterliche Burganlage Falak al-Aflak

Khorramabad, die Provinzhauptstadt Luristans, hieß in sasanidischer Zeit Shapur Khwast und später Dezh-e Siyah (schwarze Festung); nach der auf einem Hügel mitten in der Stadt erbauten riesigen Zitadelle erhielt sie in qadjarischer Zeit den Namen **Falak al-Aflak.** Die mittelalterliche Burg steht auf einem sasanidischen Vorgängerbau, der jedoch heute nicht mehr sichtbar ist. Sie galt mit ihren 22,5 m hohen, aus einer Kombination von Lehmziegeln, gebrannten Ziegeln und Bruchstein erbauten Mauern und ihren acht unregelmäßig geformten, mächtigen Turmbastionen lange Zeit als uneinnehmbar. Shah Abbas I. gelang es zu Beginn des 17. Jh. jedoch, die Zitadelle zu stürmen.

Die Burg hat zwei große Höfe, um den sich verschiedene, mit Korridoren verbundene Raumtrakte gruppieren. Von einem Raum südlich des zweiten Hofes führt ein unterirdischer Gang aus der Burg heraus. An der Nordwestseite zu Füßen der Zitadelle gibt es eine Quelle, die den 50 m tiefen Brunnen innerhalb des Bauwerks speist und auch bei einer Belagerung die Wasserversorgung gewährleistete. Früher wurde der Bau zeitweilig als Gefängnis genutzt, heute ist hier ein Museum untergebracht, in dem archäologische, kunsthandwerkliche und ethnologische Exponate gezeigt werden.

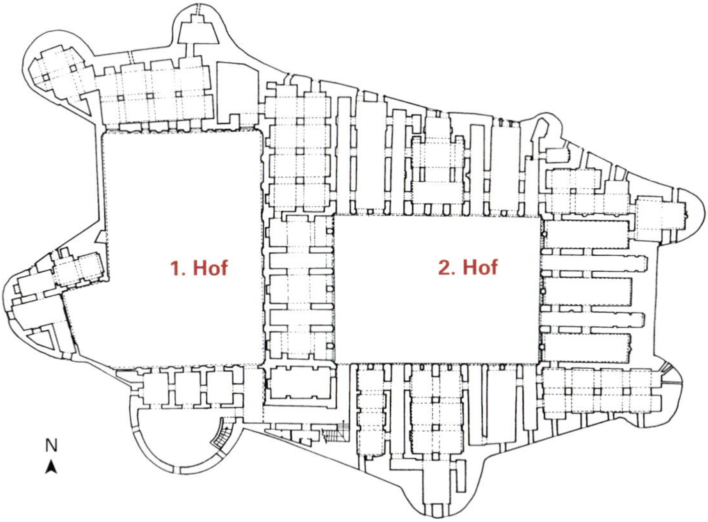

Khorramabad, Grundriß der Zitadelle Falak al-Aflak

In einem Garten südlich der Hauptstraße am Stadtrand steht ein isolierter **seldjukischer Ziegelturm.** Obwohl er gelegentlich als Minarett der Freitagsmoschee bezeichnet wird, ist er eigentlich ein Signalturm. Der völlig unverzierte, runde Schaft des in das 12./13. Jh. datierenden Turms ruht auf einer quadratischen, steinernen Basis aus dem 11. Jh. 2 km westlich des Ziegelturms ist noch eine **sasanidische Brücke** mit fünf intakten Bögen aus Bruchstein auf Fundamenten aus behauenem Stein erhalten. Sie wurde im 9./10. Jh. restauriert.

Pol-e Kashkanrud, im Hintergrund die sasanidische Brücke, davor eine moderne Brücke, die der alten in ihrer Formgebung nachempfunden ist

Die Provinzen am Persischen Golf

Khuzistan, Bushehr, Hormozgan, Fars

Die **Provinz Khuzistan** ist ein geographisch ähnlich wie Mesopotamien strukturiertes Tiefland, das sich zum Persischen Golf hin öffnet. Landwirtschaftliche wie auch industrielle Nutzung prägen das Bild der fruchtbaren, flachen Region. Die Hauptstadt der Provinz ist Ahvaz.

Susa

In der Flußniederung von Dez und Karkheh liegt ein großer, die Ebene überragender und weithin sichtbarer Tepe (s. Abb. S. 35) am Ostufer des Shaur, des antiken Ulai-Flusses. Bereits 1851 identifizierten die beiden Engländer W.-F. Williams und W.-K. Loftus diesen Hügel als die in der Bibel genannte Stadt Susa, die von 1897 bis 1979, lediglich von den beiden Weltkriegen unterbrochen, von französischen Archäologen ausgegraben wurde. Aus der ersten Zeit ihrer Ausgrabungstätigkeit stammt das an der höchsten Stelle des Hügels errichtete Grabungshaus der Franzosen, Château de Suse genannt. Es ist in der Art europäischer Ritterburgen ausgebaut, weil die Archäologen sich zu Beginn des 20. Jahrhunderts noch gelegentlich wehrhaft gegen die Anstürme kriegerischer Nomadenstämme verteidigen mußten. Direkt unterhalb des Château de Suse wurde am Fuß des Hügels ein kleines Museum eingerichtet. Die aus allen Zeiten der Stadt Susa stammenden Funde sind heute über die Museen der Welt verteilt, besonders viele sind wegen der französischen Grabungsaktivitäten im Louvre in Paris ausgestellt.

Susa/Shush ☆
Ausgedehnte Ruinenstadt mit Bauresten und Funden von der vorgeschichtlichen Periode bis in achämenidische Zeit

Das wie ein Rhombus geformte Stadtgebiet des antiken Susa, das sich über vier Hügelkuppen erstreckt, war von einer Stadtmauer und einem Wassergraben umgeben. An der nördlichen Spitze liegt der Apadana-Hügel mit achämenidischen Palastanlagen, im Südwesten schließt sich die Akropolis an, die Stadtregion, in der die Tempel lagen. Auf dem Verbindungsstück zwischen beiden Gebieten wurde das Château de Suse errichtet. An der Ostseite des Hügels wird eine riesige Fläche von der sogenannten Königsstadt eingenommen, und die südliche Spitze bildet der Bergfried. Zu Füßen des Stadthügels erstreckt sich im Osten ein Wohngebiet, das als Handwerkerstadt bezeichnet wird. Daran schließt sich im Norden eine weitere Ansiedlung an, die aus achämenidischer Zeit stammt. In der westlichen Ebene jenseits des Shaur sind die Reste eines Palastes erhalten, den Artaxerxes II. hier bauen ließ.

Susa war mehr oder weniger kontinuierlich von etwa 4000 v. Chr. bis zum 13. Jh. n. Chr., als es von den Mongolen zerstört wurde, besiedelt. In prähistorischer Zeit, d. h. von etwa 4000 v. Chr. an, und in der darauffolgenden frühgeschichtlichen Periode, bis 2600 v. Chr., war Susa eine weitläufige Ansiedlung mit städtischem Charakter und ein wichtiges religiöses Zentrum der Gegend. Politisch wie kulturell

Dattelpalmenhain
◁ in Khuzistan

Der Hügel von Susa mit dem Château de Suse auf der höchsten Stelle und dem Danielsgrab im Vordergrund

wurde die gesamte Zeitspanne, ebenso wie die folgende altelamische Epoche (2600–1900 v. Chr.), sowohl vom friedlichen und wirtschaftlichen Austausch mit dem benachbarten Mesopotamien geprägt als auch vom ständigen Wechsel der Herrschaft, die einmal in den Händen der Herren von Susa und einmal in denen der mesopotamischen Stadtstaaten oder Königreiche lag.

Die glanzvollste Zeit der Stadt fiel in die mittelelamische Periode (1900–1100 v. Chr.), besonders unter der Herrschaft der Shutrukiden-Dynastie erlebte Susa seine Blütezeit. In der Regierungszeit des Shutruk-Nakhunte I. (1190–1155 v. Chr.) und seiner beiden Söhne Kutir-Nakhunte und Shilhak-Inshushinak entstanden viele sakrale Neubauten, vornehmlich auf der Akropolis, aber auch auf dem Apadana-Hügel und in der Königsstadt. Aus dieser Periode stammen die Königsgrüfte neben dem Inshushinaktempel und das erste Museum der Geschichte, das Shutruk-Nakhunte I. im Südwestteil der Akropolis anlegte und mit Beutestücken aus seinen Kriegszügen nach Mesopotamien ausstattete. Ende des 12. Jh. v. Chr. wurde Susa vom babylonischen König Nebukadnezar I. erobert, und es begann der stetige Zerfall des elamischen Reiches.

Während der neuelamischen Periode (800–620 v. Chr.) blieb Susa zunächst bis ins 8. Jh. hinein teilweise verlassen und führte ein kümmerliches Dasein. Erst durch den König Shutruk-Nakhunte II. (716–699 v. Chr.) erfuhr Elam einen neuen, wenn auch relativ kurzen Aufschwung. Während der gesamten neuelamischen Zeit kam es zu ständigen Auseinandersetzungen zwischen dem Land Elam und dem assyrischen Weltreich. Der assyrische Herrscher Assurbanipal schließlich zerschlug das elamische Reich endgültig und zerstörte 639 die Königsstadt Susa, die babylonischen Quellen zufolge jedoch 625 wieder aufgebaut und bis in achämenidische Zeit weiter bewohnt wurde.

Aus all diesen Zeiten sind die architektonischen Reste, die von den Archäologen zutage gefördert wurden, für den Besucher nicht mehr sichtbar. Erst aus der folgenden achämenidischen Epoche (6.–4. Jh. v. Chr.), in der Susa unter Darius I. (522–486 v. Chr.) wieder Regierungssitz und Hauptstadt des Reiches wurde, sind Mauerzüge der riesigen, aus Lehmziegeln errichteten Palastanlagen erhalten. Die mit einer Zementdecke konservierten unteren Teile der Lehmziegelmauern auf dem Apadana-Hügel wirken heute wenig beeindruckend, dennoch vermitteln sie einen Eindruck von der Weitläufigkeit des Palastes, der unter Darius I. erbaut und zur Zeit Artaxerxes II., nach der teilweisen Zerstörung durch eine Feuersbrunst, anhand von Originalplänen wiederhergestellt wurde. Endgültig zerstört wurde die gesamte Palastanlage erst im Jahr 220 v. Chr. bei einem Aufstand, den der persische Satrap Molon gegen seine seleukidischen Herren anzettelte.

Wie prunkvoll der **Palast** war, läßt sich einmal anhand der Funde von Architekturdekoration ermessen, zum anderen berichtet der Bauherr Darius in den dreisprachig abgefaßten Gründungsurkunden von den verschiedenen kostbaren Materialien aus aller Welt, mit denen er den Palast ausstatten ließ. Im Gegensatz zu den aus Persepolis bekannten achämenidischen Palastanlagen, deren Wände mit steinernen Reliefplatten verkleidet waren, trug der Palast auf dem Apadana-Hügel in Susa einen anderen Bauschmuck, der aus der elamischen Tradition gewachsen war. Hier waren alle Fassaden mit farbig glasierten, reliefierten oder flachen Ziegelbildern geschmückt (s. Abb. S. 52).

Der Eingang zur Palastanlage lag im Osten. Dort gab es einen monumentalen, 40 x 30 m messenden Torbau, dessen Mitte eine Halle mit vier Säulen einnahm. Zu beiden Seiten der Halle lagen rechteckige Räume mit Treppen, die in das zweite Geschoß hinaufführten. An der Südwestseite des Durchgangs stand, das Gesicht zur Palastanlage gewandt, die überlebensgroße Statue des Darius, die heute im Nationalmuseum von Teheran aufbewahrt wird. Die Wände des Osttors trugen Glasurziegelreliefs, auf denen Wachen der Unsterblichen Garde des achämenidischen Königs dargestellt waren. Vom Tor aus gelangt man in einen breitgelagerten, riesigen Vorhof, dessen Wände ebenfalls mit Glasurziegelbildern verkleidet waren, die Darstellungen von Wachen, geflügelten Stieren und schreitenden Löwen trugen.

Eine weitere Toranlage verband den östlichen Vorhof mit einem zentral gelegenen, nahezu quadratischen Innenhof, der die Funktion eines Verteilerhofs für die gesamte Anlage hatte. Hier wurden Fragmente von Glasurziegeln gefunden, die geflügelte, sitzende Sphingen darstellen. An der Südseite öffnete sich ein breiter Durchgang zu zwei hintereinanderliegenden, schmalen Breiträumen. In der Rückwand einer dieser Räume waren zwei steinerne Gründungsurkunden des Darius eingemauert. Im Westen schließt an den Zentralhof der private Wohnpalast an. Er besteht aus zwei aufeinander folgenden Höfen, um die sich die Räume gruppieren – ein Grundriß, der innerhalb der achämenidischen Architektur einzigartig ist und eher der Anlage assyrischer Paläste gleicht. Die Glasurziegelpaneele der Fassaden sowohl im inneren Hof als auch im Westhof bildeten Greifen, geflügelte Stiere und Wachen ab.

Nördlich des Zentralhofs lag der offizielle Teil des Palastes, das 109 m im Quadrat messende Apadana. In der zentralen Säulenhalle mit ihren 58 m Seitenlänge standen in sechs Reihen je sechs Säulen, alle mit kanneliertem Schaft, Glockenbasis und einem Doppelstierprotomen-Kapitell. An seiner Südseite, die sich auf einen kleinen Vorhof öffnete, war das Apadana mit den anderen Teilen des Palastes verbunden. Seiner Nord-, West- und Ostseite war je ein offener Säulenportikus mit zwei Reihen zu sechs Säulen vorgelagert. Auf vier Basen der hier aufgestellten Säulen fand man eine Inschrift, die von dem Wiederaufbau des Apadana durch Artaxerxes II. berichtet. In den Ecken zwischen den Portiken ragten viereckige Türme auf. Auch das Apadana war vermutlich mit Glasurziegelbildern geschmückt.

Auf dem gesamten Apadana-Hügel wurden erstaunlicherweise keinerlei Wirtschaftsräume, Werkstätten oder Wohngebäude für die zahlreichen dort arbeitenden Menschen gefunden. Vermutlich lebten die Diener und Handwerker in der sogenannten Handwerkerstadt, einer dörflichen Ansiedlung aus achämenidischer Zeit, und in dem nördlich daran anschließenden einfachen Wohngebiet aus derselben Zeit. Jenseits des Flusses wurde ein weiterer Palast ausgegraben, den Artaxerxes II. errichten ließ. Der Mittelpunkt dieses Palastes war ebenfalls ein Apadana, in dessen Säulenhalle jedoch 64 Holzsäulen auf steinernen Glockenbasen standen.

Im Jahr 330 eroberte Alexander der Große Susa, zerstörte es aber nicht, da er Respekt vor der Kunst und der Wissenschaft der Achämeniden hatte. In seleukidischer Zeit wurde Susa umbenannt in Seleukaia am Eulaios, und es behielt bis in die parthische Zeit hinein Bedeutung. Im 4. Jh. n. Chr. legte der sasanidische König Shapur III. die Stadt zum größten Teil in Schutt und Asche, und für lange Zeit hausten nur Bauern und Hirten in den Ruinen. Ab dem 9./10. Jh. erlebte Susa bis zu seinem endgültigen Zusammenbruch im 13. Jh. noch eine letzte, wenn auch unbedeutende Blütezeit.

Das **Museum** von Susa liegt in einem Garten, der direkt an die Hauptstraße von Shush grenzt. Vor seinem Eingang steht eine der riesigen Glockenbasen aus dem Apadana des Dariuspalasts. Im Museum werden sowohl Fundstücke aus Susa als auch aus der gesamten Region ausgestellt. Von Chogha Zanbil stammen Inschriftenziegel aus dem Mantel der Zikkurat und emaillierte Knauffliesen, die ehemals an der Außenfassade des Stufenturms angebracht waren. Aus ganz Khuzistan kommen steinerne seleukidisch-parthische Reliefs und rundplastische Werke sowie Fragmente sasanidischen Stuckdekors. Aus der vorgeschichtlichen bis in die achämenidische Zeit wird eine Auswahl von Keramikgefäßen präsentiert, von großen Vorratspithoi bis hin zu kleinen, exquisit bemalten Gefäßen, die als Grabbeigaben dienten. Neben der Nachbildung einer mittelelamischen Gruft mit Rundbogengewölben, in der die Bestattungen und alle Beigaben rekonstruiert sind, ist hier auch ein Gipsmodell des Ruinengeländes von Susa ausgestellt. Funde aus Susa, deren Originale in anderen Museen untergebracht sind, werden außerdem als Abguß im Gesamtzusammenhang gezeigt. Dazu gehören u. a. die Kopien der heute im Louvre ausgestellten Emailziegelfassaden. Zu erwähnen ist schließlich noch das Fragment einer neuelamischen Wandmalerei (8./7. Jh. v. Chr.) aus Susa.

Unweit des Museums liegt im Dorf Shush und am Shaur-Fluß das **Grab Daniels,** ein kleines lokales Heiligtum, das wohl aus dem 12. Jh. stammt, jedoch häufig umgebaut und immer wieder erneuert wurde. Der Überlieferung zufolge soll der biblische Prophet Daniel, der zwar im Koran keine Erwähnung findet, in der muslimischen Tradition jedoch als Prophet verehrt wird, in Susa geboren und am Shaur-Fluß begraben worden sein. Benjamin von Tudela besuchte im

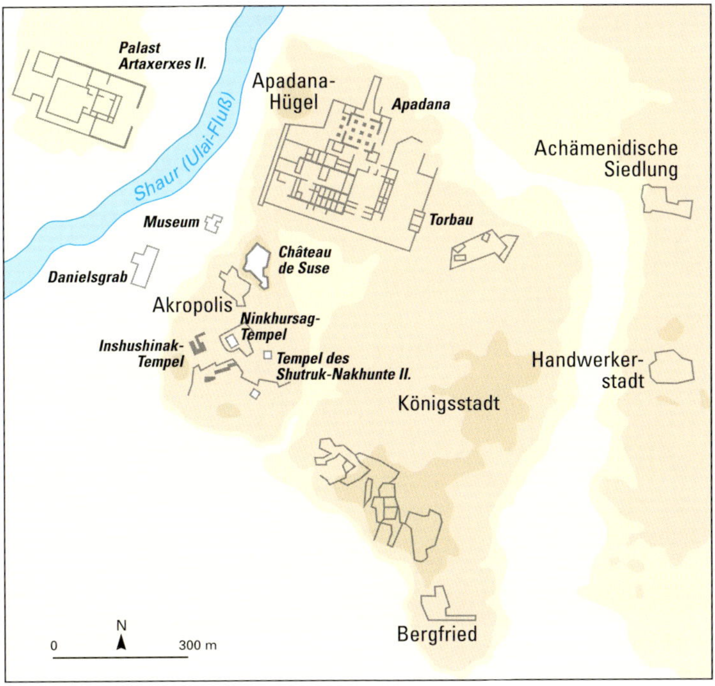

Susa, Plan der Gesamtanlage

Susa, Innenhof des Danielgrabs

Jahr 1167 die Stadt Shush und berichtete von der Existenz des Daniel-Grabs. Das mittelalterliche Grab wurde durch eine Überschwemmung zerstört und im Jahr 1869 neu errichtet und ausgestattet.

Das heute vorhandene Heiligtum ist ein typisch qadjarisches Bauwerk mit dem für Khuzistan so charakteristischen Zuckerhutdach. Die Grundform dieses Daches, ein hoher und spitzer Kegel, besteht aus 25 versetzt übereinandergelegten, sternförmig gezackten Ringen, deren Durchmesser und Höhe nach oben hin abnehmen. Zentrum des Heiligtums ist ein quadratischer Kuppelraum, in den von Osten her ein Eingangsiwan führt und unter dem eine Krypta liegt. Die Außenfassade des Heiligtums ist mit buntem qadjarischen Fliesenschmuck versehen.

Haft Tepe

Haft Tepe Grabungsplatz aus mittelelamischer Zeit

Etwa 20 km südlich von Shush biegt eine Straße nach Osten von der Hauptstraße nach Ahvaz ab. Hier liegt, kurz jenseits der Bahnlinie inmitten des größten Zuckerrohranbaugebiets des Iran, der Haft Tepe, ein elamischer Fundort, der seit 1966 unter der Leitung von Prof. E. O. Negahban untersucht wurde. Die Forschungsarbeiten gehörten in den 70er Jahren zu den erfolgreichsten Lehrgrabungen der Universität Teheran, und auch der Autor dieses Buches verbrachte u. a.

auf dem Haft Tepe seine grabungstechnischen Lehrjahre. Entdeckt wurde dieser Fundort durch Zufall, als Ende der 60er Jahre eine Starkstrom-Überlandleitung quer durch die Provinz Khuzistan verlegt wurde. Beim Ausschachten für das Fundament eines Strommastes schnitt ein Bulldozer eine große Grabgruft an und legte dabei zahlreiche Bestattungen frei. Der Antikendienst wurde sofort informiert, und wenige Wochen nach der Entdeckung begannen bereits die wissenschaftlichen Arbeiten am Haft Tepe.

Haft Tepe, Blick in die Königsgruft Tepti Ahars

Der Haft Tepe, dessen Name Sieben Hügel bedeutet, besteht aus mehr als einem Dutzend Hügeln und bedeckt eine Fläche von ungefähr 1,5 km Länge und 800 m Breite. Die Siedlung des Haft Tepe stammt aus der Mitte des 2. Jt. v. Chr. und gibt Aufschluß über eine Zeitspanne der mittelelamischen Periode, die bislang nirgendwo in der Umgebung belegt werden konnte. Unmittelbar vor der Hochblüte des mittelelamischen Reiches gab es eine Schwächeperiode, die Tepti Ahar, ein elamischer Lokalfürst, nutzte, indem er ein eigenes, von Susa unabhängiges Fürstentum schuf und im frühen 15. Jh. v. Chr. die Stadt auf dem Haft Tepe gründete. Die Bauten, die untersucht wurden, bilden auf dem Hügel nur eine einzige Besiedlungsschicht und waren nur etwa 100 Jahre in Benutzung. Die Architektur der Stadt wurde nach einem einheitlichen Konzept mit einem nahezu symmetrischen Aufbau und hauptsächlich aus luftgetrockneten Lehmziegeln errichtet.

Bisher wurden zwei Architekturkomplexe untersucht. Der eine ist ein Tempel mit durchschnittlich 5 m dicken Mauern. Mittelpunkt dieser Anlage war ein großer Innenhof, in dessen Mitte ein Podest lag, neben dem zwei Inschriftensteine standen. In den Inschriften sind die an die Priesterschaft zu entrichtenden Gebühren für Opfergaben aufgelistet, und der Name Tepti Ahars ist ebenfalls genannt. Im hinteren Teil des Tempels lagen zwei Grabkammern, von denen die größere allgemein als das Königsgrab des Tepti Ahar angesehen wird. In der kleineren Gruft wurden 23 Personen dicht nebeneinander und teilweise übereinander bestattet. Die beiden aus gebrannten Ziegeln errichteten Gruftbauten bestanden jeweils aus nur einem langrechteckigen Raum, der von einem ovalen Gewölbedach überspannt wurde. Das Gewölbe des Königsgrabs gehört in diesen Abmessungen zu den ältesten Belegen für diese Bauform.

Südöstlich des Tempels wurde der zweite große Baukomplex teilweise freigelegt, zu dem eine Palastanlage und zwei möglicherweise zikkuratähnliche Terrassenmassive gehörten. Die unregelmäßig mehrseitige, aus Lehmziegeln errichtete Anlage muß, nach den Schuttmassen zu urteilen, eine ursprüngliche Höhe von etwa 30 m gehabt haben. Von den Aufbauten, die vielleicht wie bei mesopotamischen Stufentürmen Tempelbauten gewesen sein könnten, ist nichts mehr erhalten. Um diese Zentralterrasse herum gruppieren sich Höfe, Gänge und Räume unterschiedlicher Größe. Die Räume hatten flache Balkendecken und waren teilweise mit Wandmalereien geschmückt. Östlich des Terrassenmassivs wurde ein T-förmiger

Raum entdeckt, der aufgrund seiner Aufteilung in mehrere Einzelkammern mittels schmaler Innenwände und seiner Funde sowohl als Werkstatt als auch als Raum für die Tempelschreiber gedeutet werden kann. Im angrenzenden Hof befand sich ein in den Boden eingetiefter, großer Brennofen für Keramik und Tontafeln, in dem noch Tafelbruchstücke und Gefäße gefunden wurden.

Der Grabung angeschlossen ist ein kleines Museum, das gleich zu Beginn der Arbeiten am Haft Tepe mit staatlichen Finanzhilfen erbaut wurde. In Anlehnung an die traditionelle Bauweise der Region und an die Gewölbebauten des Haft Tepe wurde das Gebäude als Hofhaus mit Bogenarchitektur errichtet. Im Iraq-Iran-Krieg, während dem die Exponate ausgelagert waren, wurde das Haus beschädigt; erst 1997 konnte das Museum wieder eröffnet werden. Zu den ausschließlich vom Haft Tepe stammenden Ausstellungsstücken gehören die Funde aus den Gräbern, Tontafeln und Rollsiegel sowie Menschen-, Götter- und Tierstatuetten aus Elfenbein, Fayence und Terrakotta. Besonders zu erwähnen sind die beiden mit Bitumen- und Edelsteineinlagen versehenen Terrakottaköpfe, die allgemein als Portraits des Königspaares angesehen werden.

Chogha Zanbil

Chogha Zanbil ☆☆ Elamische Tempelstadt mit der einzigen erhaltenen und erstklassig restaurierten Zikkurat Irans

Die Seitenstraße, über die man den Haft Tepe erreicht, endet am Ufer des Dez. Hier, an einem ehemals strategisch wichtigen Punkt an der Hauptroute in die Berge, liegen die Ruinen von Chogha Zanbil. Die Stadt ist eine Gründung des mittelelamischen Königs Untash-Napirisha (1275–1240) und hieß deshalb in Assyrisch Dur Untash. Zu Beginn der Regierungszeit des Untash-Napirisha wurde mit dem Bau der Stadt begonnen, die als Regierungszentrum und Kultstadt geplant war, aber nie ganz vollendet wurde. Nach dem Tod des Herrschers waren die Kultanlagen der Stadt weiterhin bis etwa 1000 v. Chr. als religiöses Zentrum der Region und Begräbnisplatz in Benutzung. Im Jahr 646 v. Chr., als die siegreichen Assyrer sich in ihren Inschriften damit brüsteten, Dur Untash zerstört zu haben, war die Kultstadt schon lange nicht mehr besiedelt. Entdeckt wurde Chogha Zanbil durch einen Zufall, als im Jahr 1935 geologische Erkundungsflüge im Auftrag einer Ölgesellschaft in diesem Gebiet durchgeführt wurden. Von 1951–1962 wurde Chogha Zanbil von französischen Archäologen unter der Leitung von R. Girshman wissenschaftlich erforscht.

Das insgesamt etwa 100 ha umfassende Stadtgebiet, das niemals flächendeckend besiedelt war, wurde von einer mehr als 4 km langen, mit rechteckigen Mauervorsprüngen und Nischen gegliederten Stadtmauer umgeben. Da der Grundwasserspiegel bei Chogha Zanbil etwa in 60 m Tiefe liegt, ließ Untash-Napirisha für die Wasserversorgung der Stadt einen 50 km langen Kanal bauen, der Frischwasser nördlich von Susa aus dem Karkheh bezog. Der Kanal führte am

Haft Tepe vorbei, wo heute ein Teilstück noch recht gut erhalten ist, und leitete das Wasser in ein vor der nordwestlichen Stadtmauer gelegenes großes Reservoir. Von dort aus gelangte es über neun gedeckte Kanäle in die Verteilerbecken der Stadt.

In der Ostecke des Areals lagen auf leicht erhöhtem Terrain drei **Königspaläste** und eine monumentale Toranlage mit zwei einander gegenüberliegenden Zugängen zu einem großen, quadratischen Hof. Gegenüber der Toranlage stand der sogenannte Palast I, ein großes Hofhaus, an dessen Westseite fünf unterirdische Gruftgewölbe angeschlossen waren. Durch eine breit gelagerte, wohl repräsentative Halle erreichte man einen Gang, von dem aus Treppen zu den Grüften führten. Allgemein wird angenommen, daß hier Untash-Napirisha, seine Gemahlin und weitere Mitglieder der königlichen Familie bestattet wurden. In der Hauptkammer lag ein Skelett auf einem gemauerten Ziegelsockel, in den restlichen Grabkammern fand man

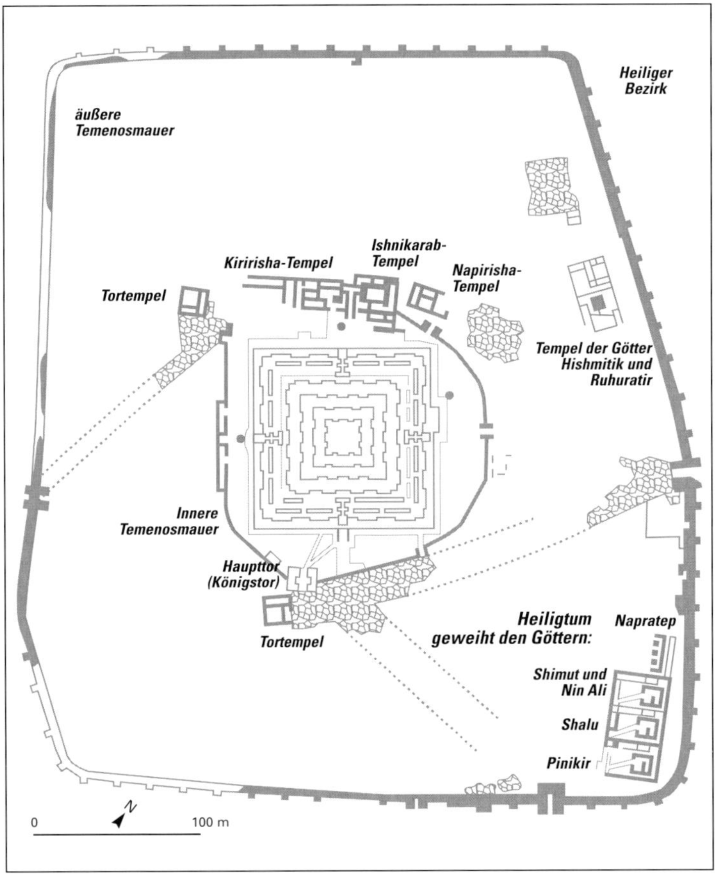

Chogha Zanbil, Plan des heiligen Bezirks mit der Zikkurat (nach R. Girshman)

ausschließlich verbrannte Leichname und Asche von Toten. Dies ist bislang für die elamische Zeit die einzige belegte Leichenverbrennung. Von den beiden nordöstlich davon gelegenen, riesig dimensionierten Palastanlagen ist kaum noch etwas erhalten. Sie entsprechen in ihrem Aufbau eher dem Architekturprinzip des mesopotamischen Hürdenhauses. Hier lebte der König mit seinem Hof nur dann, wenn er in regelmäßigem Turnus seine rituellen Verpflichtungen als oberster Priester des Landes wahrzunehmen hatte. Südwestlich des Palastbezirks stand isoliert ein T-förmig angelegter Tempel, der dem babylonischen Feuergott Nusku geweiht war.

Etwa in der Mitte des Stadtgebiets lag der von einer rechteckig angelegten Umfassungsmauer umgebene, etwa 470 x 380 m messende **heilige Bezirk** der Stadt. Genau in seinem Zentrum ragte ein hoher Stufenturm, eine sogenannte Zikkurat, auf. Der Zikkuratbezirk wiederum wurde von einer unregelmäßigen, fast runden Ummauerung mit sieben Toren eingefaßt. Von den drei monumentalen Toren der äußeren Temenosmauer führten schräg angelegte, breite, gepflasterte Straßen zu den drei wichtigsten Toren der inneren Ummauerung. Neben jedem dieser Tore, von denen das im Südosten gelegene das Haupttor gewesen zu sein schien, stand an der Außenseite der Zikkuratmauer ein kleiner Tempel. Fast die gesamte Nordwestflanke der Mauer wird von zwei größeren, miteinander verbundenen Kultgebäuden gebildet, die nur von der Zikkuratseite her zugänglich waren. Diese beiden Tempel waren den elamischen Göttinnen Ishnikarab und Kiririsha geweiht.

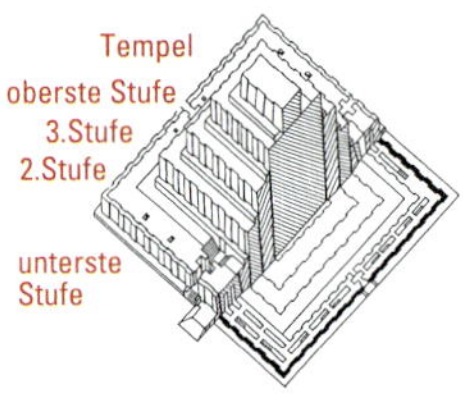

Chogha Zanbil, Rekonstruktion des Aufbaus der Zikkurat (nach R. Girshman)

Die fünfstufige **Zikkurat,** auf deren oberster Terrasse ein Tempel gestanden haben muß, war mit ihren Ecken in die vier Himmelsrichtungen ausgerichtet. Sie ist besser erhalten als alle bekannten mesopotamischen Stufentürme. Ihre unterste Stufe hatte eine Seitenlänge von 105,20 m, das etwa 200 elamischen Ellen entsprach. Die rekonstruierte Gesamthöhe mit Hochtempel betrug wahrscheinlich 52,50 m, d. h. 100 elamische Ellen. Das riesige Bauwerk war aus luftgetrockneten Lehmziegeln errichtet und mit einer 2 m dicken Ummantelung aus gebrannten Ziegeln versehen.

In ihrer Konstruktion weicht die Zikkurat von den mesopotamischen Bauten dieser Art ab. Während sich die mesopotamischen Stufentürme aus horizontal errichteten und jeweils aufeinandergestellten, nach oben hin kleiner werdenden Terrassen zusammensetzen, besteht die Zikkurat von Chogha Zanbil aus einem auf dem Boden gründenden, turmartigen Kern in der Mitte, der von jeweils niedriger werdenden, ebenfalls auf dem Boden aufstehenden Schalen umgeben wird. Bei den Ausgrabungen wurde festgestellt, daß das Bauwerk in zwei Phasen entstand. Während der ersten wurde zunächst aus vier schmalen Gebäudetrakten rund um einen großen quadratischen Hof die äußere Schale errichtet. In den vier Bauflügeln lagen in ein oder zwei Reihen insgesamt 28 langrechteckige, tonnenüberwölbte Räume. Im Südostflügel des Bauwerks waren zwei Heiligtümer für Inshushinak, den Stadtgott von Susa, untergebracht;

später wurde dieser Gottheit die ganze Zikkurat geweiht. In der Mitte eines jeden der vier Gebäudetrakte führte ein Tor von außen auf den tiefer angelegten Hof.

Während der zweiten Bauphase wurde auf dem riesigen Innenhof zunächst der höchste Innenkern errichtet und danach die drei niedrigeren Stufen darum gelegt. Ein großer Teil der im Hofgebäude des ersten Bauabschnitts liegenden Räume, die sich ursprünglich zum Hof hin geöffnet hatten, wurden zugemauert, andere zu Lagerräumen umfunktioniert. Einige der von der Außenseite her zugänglichen Raumgruppen blieben weiterhin in Benutzung. Die ursprünglichen Durchgänge zum Hof wurden zu Treppenläufen umgebaut, von denen drei auf die unterste Terrasse führten. Die Treppe der Südwestseite reichte bis zur zweiten Terrassenstufe. Auf der höchsten Ebene entstand schließlich ein Hochtempel, von dem, außer im Schutt gefundenen Dekorationselementen seiner Außenmauern, nichts mehr erhalten ist.

Die vier aus Backsteinen bestehenden Fassaden der Zikkurat waren in Vor- und Rücksprünge gegliedert. Jede elfte Ziegelschicht war auf der Außenseite mit Keilschrift versehen. Die Inschriften berichten u. a. von der Weihung des Tempels an Inshushinak. Vermutlich waren noch weitere Schmuckelemente an den Fassaden angebracht oder zumindest vorgesehen, denn in den Lagerräumen der untersten Stufe fanden sich unter anderem auch große Mengen von glasierten Ziegelplatten und Wandknäufen. Ebenfalls glasierte Terrakotta-Standbilder von geflügelten Stieren und Greifen standen ursprünglich in den Vorräumen zu den Treppenaufgängen.

An der Hauptzugangsseite im Südosten führten vom Tor der Zingelmauer zwei schräg angelegte Wege zur Zikkurat. Auf dem Vorplatz des Treppenaufgangs standen ein Altar und zwei Reihen mit je sieben Opfertischen. In der Nähe jedes der drei anderen Zugänge fand sich ein runder, abgetreppter Backsteinsockel, dessen Fassade mit vier gestuften Nischen geschmückt war. Auch bei diesen Strukturen handelte es sich vermutlich um Opfertische. An der Südwestseite, wo der runde Mauersockel direkt vor dem Treppenaufgang steht, waren in der Zingelmauer mehrere lange und schmale Räume untergebracht, in denen man Weihegaben wie Tierstatuetten, Rollsiegel und Waffen fand. Im heiligen Bezirk gab es noch weitere Tempelbauten. Die Fassaden aller Kultgebäude, ob groß oder klein, waren, wie die Innen- und Außenseite der inneren Temenosmauer und die Fassaden der Zikkuratterrassen, mit Vor- und Rücksprüngen gegliedert.

Chogha Zanbil, Aufgang zur Zikkurat an der Südwestseite mit rundem Altar

Shushtar

Shushtar
Qadjarische Wassermühlen, Kanäle und Teiche

Etwa 30 km weiter östlich liegt an der Straße von Andimeshk nach Masdjid-e Sulaiman am Ufer des Karun, der im Bakhtiari-Gebirge entspringt und mit 950 km der längste und wasserreichste Fluß Irans ist, die Stadt Shushtar. An dieser Stelle hat sich der Karun so tief in

Die Stadt Shushtar; im Vordergrund sind die Ruinen alter Wassermühlen zu sehen

das relativ weiche Gestein gegraben, daß die Stadt wie auf einem Felsplateau hoch über dem Fluß liegt.

Die Stadt Shushtar war, wie Grabfunde belegen, bereits zu Beginn der elamischen Zeit, um 2500 v. Chr., besiedelt. Ruinen aus achämenidischer, parthischer und sasanidischer Zeit sprechen von einer Blüte während dieser Perioden. Im 5. Jh. n. Chr. wurde Shushtar nestorianischer Bischofssitz, 638 jedoch von den Arabern eingenommen und umbenannt in Tustar. Unter dem buyidischen Herrscher Adhud al-Dowla gewann Shushtar im 10. Jh. weiter an Geltung durch die Herstellung von Brokatstoffen. Im 19. Jh. starb ein Großteil der Bevölkerung infolge schwerer Pestepidemien, und die Stadt verlor ihre Bedeutung.

Am nördlichen Ortseingang von Shushtar führt eine sasanidische Brücke über einen Gargar genannten Arm des Karun. Sie wurde im 3. Jh. n. Chr. von kriegsgefangenen Römern erbaut, die Shapur nach seinem Sieg über Valerian nach Persien verschleppt hatte. Deshalb nennt man diese Brücke **Polband-e Qaysar,** die Kaiserbrücke. Ursprünglich war sie 500 m lang, eine der längsten Brücken, die jemals in Iran errichtet wurden. Von der aus behauenen Steinblökken gebauten Brücke sind am linken Ufer 28 und am rechten 8 Bögen erhalten. Die rund abschließenden Bögen stammen noch aus sasanidischer Zeit, während die spitzen in islamischer Zeit bei Restaurierungsarbeiten umgestaltet wurden.

Direkt vor der Stadt verschwindet das Wasser des Flusses unterhalb der Felsen, auf denen große Teile der Stadt stehen. Auf der anderen Seite tritt es in kleinen Wasserfällen an vielen Stellen aus, sammelt sich zunächst in einem natürlichen Becken, aus dem es dann über steinerne Terrassen wieder abfließt. Die Höhenunterschiede, die das Wasser überwindet, wurden in qadjarischer Zeit zur Energiegewinnung genutzt, indem man es durch **Wassermühlen** leitete, deren Mühlsteine es antrieb. Dadurch entwickelte sich zu dieser Zeit Shushtar zum zentralen Mahlplatz für die gesamte Region.

In der Stadt liegt hinter dem Bazar in einer heute etwas verlassenen Gegend die **Freitagsmoschee.** Mit ihrem Bau wurde 866 unter dem abbasidischen Kalifen al-Mutazz Billah begonnen, vollendet wurde das Bauwerk jedoch erst zwischen 1118 und 1135 unter al-Mustarshid Billah, wie eine Inschrift rings um den Mihrabbogen berichtet. Die in anderen Bauinschriften genannten Daten 1284, 1526, 1761 und 1798 weisen auf zahlreiche Reparaturarbeiten und Veränderungen hin.

Die Moschee wurde nach arabischem Vorbild als in der Grundform rechteckige Pfeilerhalle konzipiert. In der breitgelagerten Gebetshalle stehen heute fünf Reihen mit je 12 achteckigen Steinsäulen. Die Säulengänge sind oben mit Rundbogen geschlossen. Der ursprünglich aus dem 12. Jh. stammende Mihrab an der Südwestseite trägt safawidisches Stuckdekor. Daneben ist ein hölzerner Minbar erhalten, dessen Inschrift ihn in das Jahr 1053 datiert. Vor die nordöstliche Fassade wurden, in Übereinstimmung mit den Säulen des Innenraums, zwölf turmartige Säulenvorlagen gebaut. Außen vor der Nordecke des großen, ummauerten Vorhofs steht ein oberhalb von 16 m gekapptes Minarett aus dem Jahr 1420. Der runde Schaft, der auf einer quadratischen Basis ruht, trägt im unteren Bereich naturfarbene Ziegelornamente. Oben besteht seine Verzierung aus einer Kombination von naturfarbenen und türkis glasierten Ziegeln. Auf eine Zone mit rein geometrischen Mustern folgt in ständiger Wiederholung der in geometrischem Kufi geschriebene Satz »Allah o-akbar«. Neben dem Eingang wurde ein weiteres, ganz kurzes und abgestuftes Minarett in die Umfassungsmauer eingebunden.

Die in der Innenstadt erhaltene **traditionelle Architektur** ist typisch für Orte in heißen Klimazonen, mit den engen, verwinkelten Gassen, den hohen, fensterlosen Lehmziegelmauern und den die Gassen überspannenden Bögen, die die Häuser beider Straßenseiten stabilisieren.

Dezful

Dezful
Besonders sehenswert: Die typische Wohnarchitektur der heißen Klimazonen und die Wassermühlen im schnellfließenden Dez

Am Fuß der Berge, wo der Dez in die Ebene fließt, liegt die Stadt Dezful. Neben der neuen Brücke, auf der man in die Stadt fährt, sind noch Reste einer **sasanidischen Brücke** über den Dez erhalten. In der vom Fluß durchzogenen Innenstadt gibt es zahlreiche Kanäle und alte **Wassermühlen,** die direkt in den hier extrem schnell fließenden Dez hineingebaut sind und nicht, wie in Shushtar, durch die Niveauunterschiede des Wassers angetrieben werden. Trotz der Zerstörungen durch iraqische Bomben während des Krieges sind dennoch einige schöne Beispiele traditioneller Lehmziegel- und Backsteinarchitektur in der Altstadt erhalten.

Die **Freitagsmoschee** von Dezful muß ähnlich alt sein wie diejenige in Sushtar, die Zeit ihrer Gründung ist jedoch nicht inschriftlich zu belegen. Während des 13., 17. und 18. Jh. wurden zahlreiche Ergänzungen und Reparaturarbeiten vorgenommen. So stammt der Ostiwan beispielsweise aus safawidischer Zeit, der Schmuck des Portals und die Minarette aus dem 18. Jh. Der alte Gebetssaal, eine große Pfeilerhalle mit Spitzbogenarkaden, ist von der Grundkonzeption her der Freitagsmoschee von Shushtar vergleichbar und läßt noch einen starken vorislamisch-sasanidischen Einfluß spüren.

Die Felsreliefs von Izeh-Malamir

Izeh-Malamir
Die Region Irans mit den meisten Felsreliefs, von altelamischer bis in parthische Zeit

An den Rändern der Hochebene von Izeh-Malamir gibt es eine auffällige Häufung von Felsreliefs und -bildern. Einer der Fundorte ist die 15 km nördlich von Izeh gelegene Schlucht **Tang-e Nowruzi** und ihre nähere Umgebung. Ein isoliert stehender Felsblock in der Tang-e Nowruzi trägt zwei Reliefs, auf einer Seite ein altelamisches aus dem 20.–18. Jh. v. Chr., auf der anderen ein parthisches aus der Zeit des Mithradates I. (171–138 v. Chr.). Das **altelamische Relief** ist in zwei horizontale Bildfelder aufgegliedert, das obere ist leer, war aber vermutlich für eine Inschrift vorgesehen, im unteren schreiten sieben Personen auf eine thronende Figur zu. Das **parthische Relief** stellt die Einsetzung eines lokalen Vasallen durch Mithradates I. dar. Links im Bildfeld reitet der König, hinter ihm geht ein Diener, beide sind im Profil zu sehen. Auf der rechten Seite stehen vier frontal dargestellte Personen, von denen die vorderste größer ist als die drei folgenden und eine Kopfbedeckung mit Bändern trägt – vermutlich ein lokaler Fürst oder Vasall des Königs. Zwischen König und Fürst fliegen zwei Vögel, der eine, der auf den König zufliegt, trägt einen Ring in den Fängen, der andere, der sich auf den Fürsten zubewegt, hält einen Ring im Schnabel.

8 km nordöstlich von Izeh, hinter dem kleinen Ort **Kul-e Farah,** wurden in einer Schlucht sechs unterschiedlich große, mehrfigurige Reliefs in die Felswand oder in isoliert stehende Felsblöcke geschlagen. Alle Reliefs stammen aus neuelamischer Zeit (7./6. Jh. v. Chr.); auf allen ist ein König dargestellt, aber auf keinem eine Göttergestalt. Nur ein Relief wurde mit einer elamischen Inschrift versehen. Es ist an der nördlichen Seitenwand der Schlucht angebracht und stellt eine religiöse Szene dar, in der der elamische König Hanni mit seinem Minister einem Opfer beiwohnt. Auf dem Boden neben einem Feueraltar liegen die Opfertiere; drei Harfenspieler begleiten musikalisch die Zeremonie.

Vor diesem Relief liegt ein isolierter, spitzer Felsbrocken mit der Darstellung eines Herrschers in Gebetshaltung vor Opfertieren und daneben ein einzelner, würfelförmiger Felsblock mit Reliefs an allen vier Seiten. Auf der Hauptseite steht ein König im langen Gewand auf einem Podest, das von vier im Knielauf dargestellten Figuren getra-

Kul-e Farah, Darstellung auf der Hauptseite des isoliert stehenden, vierseitig reliefierten Felsblocks

gen wird. Hinter und vor dem König schreiten in vier übereinander angelegten Registern sehr viel kleiner dargestellte Figuren auf den Herrscher zu. Die Reihen der Huldiger setzen sich auf den angrenzenden Schmalseiten fort. Auf der Rückseite befindet sich wieder eine Königsdarstellung in vergleichbarem Zusammenhang.

An der südlichen Felswand wurden am Eingang der Schlucht zwei weitere Reliefs angebracht. Das eine Relief ist in fünf Bildstreifen aufgeteilt. Im obersten Register thront ein Herrscher vor einem Opfertisch, hinter ihm stehen vier Würdenträger, vor ihm zwei Priester. In den drei darunterliegenden Relieffeldern schreiten Gruppen von Figuren aufeinander zu. Die sechs im untersten Register mit erhobenen Armen dargestellten Personen scheinen die gesamte Szene zu tragen. Das direkt am Eingang angebrachte Felsrelief zeigt nur einen König im Gebetsgestus. In der Mitte des Dorfes Kul-e Farah liegt ein Felsbrocken, der an nur einer seiner Seiten ein Reliefbild trägt. Die Darstellung ähnelt sehr der Hauptszene des vierseitig reliefierten Felsbrockens.

Aus neuelamischer Zeit stammen die vier Reliefs von **Shikaft-e Salman,** südwestlich von Izeh. Alle vier tragen eine elamische Inschrift, die alle Reliefs in die Zeit König Hannis, eines Vasallen Shutruk-Nakhuntes II. (716–699 v. Chr.), datiert. Auf dem ersten Relief, das in einem trapezförmigen Rahmen liegt, sind zwei Männer, eine Frau und dazwischen drei Kinder dargestellt. Man nimmt an, daß hier Shutruru, der Wesir König Hannis, mit seiner Familie abgebildet wurde. Das rechteckige Relief daneben zeigt nur drei Personen, links König Hanni, daneben ein Kind und rechts die Königin. Etwas weiter südlich wurden zwei weitere Reliefs, auf denen jeweils Hanni allein in Gebetshaltung dargestellt ist, in die Wände einer Felshöhle geschlagen.

Östlich von Ahvaz liegt die Kleinstadt Ramhormoz, von der aus die Straße über Behbahan nach Süden Richtung Bushehr führt. Etwa auf halber Strecke zwischen Ramhormoz und Behbahan liegt bereits in bergigem Gebiet die **Tang-e Sarvak.** In dieser Schlucht, in der historischen Reiseberichten zufolge noch im 19. Jh. ein Feuerheiligtum stand, wurden Ende der parthischen Zeit vier Felsreliefs auf Felsblöcken angebracht. Ihre Darstellungen haben vermutlich religiösen Inhalt.

Am Eingang der Schlucht steht ein isolierter Felsen mit mehreren Reliefbildern, darunter eine Opferszene an einem Feueraltar. 1,5 km weiter im Tal liegen zwei Felsbrocken nahe beieinander. Während auf dem einen nur ein gepanzerter Reiter zu erkennen ist, hat der andere drei reliefierte Seiten mit z. T. vielfigurigen Szenen. Auf der Nordseite steht der in den Resten der Inschrift Volos genannte elymäische Prinz in Frontalansicht vor einem zweistufigen Altar, der mit einer von einem Diadem umkränzten Säule bekrönt ist. Die Nordwestseite, etwas besser erhalten, ist in vier Bildfelder unterteilt. Ganz oben thront auf der linken Seite der als Abar Basi benannte Fürst auf einem erhöhten Sitz, und auf der rechten Seite sitzt der Großwesir des Fürsten, Bel Dusa. Zwischen beiden stehen sechs Würdenträger, rechts

Strand auf der Insel Kish

neben Bel Dusa ein siebter. Der Bildstreifen darunter besteht aus zwei Szenen; in der linken sind vier erwachsene Personen und zwei Kinder dargestellt, in der rechten ein Reiter, der einen Bären erlegt. Auf der untersten Ebene sieht man einen Mann, der einen Löwen erwürgt.

Die Nordostseite des Felsens trägt nur eine Darstellung, in der eine hochgestellte Persönlichkeit, möglicherweise Prinz Volos, auf einer Kline ruht, in seiner rechten Hand hält er einen Ring. Links neben ihm sitzen zwei Personen auf einer Bank. Ob es sich hier um Würdenträger oder Götter handelt, geht nicht aus der dazugehörigen Inschrift hervor. Rechts hinter dem Prinzen steht eine weitere Person. Auf dem ganz am Ende der Schlucht liegenden Felsbrocken sind zwei stehende Würdenträger mit einer ebenfalls auf einer Kline ruhenden Figur abgebildet.

Südlich von Behbahan grenzt an die südöstlichste Ecke Khuzistans ein schmaler Landstreifen, der sich zu Füßen des Zagros entlang der Ostküste des Persischen Golfs erstreckt. Hier schließt die **Provinz Bushehr** an, mit der Hafenstadt Bandar-e Bushehr. Nordwestlich vor der Stadt liegt die Insel Khark, die heute, wie die Insel Kish, Freihandelszone ist und zum größten und modernsten Exporthafen für Rohöl ausgebaut wurde. Am Übergang des Persischen Golfs in das Meer von Oman, an der Straße von Hormoz, liegt die **Provinz Hormozgan** mit dem großen Handelshafen Bandar-e Abbas. Von den Inseln, die vor der Küste der Meerenge liegen, ist Qeshm mit 100 km Länge die größte. Westlich von ihr schließen sich als nächstkleinere Inseln Kish und Lavan an.

Der einzige Zeitraum, in dem man die beiden Küstenprovinzen bereisen kann, liegt zwischen November und März, denn das Klima ist extrem feucht und heiß. Wegen der Hitze wird hier, auch im Winter, eine Ruhepause zwischen Mittag und dem späten Nachmittag

(17/18 Uhr) streng eingehalten; während dieser Zeit sind alle Läden und Büros geschlossen.

Allgemein werden die Bewohner der Küstenregion Bandaris genannt, nach dem persischen Wort *bandar,* Hafen. Die Bandaris haben eine dunklere Haut als die Perser, da sie sich im Lauf der Jahrtausende mit den Bewohnern der Arabischen Halbinsel und sogar Schwarzafrikas vermischt haben. Wegen der extremen Hitze kleiden sich die Frauen der Küstenlandstriche und der Inseln anders als im übrigen Iran. Sie tragen unter dem Chador weite, pludrige Hosen mit langen, wallenden Gewändern darüber, die häufig in leuchtenden Farben gehalten sind. Nur in dieser Gegend gibt es, beeinflußt durch die Araber, die an der gegenüberliegenden Küste leben, eine spezielle Gesichtsmaske aus zwei farbigen Webstreifen, die *borqa*, die nur Augen und Mund freiläßt.

Die Hafenstadt **Bandar-e Bushehr** liegt an der Spitze einer Halbinsel, die in der Antike den Namen Mesambria trug. Antiken Geschichtsschreibern zufolge ging im 4. Jh. v. Chr. in Mesambria der Admiral Alexanders des Großen, Nearchos, vor Anker. Wie sowohl die von 2500–1200 v. Chr. bewohnte elamische Siedlung Liyan, die auf der Halbinsel gefunden wurde, als auch die 12 km vor Bushehr gelegene parthisch-sasanidische Ruinenstadt Riv-Ardashir (heute Rayshahr) vermuten läßt, gab es im Gebiet um Bushehr bereits in der Antike größere städtische Ansiedlungen. Im 3. Jh. n. Chr. entstand hier ebenfalls ein bedeutendes christlich-nestorianisches Zentrum.

Auch wenn es in der Stadt keine nennenswerten historischen Denkmäler gibt, ist dennoch die traditionelle Wohnarchitektur, die der feucht-heißen Witterung hervorragend angepaßt ist, sehenswert. Die fast immer mit einem Innenhof versehenen Gebäude werden noch heute sowohl aus Kalkstein als auch aus Lehmziegeln errichtet. Meist sind die Bauten mehrgeschossig und haben, besonders zur Meerseite hin, von der der Wind kommt, vergleichsweise viele Fenster. Die Fenster sind mit durchbrochenen Holzläden versehen, so daß Luft, nicht aber Sonne in die Räume kommen kann. Häufig gibt es Holzveranden und -balkone, die ebenfalls gegen die starke Sonneneinstrahlung verkleidet sind. Um möglichst viel Schatten zu erhalten, sind die Gassen eng und die Häuser direkt aneinandergebaut. Bei repräsentativen Bauten findet man häufig Säulenvorhallen. Interessant ist wegen seiner Villenbebauung aus dem 18. Jh. besonders ein Stadtviertel am südlichen Ortsrand.

Die antike Stadt Siraf bei Bandar-e Taheri

Bandar-e Taheri/Siraf Besonders sehenswert: Die für das feucht-heiße Küstenklima typische Wohnarchitektur der neuen Stadt und das großflächige antike Ruinengelände von Siraf

Etwa 230 km südöstlich von Bandar-e Bushehr, an der Hauptroute, die nach Hormozgan führt, liegt die kleine Hafenstadt Bandar-e Taheri. Auf dem an dieser Stelle nur 500 m breiten Küstenstreifen zwischen Meer und Gebirge liegen westlich des modernen Ortes Bandar-e Taheri die Ruinen des antiken Siraf, das in der Sasanidenzeit bereits eine befestigte Hafenstadt war. In frühislamischer Zeit, zwischen dem 8. und 10. Jh., war Siraf durch den Hafen und den regen Handel eine reiche Stadt, die übrigens auch als Heimatort des legendären Seefahrers Sindbad gilt. Nach der Zerstörung durch ein Erdbeben Ende des 10. Jh. erreichte Siraf nicht mehr die alte Macht und Blüte. Die Stadt wurde zwischen 1966 und 1973 vom British Institute of Persian Studies ausgegraben.

Die Ruinen der alten Handelshafenstadt beeindrucken den heutigen Besucher nach wie vor. Im Norden zum Inland hin wird die flache Bucht, über die sich das Stadtgebiet erstreckt, durch einen Sandstein-Bergrücken begrenzt, der zu allen Zeiten von der Bevölkerung Sirafs als Begräbnisstätte genutzt wurde. Oberhalb eines Taleinschnitts, in dem zahlreiche **Felsgräber** gefunden wurden, gibt es auf dem Plateau der Hügelkette einen riesigen **Friedhof** mit mehr als 40 z. T. sehr großen Grabmausoleen, die aus dem 9. und 10. Jh. stammen. Am südlichen Rand des Friedhofs steht eine **Grabmoschee** aus dem 13. Jh.

Im äußersten Westen des Stadtgebiets liegt eine **Karawansarai,** die möglicherweise mit einem Militärposten kombiniert war. Von diesem Bau erstreckt sich die Stadtmauer bis zu einem noch aus sasanidischer Zeit stammenden **Stadttor.** Südlich des Tors, direkt am Meer, wurden die Reste eines handwerklich genutzten Geländes mit mehreren Keramikbrennöfen ausgegraben, und östlich des Tors stand eine **nestorianische Kirche.**

Etwa 500 m weiter östlich lag das Zentrum der Hafenstadt mit öffentlichen Gebäuden, Moscheen und einem **Wohnviertel** der Wohlhabenden, durch das enge, gepflasterte Gassen führten. Die zum großen Teil aus Stein errichteten, reich ausgestatteten Villen, die

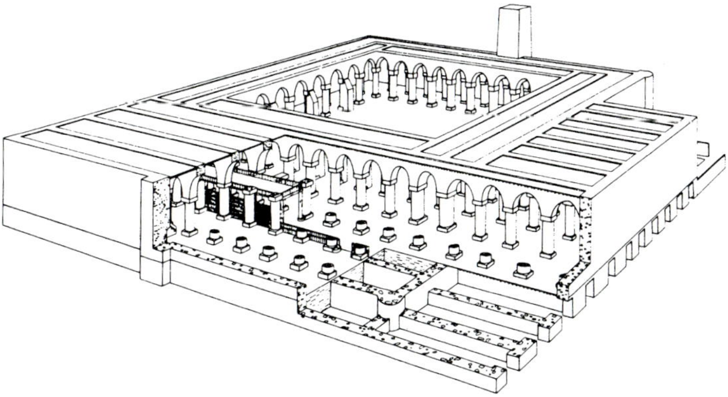

Siraf, rekonstruierter Aufriß der Freitagsmoschee (nach D. Whitehouse)

als Hofhäuser konzipiert waren, wurden an beiden Seiten von bis zu 6 m hohen Mauern umgeben. Östlich des Wohngebiets stand am Rand eines überdachten **Bazars** die Anfang des 9. Jh. erbaute **Freitagsmoschee**, direkt am Strand. Die über den Mauern eines großen, repräsentativen Baus aus der Sasanidenzeit errichtete Moschee hatte einen Innenhof, der von mehrstöckigen Arkaden eingefaßt war. Hinter den Arkaden erstreckten sich an drei Seiten überwölbte Säulengänge, an der vierten Seite schloß sich eine weitläufige Säulenhalle, der Hauptgebetssaal, an. Nordöstlich des Bazars, am Rand des Bergrückens, standen auf zwei Terrassenplattformen mindestens vier repräsentative, **palastartige Bauten,** die sowohl aus sasanidischer als auch aus frühislamischer Zeit stammen.

Die Bauten des modernen Bandar-e Taheri führen mit ihrer dem Klima angepaßten Bauweise die Traditionen des alten Siraf weiter. Vergleichbar mit der Architektur von Bandar-e Bushehr sind die Gebäude auch hier häufig mehrgeschossig und an der Meerseite mit zahlreichen Fenstern ausgestattet. Für eine angenehme Kühle in den Häusern sorgen zusätzlich Windtürme, die ursprünglich in den Wüstenstädten des Hochlands entwickelt wurden und hier ihr südlichstes Vorkommen haben.

Die Orte in der Persis

Die 126 500 km^2 große **Provinz Fars** liegt östlich der Provinz Bushehr und nördlich von Hormozgan im Hochland. Das Landschaftsbild wird von den einzelnen von Nordwest nach Südost verlaufenden Gebirgszügen des Zagros und den dazwischenliegenden, ebenen Becken geprägt, in denen sich die großen Städte angesiedelt haben. Die Hauptstadt der Provinz ist Shiraz, in dessen nordöstlichem Umland die bedeutendsten Ruinenstätten der Fars liegen. In der Pro-

Plan der Provinz Fars

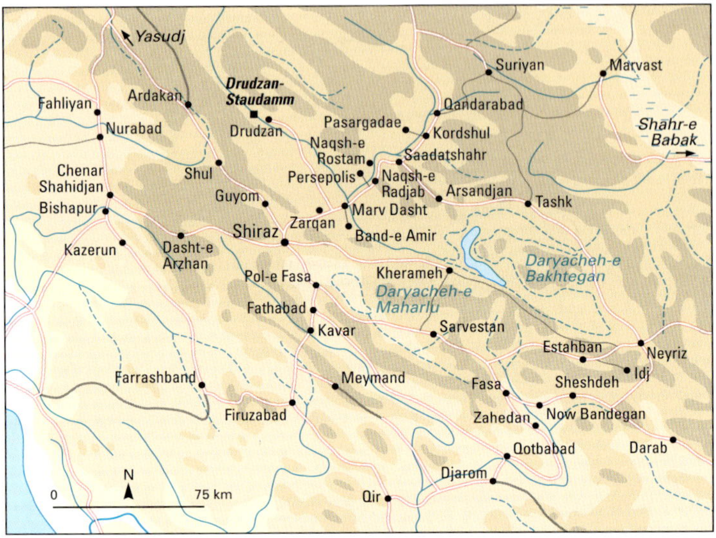

vinz sind viele verschiedene Nomadenstämme beheimatet, wie die Qashqai, die Khamseh, die Mamassani und die Kohkiluyeh, die zum großen Teil noch immer ihre traditionelle Lebensweise aufrechterhalten. Als Kernland der Perser ist die Fars untrennbar mit der Geschichte des gesamten Iran verbunden. Der bis in die 30er Jahre des 20. Jh. gültige Landesname Persien leitet sich ab vom Namen der Landschaft *pars*, die mit der heutigen Provinz Fars identisch ist; die Bewohner der Region wurden *parsa*, Perser, genannt.

Wie die riesige Anzahl prähistorischer Siedlungshügel zeigt, ist das Gebiet seit vorgeschichtlicher Zeit besiedelt. Weitreichende politische Bedeutung gewann es allerdings erst durch die Achämeniden und Sasaniden. Ab dem 13./14. Jh. n. Chr., während der islamischen Zeit, wurde die Fars durch die Dichter Hafiz und Saadi zu einem weltberühmten Zentrum der Literatur und der Poesie.

An der Straße, die Sirdjan mit Shiraz verbindet, liegt in einem rundum von Berggipfeln umgebenen Tal die Ortschaft **Neyriz**, die noch heute ein Zentrum der Qashqai-Stämme ist. Die in frühislamischer Zeit erbaute **Freitagsmoschee** muß ehemals an den Bazar gegrenzt haben, heute jedoch steht sie am Rand einer der Hauptstraßen von Neyriz. Man betritt den breitrechteckigen Innenhof der Moschee von Norden her. In die Nordecke des Gebäudes ist ein stämmiges Minarett eingebunden. Der Innenhof wird rechts und links von zweischiffigen Pfeilerhallen mit jeweils fünf Arkaden eingefaßt. Gegenüber dem Eingang öffnet sich auf den Hof ein ungewöhnlich tiefer Iwan, dessen innere Seitenwände in ebenfalls fünf Arkaden gegliedert sind. Dahinter liegen zu beiden Seiten dreischiffige Pfeilerhallen. Der Mihrab liegt in einer tiefen, aber schmalen und niedrigen Nische. Ein in safawidischer Zeit hinzugefügter Schriftrahmen faßt die Nische ein. Eine Inschrift im Mihrab nennt das Jahr 973 als Baudatum.

Sarvestan

Sarvestan
Besonders sehenswert: Das ungewöhnliche Mausoleum des Shaikh Yussuf Sarvestani aus dem 13. Jh.; der sasanidische Jagdpavillon Bahrams V. Gur

Von Neyriz gelangt man über Estahban auf der Straße nach Shiraz zur Ortschaft Sarvestan. In der Ortsmitte steht am Hauptplatz das **Grabmausoleum Shaikh Yussuf Sarvestanis,** das im 13. Jh. erbaut wurde. Das Mausoleum besteht aus einem an allen Seiten offenen quadratischen Raum, in dessen Mitte der nahezu schmucklose Steinsarkophag des Grabinhabers steht. Die außen unverzierte Kuppel wird an jeder Ecke von drei locker gebündelten Säulen getragen, die mit Moqarnaskapitellen und prismenähnlich geschliffenen Basen versehen sind. Hohe, spitze Bogen verbinden die Bündelsäulen der Eckkonstruktionen miteinander. Zu dem Hauptgrab kamen später noch weitere Gräber, deren Deckplatten Inschriften tragen.

Etwa 10 km südöstlich des Ortes Sarvestan liegt ein **sasanidisches Ruinengelände** aus dem 5. Jh. n. Chr. Zentraler Bau dieser Ansiedlung war ein von Bahram V. errichteter Pavillon, der vermutlich sowohl repräsentative als auch sakrale Funktion hatte. Die Ruinen des kleinen Palastes werden in der Gegend auch Qasr-e Sasan genannt. Das Gebäude bestand aus Stein, seine Kuppeln und Gewölbe waren aus Backsteinen aufgesetzt. Man konnte die Räume an allen vier Seiten des Gebäudes über mehrere Eingänge betreten. Da das Niveau der Innenräume höher lag als die Umgebung, waren alle Tore mit Treppen versehen. Die Hauptfront des Pavillons hatte

Sarvestan, Ruinen des kleinen sasanidischen Palastes mit seinen Kuppelsälen

drei Zugänge, von denen jeder in einen der drei Gebäudetrakte führte. Der Grundriß war nicht symmetrisch konzipiert. In der Mittelachse lagen, hinter dem breiten und relativ flachen Eingangsiwan, der zentrale Kuppelraum und ein rechteckiger Innenhof. In den beiden Seitentrakten waren jeweils ein kleinerer Kuppelraum und eine langrechteckige Säulenhalle untergebracht. Charakteristisch für die sasanidische Architektur sind die dicht vor die Wände gestellten Säulen in den Seitentrakten.

Firuzabad

Firuzabad ☆
Besonders sehenswert: Die sasanidische Stadt Ardashir Khureh mit zwei Palästen und die Felsreliefs in der Schlucht Tang-e Ab

20 km vor Shiraz zweigt die Straße in das 116 km südlich der Provinzhauptstadt gelegene Firuzabad ab, wo heute hauptsächlich Qashqai leben. 3 km nordwestlich der Ortschaft liegen die Ruinen der von Ardashir I. (224–241) gegründeten, sasanidischen Stadt **Ardashir Khureh** (Ardashirs Ruhm), die im Mittelalter zu Gur umbenannt wurde. Noch zur Regierungszeit des letzten Partherkönigs Ardawan V. war Ardashir bereits König der Persis (Fars). Mit seiner in Istakhr lebenden Familie führte er lange einen erbitterten Kampf um die Macht, den er schließlich gewann. Danach beendete Ardashir durch seinen Sieg über Ardawan V. im Jahr 224 n. Chr. die Herrschaft der Parther und gründete die Dynastie der Sasaniden. Nachdem Ardashir I. Großkönig geworden war, ließ er seine Residenz nach dem Vorbild parthischer Rundstädte errichten.

Ardashir Khureh war eine rund angelegte Stadt, die außen von zwei Befestigungsmauern mit einem Graben dazwischen umgeben wurde. Vier große Stadttore ließen die vier Hauptstraßen ein, die im Zentrum im rechten Winkel aufeinandertrafen und das Stadtgebiet in exakt vier gleiche Kreisausschnitte unterteilten. Um den Schnittpunkt der Straßen wurde ein Wall gelegt, der ebenfalls Tore für die

Firuzabad, Luftbild der kreisrund angelegten Stadt Ardashir Khureh

Hauptstraßen besaß. In diesem Innenkreis, der einen Durchmesser von fast 450 m hatte, lagen die einzigen Bauten im antiken Stadtgebiet, von denen überhaupt noch Reste erhalten sind.

Dabei handelt es sich um eine **turmartige Ruine** aus Bruchstein, die im Volksmund *minar* (Minarett) heißt, und die Reste einer quadratischen Terrasse, Takht-e Nishin genannt. Der 9,10 m breite und rund 30 m hohe, massive Turm steht direkt auf dem Schnittpunkt der Hauptstraßen im absoluten Zentrum der Stadt. Ursprünglich war er der Kern eines quadratisch zu ergänzenden Treppenturms mit einer vermutlichen Grundfläche von 20 x 20 m. Allgemein wird er mit tonnenüberwölbten Treppenläufen oder Rampen rekonstruiert. Der Turm wurde als Aussichtsplattform und Meldeturm genutzt, sowohl um mit dem Umland Kontakt zu halten als auch zur Kontrolle des Stadtgebiets.

Am Rand der Ebene, etwa 5 km nördlich von Ardashir Khureh, liegt an einem kleinen Quellteich ein großes sasanidisches Gebäude. In der Literatur wird es allgemein als der **Palast Ardashirs I.** angesprochen, einige Wissenschaftler jedoch sehen in ihm ein Feuerheiligtum. Der recht gut erhaltene Bau hat einen langrechteckigen Grundriß; der Hauptzugang liegt im Nordosten. Über einen breitgelagerten Vorhof gelangt man in einen sehr tiefen und breiten Iwan. In den Raumtrakten, die den Iwan flankieren, befinden sich jeweils zwei tonnenüberwölbte Hallen. Hinter dem Iwan schließen sich drei gleich große, überkuppelte Säle an. Sie liegen nebeneinander und sind mit langen Gängen verbunden. Über ein im Nordwesten daran angebautes Treppenhaus, das auch von außen her zugänglich ist, erreicht man die beiden oberen Geschosse. Hier sind die Räume oberhalb der Gänge und in den Zwickeln der riesigen Kuppeln untergebracht.

In der Mitte der südlichen Hälfte des Bauwerks befindet sich ein großer, nahezu quadratischer Innenhof mit zwei gegenüberliegenden Iwanen. Um den Hof gruppieren sich geräumige Hallen mit Tonnengewölbe. Sowohl sämtliche Außenmauern als auch die Wände der Höfe sind mit zweifach abgestuften Nischen gegliedert. An der Außenfassade kommen noch Säulenvorlagen mit hinzu.

Die Ebene wird nördlich von einem Kalksteinplateau begrenzt, aus dem der westlich an der antiken Stadt vorbeifließende Fluß Täler und Schluchten herausgewaschen hat. Oberhalb einer solchen Schlucht, der Tang-e Ab, liegt auf einem Felsrücken, der von einer Flußschleife umrundet wird, die **Qaleh Dokhtar,** ein burgähnlicher, an allen Seiten von starken Befestigungsmauern umgebener Palast aus frühsasanidischer Zeit. Auf dem Areal, auf dem der Palastbau errichtet wurde, liegen auch funktionale Gebäude, wie Mannschaftsquartiere, Lagerhäuser und Zisternen.

Bedingt durch das am Bergrücken ansteigende Gelände wurde der Palast auf drei Niveaus gebaut. Im untersten Gebäudetrakt befand sich der Zugang. Man gelangte über einen Innenhof in ein quadratisch angelegtes Treppenhaus mit 2 m breiten Treppenläufen, die auf

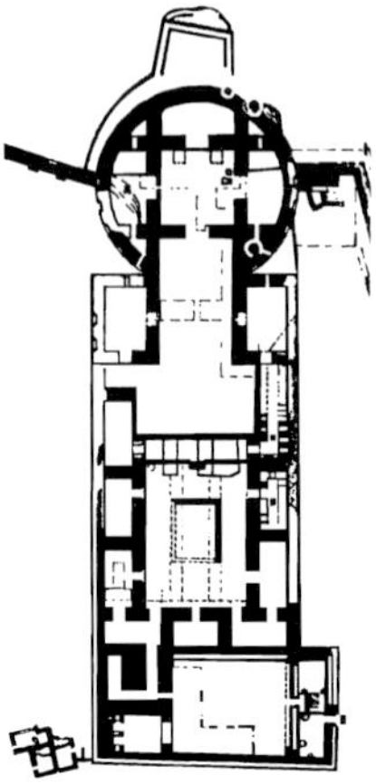

Firuzabad, Grundriß und Rekonstruktion des befestigten Palasts Qaleh Dokhtar (nach D. Huff 1971)

die 10 m höher gelegene, zweite Ebene führten. Zentrum der mittleren Terrasse ist ein rechteckiger Hof, an den sich an drei Seiten große Räume mit Tonnengewölben anschlossen. An der vierten Seite werden die Treppenaufgänge zum obersten Gebäudeteil rekonstruiert.

Auf der dritten Ebene waren die wichtigsten repräsentativen Säle und Wohnräume untergebracht. Zunächst betrat man eine weiträumige, nicht überdachte Terrasse. Von hier aus öffnete sich ein 23,30 x 13,95 m großer, mächtiger Iwan, der an jeder Seite von tonnenüberwölbten Räumen eingefaßt wurde. An den Iwan angebaut war der eigentümlichste Teil des Komplexes, ein monumentaler Rundbau mit einem zentralen Kuppelraum im Anschluß an den Iwan. Bei diesem im Grundriß quadratischen Raum, über dem sich eine runde Kuppel erhebt, fand erstmals in der iranischen Architektur das Bauelement der Ecktrompen Anwendung, die den Übergang vom Quadrat zum Kreis ermöglichen. In den beiden Obergeschossen des Rundbaus waren die Privatgemächer untergebracht.

Kurz bevor die Schlucht **Tang-e Ab** sich auf die Ebene öffnet, wurden im Abstand von etwa 1000 m zwei sasanidische Reliefs direkt unterhalb der Qaleh Dokhtar in den Felsabhang geschlagen. Auf beiden ist der Gründer der Sasaniden-Dynastie, Ardashir I., abgebildet, einmal bei seiner Investitur, das andere Mal in einer Reiterkampfszene. Das **Investiturrelief** ist das erste Felsrelief der Sasaniden mit diesem Thema und dürfte nur kurze Zeit nach der Krönung Ardashirs (226 n. Chr.) gearbeitet worden sein. Die Darstellung zerfällt in zwei Szenen, rechts eine Gruppe von vier Würdenträgern, angeführt von einer kleiner dargestellten Person, und links die eigentliche Einführungszene des Königs durch den Gott Ahura Mazda, der ihm gegenübersteht. Zwischen beiden ist ein Feueraltar zu erkennen. Der rechts stehende Ardashir empfängt den Ring der Macht, das Legitimationszeichen seiner Herrschaft, aus den Händen des Gottes, der in diesem Relief erstmals in Menschengestalt wiedergegeben wurde.

Das Felsrelief mit der **Darstellung eines Reiterkampfes,** mit seinem Bildfeld von 22,40 m Breite das größte bekannte sasanidische Reliefbild, ist auch für die Geschichtsforschung bedeutend, weil es den Sieg Ardashirs über den letzten Partherkönig Ardawan V. zeigt. Das Motiv ist in drei Szenen aufgeteilt, deren jeweiliger Inhalt sich von links nach rechts dramaturgisch steigert. Ganz links ist ein junger sasanidischer Knappe auf seinem dahinpreschenden Pferd zu erkennen, der seinen Gegner, einen parthischen Soldaten, vom Pferd herunterreißt. Die mittlere Szene zeigt den galoppierenden sasanidischen Kronprinzen Shapur, wie er mit seiner Lanze den parthischen Kronprinzen aus dem Sattel hebt. Im rechten Bildteil tötet Ardashir I. seinen Gegenspieler Ardawan V. mit der Lanze. Tödlich getroffen sinkt der Partherkönig kopfüber vom Pferd, seine Augen sind geschlossen. Das Relief scheint nicht ganz vollendet – einige Details in der Mittelszene sind nicht ausgearbeitet, und außen rechts gibt es ein geglättetes Bildfeld, das keine Darstellung trägt.

Die Sasanidenstadt Bishapur

Bishapur ☆
Besonders sehenswert: Die sasanidischen Felsreliefs in der Schlucht Tang-e Chowgan

Die sasanidische Stadt Bishapur liegt 23 km nordwestlich von Kazerun, nahe der Hauptstraße von Shiraz nach Ahvaz. In achämenidischer Zeit war diese Route eine der Königsstraßen, die Persepolis und Istakhr mit Susa und Babylon verband. Während der Sasanidenherrschaft war sie eine wichtige Handelsstraße von Firuzabad und Bishapur nach Ktesiphon, hatte aber auch eine gewisse strategische Bedeutung. Wissenschaftlich untersucht wurde Bishapur zwischen 1933 und 1940 vom französischen Archäologenteam R. Girshmans, ab 1968 dann vom Iranischen Antikendienst unter der Leitung von Ali Akbar Sarfaraz.

Shapur I. gründete Bishapur im Jahr 266 n. Chr., sechs Jahre nach seinem Sieg über die drei römischen Kaiser. Da bei den Ausgrabungen auch elamische und parthische Funde zum Vorschein kamen, weiß man, daß die Stadt auf einer älteren Siedlung erbaut wurde. In sasanidischer Zeit erhielt sie auch ihren Namen Bay-Shapur, später Bishapur, was im Mittelpersischen soviel wie ›Herr(scher) Shapur‹ bedeutet. Damals war der Ort das Verwaltungszentrum für einen der fünf Distrikte der Provinz Fars. Ab dem 4. Jh. n. Chr. ist es durch die Angabe BYŠ auf den Münzen als Prägestätte zu belegen.

Beim Bau von Bishapur haben vermutlich römische Handwerker mitgearbeitet, die Shapur von seinen Kriegszügen heimbrachte, denn in der Architektur der Stadt lassen sich an manchen Stellen westlich-römische Elemente nachweisen. Nach der Zerstörung durch die Araber im Jahr 637 n. Chr. blieb Bishapur zwar besiedelt, jedoch verlor die Stadt ihre Bedeutung zugunsten des benachbarten Kazerun. Im 10. Jh. begann die Siedlung zu zerfallen.

Das mit einer Befestigungsmauer umgebene Stadtgebiet grenzt im Osten direkt an die Hänge des Kuh-e Kuhmareh. Im Norden verläuft die Stadtmauer, die an dieser Stelle mit Turmvorlagen ausgestattet ist, entlang des Shapur-Flusses, der sich an dieser Stelle durch das Gebirge gegraben hat. Die Straßen der Stadt wurden nach griechischem Vorbild regelmäßig im Schachbrettmuster angelegt.

Im Nordosten, jenseits der Stadtmauer, sind auf einem Felsen am Eingang zu der benachbarten Schlucht Tang-e Chowgan die Ruinen einer **sasanidischen Festung** aus Bruchstein erhalten. Innerhalb der Stadtmauern wurde ein großer Gebäudekomplex mit repräsentativen Räumen und einem Tempel ausgegraben. In der Mitte liegt der aus extrem dicken Mauern errichtete Hauptbau der **Palastanlage** (s. Abb. S. 232). Jede Seite des quadratischen Mittelraums mißt 22 m, und in ihrer Mitte öffnet sich jeweils ein Iwan mit ebenfalls quadratischem Grundriß. Die Rekonstruktion der französischen Ausgräber, die annahmen, daß der gesamte Raum mit einer Kuppel überdacht war, ist bei dem enormen Ausmaß der zu überdeckenden Fläche eher unwahrscheinlich. Vermutlich ist der quadratische Mittelteil als offener Hof zu ergänzen, die Iwane waren dagegen mit einem Tonnengewölbe gedeckt. In den Wänden waren in regelmäßigen Abständen insgesamt 64 Nischen angebracht, die mit Gipsstuck und Wandmalereien geschmückt waren. Der Mittelteil war vollständig von schlauchartigen Räumen und schmalen Gängen umgeben, von denen aus man nur an der Nordwest- und der Südostseite nach draußen gelangen konnte.

Im Osten schließt sich ein Gebäudetrakt an, in dessen Mitte wiederum ein quadratischer Hof oder Saal mit einem aus der Zeit Shapurs I. stammenden Fußbodenmosaik lag. Deshalb erhielt diese Halle den Namen Östlicher Mosaiksaal. Auf dem Mosaik, das heute im Teheraner Nationalmuseum ausgestellt ist, sind Würdenträger und Musikanten dargestellt. In spätsasanidischer Zeit wurde der Bau grundlegend verändert und dabei das Mosaik teilweise überdeckt und stellenweise zerstört. Im Südwesten liegt direkt neben dem kreuzförmigen Mittelsaal ein langrechteckiger Hof, der ebenfalls mit Mosaiken ausgestattet war (Mosaikhof C).

Im Westen ist ein Sakralbau mit dem Palastkomplex verbunden. Eine 24 Stufen lange Treppe, die von einem heute noch erhaltenen Tonnengewölbe gedeckt ist, führt in den massiven, einräumigen **Tempel** hinab, der 7 m unter dem Bodenniveau liegt. Seine 2,35 m dicken Mauern bestehen aus einem mit Mörtel verbundenen Bruchsteinkern, der von beiden Seiten mit einem Mantel aus sorgfältigst behau-

Palastanlage von Bishapur, Fußbodenmosaik aus der Zeit Shapurs I.; heute Teheran, Nationalmuseum

enen Steinen verkleidet ist. Die Nordostwand ist noch in ihrer vollen Höhe von 14 m erhalten; am oberen Abschluß fand man als Stierprotomen ausgebildete Kämpfer, auf denen die Dachbalken auflagen. Vom Fluß her führt ein Kanal zum Tempel, über den Wasser in einen Brunnen und in ein Wasserbecken geleitet wurde. Da der Kult, der in diesem Heiligtum ausgeübt wurde, offensichtlich mit Wasser im Zusammenhang stand, wird vermutet, daß der Tempel der Fruchtbarkeitsgöttin Anahita geweiht war. Westlich des Tempels in einiger Entfernung wurde in frühislamischer Zeit eine Moschee über parthischen Ruinen errichtet. Heute ist von ihr nur noch die rechteckige Umfassungsmauer erhalten.

In der westlichen Felswand der Tang-e Chowgan liegt etwa 400 m oberhalb der Talsohle die **Mundan-Höhle,** auch Shapur-Höhle genannt. Der rund 20 m breite und bis zu 5 m hohe Eingang ist nach

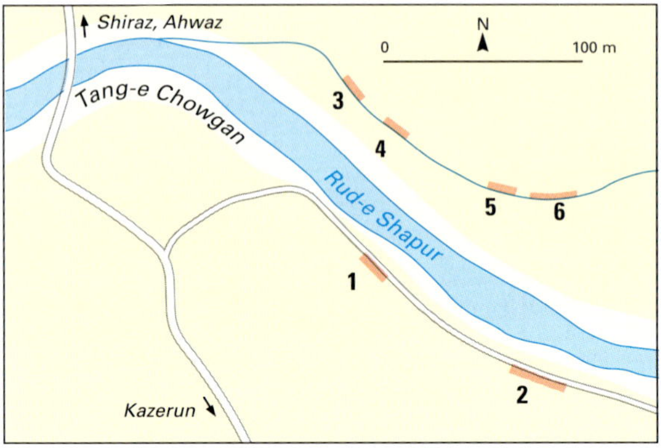

Bishapur, Felsreliefs in der Tang-e Chowgan
1 Investitur Shapurs I.
2 Sieg Shapurs I. über die römischen Kaiser
3 Sieg Shapurs I. über die römischen Kaiser (Darstellung in fünf Registern)
4 Bahram II. empfängt eine Delegation arabischer Stämme
5 Investitur Bahrams I.
6 Triumph Shapurs II. über seine Feinde

Osten ausgerichtet. Nach 60 m öffnet sich die Höhle zu einer weiten Halle, in deren Mitte, mit dem Blick zum Höhleneingang, die aus einem Felsstück gearbeitete Monumentalstatue Shapurs I. stand (s. Abb. S. 62) . Der König ist, wie auf den Felsreliefs, mit all seinen Waffen, der typischen Bekleidung und mit wehenden Haaren, die unter der Krone hervorquellen, dargestellt. Der gesamte untere Bereich der Höhlenwände ist geglättet und zur Aufnahme von Reliefs und Inschriften vorbereitet. Ganz offensichtlich wurde die Ausstattung nicht fertiggestellt und die Höhle nie ihrer Bestimmung übergeben. Wie das Standbild Shapurs vermuten läßt, sollte sie dem Herrscherkult dienen und war möglicherweise sogar als Grabstätte des Königs vorgesehen.

Auf beiden Seiten der Schlucht Tang-e Chowgan haben sich Shapur I. (241–272 n. Chr.) und II. (309–379 n. Chr.) sowie Bahram I. (273–276 n. Chr.) und II. (276–293 n. Chr.) in **Felsreliefs** verewigt. Das älteste der sechs Reliefs wurde nahe dem Eingang zur Schlucht in die südöstliche Felswand geschlagen (1). Es ist stark verwittert und stellt die Amtseinführung Shapurs I. dar, wie er hoch zu Roß den Ring der Macht vom Gott Ahura Mazda empfängt. Unter den Pferden liegen die überwundenen Gegner von Gott und König: Ahura Mazdas Pferd zertritt Ahriman≠, der den Geist des Bösen symbolisiert, und Shapurs Pferd steht über dem römischen Kaiser Gordian III. Der zweite römische Kaiser, den Shapur besiegte, Philippus Arabs, kniet vor Shapurs Pferd und bittet um Frieden. Die Tatsache, daß der dritte besiegte römische Herrscher, Valerian, nicht auf dem Relief dargestellt ist, läßt vermuten, daß das Felsbild vor 260, dem Datum des Sieges über Valerian, ausgeführt wurde.

Mit demselben Thema befassen sich die zwei späteren Reliefs Shapurs I.; beide stellen Valerian dar. Das größere (2) wurde auf derselben Seite des Flusses angebracht wie das erste Felsbild. Die leicht konkave Bildfläche, die durch einen Felsüberhang geschützt ist, ist in mehrere Bildfelder aufgeteilt; im Zentrum befindet sich die Hauptszene, d. h. die Unterwerfung der drei römischen Kaiser. Shapur I.

sitzt auf seinem Pferd und empfängt den Ring der Macht in diesem Bild nicht von Ahura Mazda, sondern von einem vor seinem Kopf schwebenden Putto, einer Darstellungsform der römischen Siegesgöttin Victoria, wie sie aus parthischer Zeit bekannt ist. Der tote Gordian III. ist liegend zwischen den Hufen des königlichen Pferdes dargestellt. Valerian steht neben Shapurs Pferd, und der Herrscher hat sein rechtes Handgelenk ergriffen. Vor Shapur kniet Philippus Arabs mit nach vorn ausgestreckten Armen. Hinter ihm stehen zwei hohe persische Würdenträger.

Links der Hauptszene wurden zwei Register übereinander angebracht, in denen sich persische Reiter auf die Mitte zubewegen. Rechts des Zentralbilds ist die Einteilung in zwei übereinanderliegende Bildstreifen ebenfalls durchgeführt, jedoch ist jedes Register zusätzlich vertikal in je drei Felder unterteilt. In fünf der sechs Felder sind je drei Personen, Soldaten und möglicherweise Tributbringer, dargestellt. Nicht zum ursprünglichen Bildkonzept gehört eine Inschrift in Pahlavi aus dem 7./8. Jh.

Das dritte Relief Shapurs I. wurde als erstes von insgesamt vier Reliefs auf der anderen Seite der Schlucht angebracht (3). Vor den vier Reliefs verlief ursprünglich ein steinernes Aquädukt, das zu Beginn der 70er Jahre von den hier forschenden iranischen Archäologen abgebaut wurde. Das durch das Aquädukt fließende Wasser hatte jedoch schon einen breiten Streifen im unteren Bereich der Reliefs ausgespült.

Das ebenfalls gerundete Bildfeld dieses Reliefs ist in fünf Register eingeteilt, wobei der mittlere Streifen höher ist als die anderen. Im Zentrum des Registers ist der dreifache Sieg Shapurs in derselben Anordnung dargestellt wie bei dem zweiten Relief. Links der Hauptszene reitet, wie in den vier anderen links angebrachten Bildstreifen,

Bishapur, zentrale Szene des Felsreliefs Nr. 2, in dem der Triumph Shapurs I. über die römischen Kaiser dargestellt ist

die persische Kavallerie auf den König zu. Die Reiter des mittleren Bandes sind differenzierter dargestellt, und so ist es nicht unwahrscheinlich, in ihnen Würdenträger und Mitglieder der königlichen Familie zu sehen. Im ersten, zweiten und dritten Bildstreifen der rechten Seite von oben sind persische Soldaten zu Fuß zu sehen, wie sie Beutegut herantragen und sogar ein Pferd und einen Elefanten herbeiführen. Im mittleren Register sind römische Gefangene und Gabenbringer in zwei Reihen hintereinander dargestellt. Im untersten Bildstreifen erkennt man trotz der großen Zerstörung wieder römische Gefangene.

Auf dem Felsrelief daneben (4) empfängt der hoch zu Roß abgebildete Bahram II. eine Delegation arabischer Stämme, die Kamele und Pferde mitbringt. Sie werden beim sasanidischen König von einem persischen Offizier eingeführt. Das folgende fünfte Relief, das älter ist als das benachbarte, stellt wieder eine klassische Investitur dar (5), in der Bahram I. zu Pferd vom Gott Ahura Mazda, der von links auf den König zureitet, den Ring der Macht entgegennimmt. Narseh, der jüngere Bruder Bahrams, ließ auf dem Felsbild zusätzlich während seiner Herrschaft (293–302) eine Pahlavi-Inschrift mit seinem Namen anbringen. Vermutlich stammt auch die liegende Figur unterhalb des Königs von Narseh. In jedem Fall ist sie eine spätere Zutat, denn der Reliefgrund ist eindeutig nach unten hin erweitert, um die Darstellung der vermutlichen toten Person, die ihren Kopf in die Beuge des Arms gebettet hat, aufzunehmen. Um wen es sich dabei handelt, ist nicht mehr zu klären.

Das letzte der sechs Felsbilder (6) in der Tang-e Chowgan erzählt von der Niederschlagung einer Revolte durch Shapur II. Es ist in zwei Bildstreifen unterteilt, in der Mitte des oberen thront Shapur frontal auf einem Podest, das Schwert vor sich mit der Spitze auf den Boden gestellt. Von links kommen persische Würdenträger und Angehörige

Bishapur, Blick von Norden auf den zentralen Hauptsaal der Palastanlage

der königlichen Familie auf ihn zu, erkennbar an ihren Kopfbedekkungen, deren Spitzen in Tierköpfe auslaufen. Im rechten Teil des oberen Registers sieht man Soldaten, die Gefangene herbeiführen, ebenso wie im unteren Register links und rechts. Einer der Soldaten, die dem König die Beute präsentieren, schwenkt die abgeschlagenen Köpfe von zwei Gegnern, die an ihrer Kopfbedeckung als Edle ihres Stammes zu erkennen sind.

Kurangun

Kurangun Mehrregistriges Felsrelief aus mittelelamischer Zeit

In der Umgebung der nördlich von Bishapur gelegenen Ortschaft Nurabad gibt es eine Reihe weiterer sasanidischer Felsreliefs von all jenen Herrschern, die sich schon in Bishapur verewigt hatten. Ein Felsrelief aus mittelelamischer Zeit hingegen (19.–11. Jh. v. Chr.) befindet sich 10 km abseits der Straße, die von Nurabad nach Yasudj führt. Das Kurangun genannte Felsbild ist hoch oben über der Ebene, durch die sich der Fahliyan-Fluß windet, in der Flanke eines fast senkrecht abfallenden Felsrückens angebracht. Vor dem Hauptbild ist eine Plattform aus dem Fels geschlagen, die man über eine Treppe von der Bergspitze her erreicht.

Das Felsrelief von Kurangun besteht aus mehreren Bildteilen, von denen einige sehr stark erodiert sind. Das Zentralbild, 3,65 m lang und 1,60 m hoch, wird unten von einem Fries, in dem Fische schwimmen, abgeschlossen. Inhalt des sehr stark verwitterten Felsbildes ist eine Anbetungsszene. In der Mitte thront ein Götterpaar, zu erkennen an ihren mit Hörnern bekrönten Kopfbedeckungen, vor ihm stehen ein kaum noch erkennbarer Altar und ihm zugewandt drei Personen, von denen die erste durch ihre Größe etwas hervorgehoben ist. Der männliche Gott sitzt auf einem Schlangenthron und hält in seiner linken Hand zwei Schlangen. In seiner erhobenen Rechten trägt er ein Gefäß, aus dem zwei Wasserstrahlen hervorquellen. Einer der Wasserstrahlen bewegt sich auf die erste Person vor ihm zu, der andere fließt über die Göttin hinweg zu der ersten der drei hinter ihr stehenden Personen.

Die Szene setzt sich rechts auf der die Plattform begrenzenden Schmalseite fort. Hier sind gerade noch drei kleine, schreitende Figuren mit einem langen Zopf und einem kurzen Rock bekleidet zu erkennen. Auf der linken Seite wird das Bild mit einer Vielzahl von Figuren weitergeführt, die ebenso gewandet sind wie die an der Schmalseite. Die ersten sechs stehen nicht auf einer einheitlichen Linie, sondern sind auf drei Ebenen angebracht. Ihnen folgen die anderen 30 Personen in drei diagonal abfallenden Reihen, die parallel zu der auf die Plattform führenden Treppe verlaufen. Stilistisch und von der Kleidung her scheinen die Reihen von Gläubigen, die von beiden Seiten auf das Zentralbild zuschreiten, erst später hinzugefügt worden zu sein, möglicherweise erst in neuelamischer Zeit (8.–7. Jh. v. Chr.).

Shiraz

Shiraz ☆☆
Besonders sehenswert: Mausoleen der Dichter Hafiz und Saadi; Wakil-Bazar mit Sarai-ye Moshir und Masdjid-e Wakil; Shah Cheragh-Mausoleum; Masdjid-e Djame Atiq; Bagh-e Eram

Im Volksmund wird die Provinzhauptstadt Shiraz die Stadt der Liebe, der Rosen und der Nachtigallen genannt, denn hier lebten die berühmtesten persischen Dichter, Saadi und Hafiz, und schufen durch ihre Werke eine Atmosphäre der Schönheit und Romantik. Die Großstadt, die sich über eine Fläche von etwa 220 km^2 erstreckt und fast 1 Mio. Einwohner zählt, liegt in einer Ebene zu Füßen der Allah-o Akbar-Berge auf einer Höhe von 1540 m über dem Meeresspiegel. Der durch die nördliche Stadt fließende Rudkhaneh-e Khoshk, dessen Name ›das trockene Flußbett‹ bedeutet, führt die meiste Zeit des Jahres kein Wasser. Dennoch ist Shiraz eine grüne Stadt mit vielen Parks und Grünanlagen.

Die Existenz einer städtischen Ansiedlung in der Ebene von Shiraz ist ab der achämenidischen Zeit durch keilinschriftliche Texte aus Persepolis belegt. Als im 7. Jh. n. Chr. die Dynastie der Sasaniden zerbrach, wurde die Ebene zum Heerlager der muslimischen Belagerer von Istakhr. Nach der Eroberung von Istakhr entstand nach 648 n. Chr. die islamische Stadt Shiraz an der Stelle des Heerlagers. Shiraz war sowohl die Hauptstadt der Saffariden im 9. Jh. als auch der Buyiden-Dynastie im folgenden 10. und 11. Jh. Während des 13. und 14. Jh. entwickelte sich Shiraz zum Zentrum der persischen Literatur und wurde weit über die Landesgrenzen hinaus berühmt. Die Mongolen, die im 13. Jh. ganz Persien überrannten, ließen Shiraz unbehelligt, die Afghanen hingegen eroberten, zerstörten und plünderten die Stadt im Jahr 1729 gründlich. Während der Herrschaft von Karim Khan Zand (1750–1779), der Shiraz zu seiner Hauptstadt machte und zu einem Handelszentrum ausbaute, stieg der Ort zu neuer Blüte und Wohlstand auf.

Wenn man von Norden, d. h. von Isfahan her, in die Stadt einfährt, erreicht man zunächst das **Darvazeh Qoran** (1), das Korantor, das auch Allah-o Akbar-Tor genannt wird. Das Tor, unter dem die Straße in die Stadt hindurchführt, wurde im 10./11. Jh. errichtet und von Karim Khan Zand restauriert und erweitert, doch ist das heute sichtbare Bauwerk lediglich eine Kopie des Originals, das man wegen des Neubaus der Straße niedergerissen hatte. Zum Schutz der Stadt hatte Karim Khan Zand ein Koranexemplar in einem eigens zu diesem Zweck erbauten Raum im oberen Teil des Tores deponieren lassen.

Unweit des Korantors liegt in Richtung Innenstadt der Falakeh-e Hafiziyeh, von dem der Bolvar-e Golestan zum **Mausoleum des Dichters Hafiz** (2) führt, das genau gegenüber des Bagh-e Melli, des Volksparks, in einer wunderschönen, ummauerten Gartenanlage steht (s. Abb. S. 94). Ende des 14. Jh. wurde kurz nach dem Tod des Hafiz ein Mausoleum über seinem Grab errichtet. Von diesem Originalbau ist jedoch nichts mehr erhalten. Der heutige, auf acht schlanken Säulen ruhende offene Pavillon mit seinen Fliesenmosaiken in der Innenkuppel stammt aus der Zeit der Zand-Dynastie (18. Jh.) und wurde 1936 restauriert. Das Grab des Dichters ist weniger eine Bildungsgedenkstätte als vielmehr ein Wallfahrtsort für unglücklich wie glücklich Verliebte. Jedes jung verheiratete Paar, das es sich leisten kann, versucht seine Hochzeitsreise nach Shiraz zu machen, um dem Schutzpatron der Liebenden, dem Dichter Hafiz, einen Besuch abzustatten. Deshalb begegnet man an diesem Mausoleum, im Vergleich zu anderen, so vielen jungen Leuten. Für die zahlreichen Touristen wurde ein traditionelles Teehaus direkt neben dem Mausoleum errichtet.

Am Ende des Bolvar-e Bostan liegt im nordöstlichen Stadtviertel Saadiyeh das **Grabmal des Saadi** (3), des zweiten berühmten Dichters der Stadt (um 1193–1292). Mitten in der Parkanlage mit ihren Wasserbassins, den Pflanzkübeln und Rosenrabatten liegt das 1952 nach dem Entwurf des französischen Bauforschers A. Godard errichtete Mausoleum. Der hohe, turmartige Bau, der von einer flachen Fliesenkuppel bekrönt ist, hat eine pfeilergetragene, offene Vorhalle und einen seitlichen Anbau mit einem Tiefgeschoß, in dem eine unterirdische Quelle gefaßt wurde. Das Tiefgeschoß ist heute als Chai Khaneh ausgebaut.

In der Verlängerung der Khiaban-e Hafiz, die vom Korantor her kommt, liegt der **Wakil-Bazar** (4). Dieser von Karim Khan Zand im

Shiraz, Plan des Stadtzentrums 1 Darvazeh Qoran 2 Mausoleum des Hafiz 3 Grabmal des Saadi 4 Wakil Bazar 5 Sarai-ye Moshir 6 Masdjid-e Wakil 7 Hammam 8 Bagh-e Nazar mit Pars-Museum 9 Arg-e Karim Khan 10 Shah Cheragh-Mausoleum 11 Alte Freitagsmoschee 12 Bagh-e Narendjestan 13 Bagh-e Eram

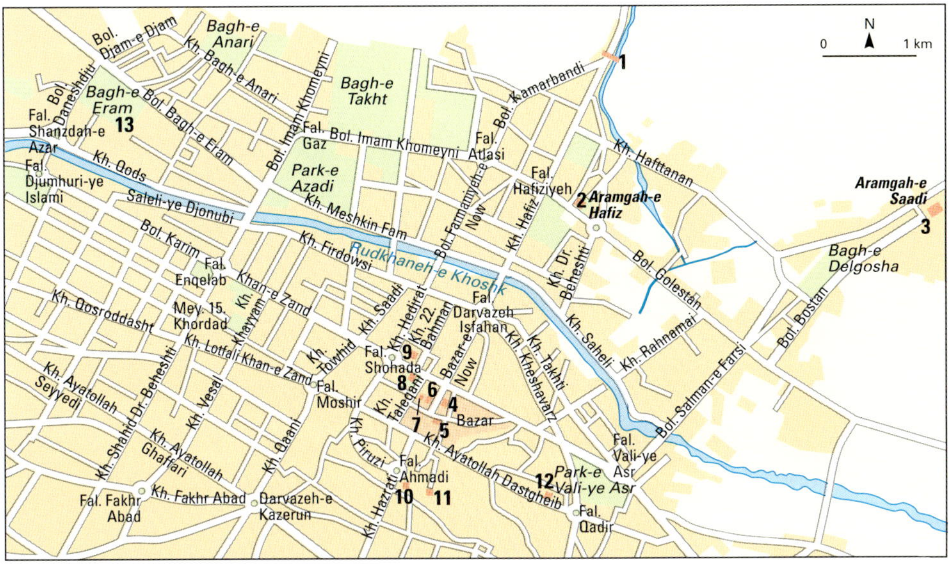

18. Jh. gegründete Bazar wurde nach dem Titel *wakil* benannt, der Regent, Bevollmächtigter bedeutet. Der bescheidene Herrscher Karim Khan führte diesen Titel anstatt des königlichen *shahinshah*. Man betritt den Bazar direkt vom Bolvar-e Karim Khan-e Zand aus. Hinter dem Eingang liegt ein oktogonaler, überkuppelter Platz, an dem sich eine parallel zum Boulevard verlaufende Ladenstraße mit einer 800 m langen, kerzengeraden, gedeckten Bazarstraße kreuzt. Nach beiden Seiten gehen von dieser Hauptverkehrsader gedeckte und ungedeckte Bazargassen ab, an denen wiederum Timches, die Handelshöfe für Großhändler, liegen.

Ein solches Timche ist auch der **Sarai-ye Moshir** (5), der am südöstlichen Ende der langen Bazarstraße zu finden ist. Um einen Hof

Shiraz, Ladenstraße im Wakil-Bazar

liegen doppelstöckige Gebäudetrakte, in denen Läden mit den Eingängen zu Treppenhäusern abwechseln, die in das mit Arkadengängen versehene obere Stockwerk führen. Die Läden zu ebener Erde haben geschnitzte Holzgitter, die heruntergelassen werden, wenn der Laden geschlossen ist. Teil des Sarai-ye Moshir ist ein traditionelles Teehaus mit einem oktogonalen Mittelsaal, dessen Wände mit farbigen Ziegeln verziert sind.

Direkt im Bazar liegt die **Masdjid-e Wakil** (6), erreichbar über eine schmale Verbindungsstraße direkt vom Bolvar-e Karim Khan-e Zand aus oder von der östlich von ihr gelegenen Hauptader des Bazars her. Die gleichzeitig mit dem Bazar entstandene Moschee (vollendet 1772) wurde zu Beginn des 19. Jh. restauriert, wie eine Inschrift am Eingangsportal besagt. In der vorderen Hälfte des rechteckigen Baus liegt ein quadratischer Innenhof mit einem länglichen Wasserbecken in der Mitte. Zwei Iwane öffnen sich zum Hof hin. Dem Nordiwan, durch den man die Moschee betritt, sind zwei kurze, sechseckige Minarette aufgesetzt, die mit ihrer pavillonartigen Erscheinungsform für die Zand-Dynastie typisch sind. Der Südiwan führt in eine 100 x 50 m messende Gebetshalle nach arabischem Muster. In der mehrschiffigen Halle stehen fünf Reihen mit insgesamt 48 jeweils aus einem Stück gearbeiteten Marmorsäulen. Jede Säule ist mit gedrehten Rippen verziert, die in den Akanthusblättern der Kapitelle enden. Die Säulen werden mit flachen Spitzbögen verbunden, über denen sich flache Kuppeln erheben. Im Mittelschiff, an dessen Südende der mit Fliesenschmuck verkleidete Mihrab angebracht ist, tragen die Innenkuppeln ein geometrisches Fliesenmosaik. Rechts neben dem Mihrab führt eine aus einem einzigen Block gearbeitete Marmortreppe hinauf zu einer in die Wand eingelassenen und ebenfalls mit Fliesenmosaik verzierten Minbar-Nische. Der gesamte Fliesenschmuck der Wakil-Moschee ist ungewöhnlich. In den Fliesenpaneelen werden statt stilisierter floraler Motive realistische Bilder von Pflanzen, Blüten und Blumen wiedergegeben, die sich ganz natürlich aus einem Erdhügel, aus Stämmen oder Vasen emporranken. Außerdem wurden, entgegen den üblichen Regeln, viele rote und rosa Elemente verwendet.

Westlich grenzt an die Moschee ein **Hammam** (7), das ebenfalls zu dem Bazar-Gesamtkonzept Karim Khan Zands gehörte. Die Eingangsfassade ist mit einem kombinierten geometrischen Dekor aus Ziegeln und glasierten Fliesen verziert. In der Vorhalle, in der man sich umkleidete, sind die Wände und die Decken unterhalb der von Säulen getragenen Kuppeln mit Wandmalereien geschmückt.

Westlich des Bazars liegt an der Khiaban-e Taleqani in einem kleinen Park, dem Bagh-e Nazar (8), ein Gartenpalais, das Karim Khan Zand Ende des 18. Jh. für Staatsempfänge erbauen ließ und in dem er später bestattet wurde. Heute ist in dem Gebäude das **Pars-Museum** untergebracht. In dem oktogonalen Zentralbau wird in vier zur Mitte hin offenen Iwanen und vier in den Zwickeln untergebrachten Nebenräumen eine Sammlung von Funden aus frühgeschichtlicher, achämenidischer und seldjukischer Zeit gezeigt. In der Mitte des Gebäudes wurde ein achteckiger Brunnen installiert. Die durch flache Nischen architektonisch gegliederten Fassaden sind mit Fliesen verkleidet, die florale Motive und Vögel abbilden. In den Zwickeln oberhalb der spitzbogigen Nischen sind Szenen aus dem mythologischen Bereich, z. T. mit religiös-schiitischem Hintergrund, dargestellt. Unterhalb des Gebälks verläuft um das ganze Gebäude ein Fries mit Blumenbildern.

In Sichtweite des Pars-Museums liegt östlich des Falakeh-e Shohada die Zitadelle von Shiraz, die **Arg-e Karim Khan** (9), an isolierter, prominenter Stelle im Herzen der Stadt. Die gewaltige Ziegelburg mit ihren hohen, fensterlosen Außenmauern und den vier massiven, runden Ecktürmen hat den wehrhaften Charakter einer Festung. Mauern und Eckbastionen sind mit Zinnen bekrönt und weisen am oberen Rand Schießscharten auf. Früher war die Zitadelle noch zusätzlich von einem Graben umgeben. Die Außenfassade der Türme trägt ein geometrisches Muster aus versetzt verlegten Ziegeln.

Die ähnlich wie eine Karawansarai aufgebaute Burg war sowohl Regierungssitz als auch Wohnpalast Karim Khan Zands. Alle Fenster des zweigeschossigen Gebäudes öffnen sich auf einen riesigen, bepflanzten Innenhof, auf den von außen drei Zugänge führen. Der Haupteingang liegt in der Mitte des Ostflügels. Während gegenüber dem Eingang in der Mitte des Gebäudetrakts ein sog. Talar liegt, d. h. eine über zwei Stockwerke gehende, offene Halle mit einem flachen oberen Abschluß, dessen Gebälk von zwei Säulen getragen wird, öffnen sich die beiden anderen Hofseiten zu ebenfalls über zwei Stockwerke reichenden Iwanen. Vom Hof her führen schmale und steile Stiegen in den Ecken des Baus zum Obergeschoß. Alle Räume der Zitadelle waren innen mit farbigen Wandmalereien geschmückt.

Östlich des Ahmadi-Platzes liegt das **Shah Cheragh-Mausoleum** (10), in dem ein Bruder des in Mashhad beigesetzten Imam Reza, Hazrat-e Mir Seyyed Ahmad, der Shah Cheragh genannt wurde, bestattet ist. Das Grabmal wurde im 12. Jh. von demselben Bauherrn wie die Masdjid-e Shohada gestiftet. In der Safawiden- und besonders in der Qadjarenzeit wurde es restauriert, erweitert, verschönert und umstrukturiert.

Auf das Gelände des Mausoleums, das von einer hohen Umfassungsmauer umgeben ist, gelangt man durch einen vollständig mit Fliesenschmuck versehenen Torbau aus der Qadjarenperiode. Rechts angrenzend an das Tor steht das Grabmal des Shah Cheragh. Vor dem Hauptzugang über einen mit Spiegelmosaik geschmückten Eingangsiwan, der ausschließlich den Männern vorbehalten ist, liegt eine offene Vorhalle, die von Holzsäulen getragen wird. An der Schmalseite des Baus, direkt neben dem Torbau, haben die Frauen einen eigenen Eingang zum Heiligtum. Innen ist das Mausoleum mit Spiegelmosaiken sowie Fliesenmosaikornamenten und -inschriften verziert. Auf dem Dach des Mausoleums steht jeweils rechts und links vom Hauptzugang ein kurzes, mit Fliesenschmuck bedecktes

Minarett. Die wie eine geschlossene Tulpenblüte geformte, ebenfalls geflieste Kuppel über der Grabkammer des Mausoleums liegt auf einer hohen Ringzone auf, deren Durchmesser geringer ist als der größte Durchmesser der Kuppel.

Diese Kuppelform ist für Shiraz charakteristisch und findet sich bei anderen Sakralbauten wieder, so auch bei dem an der linken Hofseite des Gesamtkomplexes gelegenen **Mausoleum des Seyyed Mir Mohammad,** dem Bruder Shah Cheraghs. Der Bau stammt aus qadjarischer Zeit, doch wirkt die breite, von schmucklosen, schlanken Pfeilern getragene Vorhalle sehr modern. Auf der gegenüberliegenden Seite des Hofes schließt die theologische Hochschule von Shah Cheragh an. In der Mitte der Hofrückseite führt ein Ausgang in einen neu angelegten Bazar, in dem ausschließlich Bedarf für Pilger angeboten wird. Von hier aus gelangt man auch direkt zur Freitagsmoschee.

Die **Masdjid-e Djame Atiq** (Alte Freitagsmoschee; 11) liegt östlich im Anschluß an den Hof des Shah Sheragh-Mausoleums. Von dem ursprünglichen Bau, der in der Saffaridenzeit (vollendet 894) entstand, ist bis auf wenige Elemente nichts mehr erhalten. Die heute sichtbare Vier-Iwan-Anlage stammt aus dem 12./13. Jh. Sie ist von der Form ihrer Iwane her mit den kurzen, pavillonartigen Minaretten ein typisches Beispiel für die Baukunst der Zandperiode. Der Fliesenschmuck von drei Iwanen stammt aus dem 14. Jh., die Verzierung des Eingangsiwans hingegen geht auf das 16. Jh. zurück.

In der Mitte des großen Innenhofs steht das aus sorgfältig behauenen Steinen errichtete Khoda Khaneh, das ›Gotteshaus‹. Es wurde 1351 erbaut, von Shah Abbas I. (1587–1629) restauriert und diente zur Aufbewahrung wertvoller Koranexemplare. Kern des quadrati-

Shiraz, das Khoda Khaneh im Innenhof der Alten Freitagsmoschee

schen Gebäudes ist ein würfelförmiges Haus, das angeblich in Anlehnung an die Kaaba in Mekka geschaffen wurde. Den Kern umgibt ein Arkadengang mit drei hohen Spitzbögen auf jeder Seite. Zwei zarte, kurze Säulen tragen die Bögen. Die Ecken des äußeren Baus sind mit Turmvorlagen verstärkt, die in der gleichen Höhe abschließen wie der Rest des Gebäudes. Unterhalb eines schmalen Stalaktitenfrieses am oberen Abschluß verläuft ein breites, blaues Fliesenmosaikband mit einer weißen Tholth-Inschrift.

Am östlichen Ende der Khiaban-e Ayatollah Dastgheib liegt der **Bagh-e Narendjestan** (12), der ›Orangengarten‹ der Familie Qavam, einer wohlhabenden Kaufmannsfamilie, die im 18. Jh. nach Shiraz kam und im 19. Jh. eine bedeutende politische Rolle im qadjarischen Iran spielte. In dem von einer hohen Mauer umgebenen Garten, in dem Wasserbassins und Blumenbeete angelegt sind und der mit Orangenbäumen und Rosensträuchern bepflanzt ist, stehen zwei Gebäude. Die gesamte Anlage wurde von Ibrahim Khan-e Qavam erbaut, der im 19. Jh. Bürgermeister von Shiraz und später Premierminister zweier qadjarischer Shahs war. Der letzte Bewohner des Palais war Sir Arthur Upham Pope, der berühmte amerikanische Iran-Forscher, der hier viele Jahre lebte und arbeitete. Danach wurde der gesamte Komplex der Öffentlichkeit zugänglich gemacht.

Das kleinere Gebäude liegt an der Südseite des Gartens direkt an der Straße und hat die Funktion eines kleinen Torpalasts, durch dessen Vestibül man in den parkähnlichen Innenhof und zum Hauptgebäude gelangt. Die Rückfassade des Torgebäudes ist mit in Nischen angebrachten bunten Kachelpaneelen geschmückt, die figürliche Darstellungen tragen. Besonders hervorzuheben ist ein Bild, auf dem drei Figuren in der regionalen Tracht dieser Zeit abgebildet sind.

Auf der anderen Seite des Parks erstreckt sich das palastartige Hauptgebäude mit einem fast 2 m über dem Hofniveau liegenden Hochparterre und einem Obergeschoß. Der Mittelteil des Gebäudes wird von einem zum Garten hin offenen und über beide Stockwerke reichenden Talar eingenommen, dessen Gebälk zwei steinerne Säulen tragen. Rechts und links des Talars führen jeweils sechs Stufen zu den offenen Eingängen des Hauses. Der hohe Sockel des Palais ist mit steinernen Reliefs verziert, die Fassaden sind mit bunten, geometrischen Fliesenmustern bedeckt und die Fenster mit kleinteilig verglasten Holzrahmen geschlossen. Das Dach ist mit drei Ziergiebeln geschmückt, die figürliche Kachelbilder aus der Welt der Mythologie tragen. Im Inneren wurde der Bau mit für die Zeit charakteristischen Spiegelmosaiken versehen.

Jenseits des Flusses, am nordwestlichen Ende der Stadt, liegt der **Bagh-e Eram** (13), die zweite sehenswerte Parkanlage, mit einem dreistöckigen Schlößchen. Der Park, in dem alte Zypressen, exotische Gewächse aller Art, Rosensträucher und zahllose Orangenbäume stehen, ist heute der botanische Garten der nahegelegenen Universität; deshalb tragen alle Pflanzen Informationsschildchen, die neben dem botanischen Namen die persische und englische Bezeichnung angeben. Im hinteren Teil des Gartens sind auf einer großen Fläche ausschließlich die verschiedensten Sorten von Rosen angepflanzt. Quer vor den Rosenfeldern liegt ein Palast im typischen Shirazer Stil der Qadjarenzeit. Vor seiner Fassade wurde ein großes, rechteckiges Wasserbecken angelegt, von dem direkt in der Mitte ein offener Kanal abzweigt, durch den über Stufen das Wasser in die tiefer gelegenen Teile des Parks abfließt.

Shiraz, qadjarischer Palast im Bagh-e Eram

Der langgestreckte Palastbau ist optisch in fünf Teile gegliedert, jeder mit einem Dachaufsatz in einer anderen Größe. Der mittlere, als Dreipaß geformte Aufsatz überragt alle anderen. Fliesenbilder füllen die Flächen der Aufsätze. Rechts und links sind mythologische Themen dargestellt; in der Mitte ist der Herrscher abgebildet, zusammen mit Szenen des Hofzeremoniells und Bildern aus dem religiösen Bereich.

Persepolis

Persepolis ☆☆ Die Ruinen der anschaulich restaurierten Königsresidenz bieten einen bemerkenswerten Einblick in die bedeutendste Zeit der vorislamischen Geschichte

Östlich der Hauptstraße nach Isfahan liegt rund 40 km von Shiraz entfernt in der Ebene von Marv Dasht zu Füßen des Kuh-e Rahmat (Berg der Barmherzigkeit) die achämenidische Residenzstadt Persepolis, die in Persisch Takht-e Djamshid, Thron des Djamshid, heißt. Djamshid war ein legendärer König der iranischen Sagenwelt. Bereits seit dem 14. Jh. n. Chr. berichteten Reisende von den weithin sichtbaren Ruinen von Persepolis. Die Residenz der Achämenidenkönige wurde wegen ihrer zahlreichen noch aufrecht stehenden Säulen von islamischen Historikern des Mittelalters Masdjid-e Chehel Minar, Moschee der 40 Minarette, genannt. Seit Ende des 17. Jh. begannen europäische Forschungsreisende, wie beispielsweise Carsten Niebuhr, Ch. Texier und E. Flandin, sich für die gigantische Ruine zu interessieren, nahmen ihre Architektur auf und bemühten sich um Rekonstruktionen. Aber erst ab 1931 fanden wissenschaftliche Ausgrabungen statt, zunächst von E. Herzfeld und seinem Architekten und Bauforscher Friedrich Krefter, danach vom Oriental Institute of Chicago. Von den 40er bis in die 70er Jahre grub hier die Iranische Antikenverwaltung.

Auf dem Höhepunkt seiner Macht gründete Darius der Große etwa 518 v. Chr. die Residenzstadt Parseh, welche die Griechen Persaipolis, die Stadt der Perser, nannten. Neben den altehrwürdigen achämenidischen Residenzstädten Ekbatana, Pasargadae, Susa und Babylon entstand hier eine neue Residenz, in der die achämenidischen Herrscher zu zeremoniellen Anlässen, bei nationalen und religiösen Festen, weilten. Der höchste Feiertag war das zu Frühlingsanfang am 21. März begangene Nowruz-Fest, das Neujahrsfest, zu dem alle Völker des Reiches ihre Vertreter mit Tributen zum König der Könige entsandten.

An der Stelle der achämenidischen Stadt ist bislang keine ältere Besiedlung nachgewiesen worden, und nach ihrer Zerstörung durch das griechische Heer Alexanders des Großen (331 v. Chr.) wurde sie auch nicht wieder großflächig besiedelt. Während von den Lehmziegelbauten der nur wenig untersuchten Wohngebiete in der Ebene kaum etwas erhalten ist, steht der Besucher beeindruckt vor den sorgfältig restaurierten Ruinen der Palastbauten auf der in den Hang des

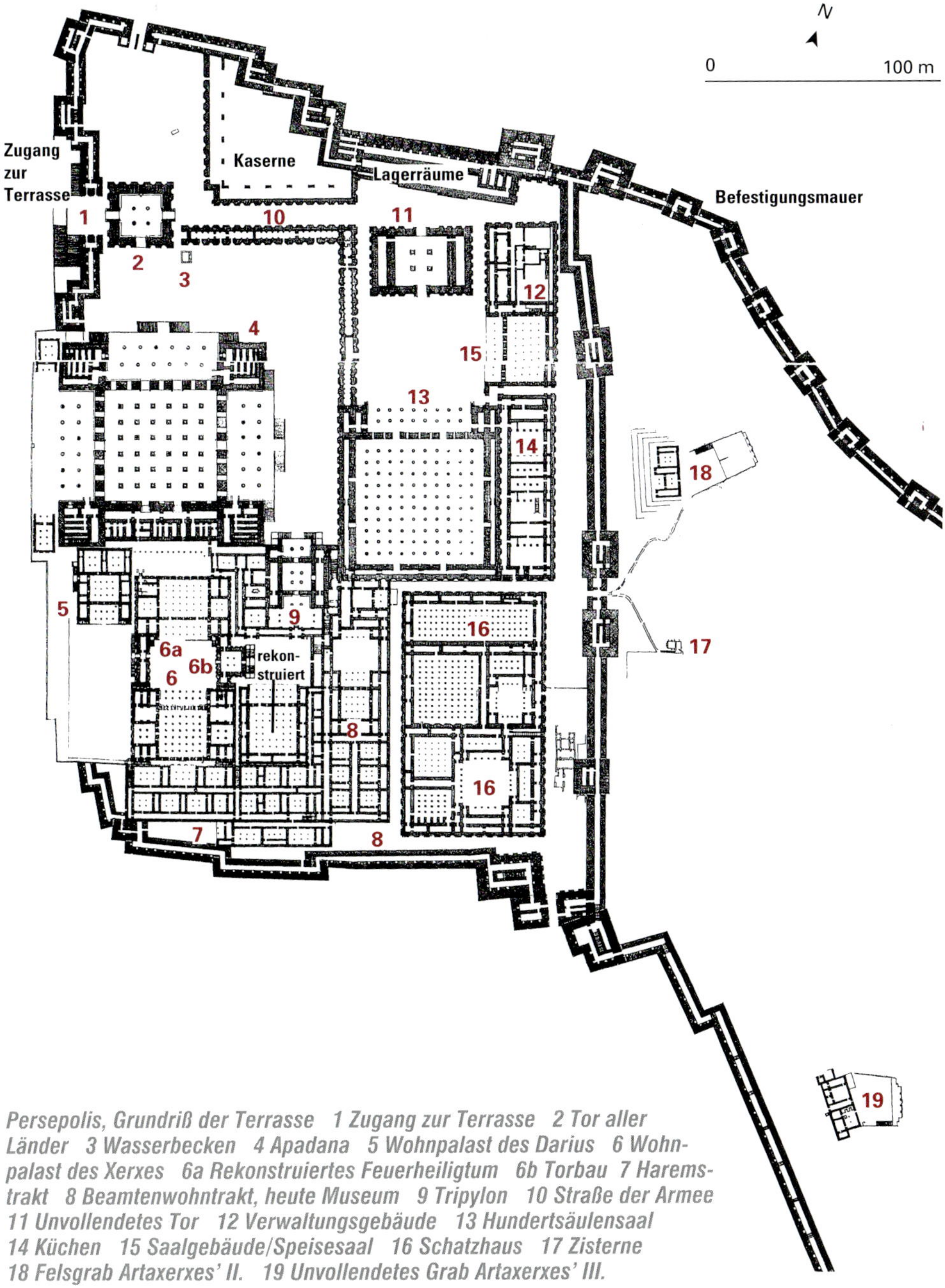

Persepolis, Grundriß der Terrasse 1 Zugang zur Terrasse 2 Tor aller Länder 3 Wasserbecken 4 Apadana 5 Wohnpalast des Darius 6 Wohnpalast des Xerxes 6a Rekonstruiertes Feuerheiligtum 6b Torbau 7 Haremstrakt 8 Beamtenwohntrakt, heute Museum 9 Tripylon 10 Straße der Armee 11 Unvollendetes Tor 12 Verwaltungsgebäude 13 Hundertsäulensaal 14 Küchen 15 Saalgebäude/Speisesaal 16 Schatzhaus 17 Zisterne 18 Felsgrab Artaxerxes' II. 19 Unvollendetes Grab Artaxerxes' III.

Kuh-e Rahmat hineingebauten, 125 000 m^2 großen Palastterrasse, die sich bis zu 18 m über die Ebene erhebt. Südlich der Terrasse wurden aus Lehmziegeln errichtete, kleinere Paläste, Wohnbauten von Adelsfamilien und ein Tempel aus achämenidischer Zeit freigelegt.

Die Palastterrasse mit ihren Bauten entstand nach einem einheitlichen Konzept, und für ihre Errichtung wurden Architekten, Künstler, Handwerker und Arbeiter aus allen Teilen des achämenidischen Reiches, so aus Elam, Babylonien, Assyrien, Ionien und Ägypten, angeworben. Unter den Bauleuten gab es weder Sklaven noch Kriegsgefangene; alle waren bezahlte Arbeitskräfte, wie aus den umfangreichen Entlohnungslisten, die man in den Archiven von Persepolis fand, hervorgeht. Mit dem Bau der Terrasse wurde unter Darius dem Großen begonnen, und der erste Palastbau, der entstand, was das Apadana. Anfänglich gab es den großen, repräsentativen Aufgang zur Terrasse im Westen noch nicht, man betrat das Palastgebiet zunächst von Süden her, da die Paläste auf der südlichen Terrasse noch nicht bestanden. 120 Jahre dauerte es, bis die Bauarbeiten, die von vier auf Darius folgenden Königen fortgeführt wurden, vollendet waren. Das Erscheinungsbild, das sich heute dem Besucher darbietet, entspricht dem Bauzustand bei der Zerstörung der Stadt.

Nicht nur riesige Paläste beinhaltet die von einer starken Befestigungsmauer umgebene Gesamtanlage, sondern auch Verwaltungsgebäude, Archivräume, Kasernen, Lagerräume, Wohnquartiere der Diener und Werkstätten. Die Terrasse besitzt eine Kanalisation und Frischwasserkanäle, die von einer Zisterne gespeist wurden. Jenseits einer das Palastgebiet gegen den Berg abgrenzenden Mauer liegen die Grabstätten von zwei achämenidischen Königen. Die zahlreichen, überall auf den Steinverkleidungen der Mauern angebrachten Inschriften sind immer dreisprachig in Altpersisch, Babylonisch und Elamisch. Sie berichten über die Funktion der einzelnen Bauten, geben Gebete und Segenssprüche wieder und nennen die Genealogie und die Annalen der achämenidischen Könige.

Der einzige **Zugang zur Terrasse** (1) stammt aus der Zeit des Xerxes I. Man erreicht das höhere Niveau der Terrasse über zwei spiegelsymmetrisch angelegte Aufgänge, die jeweils aus zwei parallelen Treppenläufen bestehen. Die Stufen sind mit einer Höhe von nur 10–11 cm extrem niedrig und daher mühsam zu ersteigen. Weshalb sie so angelegt wurden, ist heute nicht mehr mit Sicherheit zu klären – möglicherweise stand es in Zusammenhang mit dem Hofzeremoniell, das auch die Art und Weise festlegte, wie die offiziellen Gäste die Terrasse zu ersteigen hatten. Nach außen hin wurden die Treppen mit einer zinnenbekrönten Balustrade wie mit einem Geländer abgeschlossen.

Von der großen Freitreppe aus führte der Weg weiter zum **Tor aller Länder bzw. Völker** (2), dem von Xerxes I. errichteten Torgebäude, in dem die Besucher registriert wurden und sich aufhielten, bis sie Einlaß zum Palastgebiet bekamen. Auch die Abgesandten der zum achämenidischen Weltreich gehörenden Völkerschaften mußten dieses Gebäude anläßlich des Neujahrsempfangs beim König passieren. Von dem mächtigen Torgebäude sind nur noch die steinernen Bauelemente sichtbar, die Lücken dazwischen waren ehemals mit Lehmziegelmauerwerk geschlossen. Der quadratisch angelegte Bau hatte nur einen Innenraum, an dessen Wänden steinerne Sitzbänke angebracht waren. Vier starke Säulen trugen die Decke des 16,50 m hohen Raums. Die Türlaibungen des westlichen Zugangs waren mit gigantischen Stierskulpturen verkleidet, die auf die Ebene hinaus-blickten. Der gegenüberliegende Ausgang wurde von großen, geflügelten Mischwesen mit menschlichem Kopf und Stierkörper flankiert. Diese Art von Laibungsskulpturen war aus Mesopotamien übernommen worden, wo sie als göttliche Wesen angesehen wurden und eine schützende und übelabwehrende Funktion hatten. Der Torraum öffnete sich in einem dritten Portal ohne Laibungsskulpturen nach Süden zum Empfangspalast hin.

Vor der Südostecke des Torgebäudes steht ein großes, 2 m hohes **Wasserbecken** (3). Auch wenn das aus einem einzigen Steinbrocken gefertigte Becken nicht ganz fertig ausgehöhlt wurde, war es dennoch voll funktionsfähig und wurde offensichtlich ständig mit Frischwasser gespeist, wie ein Anschluß an das Leitungssystem der Terrasse belegt. Welche Zweckbestimmung das Becken hatte, ist nicht bekannt, möglicherweise diente es zur kultischen Reinigung bei den zeremoniellen Anlässen.

Persepolis, Blick von Osten auf den Hundertsäulensaal; im Hintergrund das Apadana

Das Apadana

Das Apadana (4), der Empfangspalast der achämenidischen Herrscher, wird an zwei Seiten von einem L-förmig angelegten Hof umschlossen. Der Bau wurde von Darius begonnen, von Xerxes aber erst vollendet, wie aus der Bauinschrift hervorgeht, die in zwei goldenen und zwei silbernen Gründungsurkunden verewigt worden war. Beim Bau des Apadana hatte man die 33 x 33 cm großen Platten in der Nordwest- und Südostecke der Halle vermauert. Vorher waren sie sorgfältig in Steinkisten verstaut worden, jeweils eine silberne Platte auf einer goldenen. Heute werden sie im Nationalmuseum in Teheran aufbewahrt.

Persepolis, östliche Treppenanlage des Apadana

Das auf einer eigenen 3 m hohen Terrasse stehende Gebäude ist vom Grundriß her quadratisch angelegt. In der Mitte liegt eine quadratische Haupthalle mit sechs Reihen zu je sechs riesigen, kannelierten Säulen, die auf quadratischen Plinthen stehen. An drei Seiten ist ihr ein Portikus vorgelagert, in dem jeweils zwölf Säulen mit floral reliefierten Glockenbasen stehen. In den Ecken des Gebäudes ragen quadratische Türme auf, die von den Vorhallen her zu betreten waren. Treppenhäuser führten zu den Wach- und Lagerräumen im Inneren der Türme. Drei hohe, mit je drei Halbsäulen gefüllte Nischen gliederten die Fassade des Apadana. Im oberen Bereich der Wand verliefen ein farbiger Ornamentfries und dreisprachig abgefaßte Inschriften des Xerxes aus glasierten Ziegeln.

Sowohl an der Ost- als auch an der Nordseite führten aufwendig mit Reliefs verzierte Treppen zur Empfangshalle hinauf. Die Aufgänge bestanden jeweils aus einer Innentreppe, deren beiden Treppenläufe entlang der Turmwände von beiden Seiten her in die Vorhalle führten, und aus einer parallel dazu ausgerichteten Außentreppe, die vor die Mitte der Innentreppe gelegt war. Sämtliche innere Treppenwangen und die nach außen weisenden Stirnseiten der Treppen waren mit Reliefdarstellungen verkleidet. Die Darstellungen der Reliefs vor der

Osthalle gleichen im wesentlichen denjenigen, die die Treppenaufgänge zur Nordhalle schmücken, sind jedoch qualitätvoller und besser gearbeitet. Deshalb ist anzunehmen, daß der Hauptzugang zum Apadana an der Ostseite lag.

Die Innenwände der mit Stufenzinnen bekrönten Balustraden sind bei der Außen- wie auch der Innentreppe des **Ostaufgangs** mit Reliefs verkleidet. Auf jeder Stufe ist ein lanzentragender Soldat der Unsterblichen Garde abgebildet, einer königlichen Elitetruppe, die stets aus 10 000 Mann bestehen mußte. Im Mittelfeld der trapezförmigen Stirnseite der Außentreppe sieht man zwei aufeinander zuschreitende Gruppen von jeweils vier Lanzenträgern; zwei von ihnen tragen persische und zwei medische Tracht. Darüber verläuft ein Fries mit floralen Elementen und der geflügelten Sonnenscheibe Ahura Mazdas, flankiert von menschenköpfigen, sphinxartigen Mischwesen, die eine Pranke wie im Grußgestus erheben. Diese Platten ersetzten eine Darstellung des thronenden Darius, die Xerxes in das Reliefprogramm des Schatzhauses einfügen ließ (s. dort).

Die Reliefs auf dem dreieckigen Bildfeld rechts und links des mittleren Paneels tragen identische, wenn auch spiegelverkehrte Darstellungen: Ein Löwe verbeißt sich in den Rücken eines Stieres, der sich hochaufgerichtet gegen seinen Angreifer zurückwendet. Die schräg nach oben verlaufende, äußere Balustrade der Treppenläufe, die das dreieckige Bildfeld oben abschließt, trägt einen Fries aus Bäumen.

Die Außentreppe unterteilt die Fassade der Innentreppe in zwei gleich große und identisch gegliederte Flächen, die jedoch unterschiedliche Reliefdarstellungen tragen. Auf dem dreieckigen Element an beiden Seiten ist, wie bei der Außentreppe, ein dreieckiges Bildfeld mit der Darstellung des reißenden Löwen abgeteilt, darüber verläuft ein schräger Fries an der Außenseite der Treppenbalustrade. Auf der Fassade des nördlichen Treppenlaufs sind Baumreihen abgebildet, auf der Fassade des südlichen hingegen fügen sich die dargestellten Figuren in das Bildprogramm der inneren Treppenanlage ein. Der dreieckige Abschluß der Fassade endet in einem hochrechteckigen Feld mit einer Bauinschrift des Xerxes. Die Hauptfassade ist in drei waagerecht verlaufende Register aufgeteilt.

Am nördlichen Treppenlauf sind ausschließlich Angehörige des Iranshahr-Adels abgebildet, d. h. Perser, Meder und Elamier als Vertreter der Volksgruppen des achämenidischen Kernlands. Am Anfang jedes der drei Register stehen hinter einer Baumgruppe Reihen stereotyp dargestellter Lanzenträger. In der obersten Reihe folgen dahinter die Leibdiener des Königs, die Utensilien des königlichen Haushalts tragen, u. a. den Prunksitz des Herrschers. Drei Stallmeister führen Pferde herbei, und am Schluß fahren zwei Streitwagen mit elamischen Wagenlenkern.

In der zweiten und dritten Reihe folgen auf die Gardisten Würdenträger des Iranshahr-Adels; abwechselnd in medischer und persischer Tracht. Die persische Kleidung besteht aus einer hohen, nach oben breiter werdenden, kannelierten Kopfbedeckung, die an eine Feder-

Persepolis, Reliefs mit den Delegationen der Völkerschaften an der östlichen Apadana-Treppe
1 Meder mit Krügen, Kurzschwertern und Schmuck
2 Elamier mit Waffen und Löwen
3 Areier mit Töpfen, Fell und Kamel
4 Arakhosier mit Schalen, Fell und Kamel
5 Ägypter mit Stier(?)
6 Baktrier mit Schalen und Kamel
7 Sagartier mit Gewändern und Pferd
8 Armenier mit Metallkrug und Pferd
9 Babylonier mit Schalen, Gewand und Buckelrind
10 Assyrer mit Schalen, Gewändern, Tierhäuten und Widdern
11 Skythen mit Reiterhosen, Schmuck und Pferd
12 Qandharer mit Waffen und Buckelrind

krone erinnert, und einem langen, in Falten fallenden Schalgewand. Die Meder hingegen tragen eine runde Filzkappe, eine Hose und einen kurzen Chiton darüber, einige haben zusätzlich einen langen, mantelähnlichen Umhang über den Schultern. Die nach vorn ausschreitenden Figuren stehen alle untereinander in Verbindung oder unterhalten sich. Die sorgfältig frisierten Bärte und die Halsketten, Ohrringe und Armbänder, die sie angelegt haben, weisen sie als Angehörige des Iranshahr-Adels aus. Eindeutige Insignien ihrer hohen Stellung sind auch die Lotusknospen, die sie in der Hand halten, denn diese Pflanze ist sonst nur dem König und dem Kronprinzen vorbehalten. Einige Würdenträger halten in der erhobenen Hand einen runden oder ovalen Gegenstand an einem Stiel, der sich nicht mit letzter Sicherheit deuten läßt, vermutlich handelt es sich aber um eine Blütenknospe.

Die Delegationen der Völkerschaften

Auf der Südfassade der Innentreppe sind 23 Delegationen der insgesamt 28 Völkerschaften des achämenidischen Weltreichs dargestellt, wie sie am Nowruz-Fest dem König ihren Tribut darbringen. Warum fünf der Völker fehlen, weiß man nicht. Betreut wird die aus drei bis neun Personen bestehende Gruppe jeweils von einem persischen oder medischen Würdenträger, der den Anführer der Abordnung an der Hand zum König geleitet. Den Abschluß einer Gruppe bildet stets ein Baum. Alle dargestellten Personen bewegen sich auf den Eingang der Empfangshalle zu.

Die obere Reihe zeigt sieben Delegationen von rechts nach links aufeinander folgend. Als erste ist die neunköpfige Gruppe der *Meder* [1] zu erkennen. Sie bringen Krüge, Geschirr, ein Kurzschwert in einer kunstvoll verzierten Scheide, Oberarmreifen und Gewänder. Sie sind in iranische Reitertracht, d. h. in Hosen und langärmelige, knielange Obergewänder gekleidet und tragen, mit Ausnahme ihres Anführers, die Baschlyk, eine über der Stirn gebauschte Mütze, die den ganzen Kopf umhüllt und nur das Gesicht frei läßt.

Aus *Elam* [2] kommt die nächste Delegation. Ihr gehören sechs Personen an, die in lange, gefältelte Schalgewänder gekleidet sind, halbhohe Stiefel tragen und als Kopfputz breite Stirnbänder, die in einer Schlaufe enden. Sie bringen Bogen und Schwerter und führen eine Löwin mit, deren beide Jungen von zwei Personen getragen werden.

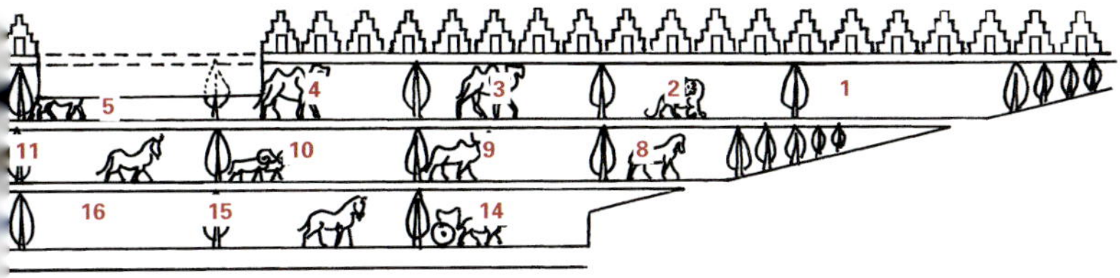

13 Soghdier mit Waffen, Pferdegeschirr und Pferd
14 Lyder mit Gefäßen, Schmuck und zweispännigem Wagen
15 Kappadokier mit Gewändern, Reiterhosen und Pferd
16 Ionier mit Schalen, Wolle und Stoffbahnen
17 Parther mit Metallgefäßen und Kamel
18 Inder mit Äxten, Goldstaub und Maultier
19 Thraker mit Schilden, Waffen und Pferd
20 Araber mit Kleidungsstück und einhöckerigem Kamel
21 Karer oder Saranger mit Waffen und Rind
22 Libyer mit Ziegenbock und zweispännigem Wagen
23 Äthiopier mit verschlossenem Behälter, Elfenbein und Okapi(?)

Die folgende, vierköpfige Gruppe stammt vermutlich aus Herat und gehört dem Volk der *Areier* [3] an. Wie die Meder tragen sie Reitertracht mit Hosen und halbhohe Stiefeletten. Ihre Köpfe sind mit einem Tuch umwickelt, das nur das Gesicht frei läßt. Ein Areier trägt zwei Töpfe, der folgende führt ein zweihöckriges Kamel, und der letzte bringt das Fell einer Raubkatze, das er über Kopf und Rücken gelegt hat und an den Pfoten vor dem Hals festhält.

Die nächste Gruppe, die möglicherweise die aus dem heutigen Afghanistan kommenden *Arakhosier* [4] darstellt, gleicht in Aufbau und Tributen der vorhergehenden, nur die Tracht ist anders. Zwar tragen sie ebenfalls Reitergewänder, aber statt glatter Beinkleider Pumphosen, dazu hohe Stiefel, und ihre aus einem Schal gewundene Kopfbedeckung gleicht eher einem Turban.

Obwohl das folgende Reliefpaneel im oberen Bereich stark zerstört ist, sind sich die Wissenschaftler einig, daß hier die sechsköpfige *ägyptische Delegation* [5] dargestellt ist. Erkennbar sind ihre langen Hemden mit Fransensaum, ein Teil eines zusammengelegten Gewands, das eine Person über dem Arm trägt, und die Hufe eines Stieres.

Die nächsten sind die wieder in Reiterkluft gekleideten *Baktrier* [6]. Sie tragen Schuhe, und ihr Haar ist mit hinten gebundenen Netzen zusammengehalten. Zwei der vier Baktrier haben Schalen in den Händen, der letzte führt ein zweihöckriges Kamel herbei.

Die letzte Gruppe der oberen Reliefreihe bilden die *Sagartier* [7]. Daß sie ein Nachbarvolk der Meder sind, drückt sich in ihrer Kleidung aus, die jener der medischen Delegation stark ähnelt. Ihr Tribut besteht aus zusammengelegten Gewändern und einem Pferd.

In der mittleren Bildreihe führen die *Armenier* [8] die Reihe der Gabenbringer an. Ihre Gruppe besteht aus nur drei Personen, die Reitertracht und auf dem Kopf eine Baschlyk tragen. Die Seitenteile der mützenartigen Kopfbedeckung, die sonst vor dem Kinn übereinandergelegt werden, sind bei den Armeniern auf dem Hinterkopf zusammengebunden. Einer der Delegierten führt ein Pferd mit, ein zweiter hält einen wohl aus Edelmetall gearbeiteten Krug mit Greifenprotomen in der Hand.

Die sechs Abgesandten der *Babylonier* [9] bringen ein Buckelrind, ein Gewand mit einem breiten, geknüpften Saum und flache, wahrscheinlich aus Glas oder Metall gefertigte Schalen. Sie tragen lange Wickelgewänder über einem kurzärmligen Hemd und spitze Mützen, die in einer langen Troddel enden.

Als nächstes kommt die siebenköpfige Delegation der *Assyrer* [10]; ihre langen, glatten Hemden mit kurzen Ärmeln hält ein breiter Schalgürtel zusammen. Auf dem Kopf tragen sie flache, runde Kappen, die am Rand mit Bändern oder dicken Kordeln verziert sind. Zu ihrem Tribut gehören zwei Widder, zusammengelegte Kleidungsstücke, Tierhäute und ebenfalls Metall- oder Glasschalen.

Die folgende Abordnung der *Skythen* [11] besteht aus sechs Personen. Sie tragen zu ihrer langärmeligen Reiterkleidung sehr spitz zulaufende, unter dem Kinn befestigte Kopfbedeckungen mit einem Nackenschutz und einen Schwertgürtel, dessen Scheide zusätzlich

Delegationen der Völkerschaften (von links): Meder [1], Assyrer [10], Lyder [14], Ionier [16]

am Bein befestigt ist. Der Anführer der Gruppe hat außerdem einen Bogenkasten umgehängt. Ihm folgt ein Skythe, der ein Pferd herbeiführt, der nächste hält zwei Armreifen, die in Tierköpfen enden, und die letzten drei bringen Gewänder, u. a. eine Reiterhose mit angearbeiteten Schuhen.

Im nächsten Reliefbild sieht man die *Qandharer* [12], die aus dem Gebiet des heutigen Kandahar stammen. Sie sind in kurze Tuniken gekleidet, über die Schultern haben sie einen schalartigen Überhang geworfen. Während drei Mitglieder der Gruppe nur ein breites Band um den Kopf geschlungen haben, tragen die anderen flache Kappen mit Wulsträndern oder Bändern am Rand. Sie bringen ein Buckelrind, einen großen, runden Schild und fünf Lanzen.

Die mittlere Reihe endet mit der Delegation der *Soghdier* [13], die aus fünf Personen besteht. Sie tragen der skythischen Reiterkluft ähnliche Gewänder und eine über der Stirn sich bauschende Baschlyk. Ihre Tribute bestehen aus einem Pferd, zwei Armreifen, einem Kurzschwert und zwei Gegenständen, die gelegentlich als Streitäxte gedeutet werden, vermutlich aber eher Teile von Pferdegeschirr, vielleicht Trensenknebel, sind.

Mit den kleinasiatischen *Lydern* [14] beginnt die untere Bildreihe. Die sechs Mitglieder der Gruppe sind in ein wadenlanges, plissiertes Untergewand gekleidet, über das ein Schalumhang gelegt ist, der die eine Schulter frei läßt. Dazu tragen sie ungeschnürte, halbhohe Stiefel. Die vorderen vier haben einen konisch zulaufenden, in spiralig gewundene Abschnitte unterteilten Hut auf, unter dem eine lange, hinter dem Ohr herabfallende Haarlocke hervorschaut. Sie halten in ihren Händen Edelmetallkrüge, Schalen und goldene Armreifen. Die beiden letzten, barhäuptig dargestellten Lyder bringen einen Wagen mit einem Gespann aus zwei Pferden.

Die folgende fünfköpfige Delegation der *Kappadokier* [15] ist ebenso gewandet wie die Armenier, nur tragen sie zusätzlich einen kurzen Überwurf. Sie führen ein Pferd herbei und bringen ansonsten die gleichen Gewänder wie die Skythen.

Dahinter schreiten acht *Ionier* [16] von der kleinasiatischen Westküste. Sie sind ebenso gekleidet wie die Lyder, jedoch barhäuptig. In

den Händen halten sie Wollknäule, zusammengefaltete Stoffbahnen, Schalen und Schüsseln.

Im vorletzten Bildfeld der unteren Reihe folgen vier *parthische Delegierte* [17] in weiten, in Falten fallenden Pumphosen, einem unstrukturierten knielangen Hemd darüber, das von einem Gürtel zusammengehalten wird, und mit halbhohen Stiefeln an den Füßen. Die Parther tragen lange, auffällige Ohrgehänge und keine Kopfbedeckung. Das fast glatte, lange Haar wird mit einem gewundenen Stirnband zusammengehalten. Zwei Delegierte bringen als Gaben z. T. kannelierte Metallschalen und -becher, der hinterste führt ein zweihöckriges Kamel an einem Strick.

Den Abschluß bildet die fünfköpfige Abordnung der *Inder* [18]. Während der Anführer Sandalen und ein langes, in Falten gelegtes Obergewand mit Quasten trägt, sind die restlichen vier barfuß und mit freiem Oberkörper abgebildet. Ihre Kleidung besteht aus einem knielangen Wickelrock, der in der Taille zu einem Wulst gerollt ist. Um den Kopf liegt ein breites, hinten in einem großen Knoten zusammengebundenes Stirnband. Zu ihrem Tribut gehören zwei große Kampfäxte und ein Maultier. Der vorderste Gabenbringer hält eine Stange über der Schulter, an deren Enden je ein Korb mit zwei kleinen Säcken hängt. Da mit einer solchen Vorrichtung nur außergewöhnlich schwere Dinge transportiert werden, ist anzunehmen, daß die kleinen Säcke Goldstaub aus dem Industal enthalten.

Auf dem schrägen Fries, der das dreieckige Bildfeld abschließt, sind in kleinerem Format noch fünf weitere Völkerschaften dargestellt, wie sie die Treppe hinaufschreiten. Den Anfang machen vier mit spitzen Baschlyks, knielangen Gewändern und Schalüberwürfen bekleidete *Thraker* [19], die Waffen und ein Pferd bringen. Ihnen folgen drei barhäuptige *Araber* [20] in langen Wickelgewändern und Sandalen, deren Tribut aus einem Kleidungsstück und einem einhöckrigen Kamel besteht.

Die Herkunft der vierköpfigen Delegation in der Mitte der Treppe ist unklar, sie werden als *Karer* oder *Saranger* [21] gedeutet. Sie tragen lange Hosen und ein gewickeltes Obergewand, das eine Schulter frei läßt, über einem langärmligen Hemd und bringen Waffen sowie ein Rind mit nach oben gewundenen, weit ausladenden Hörnern. Die folgende *libysche Delegation* [22] besteht aus nur drei Personen, die zwei Lanzen, einen Ziegenbock mit langen Wendelhörnern und einen zweispännigen Wagen mitführen. Trotz der Zerstörung dieses Reliefbilds ist zu erkennen, daß die Delegierten mit Fransensäumen eingefaßte Überwürfe tragen. Den Abschluß bilden drei *Äthiopier* [23], in lange Schalgewänder gekleidet. Einer trägt einen verschlossenen Behälter in der Hand, ein anderer hat einen Elefantenzahn geschultert und führt an der Leine ein sehr langhalsiges Tier (Okapi, Giraffe?).

Die Wohnpaläste der Herrscher

Direkt an den Südwestturm des Apadana schließt der im Altpersischen *tachara* genannte kleine **Wohnpalast des Darius** (5) an, der von Xerxes vollendet und von Artaxerxes III. ergänzt wurde. Dieser Bau steht auf einem rund 2,50 m hohen Podest und öffnet sich nach Süden zu einer breiten Säulenvorhalle, die auf jeder Seite von Wachstuben flankiert wird. In den Zugängen dieser Räume sind auf den Türlaibungen Wachsoldaten im Relief abgebildet. Auf das erhöhte Niveau des Palastes führt eine zweiläufige, ebenfalls mit Reliefs versehene Treppenanlage. Lanzenträger der Unsterblichen Garde sind an der Fassade dargestellt, an den Treppenwangen königliche Diener, die Speisen die Stufen hinauftragen. Ein zweiter, kleiner Zugang führt von Westen her über eine schmalere Treppenanlage durch ein Vestibül in den Palast.

Zentrum des achsensymmetrisch angelegten Gebäudes ist eine rechteckige Halle mit 12 Säulen in der Mitte. Die Laibungen und Türstürze der Eingänge sowie die Fensteröffnungen wurden aus Stein gearbeitet und sind im ägyptischen Stil gehalten. An den Türlaibungen in der Nord- und Südwand sind Reliefs angebracht, die Darius I. beim Betreten bzw. Verlassen des Saals darstellen. Zwei Diener halten entweder einen Sonnenschirm über den König und/oder verscheuchen mit einem Wedel Fliegen. Schmuck und Krone des Königs waren ursprünglich mit Gold eingelegt, das aber bei der Plünderung durch Alexanders Heer herausgerissen wurde. Die Türlaibungen der Portale in der West- und Ostwand tragen Reliefs mit der Darstellung des königlichen Helden im Kampf mit einem mythischen Mischwesen. Im anschließenden Nordtrakt befanden sich die Privatgemächer des Königs. Auf den Türlaibungen zu diesem Teil des Palastes sind Reliefs mit Darstellungen von Dienern angebracht, die Gegenstände aus dem privaten Alltag des Königs, wie Salb- oder Weihrauchgefäße, ein Handtuch oder einen Kohleeimer, herbeitragen.

Südöstlich des Tachara schließt sich der **Wohnpalast des Xerxes** (6) an, der im Altpersischen *hadish* hieß. Über eine weitere nordsüdlich orientierte Treppenanlage erreicht man einen großen, zusammenhängenden Gebäudekomplex aus mehreren Einzelbauten. Man betritt zunächst einen riesigen Innenhof, an dessen Nordseite ein Bau lag, von dem nur noch sehr wenig erhalten ist. Er wird allgemein als **Palastheiligtum** (6a) angesehen. An die Ostseite des Hofes war ein quadratischer **Torbau** (6b) angefügt, der weit in den angrenzenden, tieferliegenden Hof hineinragt. Im zweiten Hof wird – ebenfalls an der Südseite – ein dem Palast des Xerxes vergleichbares Bauwerk, von dem allerdings nichts mehr erhalten ist, ergänzt.

Der auf dem höchsten Punkt der Palastterrasse errichtete Wohnpalast des Xerxes wurde unmittelbar auf den gewachsenen Fels gebaut. In den Boden tiefte man Kanäle für die Frischwasserzufuhr und für die Abwässer ein. Der Grundriß des Hadish ist ähnlich strukturiert wie die Tachara, bedeckt aber die doppelte Fläche. Mittelpunkt der Anlage ist eine riesige quadratische Halle, deren Dach von 36 Säulen getragen wurde und die sich zum Hof hin in eine mit zwölf Säulen versehene Vorhalle öffnete. In die Ost- und Westwand wurden zwischen den Portalen Nischen eingelassen. Die Nischenwände und sämtliche Tür- und Fensterlaibungen sind mit Reliefbildern verziert, die Xerxes mit seinen Dienern abbilden. Das Reliefprogramm ist demjenigen des Darius-Palasts vergleichbar.

Persepolis, Tachara, der Wohnpalast des Darius

Persepolis, der restaurierte Beamtenwohntrakt, der heute als Museum dient

Im Süden verbindet ein schmaler Gang mit zwei Treppen den Wohnpalast mit dem L-förmig angelegten **Haremstrakt** (7), dem Wohnbereich der Frauen des Königs, der 7 m tiefer lag als der Hauptteil des Xerxes-Palasts. Er setzt sich aus einander ähnlichen Raumgruppen zusammen, deren Mittelpunkt jeweils eine kleine Säulenhalle mit zwei bis sechs Säulen bildet. An diese Halle grenzt jeweils ein kleiner, privater Raum mit nur einem einzigen Eingang.

Direkt östlich an den zweiten Palasthof schließt ein weiterer palastartiger Bau an, der aus der Regierungszeit des Xerxes stammt. In der Literatur wird er häufig als **Beamtenwohntrakt** (8) bezeichnet, vermutlich handelt es sich jedoch eher um den Wohnpalast eines hochgestellten Würdenträgers aus der unmittelbaren Umgebung des Königs. Im Süden war ein zweiter Gebäudetrakt, in dem wahrscheinlich mehrere Hofbeamte wohnten. Dieser gesamte Gebäudekomplex, der in den 30er Jahren von Ernst Herzfeld originalgetreu wieder aufgebaut wurde, dient heute als Museum von Persepolis.

Vom östlichen Hof des Wohnpalasts gelangte man in das **Tripylon** (9; Dreitorbau). Die im Zentrum dieses Gebäudes gelegene quadratische Halle, deren Dach von vier Säulen getragen wurde, war mit drei Portalen ausgestattet. Durch das Südportal gelangte man zu den privaten Palästen, das Tor im Osten verband diese Teile der Terrasse mit den benachbarten offiziellen Bauten. Nach Norden öffnete sich ein Portal auf den L-förmigen Apadanahof, von dem man über einen Aufgang aus zwei gegenläufig angeordneten Treppenpaaren in das Tripylon gelangte. Die Fassaden und die inneren Treppenwangen des Aufgangs sind mit Reliefs verziert, die persische und medische Würdenträger sowie Soldaten der Unsterblichen Garde darstellen. In der Mittelhalle des Tripylons empfingen die achämenidischen Könige ihre Minister und die Oberbefehlshaber des Militärs; deshalb wird es gelegentlich auch als Ratshalle bezeichnet. Der Bau wurde unter Darius begonnen, unter Xerxes fortgeführt und schließlich unter Artaxerxes fertiggestellt.

Die steinernen Türlaibungen der drei Portale in der Ratshalle waren ebenfalls mit Reliefs geschmückt. Während am Nord- und Südportal Bilder des Königs mit seinen Dienern angebracht waren, zeigen die Reliefs der Osttür den thronenden Herrscher zusammen mit dem Kronprinzen. Vertreter der 28 Völkerschaften des achämenidischen Reiches tragen den Thron des Königs.

Der Verwaltungsbezirk der Palastterrasse

Der L-förmige Apadanahof wird an zwei Seiten von monumentalen Lehmziegelmauern mit tiefen, abgetreppten Nischen im Abstand von jeweils 7 m begrenzt, in denen möglicherweise Wachen standen. Die Mauer besteht aus zwei Zügen, zwischen denen vom Apadanahof aus zugängliche Gänge und kleinere Räume eingerichtet waren. Im Norden jenseits der Mauer verlief die vom Tor aller Länder kommende, 92 m lange und etwa 10 m breite **Straße der Armee** (10). Nördlich der Straße schlossen sich Soldatenquartiere, Lagerräume und Werkstätten für Steinmetze an.

Im Osten öffnet sich die Armeestraße auf einen kleinen Platz, der im Süden vom **Unvollendeten Tor** (11) begrenzt wird, das, wie der von den Ausgräbern vergebene Name besagt, bei der Eroberung von Persepolis noch nicht fertiggestellt war. Hier war der Amtssitz des Hofmarschalls, zu dessen Aufgaben es gehörte, die Besucher beim König oder einem Beamten anzumelden. Das Unvollendete Tor wird als riesiger, rechteckiger Bau mit einer genischten Außenfassade rekonstruiert. Zentrum des Baus war ein quadratischer Raum mit vier Säulen in der Mitte. Wahrscheinlich sollten die Ein- und Ausgänge von großen Stier- und Mischwesenskulpturen flankiert werden.

Am östlichen Ende der Armeestraße liegt ein **Verwaltungsgebäude** (12), in dem ca. 30 000 Tontafeln gefunden wurden, die in elamischer Schrift und Sprache abgefaßt waren. Inhalt der Tafeln war hauptsächlich die Regelung der Arbeitsverhältnisse der Handwerker und Arbeiter von Persepolis. Diese einem Tarifvertrag ähnlichen Regelungen umfaßten die Länge der Arbeitszeit, die Bezahlungsmodalitäten und sogar die Leistungen, die bei einem Arbeitsunfall zu erbringen waren.

Südlich des Unvollendeten Tors lag ein großer Hof, der im Süden vom **Hundertsäulensaal** (13), dem Thronsaal Xerxes' I., begrenzt wurde. In der Regierungszeit des Xerxes wurde dieser Bau errichtet und genutzt, unter Artaxerxes jedoch erst vollständig fertiggestellt. Der aus einer monumentalen Säulenhalle bestehende Bau mit einer von turmartigen Ecktrakten flankierten Vorhalle ist der größte Bau der Palastterrasse nach dem Apadana. Über zehn Reihen mit jeweils zehn 14 m hohen, steinernen Säulen spannte sich eine 4600 m² große Decke. Anders als das Apadana steht der Hundertsäulensaal nicht auf erhöhtem Niveau. Die mit einer doppelten Säulenreihe ausgestattete, nach Norden weisende Vorhalle wurde auf jeder Seite von jeweils einer monumentalen Stierfigur gerahmt. In die Audienzhalle mit ihren gigantischen Ausmaßen führten zwei Portale, neben und zwischen denen die Wand mit Fenstern durchbrochen war.

In allen Türlaibungen der Ein- und Ausgänge zum Saal waren Reliefs angebracht, die den König teils im mythisch-heroischen Kampf gegen Löwen oder Mischwesen, teils unter einem Baldachin auf seinem Thron abbilden, wie er Audienz hält. Unterhalb des Throns sind entweder Soldaten der Unsterblichen Garde oder die Vertreter der Völker des Reiches dargestellt, die das thronartig ausgestaltete Podest stützen. Die monumentale Säulenhalle wurde nicht nur für offizielle, festliche Empfänge genutzt, sondern diente auch als eine Art antikes Großraumbüro für die Hofbeamten.

Östlich schließt an den Hundertsäulensaal, nur getrennt durch einen langen Gang, ein Gebäude an, in dem **Küchen** (14) untergebracht waren. Ein breiter Torweg, der den Hof des Hundertsäulensaals mit der östlichen Kante der Terrasse verband, trennt das Küchenhaus vom nördlich benachbarten **Saalgebäude** (15), das sich ebenfalls mit einer Säulenvorhalle auf den Hof hin öffnet und als Speisesaal für die zahlreichen Beamten des Königs gedeutet werden könnte. Die große Säulenhalle dieses Gebäudes war mit vier Reihen à acht Holzsäulen ausgestattet, von denen die steinernen Glockenbasen noch erhalten sind.

Im Südosten der Terrasse liegt isoliert das großflächige **Schatzhaus** (16), in dem der Staatsschatz der Achämeniden untergebracht war. Daß der Gebäudekomplex die Finanzzentrale von Persepolis darstellte, ist durch den Fund einer Reihe von Tontafeln gesichert, auf denen die Lohnabrechnungen für die am Schatzhaus beschäftigten Bauarbeiter niedergeschrieben waren. Antike Historiker berichten, daß nach dem Fall von Persepolis die siegreiche Armee Alexanders für den Abtransport der Schätze 3000 Kamele und eine große Anzahl von Pferden und Maultieren benötigte. Trotz der Plünderung des Staatsschatzes waren bei den Ausgrabungen hier die Funde an Edelmetallgefäßen und -statuetten, im Vergleich zu anderen Gebäuden der Palastterrasse, noch immer die reichsten und ergiebigsten. Mit dem Bau des Schatzhauses wurde in der Regierungszeit des Darius begonnen; unter Xerxes I., von dem die Ausgräber insgesamt acht Bauinschriften fanden, wurde es vollendet.

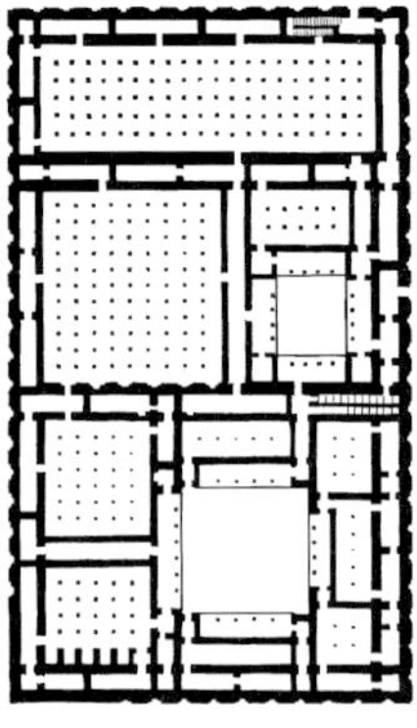

Persepolis, Plan des Schatzhauses

Der riesige Gebäudekomplex war durch breite Straßen von den anderen Gebäuden der Terrasse getrennt. Er hatte festungsartige, dicke Außenmauern, deren Fassaden durch mehrfach abgetreppte Nischen gegliedert waren. Das Schatzhaus ist in drei ungleich große, rechteckige Teilbauten gegliedert, die nacheinander entstanden. Der im Norden gelegene, jüngste Teil besteht aus einer nahezu die gesamte Breite des Baus einnehmenden Säulenhalle mit fünf Reihen à 20 Säulen. Aneinander gereihte, gangartige Lagerräume umgaben diese Halle; an der Nordseite lag ein Treppenhaus, das zu dem einzigen Nebenausgang des Schatzhauses führte.

Im mittleren Gebäudeteil wird die größte Fläche von einem 99-Säulen-Saal eingenommen. Der älteste, südliche Teil besteht aus mehreren Säulenhallen unterschiedlicher Größe sowie kleineren Räumlichkeiten und Gängen. Die beiden Innenhöfe des Schatzhauses haben an allen vier Seiten offene Säulenvorhallen. Der kleinere Innenhof liegt im mittleren Gebäudeteil, nahe dem Haupteingang in der Ostmauer, der größere bildet das Zentrum des Südteils, der wohl als Verwaltungszentrum des Schatzhauses genutzt wurde.

Betrat ein Besucher das Schatzhaus über den knickachsig angelegten Haupteingang, der durch zwei Wachstuben führte, so gelangte er zuerst in den kleineren Innenhof. Hier fanden die Ausgräber im Süd- und Ostportikus zwei große Reliefplatten mit der Darstellung des thronenden Herrschers, jeweils spiegelbildlich ausgearbeitet. Eine der Reliefplatten steht heute im Nationalmuseum in Teheran (s. Abb. S. 109), die andere wurde am Fundort belassen.

Der auf dem Relief unter einem Baldachin thronende König ist Darius. Er hält seine Königsinsignien, eine Lotusblüte und das Szepter, in den Händen. Hinter ihm stehen der Kronprinz Xerxes, ebenfalls mit einer Lotusblüte in der Hand, der Kämmerer des Königs, mit einer Haare und Bart vollständig verhüllenden Baschlyk auf dem Kopf, und schließlich der Waffenträger des Herrschers mit Bogenkasten und Streitaxt. Vor Darius stehen zwei Räucherständer; dahinter kommt der medisch gekleidete Hofmarschall Farnaka auf den Thronenden zu. Er hat eine Hand vor den Mund erhoben und beugt sich leicht vor. Jenseits des Baldachins stehen auf beiden Seiten je zwei Gardesoldaten.

Der Fundort dieser beiden in der Literatur als Schatzhausreliefs bekannten Platten ist jedoch nicht der originale Anbringungsort. Ursprünglich zierten sie den Mittelteil der beiden Treppenanlagen, die in das Apadana führten. Vermutlich weil sie als amtierenden Herrscher Darius I. darstellten, ließ dessen Sohn und Nachfolger Xerxes I., der auf ihnen nur als Thronfolger abgebildet ist, die beiden Reliefplatten von den Apadanatreppen abnehmen und im Schatzhaus neu aufstellen.

Die gesamte Palastterrasse war eingefaßt von einer massiven Befestigungsmauer, die im unteren Bereich auch als Stützmauer diente und sich jenseits der Terrasse in den Flanken des Kuh-e Rahmat fortsetzte. Sie war mit unregelmäßigen Vor- und Rücksprüngen dem Gelände angepaßt und mit mehreren Turmbastionen versehen. Die Befestigung bestand aus einem doppelten Mauerzug, in dem Gänge, Räume, Lager und Treppenhäuser untergebracht waren. Außer dem Hauptzugang an der Westseite gab es zwei Nebenzugänge zur Palastterrasse, ein gänzlich unscheinbarer im Nordwesten und ein mit

Turmbastionen verstärktes Tor im Südosten, das zum Schatzhaus führte. Im Osten war das Palastgebiet durch eine vergleichbar konstruierte Innenmauer gegen das ansteigende Berggelände abgegrenzt. In der Mitte dieser Innenmauer wird eine größere Toranlage rekonstruiert, die sowohl zur Zisterne als auch zu den Königsgräbern führte.

Die **Zisterne** (17) besteht aus einem aus dem Fels geschlagenen, 4,70 m im Quadrat messenden Schacht von 26 m Tiefe. Dabei handelt es sich nicht um einen Brunnen im herkömmlichen Sinn, der auf Grundwasser zugreift, sondern um ein Reservoir, das durch Regenwasser gespeist wurde. Das Regenwasser sammelte sich in ebenfalls in den Fels geschlagenen Kanälen und floß in die Zisterne, die die gesamte Palastterrasse mit Wasser versorgte. Kanäle und Zisterne schützten auch die Terrassenanlage, wenn im Frühjahr und Herbst größere Wassermengen durch starke Regenfälle den Abhang hinabstürzten und die Bauten zu unterhöhlen drohten. War das Reservoir gefüllt, wurde das überschüssige Wasser über weitere Kanäle in die Wohngebiete außerhalb der Terrasse geleitet.

Die Felsgräber

Nördlich der Zisterne ist 40 m oberhalb des Terrassenniveaus das **Felsgrab Artaxerxes' II.** (18) in den Berghang hineingearbeitet. Baulich lehnt es sich an die Felsgräber des Darius und seiner Nachfolger in Naqsh-e Rostam an. Die in den Fels geschlagene Fassade ist kreuzförmig angelegt, im oberen Schenkel des senkrechten Balkens steht der König auf einem Podest vor einem Feueraltar. Die Szene ist auf einem thronartigen Möbelstück dargestellt, das von Repräsentanten aller Völkerschaften des Reiches getragen wird. Über der Szene schwebt das Flügelsymbol des Gottes Ahura Mazda, *farawahar* genannt, und in der rechten Ecke der Mond. Rechts und links des Hauptbilds sind an den Seitenwänden drei übereinanderliegende, kurze Register mit persischen und medischen Würdenträgern angebracht. Der horizontale Teil der Grabfassade stellt eine Nachbildung der offenen Säulenvorhallen dar, die als Architekturelement bei den Palästen in Persepolis typisch sind. Oberhalb des Gebälks verläuft ein Fries aus schreitenden Löwen. An den Seitenwänden der vor der Fassade aus dem Fels geschlagenen Plattform marschieren Soldaten der Unsterblichen Garde in drei Reliefstreifen auf den Eingang zu, der in der Mitte der Scheinfassade ins Innere des Grabes führt. Zwei Steinsarkophage befanden sich in der Grabkammer, der eine für den König selbst, der andere möglicherweise für seine Gattin. Das Grab wurde vollständig von den griechischen Eroberern ausgeraubt.

Vor der in den Berg geschnittenen Grabanlage stand auf einer mehrstufigen Terrasse ein Gebäude, in dem die zoroastrischen Priester ihren Aufgaben im Zusammenhang mit dem Totenkult nachgingen. Zusätzlich befanden sich in diesem Gebäude möglicherweise Wachräume für Soldaten der Garde, die das königliche Grab mit seinen reichen Beigaben vor Plünderungen schützen sollten. Heute sind von diesem Bau nur noch die Grundmauern erhalten. Weiter südlich lag das ähnlich geplante, aber nie fertiggestellte **Felsgrab des Artaxerxes III.** (19), das unter dem Namen Unvollendetes Grab in die Literatur einging.

Die Reliefs von Naqsh-e Radjab

Naqsh-e Radjab Vier gut erhaltene sasanidische Felsreliefs

Nur etwa 3 km nordöstlich von Persepolis befinden sich in einer Einbuchtung im Fels die vier Reliefs von Naqsh-e Radjab. Direkt an der linken Kante am Zugang zum Felskessel ist das erste Relief in den Stein geschlagen. Auf dem schräg nach links hin abfallenden Bildfeld erkennt man Shapur I. zu Pferd. Hinter ihm stehen in die Tiefe gestaffelt insgesamt neun Personen, die man als Mitglieder der königlichen Familie und hohe Würdenträger deuten darf.

An der Rückwand der Einbuchtung ist ein verhältnismäßig kleines Relief aus dem Fels gearbeitet, das auf der linken Hälfte ein Brustbild des zoroastrischen Hohepriesters Katir zeigt. Er hat seine rechte Hand erhoben und scheint mit dem ausgestreckten Zeigefinger auf die vor ihm angebrachte Pahlavi-Inschrift zu weisen. Das Relief datiert in die Regierungszeit Bahrams II. (276–293).

Direkt im Anschluß daran ist ein weit größeres, im unteren Bereich unvollendetes Relief angebracht. Es stammt aus der Zeit Ardashirs I. (224–241) und hat die Investitur des Königs zum Inhalt. In der Mitte überreicht Ahura Mazda dem König den Ring der Macht. Zwischen den beiden Hauptpersonen sind zwei kleine Figuren abgebildet, die beim König stehende ist vermutlich der Kronprinz, diejenige vor Ahura Mazda ist hingegen eher als Gott zu interpretieren. Hinter Ardashir sieht man einen Wedelhalter und einen hohen Würdenträ-

Naqsh-e Radjab, Felsrelief mit der Darstellung Shapurs I. mit seinem Gefolge

ger, und hinter dem Gott zwei Figuren mit dem Rücken zum Geschehen und unter einem Baldachin. Die im Vordergrund stehende Person ist die Gattin Ardashirs, die Person dahinter gehört, ihrer Tierkappe nach zu schließen, einer hochgestellten Familie an. Am Ausgang der Felseinbuchtung, genau gegenüber dem ersten Relief, ist die Amtseinführung Shapurs I. dargestellt. In dieser traditionellen Investiturszene sind ohne weitere Nebenfiguren der König und der Gott zu Pferd abgebildet.

Die Achämeniden-Nekropole Naqsh-e Rostam

Naqsh-e Rostam ☆ Weitläufige Anlage mit vier achämenidischen Felsgräbern, der Kaaba-ye Zardosht und acht sasanidischen Felsreliefs

Jenseits des parallel zur Straße verlaufenden Flusses liegt, unweit nördlich von Naqsh-e Radjab, die Nekropole Naqsh-e Rostam. Hier wurden vier Felsgräber achämenidischer Könige in die steil abfallende Felswand des Hossein Kuh geschlagen. Darunter haben sich die sasanidischen Herrscher mit acht Felsreliefs verewigt. Auf dem Areal vor der Felswand steht ein steinerner Turm, die sog. Kaaba-ye Zardosht. Südlich dieses Gebäudes, und das Gelände vor den Felsgräbern umfassend, verlief ehemals eine über 200 m lange und 9,50 m dicke sasanidische Einfriedungsmauer, die im Abstand von jeweils 21 m mit sieben runden Turmbastionen versehen war.

Sowohl auf der Rückseite des Hossein Kuh als auch auf dem nach Westen hin abfallenden Bergplateau gab es zahlreiche Gräber und Bestattungen der unterschiedlichsten Arten aus achämenidischer, parthischer und sasanidischer Zeit. Zusätzlich standen an der Westflanke des Berges zwei monumentale, sasanidische Feueraltäre nebeneinander auf einem Podest. Drei der vier **achämenidischen Felsgräber** sind nebeneinander mit dem Blick nach Süden in der Bergflanke des Hossein Kuh angebracht, das vierte Grab wurde etwas entfernt, mit der Fassade nach Westen ausgerichtet, in den Felsabhang geschlagen. Alle vier Gräber sind älter als diejenigen von Perse-

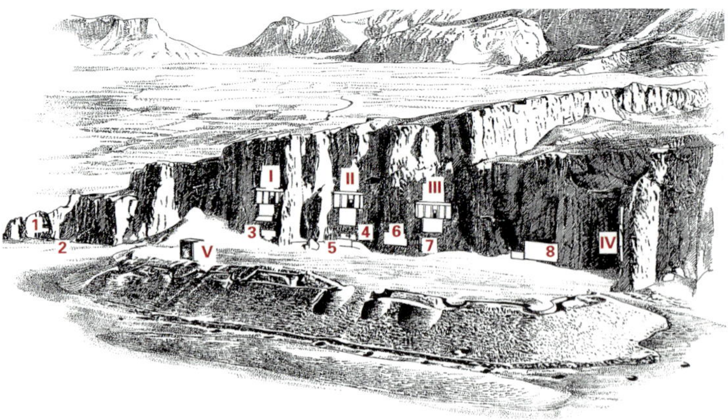

Naqsh-e Rostam, Lage der Gräber und Reliefs
Achämenidische Felsgräber:
I Grab Darius' II.
II Grab Artaxerxes' I.
III Grab Darius' I.
IV Grab Xerxes' I.
Sasanidische Felsreliefs:
1 Investitur Ardashirs I.
2 Bahram II. mit Familie und Würdenträgern
3 Reiterkampfbild Hormizds I. oder Bahrams II.
4 Thronender Shapur mit Würdenträgern
5 Reiterkampf Hormizds II.
6 Triumph Shapurs I. über die römischen Kaiser
7 Reiterkampfszenen Bahrams I., II. oder IV.
8 Investitur Narsehs
Architektur:
V Kaaba-ye Zardosht

polis und mit Sicherheit als Vorbilder für diese anzusehen. Wie dort ist die Fassade kreuzförmig aus dem Fels gearbeitet. Der Querbalken mit dem zentralen Eingang ist als Scheinportikus mit vier Säulen ausgearbeitet, der untere Arm des vertikalen Balkens ist unverziert, der obere trägt eine reliefierte Darstellung. Das Relief bildet den vor einem Feueraltar stehenden König auf einem doppelstöckigen Thronpodest ab, das von den Völkerschaften des achämenidischen Reiches getragen wird. Zwischen König und Altar schwebt die geflügelte Sonnenscheibe, aus deren Mitte die Figur des Gottes Ahura Mazda wächst.

Durch seine Inschrift ist als einziges eindeutig das Grab III als das des Darius I. zu identifizieren, die Zuweisung der anderen drei Gräber ist umstritten. Das Grab, das sich direkt links anschließt (II), wird häufig Artaxerxes I., das folgende (I) Darius II. zugeschrieben. Das nach Westen blickende Felsgrab IV datiert möglicherweise auf Xerxes I. Dasjenige des Darius ist nicht nur das am sorgfältigsten gearbeitete, sondern auch das mit der am besten erhaltenen Grabkammer im Inneren des Berges. Von einem breitgelagerten Gang gehen drei leicht erhöht angebrachte Öffnungen in die Grabkammern ab, in denen jeweils drei parallele sargähnliche Grablegen eingetieft sind. Von den acht Felsreliefs der sasanidischen Könige, die hier angebracht wurden, konnten bislang nur vier eindeutig einem Herrscher zugewiesen werden. Die Identifizierung dieser Reliefs war deshalb möglich, weil der König darauf bei einem offiziellen Anlaß dargestellt ist und deshalb seine von Münzbildern her bekannte Krone trägt.

Naqsh-e Rostam, die drei nach Süden ausgerichteten achämenidischen Felsgräber

Auf dem größten **Relief Nr. 8** wird der König Narseh (293–302) stehend in der Mitte einer Investiturszene gezeigt. Im Beisein von zwei Würdenträgern hinter ihm empfängt er den Ring der Macht von der Göttin Anahita. Zwischen den beiden Hauptpersonen ist eine kleine Figur mit einer Königskrone auf dem Kopf abgebildet, möglicherweise der vom König designierte Kronprinz.

Naqsh-e Rostam, das Felsrelief Nr. 6, das vom Sieg Shapurs I. über die römischen Kaiser berichtet

Das **Felsrelief Nr. 7** direkt unterhalb des Dariusgrabs ist fast quadratisch. In zwei durch einen schmalen Steg getrennten, übereinander liegenden Bildstreifen werden hier zwei Reiterkampfszenen dargestellt. Die beiden stilistisch sehr wohl unterschiedlichen Bildstreifen sind gleich aufgebaut: der nicht eindeutig zu benennende sasanidische König (Bahram I., II. oder IV.) und eventuell der Kronprinz attackieren beide mit ihrer Lanze einen entgegenkommenden Gegner; unter den Pferden liegt in jeder Szene ein gefallener Feind. Unterhalb der Fläche zwischen Felsgrab III und II ist in einem monumentalen Bildfeld, **Relief Nr. 6,** der Triumph Shapurs I. über die römischen Kaiser Philippus Arabs und Valerian abgebildet. Die Darstellung des dritten Kaisers, Gordian III., fehlt auf diesem Bild.

Relief Nr. 5, ein Reiterkampf, wird allgemein Hormizd II. (303–309) zugewiesen. Der reitende König ist in dem Augenblick abgebildet, in dem er von seinem Feind mit der Lanze aus dem Sattel gehoben wird. Das darüberliegende, stark verwitterte **Relief Nr. 4** zeigt einen frontal dargestellten, thronenden König, möglicherweise Shapur II., rechts neben ihm erkennt man in Resten zwei stehende Würdenträger.

Das letzte **Felsbild (Nr. 3)** innerhalb der Einfriedung, ebenfalls ein Reiterkampfbild, wird in der Literatur sowohl auf Hormizd I. (272–273) als auch auf Bahram II. datiert. Die beiden Darstellungen außerhalb der Umfassungsmauer sind im Vergleich zu den anderen

recht klein. Das **Relief Nr. 1** bildet in klassischer Manier die Investitur Ardashirs I. ab (s. Abb. S. 61). Der König wie auch der Gott Ahura Mazda, der dem Herrscher den Ring der Macht übergibt, sitzt hoch zu Roß. Unter den Hufen jedes Pferdes liegt ein gefallener Feind.

Das langrechteckige, verhältnismäßig niedrige Relief daneben, **Nr. 2,** datiert in die Zeit Bahrams II. In der Mitte des Bildfelds steht der König in Frontalansicht zwischen zwei brusthohen Balustraden, hinter denen Mitglieder der königlichen Familie und hohe Würdenträger zu erkennen sind. Auf der linken Seite ist der Hohepriester Katir, der durch sein Siegel im Reliefgrund ganz links außen identifiziert ist, besonders hervorgehoben. Auf der geglätteteten Balustrade und auf den Felswänden beiderseits des sasanidischen Reliefs blieben Reste eines mehr als eineinhalb Jahrtausende älteren, elamischen Felsbildes erhalten, das zuvor hier angebracht war. Links neben Bahram sind Spuren einer stehenden Figur, rechts von ihm die Reste von zwei Schlangenthronen, auf denen Götter sitzen, zu erkennen. Am linken Bildrand ist der Kopf einer weiblichen Figur mit Mauerkrone sichtbar, rechts auf einem nach hinten abknickenden, geglätten Felsstück die vollständige Figur eines mit vor der Brust verschränkten Armen stehenden Mannes, der eine spitze, nach vorn weisende Mütze und ein langes, gewickeltes Schalgewand mit Fransensaum trägt.

Genau gegenüber dem Felsgrab Nr. 1 steht ein ursprünglich aus achämenidischer Zeit stammender und vermutlich in der sasanidischen Periode wieder verwendeter, turmartiger Bau, der allgemein **Kaaba-ye Zardosht** (V) genannt wird. Das Gebäude, das bis zur Hälfte seiner Höhe von den Trümmermassen der Umfassungsmauer verschüttet war, wurde 1936 vom Oriental Institute of Chicago freigelegt.

Der aus hellen Steinquadern errichtete, ohne Mörtel verfugte, jedoch mit Metallklammern verfestigte Bau hat einen quadratischen Grundriß mit einer Seitenlänge von rund 7,50 m. Er ist etwa 12,50 m hoch und mit einem extrem flachen Walmdach gedeckt. Die vier Fassadenflächen, von 20 cm vorkragenden Eckverstärkungen gerahmt, weisen ganz regelmäßig verteilte, schmale und hochrechteckige Vertiefungen auf. An drei Seiten sind jeweils sechs unterschiedlich große Scheinfenster aus schwarzem Stein in die Fassade eingelassen. Die Nordseite, als einzige anders gestaltet, besitzt nur eine kleine Fensternische direkt oberhalb der auf halber Höhe gelegenen Eingangstür, zu der eine freistehende Treppenrampe hinaufführte. Innen gibt es nur einen einzigen Raum.

Im unteren, unverzierten Abschnitt der Ost- und Westseite wurden in sasanidischer Zeit drei Inschriftenfelder angebracht, zwei davon trugen eine in mittelpersischem Pahlavi abgefaßte Inschrift Shapurs I., die im wesentlichen Rechenschaft über seine politischen und religiösen Taten ablegte. Im dritten Feld hatte Katir, der zoroastrische Hohepriester, seine eigene Inschrift anbringen lassen, die sich auf den Bericht Shapurs bezieht und diesen kommentiert. Die hier angebrachten Texte gehören zu den wichtigsten Staatsinschriften der

sasanidischen Zeit. Die Zweckbestimmung des Bauwerks ist in der wissenschaftlichen Literatur umstritten, mit an Sicherheit grenzender Wahrscheinlichkeit handelte es sich jedoch um ein Feuerheiligtum.

Die Achämeniden-Residenz Pasargadae

Pasargadae ☆ Residenzstadt der Achämeniden mit Palästen und dem Grab Kyros' des Großen

Etwa 65 km nordöstlich von Naqsh-e Rostam liegt auf einer Höhe von 1900 m in der Hochebene von Dasht-e Morghab die achämenidische Stadt Pasargadae. Die Hochebene, in der im Jahr 550 v. Chr. die Entscheidungsschlacht zwischen Kyros II. und dem medischen König Astyages stattfand, war bereits im 4. und 3. Jt. v. Chr. besiedelt. Nach seinem Sieg gründete Kyros hier die erste achämenidische Königsresidenz.

In der großflächigen Stadtanlage, die erstmals 1928 von Ernst Herzfeld und zuletzt 1961–1964 von David Stronach untersucht wurde, sind entlang dem alten Flußlauf des Polvar einige Ruinen aus der Achämenidenzeit erhalten. Am weitesten südlich liegt das **Grabmal Kyros II.** (s. Abb. S. 49), dessen Bau der König selbst noch anordnete; vollendet wurde es aber erst von seinem Sohn Kambyses II. Antiken Quellen zufolge soll Alexander der Große bei der Eroberung

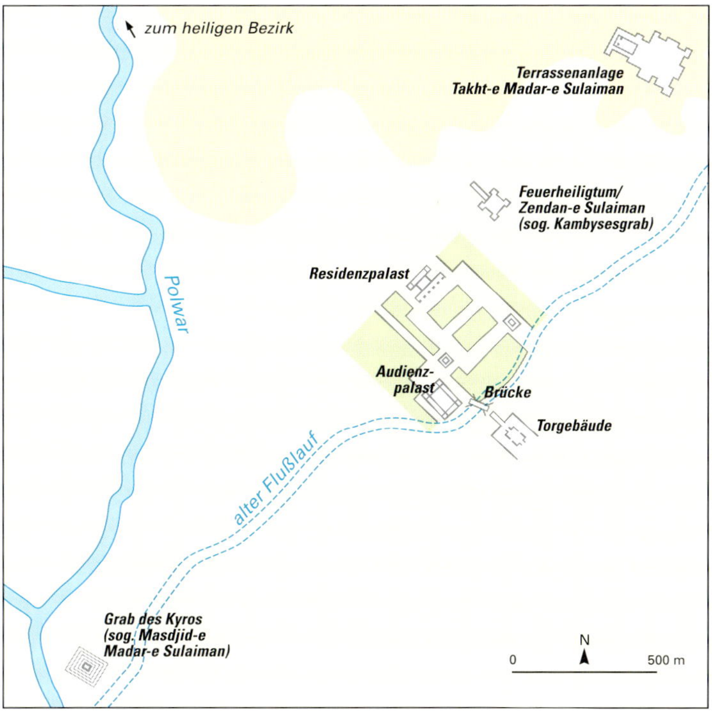

Pasargadae, Plan des Ruinengeländes

Pasargadae, Ruinen des Audienzpalasts, der zur Zeit Kyros' des Großen errichtet wurde

Pasargadaes am Grabmal eine Inschrift gesehen haben, die ihn so beeindruckte, daß er sie ins Griechische übersetzen und unter dem Originaltext anbringen ließ. Sofern es die beiden überlieferten Inschriften überhaupt gegeben hat, so ist heute jedenfalls nichts mehr erhalten. In islamischer Zeit wurde der Bau als Grabheiligtum der Mutter Salomos verehrt und deshalb im 13. Jh. in die Südmauer der Grabkammer eine Mihrabnische geschlagen.

Die Grabinschrift, wie sie Plutarch, der griechische Philosoph und Historiker (50–125 n. Chr.) in seinem Werk ›Alexandros‹ überlieferte: »Mensch, wer du auch sein und woher du kommen magst – denn daß du kommen wirst, weiß ich – ich bin Kyros, der den Persern die Herrschaft erworben hat. Mißgönnt mir nicht die wenige Erde, die meinen Leichnam deckt.«

Das aus hellen Kalksteinquadern errichtete Grabmonument, ein einräumiger Bau mit einem Giebeldach, ruht auf einem massiven, sechsstufigen Unterbau. Sowohl der Unterbau als auch das Grabgebäude sind 5,50 m hoch, so daß sich eine Gesamthöhe von 11 m ergibt. Im Giebeldach befinden sich zwei nicht zugängliche Hohlräume. Über die Innenausstattung der Grabkammer gibt es ebenfalls historische Berichte, denen zufolge der einbalsamierte Leichnam des Kyros auf einem goldenen Totenbett aufgebahrt lag, daneben soll ein goldener Tisch mit Opfergaben gestanden haben. Laut antiken Quellen fand bereits Alexander der Große das Grabmal aufgebrochen und ausgeraubt vor. Allerdings muß es erst kurz vor seinem Eintreffen während der Wirren der Eroberung Persiens geschändet worden sein, denn er ließ der Überlieferung nach den Täter ausfindig machen und hinrichten.

Alle heute noch sichtbaren Bauten des Palastgebiets waren Teil des ersten nachweisbaren persischen Paradeisos, einer riesigen, umzäunten Gartenanlage mit künstlichen Wasserläufen, Seen, Palastbauten und Pavillons. Der natürliche Flußlauf, der das Gelände durchschnitt, ist nicht mehr zu erkennen, ebenso ist der hölzerne Aufbau der Brücke, die früher über den Fluß führte, nicht mehr erhalten. Bei einer Besichtigung erreicht man heute zunächst im Süden des Palastareals die Ruinen des **Audienzpalasts.** Von ihm sind nur wenige

Reste erhalten. Er bestand ursprünglich aus einer rechteckigen zentralen Halle mit zwei Reihen zu je vier Säulen in der Mitte. Vor allen vier Seiten lag eine offene Säulenhalle mit jeweils zwei Reihen dicht nebeneinander stehender Säulen. An zwei Gebäudeecken, möglicherweise aber auch an allen vieren, werden quadratische, geschlossene Räume rekonstruiert.

Früher betrat man das von einer Mauer umgebene Palastgebiet über ein östlich des Audienzpalasts gelegenes, monumentales **Torgebäude,** von dem heute nur noch die Fundamente erhalten sind. Das Tor ist ein 26,50 x 22 m messender Bau mit den Hauptzugängen an den Schmalseiten. Sie wurden ursprünglich von menschen- oder stierköpfigen, geflügelten Stierfiguren flankiert, die den Zugang zum Palastgebiet bewachten. In der Achse der Portale standen in zwei Reihen je vier Säulen. In der Mitte der Längsseiten gab es kleinere, weniger betonte Tore; ihre Türlaibungen waren mit Reliefs verkleidet, die geflügelte Genien darstellten. Am nördlichen Ausgang ist noch eine einzelne Reliefplatte dieser Art erhalten, auf der der Genius eine ägyptische Krone trägt. Über ihm stand eine vierzeilige Bauinschrift Kyros II., die im 19. Jh. noch erhalten war, mittlerweile jedoch verschwunden ist.

Im Nordwesten des königlichen Parks, in dem auf den breiten Wegen zwischen den Grünanlagen zwei kleine, quadratisch konzipierte Pavillons standen, lag der **Residenzpalast** des Kyros. Vom Grundriß her ähnelt dieser als Wohnpalast gedeutete Bau dem Audienzpalast. Die Mitte des Gebäudes wurde von einer monumentalen 31 x 23,50 m großen Halle eingenommen, deren Decke von fünf Reihen zu sechs Säulen getragen wurde. Zusätzlich standen die Steinsäulen mit ihren gerillten Kissenbasen auf zweistufigen Plinthen. Die Laibungen der Portale waren mit Reliefs verkleidet, die den König darstellen, wie er die Säulenhalle verläßt. Vor den Längswänden lagen offene Säulenhallen mit jeweils zwei Reihen von dicht nebeneinanderstehenden, schlanken Holzsäulen.

Außerhalb des Palastbezirks befand sich 300 m nordöstlich des Residenzpalasts ein **Zendan-e Sulaiman** (Salomos Gefängnis) genannter steinerner Turmbau. Heute ist nur noch eine Wand des Gebäudes erhalten, es läßt sich aber architektonisch wie die Kaaba-ye Zardosht von Naqsh-e Rostam und als Feuerheiligtum rekonstruieren. Am nordöstlichen Rand des Stadtgebiets liegt auf den ersten Hügeln des die Hochebene begrenzenden Gebirges eine burgähnlich befestigte, westöstlich orientierte Terrassenanlage, die heute den Namen **Takht-e Madar-e Sulaiman,** Thron der Mutter Salomos, trägt. Ihre Stützmauern waren aus säuberlich bearbeiteten Steinquadern errichtet, deren Halt ursprünglich durch Metallklammern verstärkt wurde. Die von Kyros dem Großen erbaute Anlage mit ihren Steinbauten wurde von Darius mit Lehmziegelbauwerken ergänzt. Zu dieser Zeit stand ein bedeutendes Schatzhaus auf der befestigten Terrasse. Um 280 v. Chr. zerstörte ein Großfeuer viele Bauten, die Anlage wurde aber bis in parthische Zeit, d. h. bis etwa 200 v. Chr., weiter benutzt. Eine letzte Besiedlung läßt sich in spätsasanidischer oder frühislamischer Zeit nachweisen. Im Nordosten schließt direkt an die Terrasse eine bislang noch nicht näher untersuchte Zitadelle mit einem Befestigungswall an.

Jenseits des ersten, niedrigen Bergausläufers lag direkt am Polvar-Fluß, etwa 1,5 km nordwestlich des Zendan-e Sulaiman, der **heilige Bezirk** der Stadt Pasargadae. Er umfaßte eine Hofanlage, in deren Mitte zwei Feueraltäre auf Stufensockeln standen, und eine im Westen anschließende fünfstufige Terrasse, deren Aufbauten nicht mehr erhalten sind.

Landschaft in der Fars

Die Wüstenrandgebiete

Die Provinzen Isfahan, Yazd, Kerman, Sistan/Baluchistan

Im gebirgigen Südwesten grenzen an die **Provinz Isfahan** zwei kleinere, nicht natürlich gewachsene, sondern künstlich geschaffene Verwaltungseinheiten, Chaharmahal va Bakhtiari und Kohkiluyeh va Boyerahmad. Im Norden schließen die Provinzen Teheran, Markazi und Semnan an. Wüsten, Wüstensteppen und Gebirgszüge, die sich von Nordwesten nach Südosten erstrecken, prägen die Landschaft der Region. Der 360 km lange Zayandehrud, der wichtigste und größte Fluß der Provinz, bewässert die meisten landwirtschaftlich genutzten Flächen und trägt so entscheidend zur Fruchtbarkeit Isfahans bei. Die Provinz ist nicht nur reich durch ihren Tourismus, sie gehört auch zu den wichtigsten industriellen Zentren Irans mit der Verarbeitung von Eisen und Stahl sowie der Herstellung von Pharmazeutika und Textilien. Seit 900 Jahren ist die Stadt Isfahan die Hauptstadt der Provinz.

In diesem Kapitel:
Abyaneh ☆
Bam ☆☆
Fahradj
Fin ☆
Isfahan ☆☆
Kashan ☆
Kerman ☆
Mahan ☆
Nain ☆
Natanz
Yazd ☆

An der Hauptverbindungsstraße von Shiraz nach Isfahan liegt etwa 65 km nordwestlich von Abadeh die Ortschaft **Yazd Khwast** oberhalb eines Flusses auf einem steil ansteigenden Felsrücken. Die meisten Häuser des mittelalterlichen, befestigten Lehmziegeldorfs, an dessen höchstem Punkt es eine Burg gibt, sind mittlerweile verlassen und ruinös. Die Moschee, die Masdjid-e Deh, ist teilweise zerfallen, d. h. die am Rand des Bergrückens gelegenen Teile des Bauwerks sind abgestürzt. An der Rückwand des Mihrabsaals ist ein steinerner Minbar erhalten. Der Grundriß läßt vermuten, daß die Moschee in frühislamischer Zeit in der Tradition der sasanidischen Chahar Taq-Architektur entstand.

Unterhalb des Dorfes liegt im Tal eine safawidische Karawansarai, eine achsensymmetrisch aufgebaute Vier-Iwan-Anlage aus Ziegeln mit den für die Zeit typischen Ziegel- und Fliesenverzierungen. Der repräsentativ ausgestaltete Eingang ist zweistöckig angelegt und überragt die nur an der Vorderfront mit zwei Turmbastionen versehenen Außenmauern weit.

Isfahan, restaurierter Taubenturm im Stadtteil Saadat Abad südlich des Zayandehrud

An der Hauptstraße, die direkt von Isfahan nach Nain führt, sind in der Umgebung des rund 10 km östlich von Isfahan gelegenen Dorfes **Gavart** um die 20 aus Lehmziegeln errichtete und teilweise farbig verputzte Taubentürme erhalten. In den großen und breiten Rundtürmen, die teilweise noch aus safawidischer Zeit stammen, können bis zu zehntausend Dünger produzierende Tauben leben. Einmal jährlich wurde früher dieses Guano gesammelt und in der Landwirtschaft verwendet.

Bei der Kleinstadt Khomeyni Shahr, 7 km westlich von Isfahan, liegen auf der Spitze eines etwa 100 m hohen Hügels die Ruinen eines Lehmziegelbaus, die auch als das **Atashgah von Isfahan** bezeichnet werden – ein weithin sichtbarer Rundbau mit acht flach rundbogig abgeschlossenen Zugängen und Fenstern. Der Innenraum, ursprünglich wohl mit einer Kuppel überdeckt, hatte einen achteckigen Grundriß. Abgesehen von diesem Bau sind an der Nordseite des Hügels drei übereinander liegende Terrassenanlagen und Reste starker Lehmziegelmauern erhalten. Nach Beschreibungen einiger arabi-

Atashgah von ◁ Isfahan

scher Geographen und den Berichten von Wissenschaftlern des 20. Jahrhunderts gab es auf dem Hügel ehemals ein sasanidisches Feuerheiligtum; andere sprechen von einer befestigten Residenz aus parthischer oder sasanidischer Zeit. Die Datierung des Rundbaus ist umstritten, von einigen Archäologen wird sie als parthisch oder sasanidisch bezeichnet, andere wiederum datieren sie frühestens in die Zeit der Mongolenherrschaft.

An der Straße, die von Nadjafabad aus nach Isfahan hineinführt, liegt unweit des Atashgah das **Mausoleum des Amu Abdollah,** in dem der Mystiker Amu Abdollah Soqla bestattet wurde. Er lebte hier im 14. Jh.; aus dieser Zeit stammt auch sein Mausoleum, wie die Inschrift auf dem Grabstein besagt. Der rechteckige Bau wird zu zwei Dritteln von einem hohen und breiten Eingangsiwan eingenommen, der in der vergleichsweise kleinen quadratischen und überkuppelten Grabkammer mündet. Auf den Ecken des ansonsten eher schmucklosen Portals wurden in safawidischer Zeit zwei mit wenigem Ziegelschmuck versehene, kurze, stämmige Minarette errichtet. Im Volksmund heißt das Gebäude auch Schwingendes Minarett, *minar djonban*, denn durch eine bauliche Besonderheit ist es möglich, von der Plattform des einen Minaretts aus durch eine leichte Druckbewegung beide Minarette zum Schwingen zu bringen.

Isfahan – Paradiesische Stadt der Moscheen, Paläste und Gärten

Isfahan, Plan des Stadtzentrums
1 Medresse-ye Chahar Bagh
2 Bazar-e Honar
3 Abbasi-Karawansarai
4 Kakh-e Hasht Behesht
5 Chehel Sotun-Palast
6 Meydan-e Imam
7 Torpalast Ali Qapu
8 Masdjid-e Imam
9 Shaikh Lotfollah-Moschee
10 Qaysariyeh-Tor
11 Freitagsmoschee
12 Vank-Kathedrale
13 Allah Verdi Khan-Brücke
14 Pol-e Chubi
15 Pol-e Khadju
16 Pol-e Shahrestan

Die Provinzstadt Isfahan liegt auf einer Höhe von 1575 m über dem Meeresspiegel in dem fruchtbaren Tal des in den Bakhtiari-Bergen entspringenden Zayandehrud, rundum von Gebirgszügen eingefaßt. Die sowohl in historischer als auch kultureller Beziehung bedeutende Großstadt hat heute mehr als 2 Mio. Einwohner. Haupteinnahmequelle ist seit alters her der Obst- und Getreideanbau, eine besondere Stellung nimmt aber die Produktion verschiedenster Arten des Kunsthandwerks ein. In jüngerer Zeit wurde Isfahan zusätzlich zu einem Industriestandort für Stahl- und Textilproduktion

Geschichte

Die Gründung der Stadt reicht vermutlich noch über die Achämenidenzeit hinaus, in der antiken Quellen zufolge an der Stelle die Residenzstadt für Oberpersien lag. Zur Zeit des letzten Partherkönigs, Ardawan V. (213–224 n. Chr.), war Isfahan bereits Hauptstadt der Provinz, in der Sasanidenzeit außerdem Münzstätte und Sitz der Armee. Aus den drei Buchstaben ASP, die auf den in Isfahan geprägtten Münzen standen, läßt sich der Name Asphahan oder Sepahan rekonstruieren, der soviel wie Stätte der Armeen bedeutet.

Nach der Eroberung durch die Araber im Jahr 640 stand Isfahan vom 7. bis 10. Jh. unter umayyadischer, später abbasidischer Herrschaft. Im 9. Jh. umfaßte die Stadt, die zu diesem Zeitpunkt bereits für ihre Seiden- und Baumwollproduktion berühmt war, zwei getrennte Teile; der eine, Djey (Stadt) und später Shahrestan genannt, lag im Osten der heutigen Stadt, der andere, wohl unter dem modernen Isfahan zu lokalisierende Teil, hieß Yahudiyeh und war das Judenviertel.

***Isfahan* ☆☆**
Prunkvolle Stadt der Safawiden mit farbenfrohen Prunkbauten und Moscheen, unzähligen Mausoleen und einer wechselvollen Geschichte. Besonders sehenswert: Medresse-ye Chahar Bagh; Chehel Sotun-Palast; Meydan-e Imam mit Masdjid-e Imam; Shaikh Lotfollah-Moschee und Ali Qapu; Freitagsmoschee; Vank-Kathedrale; Khadju- und Shahrestan-Brücke

Seit wann dieses Judenviertel existierte, ist nicht mit Sicherheit festzulegen. Einer Überlieferung zufolge soll im 6. Jh. v. Chr. eine Gruppe der Juden, die der babylonische König Nebukadnezar aus Jerusalem vertrieben hatte (587 v. Chr.), im Tal des Zayandehrud ansässig geworden sein und Yahudiyeh gegründet haben. In der frühislamischen Zeit wuchsen die beiden Teile zusammen und wurden zur Stadt Isfahan.

Während des 10. Jh. wurde die wohlhabende Stadt von wechselnden kleineren Lokaldynastien beherrscht. Laut historischer Quellen besaß die Stadtmauer in der Zeit der Buyiden (977–1028) zwölf bronzebeschlagene Tore, die so geräumig waren, daß Elefanten sie durchschreiten konnten. Von 1030–1051 beherrschten die Kakuyiden Isfahan, mit einer kurzen Unterbrechung im Jahr 1034, als Masud von Ghazna, der Sohn des Ghaznawidenherrschers Sultan Mahmud,

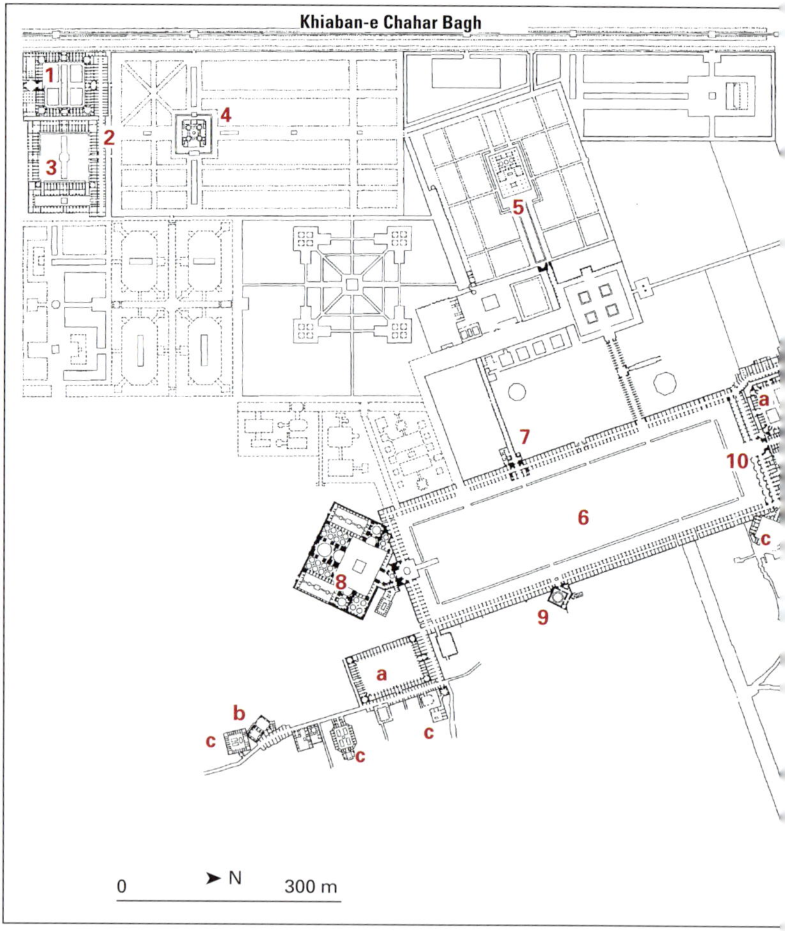

den Ort einnahm. Nach einer einjährigen Belagerung eroberten 1051 die Seldjuken Isfahan, und ihr Anführer Toghrul Beg machte es zu seiner Hauptstadt. Während der Seldjukenzeit erlebte der Ort sowohl wirtschaftlich als auch kulturell eine Blüte. Ein zeitgenössischer persischer Geograph beschreibt Isfahan als wohlhabend, schön und sauber. Er spricht davon, daß alle Bazare, wie die Stadt selbst, von starken Mauern mit Toren umgeben waren. Von der Architektur dieser Zeit zeugen in Isfahan viele aus Ziegeln errichtete Bauwerke, die erhalten blieben, ebenso wie zahlreiche Moscheen, Minarette und Grabbauten in den Vororten und Dörfern in einem Umkreis von 25–30 km.

Als die Mongolen das Land überrannten, wurde Isfahan anfänglich verschont. Die Auseinandersetzungen und Rivalitäten führender Adelsfamilien hatten jedoch zur Folge, daß 1228 den mongolischen

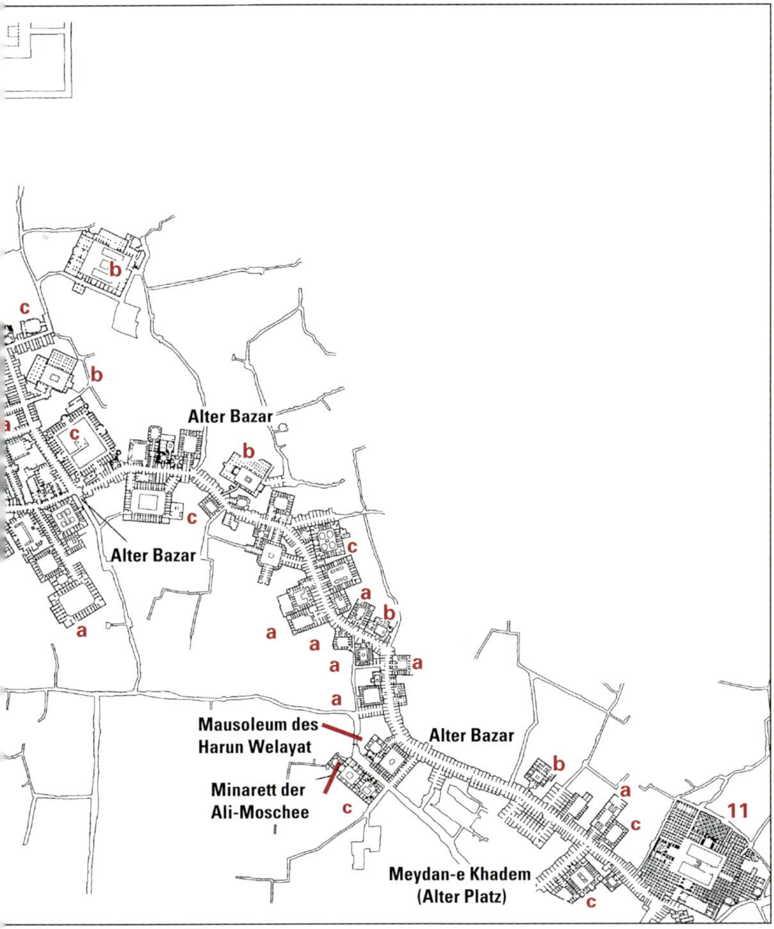

Isfahan, Plan der safawidischen Stadt
1 Medresse-ye Chahar Bagh (Sultani)
2 Bazar-e Honar
3 Abbasi-Karawansarai (Hotel)
4 Kakh-e Hasht Behesht
5 Chehel Sotun-Palast
6 Meydan-e Imam (Naqsh-e Djahan)
7 Ali Qapu-Torpalast
8 Masdjid-e Imam (Djame-ye Abbasi)
9 Shaikh Lotfollah-Moschee
10 Qaysariyeh-Tor zum Königlichen Bazar
11 Freitagsmoschee
a Karawansaraien
b Moscheen
c Medressen

Ilkhaniden die Stadttore freiwillig geöffnet wurden. Im Jahr 1388 riß Timur Leng die Herrschaft über Isfahan an sich, er nahm die Stadt im Sturm, schlachtete Berichten zufolge 200 000 Menschen ab und schichtete ihre abgeschlagenen Köpfe zu minaretthohen Türmen auf. Bis zu Beginn des 16. Jh. die Safawiden an die Macht kamen, stritten zwei turkmenische Stämme, die Aq Qoyunlu und die Qareh Qoyunlu, um die Vorherrschaft in Isfahan.

Mit der Dynastie der Safawiden (1501–1722), die 1502 die Stadt einnahmen, begann eine Glanzzeit für Isfahan. Shah Abbas I. (1588–1629), der die Metropole 1598 zu seiner Hauptstadt machte, holte zum Ausbau und zur Verschönerung Isfahans Handwerker und Künstler aus allen Teilen seines Reiches. Aus der Ortschaft Djolfa, die heute an der Nordwestgrenze Irans zur Republik Azarbaidjan liegt, holte er Armenier, die für ihr handwerkliches Können und ihre Kunstfertigkeiten berühmt waren, und siedelte sie in Isfahan an. Das armenische Viertel am Südufer des Zayandehrud trägt seitdem den Namen der Heimatstadt der Handwerker, Djolfa. Zu dieser Zeit lebten etwa 600 000 Menschen in Isfahan, es gab mehr als 150 Moscheen, rund 50 Medressen und ca. 200 Badehäuser, abgesehen von zahlreichen größeren und kleineren Karawansaraien in der Stadt selbst und in einem Radius von einer Tagesreise (etwa 30 km).

Im Jahr 1722 fielen die Afghanen in Isfahan ein und ermordeten den letzten selbständig regierenden Safawidenshah, Sultan Hossein. Die Herrscher der folgenden Dynastien der Afsharen, Zand und Qadjaren verlegten ihre Hauptstadt nach Mashhad, Shiraz oder Teheran. Trotzdem wurden die Bauwerke Isfahans weiterhin restauriert, verschönert und ausgebaut.

Besichtigung

Vom Fluß aus führt kerzengerade nach Norden die Khiaban-e Chahar Bagh (Straße der vier Gärten), eine breite Allee, deren Mitte auf der gesamten Länge von Grünflächen eingenommen wird. Als Shah Abbas das Straßensystem erneuern und in der ganzen Stadt Gärten, Bewässerungsanlagen, Kanäle und Brunnen anlegen ließ, entstand diese Allee als Prunkstraße mit einem Wasserkanal in der Mitte. In der Safawidenzeit war die Allee, die zu den königlichen Parkanlagen führte, an beiden Seiten von prachtvollen Gärten mit Pavillons und kleinen Palais gerahmt; heute ist sie natürlich rechts und links bebaut, ihre angenehme Atmosphäre und ihr Charme blieben jedoch weitgehend erhalten.

Isfahan, die geflieste Kuppel der Medresse-ye Chahar Bagh

An der Ostseite der Khiaban-e Chahar Bagh liegt ein unter Shah Sultan Hossein in den Jahren 1704–1714 errichteter Baukomplex, der aus einer Medresse, einer Karawansarai und einem Bazar besteht. Die **Medresse-ye Chahar Bagh** (1) wird auch Medresse Sultani, hergeleitet vom Namen Shah Sultan Hosseins, oder Medresse-ye Madar-e Shah (Medresse der Mutter des Shah) genannt, gemeint ist hier die Mutter Shah Sultan Hosseins, die das Projekt finanziert haben soll.

Isfahan, Innenhof des Abbasi-Hotels; im Hintergrund sind die Kuppel und die Minarette der Medresse-ye Chahar Bagh zu sehen

Man betritt die Hochschule von der Khiaban-e Chahar Bagh her; in der Khiaban-e Amadegah gibt es noch zwei Seitenzugänge, die in zwei hinter dem Mihrabsaal gelegene Treppenhäuser führen. Der Haupteingang besteht aus einem Iwan, der von einer Halbkuppel aus Stalaktitenreliefs überwölbt und dessen Wände vollständig mit kleinteiligen und überaus reichen Fliesenmosaiken bedeckt sind. Er mündet in einer überkuppelten Vorhalle, über der sich ein hölzernes Goldasteh erhebt. Die Vorhalle öffnet sich auf den riesigen Innenhof der Medresse als einer der vier Iwane, die jeweils die Mitte der den Hof umgebenden Gebäudetrakte einnehmen. Der bepflanzte Innenhof mit einem langrechteckigen Wasserbecken im Zentrum ist an allen vier Seiten von doppelstöckigen Arkaden umgeben, hinter denen die Wohnräume der Studenten und Professoren liegen. In den abgeflachten Hofecken wurden achteckige und nicht überdachte, kleine Lichthöfe eingerichtet. Wie das Portal sind alle Fassadenflächen mit überaus vielfältig ausgestaltetem Fliesenmosaik-Dekor bedeckt. An der Südseite liegt hinter einem von zwei Minaretten flankierten, tiefen Iwan der Mihrabsaal, den eine blaugrundig geflieste Kuppel überragt.

Vom nördlichen Iwan aus erreicht man den der Medresse angeschlossenen **Bazar-e Honar** (2), der aus einer einzigen gedeckten, etwa 250 m langen und kerzengeraden Bazarstraße besteht. Ihr Zugang liegt an der Khiaban-e Chahar Bagh, und sie verläuft nördlich der Medresse und im rechten Winkel zu ihr. Verlassen konnte man die Bazarstraße sowohl an ihrem östlichen Ende über ein nach Süden führendes Vestibül als auch etwa in der Mitte über ein repräsentativ ausgestaltetes Tor. Früher war dies der einzige Eingang zu der ebenfalls der Medresse angeschlossenen **Abbasi-Karawansarai** (3), die heute, unter Beibehaltung der traditionellen Architektur, zu einem luxuriösen Hotel, dem Abbasi-Hotel, umgebaut ist.

Die Abbasi-Karawansarai, deren Einnahmen ursprünglich die Stiftung der Medresse finanzierten, ist direkt an die Ostmauer der

Isfahan, der Garten-Pavillon Hasht Behesht im Nachtigallen-Park

Medresse angebaut. Bei der nach demselben Prinzip als Vier-Iwan-Anlage errichteten Karawansarai legen sich die Gasträume mit ihren vorgelagerten tiefen Spitzbogennischen zweigeschossig um den gesamten quadratischen Innenhof. Von Westen nach Osten durchzieht den bepflanzten Hof ein breiter Kanal, der von demselben Wasserlauf gespeist wird wie das Becken im Innenhof der Medresse. In der Mitte überspannt eine kleine Brücke den Kanal.

Im Nordiwan, der ehemals zum Honar-Bazar hin offen war, ist heute ein traditionelles Teehaus untergebracht. Man betritt es über ein im Iwan eingerichtetes Entrée. An der Westseite wurden die ehemaligen Gastzimmer im Erdgeschoß zu mehreren, miteinander verbundenen Räumen mit kleinen Springbrunnen in der Mitte umgestaltet, wo man heute in tiefen Sofas sitzen und den traditionell servierten Tee genießen kann. An den Wänden hängen zahlreiche Beispiele der typischen Tee- und Kaffeehausmalerei aus verschiedenen Zeiten.

Nördlich des Honar-Bazars liegt, angrenzend an die Khiaban-e Chahar Bagh, der Nachtigallen-Park, der sich an das Palastgebiet der safawidischen Könige anschloß. In der Mitte dieses ebenfalls während der Safawidenzeit angelegten Parkgeländes steht der **Kakh-e Hasht Behesht,** (4; Acht-Paradies-Palast), ein Garten-Pavillon aus derselben Periode, errichtet 1669. Das formal in die Gartenanlage mit ihren Wasserläufen und Bassins eingebundene, zweigeschossige Gebäude hat einen langrechteckigen Grundriß mit abgeflachten Ecken, in denen dreieckige, überwölbte Nischen sitzen. In der Mitte jeder der vier langen Fassadenflächen öffnen sich breite, zum Garten hin offene Iwane, die über beide Stockwerke reichen. Den Mittelpunkt des Bauwerks bildet ein hoher überkuppelter Saal mit einem achteckigen Wasserbecken in seinem Zentrum.

Außen- und Innenwände des auf einem Steinsockel errichteten Ziegelbaus sind, ebenso wie die Holzdecken und Gewölbe im Inneren, reich verziert. Einige Dekorationselemente stammen noch aus der safawidischen Periode, andere entstanden während der Qadjarenzeit, als der Pavillon erneuert wurde. Die Innenwände tragen größtenteils Malereien, die Innenkuppel des Mittelsaals ist mit einem bemalten Stalaktitenrelief überzogen; an der Außenfassade wurden die Dreieckszwickel oberhalb der Nischen und Balkone mit Kachelbildern versehen, die Jagddarstellungen, Vogel- und Blumenbilder tragen.

Im Anschluß an den Nachtigallen-Park liegt östlich der Khiaban-e Chahar Bagh ein weiteres Parkgelände, das man von der Khiaban-e Sepah aus betritt. Dieser große Garten war ehemals Teil der safawidischen Palastanlage, die sich weiter im Osten bis zum Imam-Platz erstreckte. In dem Park, relativ nah an der Außenbegrenzung der Gesamtanlage, steht der **Chehel Sotun-Palast** (5), ein repräsentatives Empfangsgebäude, das zusammen mit einem langrechteckigen Wasserbecken direkt vor seinem Eingang und der kleinen Iwanhalle am anderen Ende des Beckens eine architektonische Einheit bildet.

Isfahan, Chehel Sotun-Palast

Mit großer Wahrscheinlichkeit wurde es ursprünglich unter Shah Abbas I. (1587–1629) in safawidischer Zeit errichtet, dann aber von Shah Abbas II. (1642–1666) ausgebaut. Eine Inschrift besagt, daß die Dekorationen, speziell die Wandmalereien im Inneren, im Jahr 1647 vollendet wurden. Zwei große Wandbilder wurden während der Regierungszeit der Zand-Dynastie im 18. Jh. hinzugefügt.

Der langrechteckige Palastbau besteht aus drei vermutlich nacheinander errichteten Bauteilen, von denen der Hauptbau wohl der älteste ist. Sein Zentrum wird von einer breiten, rechteckigen, von drei nebeneinander liegenden Kuppeln überwölbten Empfangshalle eingenommen, die man über den Iwan in der Mitte der östlichen Langseite betritt. Das mit einem Stalaktitenrelief überzogene Gewölbe und die Wandflächen des Iwans sind vollständig mit kunstvoll gearbeiteten Spiegelmosaiken bedeckt. Flankiert wird der Eingangsiwan von zwei Seitenräumen; eine Raumfolge, die sich an der gegenüberliegenden Langseite wiederholt. Die heute geschlossenen Schmalseiten der Empfangshalle öffneten sich ehemals auf hölzerne Veranden, deren Dach von jeweils vier Holzsäulen getragen wird.

An der Langseite, in der der Haupteingang liegt, wurden in der zweiten Bauphase an jeder Seite etwas kleinere, langrechteckige Säle angebaut, die in der Mitte des Gesamtbaus einen breiten, überkuppelten Talar mit einem Wasserbecken freilassen. Der Talar schließt vorne mit zwei hölzernen Säulen ab. Über die gesamte Breite wurde dieser Seite eine tiefe, an drei Seiten offene Holzveranda vorgelagert; 18 schlanke, mit Schnitzornamenten versehene Holzsäulen tragen ihr mit Intarsien eingelegtes Dach. Das Bild der 20 Säulen, die sich im Wasser des davorliegenden Bassins spiegeln, hat dem Palast seinen Namen Chehel Sotun-Palast (40-Säulen-Palast) gegeben.

Eine Besonderheit stellt die aus dem 17. und 18. Jh. stammende, gemalte Innendekoration der manchmal auch als Thronsaal bezeichneten Empfangshalle dar. Die Fresken wurden stark zerstört, als die Afghanen, die Isfahan 1722 besetzten, sie mit einer dicken Putzschicht überzogen. Geometrische und florale Muster bedecken die facettenartig gegliederten Säume der drei Kuppeln, Fenster- und Türstürze, die trennenden Bögen zwischen den Kuppeln sowie Teile der Wände. Die durch die Trennungsbögen entstandenen drei größeren Flächen jeder Längswand tragen im oberen Teil Malereien; drei zeigen historische Schlachten, die anderen drei geben Bankettszenen aus dem höfischen Leben wieder.

An der Eingangswand ist links der Tür der Gründer der Safawiden-Dynastie, *Shah Ismail* (s. Abb. S. 73), auf einem Pferd mit weißer Schabracke in der Schlacht gegen die mongolischen Usbeken (1510) dargestellt. Oberhalb der Tür ist ein weiteres Schlachtengemälde angebracht, das eine Kampfszene aus dem Feldzug des Afsharenherrschers *Nadir Shah* gegen die mit Elefanten ausgestattete Armee des indischen Herrschers Mohammad Shah Gurkani wiedergibt. Rechts der Tür befindet sich die Darstellung eines Banketts, das *Shah Abbas II.* dem Emir von Turkestan, Nader Mohammad Khan, zu Ehren gab (s. Abb. S. 74).

Auf der gegenüberliegenden Wand ist rechts der Mitte ein Galaempfang *Shah Abbas' I.* dargestellt, den er 1611 zu Ehren eines anderen Herrschers von Turkistan, Vali Mohammad Khan, ausrichtete. Die Mitte der Wand nimmt ein weiteres Schlachtengemälde ein; es schildert den Kampf *Shah Ismails* gegen den osmanischen Sultan Sulaiman. Neben dem historischen Ereignis der Chaldoran-Schlacht hat der Maler auch die Geschichte des legendären Schwertes in Szene gesetzt, das angeblich einen Reiter mitsamt Pferd mitten durchschneiden konnte. Links folgt die Wiedergabe des Banketts, das *Shah Tahmasp* zu Ehren des 1543 aus Indien nach Persien geflohenen Moghul-Kaisers Homayun veranstaltete. Im unteren Teil aller Wände sind kleinformatigere Gartenszenen in der Art und Weise der Miniaturmalereien angebracht, in denen schöne Mädchen, die musizieren oder tanzen, und sie verehrende junge Edelmänner dargestellt sind.

Der Meydan-e Imam und seine Prachtbauten

Vom Chehel Sotun führt die Khiaban-e Sepah vorbei am Palastgebiet mit seinen königlichen Gärten zum **Meydan-e Imam** (6), früher Meydan-e Naqsh-e Djahan (Abbild der Welt-Platz) genannt. Dieser 150 m breite und gut 500 m lange, exakt rechteckige Platz gehörte zum Palastareal, das in der Regierungszeit Shah Abbas I. konzipiert und errichtet wurde. Doppelstöckige Arkaden, in denen zu ebener Erde Läden untergebracht sind, rahmen den gesamten Platz. An den

Isfahan, die südliche Hälfte des Meydan-e Imam mit Blick auf die Imam-Moschee

Schmalseiten werden die Arkaden von hohen, reich verzierten Iwanen unterbrochen, die im Norden in den kaiserlichen Bazar führen, im Süden in die Imam-Moschee. An den Längsseiten des Platzes öffnen sich die Arkaden im Osten für die Shaikh Lotfollah-Moschee, im Westen zum Torpalast Ali Qapu. Alle Gebäude rund um den Imam-Platz gehörten zum Gesamtkonzept der Königspaläste in safawidischer Zeit. Es wird berichtet, daß Shah Abbas auf diesem Platz auch Polo-Spiele und Militärparaden veranstalten ließ, denen er von der Terrasse des Ali Qapu aus zuschaute.

Der **Ali Qapu-Torpalast** (7; Hohe Pforte) bildete den repräsentativen Zugang zum Palastgelände. In dem fünfgeschossigen, weiträumigen Gebäude waren die Palastwachen stationiert und Teile der Verwaltung untergebracht. Außerdem wurden Gerichtsverhandlungen abgehalten und zusätzlich für hochgestellte Besucher oder ausländische Gesandte Gästezimmer und Aufenthaltsräume für die Zeit bereitgestellt, die sie auf einen offiziellen Empfang beim Shah warten mußten. Das Gebäude in seiner heutigen Erscheinungsform stammt aus der Zeit Shah Abbas I., es gab jedoch einen zweigeschossigen Vorgängerbau aus timuridischer Zeit (15. Jh.). Während der Regierungszeit des Safawiden-Shahs Sultan Hossein wurde der Bau umfassend restauriert, beim Einfall der Afghanen 1722 jedoch stark zerstört. Unter dem Qadjaren Nasir al-Din Shah wurden Teile der Fliesendekoration über dem Eingang ersetzt.

Der mit der Schmalseite zum Platz hin orientierte Torpalast hat eine Gesamthöhe von 68 m. Lediglich der mittlere, quadratische Kern geht über alle fünf Stockwerke hinweg, der Anbau auf der Rückfront reicht nur über zwei. Der dem Platz zugewandte Vorbau ist ebenfalls zweigeschossig mit einem über beide Stockwerke reichenden Ein-

Isfahan, der Ali Qapu-Torpalast an der Westseite des Meydan-e Imam

Isfahan, Musikzimmer im obersten Stockwerk des Ali Qapu-Torpalasts

gangsiwan. Über ihm erhebt sich eine an drei Seiten offene, hölzerne Veranda, deren reich verziertes Holzdach 18 schlanke Holzsäulen tragen. In der Mitte der Veranda gab es ursprünglich einen Springbrunnen. Hier versammelte sich der Hofstaat, wenn auf dem Platz Veranstaltungen abgehalten wurden.

Die Wände und Decken aller Räume im Torpalast, sogar in den beiden Treppenhäusern mit ihren Wendeltreppen, sind überreich mit Wandmalereien verziert, die teilweise aus komplizierten floral-ornamentalen, flächigen Mustern bestehen. Häufig ranken sich um kleinteilig gefüllte Medaillons Bäume, Sträucher und Blütengirlanden, dazwischen sitzen oder fliegen Vögel der unterschiedlichsten Gattungen. In der unteren Wandzone in manchen der größeren Räume sind Paneele mit figürlichen Szenen angebracht.

Der größte Teil des fünften Stockwerks wird von einem kreuzförmig angelegten Saal eingenommen. Über seiner Mitte erhebt sich ein *nurgir*, ein Lichtturm. Dieses im Grundriß quadratische Bauelement setzt sich zusammen aus einer unteren Zone von nebeneinanderliegenden Fenstern, die mit Ziegelgittern als Sonnenschutz verkleidet sind, und einer mit kleinteilig bemalten Stalaktiten verzierten Kuppel. Während der untere Teil der Wände, die von Türen, Fenstern und Nischen unterbrochen werden, ebenso wie die Fenster- und Türstürze mit Wandmalereien bedeckt ist, tragen die oberen Wände und Gewölbe der vier den hohen Mittelteil des Saals umgebenden Iwane

Isfahan, die Masdjid-e Imam mit ihrem Eingangsiwan, der fliesengeschmückten Kuppel über dem Mihrabsaal und einem Goldasteh über dem Westiwan

eine besondere Art der Verzierung: Vor die in Nischen und Stalaktiten gegliederten Wand- und Deckenzonen ist eine Gipsverschalung gelegt, in die die Umrisse von unterschiedlich geformten und ganz verschieden großen Gefäßen geschnitten sind. In den so geschaffenen Nischen standen ursprünglich Flaschen und Flacons aus Glas und Metall. Abgesehen davon, daß diese Schmuckelemente außerordentlich reizvoll gewirkt haben müssen, hatten sie zusätzlich eine praktische Funktion, denn sowohl die Gipsnischen als auch die darin untergebrachten Gefäße wirkten akustisch verstärkend wie Klangkörper. Darum erhielt dieser Saal auch den Namen Musikzimmer.

Die an der südlichen Schmalseite des Platzes gelegene **Masdjid-e Imam** (8; Djame-ye Abbasi) war als die königliche Moschee Shah Abbas' des Großen konzipiert. Während seiner Regierungszeit wurde 1612 mit ihrem Bau begonnen, jedoch war sie erst 1630, ein Jahr nach dem Tod des Herrschers, nach 19jähriger Bauzeit vollendet. Der Portalbau wurde als erster Teil der Anlage im Jahr 1616 fertiggestellt, die Arbeiten an der gesamten Fliesenmosaikverzierung wurden hingegen erst im Jahr 1638 abgeschlossen. Die Imam-Moschee hat ebenfalls Medresse-Funktion und ist dementsprechend mit Wohnräumen für Studenten und Lehrende ausgestattet.

Der 26,5 m hohe Eingangsiwan zur Moschee, der von zwei Minaretten flankiert wird und sich in der Mitte der südöstlichen Schmalseite des Imam-Platzes öffnet, fügt sich vollends dem Gesamtkonzept und der Bebauung des Platzes ein; die dahinterliegende, nahezu vollständig achsensymmetrisch aufgebaute Vier-Iwan-Moschee ist hingegen nach Mekka, d. h. exakt nach Süden orientiert. Deshalb mußte der Moscheebau abgewinkelt an das Portalgebäude angeschlossen werden. Die so entstandenen knickachsig angelegten Zugänge, die durch kuppelüberwölbte Vestibülräume führen, münden im Nord-

Isfahan, fliesenverzierte Arkadengänge zum Haupthof der Masdjid-e Imam

Isfahan, Grundriß der Masdjid-e Imam
1 Eingangsiwan mit Minaretten
2 Nordiwan
3 Ostiwan
4 Westiwan
5 Südiwan
6 Gebetshalle
7 Mihrab
8 Säulenhallen
9 Medressen

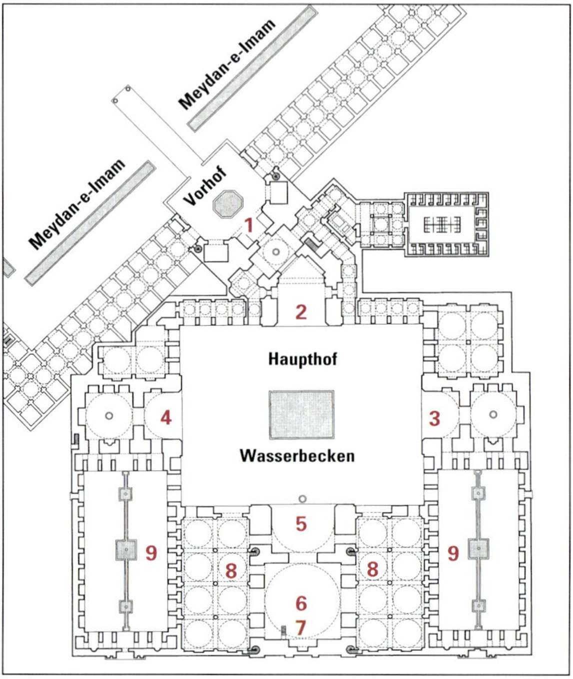

iwan, der sich auf den großen, rechteckigen Innenhof öffnet. Mittelpunkt des Hofes ist ein ebenfalls rechteckiges Wasserbecken; rundherum legen sich doppelstöckige Spitzbogenarkaden.

Hinter dem Südiwan, der breiter und tiefer ist als die anderen drei Iwane und ebenso wie das Portal von zwei hohen Minaretten eingefaßt wird, liegt der Mihrabsaal, über dem sich eine Doppelkugel erhebt. Die auf einem hohen Tambour ruhende, etwas zwiebelförmige Außenkuppel hat einen Durchmesser von 28 m. Rechts und links des Mihrabsaals schließt jeweils eine mit acht flachen Kuppeln gedeckte Gebetshalle an.

Die beiden Iwane an der West- und der Ostseite des Hofes sind in ihren Ausmaßen bescheidener als der Nord- und der Südiwan. Auf dem Dach des Westiwans steht ein hölzerner Goldasteh. Die Gebäudetrakte im Westen und Osten des Hofes sind vom Aufbau her gleich konzipiert: Auf jeder Seite mündet der Iwan in einem Kuppelsaal, der an seiner Südseite mit einem Mihrab ausgestattet ist. Die Kuppelsäle haben jeweils eine Verbindung zu einem kleinen, rechteckigen Innenhof, der von einstöckigen Arkaden umgeben, mit Wasserkanälen und -becken ausgestattet und bepflanzt ist.

Während der untere Bereich der Wände mit einem etwa 2 m hohen Marmorsockel verkleidet ist, überzieht Fliesendekoration vollständig sämtliche Innen- und Außenfassaden dieses gewaltigen Bauwerks, die Minarette, die Kuppeln innen und außen, die Fassade des Portalbaus und sogar seine Rückfront, die vom Haupthof aus sichtbar ist. Das Fliesendekor besteht teilweise aus kleinstteiligem Mosaik, größere Flächen wurden jedoch mit bemalten Kacheln verkleidet. Das stilistisch einheitliche Muster setzt sich zusammen aus Blumenranken, -gebinden, Blüten und Medaillons, dazwischen sind gelegentlich Darstellungen von Tieren, besonders Vögeln, eingestreut. Zwischen den ornamental-floral verzierten Paneelen verlaufen Inschriftenfriese in unterschiedlichem Duktus, meist mit weißen Schriftzeichen auf blauem Grund. Ein großer Teil der Dekorationen wurde von dem berühmten Kalligraphen Ali Reza Abbasi geschaffen.

Gegenüber von Ali Qapu an der Nordostseite des Platzes liegt die zwischen 1602 und 1619 auf Veranlassung von Shah Abbas I. errichtete **Shaikh Lotfollah-Moschee** (9), benannt nach dem aus dem Libanon stammenden, geistlichen Gelehrten Shaikh Lotfollah, der außerdem der Schwiegervater des Bauherrn war. Gelegentlich wird die Moschee auch als Frauenmoschee bezeichnet, weil die Familie des Königs sie als Privatmoschee nutzte. Da diese relativ kleine Moschee für die Öffentlichkeit nicht zugelassen war, hat sie keine Minarette und auch keinen Hof. Im Tiefgeschoß war ein Shabestan, eine große, mit Pfeilern versehene Gebetshalle, eingerichtet.

Das Portal der Moschee weicht in seiner Erscheinungsform von dem der Imam-Moschee ab. Nur unwesentlich überragen die Mauern des exakt rechteckigen Vorhofs, der in die Arkaden des Platzes

Isfahan, die Shaikh Lotfollah-Moschee an der Ostseite des Meydan-e Imam

eingebunden ist, die seitlichen Anbauten, oben sind sie gerade abgeschlossen. In der Mitte der Nordostmauer liegt in einem mit Stalaktitengewölbe geschmückten Iwan der Eingang. Oberhalb eines breiten Marmorsockels ist die gesamte *Fassade* des Eingangs vollständig mit phantasievollen und kleinteiligen Fliesenmosaiken verziert, die zu den schönsten Mosaikarbeiten von ganz Isfahan zählen. Vorherrschende Farbe ist hier ein intensiv leuchtendes, stark kobalthaltiges Dunkelbau. Die *Kuppel,* die sich über dem Hauptgebetssaal erhebt, ruht auf einem blau-grün gefliesten Tambour, an dessen oberem Rand ein blaues Inschriftenband mit weißen Schriftzeichen verläuft. Die

Isfahan, Stalaktitenverzierung am Eingangsiwan der Shaikh Lotfollah-Moschee

Isfahan, Innenkuppel im Gebetssaal der Shaikh Lotfollah-Moschee

Fliesenverkleidung der Außenkuppel besteht aus eleganten Arabesken-Ranken auf einem ockerfarbenen Untergrund, der bei bestimmten Lichtverhältnissen leicht rötlich wirkt.

Damit die Qibla-Wand der Shaikh Lotfollah-Moschee nach Süden ausgerichtet und gleichzeitig der Moscheebau harmonisch in das Gesamtkonzept des Meydan-e Imam eingebunden war, mußte der zentrale *Gebetssaal* aus der Achse des Platzes herausgeschwenkt werden. Um den in der Mitte gelegenen Kuppelsaal gegenüber dem Mihrab, d. h. von Norden her, betreten zu können, wurde vom Eingang aus ein einmal abgeknickter Gang um den Hauptraum gelegt. Der Name des Architekten, Ustad (Meister) Mohammad Reza, der dieses Konzept entwickelte und verwirklichte, wird in einer der Mihrab-Inschriften gewürdigt.

Der Gang, dessen Decke sich aus flachen Einzelkuppeln zusammensetzt, ist innen komplett mit dunkelblaugrundigem Fliesenmosaik verkleidet, ebenso wie alle Wand- und Deckenflächen des Kuppelraums, die Innenkuppel und der Mihrab. Wenn auch die vorherrschende Farbe Blau ist, so fällt doch auf, daß viele Elemente aus dem rötlichen Ocker gearbeitet sind, das den Hintergrund der Kuppel bildet. Dieser normalerweise den Frauen vorbehaltene rötliche Farbton scheint hier benutzt worden zu sein, weil die Shaikh Lotfollah-Moschee eine Privatmoschee war, in der sich hauptsächlich Frauen aufhielten. Sowohl der Gang als auch der Kuppelsaal werden von oben her durch Lichtöffnungen ausgeleuchtet, die mit durchbrochen gearbeiteten Ziegelgittern verkleidet sind.

An der nördlichen Schmalseite des Meydan-e Imam führt ein Portalbau in den Qaysariyeh-Bazar, den kaiserlichen Bazar. Sowohl der Portalbau als auch der gedeckte Bazar wurden von Shah Abbas I. in den Jahren zwischen 1602 und 1619 in Auftrag gegeben. Das mit

Paneelen und Bändern aus Fliesenmosaik geschmückte **Qaysariyeh-Tor** (10) wird von einem hohen, die angrenzenden Arkadentrakte des Platzes weit überragenden Iwan gebildet. Im oberen Bereich schmükken Wandmalereien die Innenfassaden des Iwans, die sowohl die Schlachten Shah Abbas' I. gegen die Usbeken als auch höfische Szenen darstellen. Der untere Teil der Innenwände ist mit Fliesenpaneelen verkleidet.

Zu der aus safawidischer Zeit stammenden Hauptverkehrsader des **Qaysariyeh-Bazars,** einer breiten Verkaufsstraße mit hohen Ziegelgewölben, sind im Laufe der Zeit weitere Gassen und Viertel hinzugekommen, so daß sich der gesamte Bazar mittlerweile auf einen ganzen Stadtteil nördlich des ursprünglichen Kerns ausgeweitet hat. Folgt man der Hauptstraße, so erreicht man nach etwa 1,5 km die Freitagsmoschee. Rechts und links schließen, wie in jedem großen Bazar, zahlreiche Karawansaraien und Timches, Moscheen, Grabheiligtümer und Badehäuser an.

Die Freitagsmoschee

Am nordöstlichen Ende des Bazars liegt an der Khiaban-e Hatef die Freitagsmoschee (11). Der nicht einheitlich nach außen begrenzte, riesige Baukomplex ist an allen Seiten von Bazargassen und Wohnhäusern umgeben, und der recht unscheinbare Haupteingang verschwindet fast zwischen den angrenzenden Läden. Wie die Berichte arabischer Geographen besagen und die bisher durchgeführten Ausgrabungen belegen, hatte die Moscheeanlage drei heute nicht mehr sichtbare Vorgängerbauten. Der erste, ein Lehmziegelbau aus dem 8. Jh., war leicht anders ausgerichtet als die folgenden Anlagen und sehr einfach gehalten. Im 9. Jh. entstand der zweite Bau, bereits ebenso ausgerichtet wie der heutige, als große, rechteckige Hofmoschee mit umliegenden Pfeilerhallen. Der dritte Vorläufer aus dem 10. Jh. stellte sowohl einen Ausbau der vorhandenen Teile, z. T. unter Verwendung von Backsteinen, als auch eine Erweiterung des älteren Gebäudes mit Hallen und Annexbauten dar, in denen u. a. umfangreiche Bibliotheken untergebracht waren.

Im 11. Jh., zwischen 1072 und 1092, veranlaßte der Großwesir und Reichsverweser des seldjukischen Sultans Malik Shah, Nizam al-Molk, im Süden der Moschee den Bau eines großen, quadratischen Kuppelsaals aus gebrannten Ziegeln. Dieser von einer breiten, unverzierten Kuppel überspannte Saal war in der Achse des Gesamtkomplexes an die Qibla-Wand angebaut und enthielt den Mihrab. Im Jahr 1088 ließ Nizam al-Molks politischer Gegner Tadj al-Molk, der Ratgeber der Mutter Malik Shahs, ein vergleichbares Bauwerk errichten, einen zweiten, allerdings freistehenden und kleineren Kuppelsaal im Norden außerhalb der bestehenden Moscheeanlage, in einer Achse mit dem genau gegenüberliegenden Mihrabsaal. Dieser ebenfalls aus gebrannten Ziegeln bestehende Bauteil ist möglicherweise als Konkurrenzbau zu dem im Süden

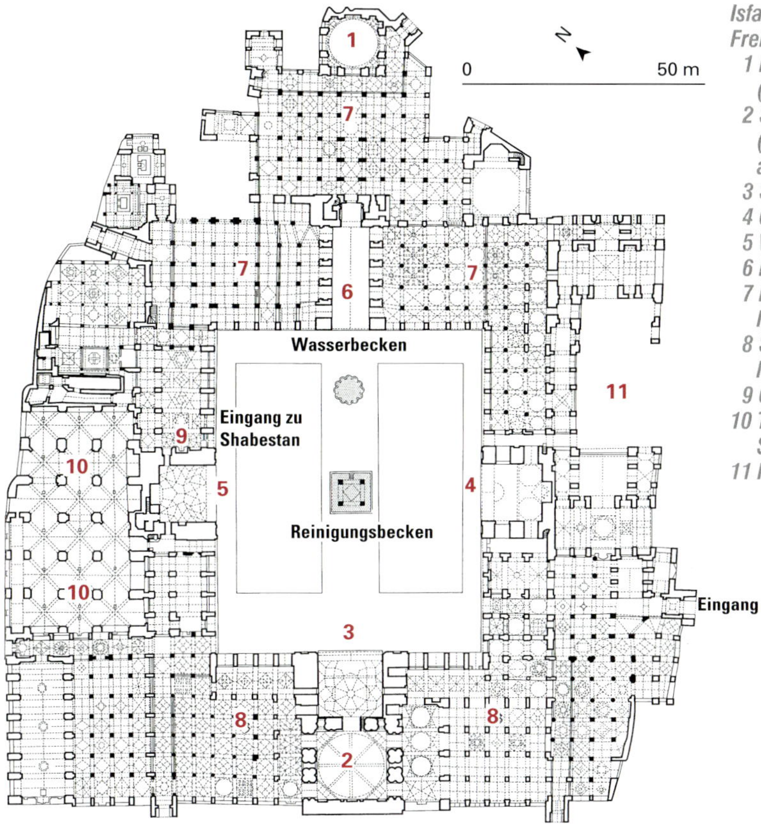

Isfahan, Grundriß der Freitagsmoschee
1 Nordkuppel (Gonbad-e Khaki)
2 Südkuppel (Gonbad-e Nizam al-Molk)
3 Südiwan
4 Ostiwan
5 Westiwan
6 Nordiwan
7 Nördliche Säulenhallen
8 Südliche Säulenhallen
9 Oldjaitu-Mihrab
10 Timuridischer Shabestan
11 Medresse

gelegenen Mihrabsaal zu verstehen, mit dem Tadj al-Molk gegen seinen Rivalen antreten wollte.

Die Anlage, wie sie im 11. Jh. bestand, wurde 1121 von den Assassinen niedergebrannt und alle älteren Bauteile vollständig zerstört, einzig die beiden massiven, aus Backsteinen bestehenden Kuppelbauten im Norden und im Süden überstanden den Brand relativ unbeschadet. Nach der Brandkatastrophe wurden die Lücken zwischen den beiden Kuppelbauten, innerhalb der Grenzen des ehemaligen Bauwerks, geschlossen und damit die Grundlage für das Vier-Iwan-Konzept der Moschee geschaffen. Damit ist die Freitagsmoschee wohl die älteste Vier-Iwan-Anlage Irans. Rund um den 55 x 65 m messenden, riesigen Hof wurden hinter zweistöckigen Arkaden unterschiedlich große Pfeiler- und Säulenhallen errichtet. In der Mitte jeder Seite entstanden Iwane, im Norden der lange schmale Eingangsiwan, an den anderen drei Hofseiten breite und weniger tiefe Gewölbehallen. Der Südiwan schloß an den Mihrabsaal des Nizam al-Molk an.

Isfahan, Innenhof der Freitagsmoschee mit Nord- und Ostiwan

Zur Zeit der Mongolenherrschaft wurde der Gebetssaal nördlich des Westiwans von Oldjaitu im 14. Jh. erneuert. In diesem Gebetssaal befindet sich ein in das Jahr 1310 datierender Mihrab, der mit seiner kunstvollen und reichen Stuckornamentik und seinen in Stuck gearbeiteten Kufi-Inschriften zu den schönsten in ganz Iran gehört (s. Abb. S. 71). Ebenfalls im 14. Jh., zur Zeit der Muzaffariden, wurden an der Ostseite eine Medresse angebaut und die Lücke zwischen dem isoliert stehenden Kuppelsaal Tadj al-Molks und dem im Norden gelegenen Eingangsiwan geschlossen. Während des 15. Jh. ließen die Timuriden hinter dem Westiwan einen großen, dreischiffigen Shabestan erbauen, der extrem zurückhaltend dekoriert ist. Im 16. und 17. Jh., fügten die Safawiden weitere Anbauten hinzu und erneuerten große Teile der Fliesendekoration an allen Bereichen der Moschee. Als im Jahr 1803 die Qadjaren die gesamte Moschee restaurierten, wurden auch einige Partien des Fliesenschmucks instand gesetzt.

Fassade und Gewölbe des hohen Eingangsiwans im *Norden* (Soffeh-e Darvish) des Hofes weisen noch viele Verzierungen aus seldjukischer Zeit auf, ebenso finden sich aber auch einige wenige Dekorationselemente aus safawidischer und qadjarischer Zeit. Das Gewölbe des *Südiwans* (Soffeh-e Saheb) wurde im 15. Jh. von Uzun Hasan von den Aq Qoyunlu erneuert und neu verziert. Ebenso aus dieser Zeit stammen die flankierenden Minarette. Die Fliesenmosaik-

Ornamente und -Inschriften der breiten und verhältnismäßig niedrigen Fassade hingegen datieren in das 16. und 17. Jh. Auf dem Dach des *Westiwans* (Soffeh-e Ostad) steht ein hölzerner Goldasteh mit einem konischen Dach. Mit dem Bau dieses Iwans wurde in seldjukischer Zeit begonnen, er wurde aber erst während des 15. Jh. unter den Timuriden fertiggestellt. Die Verzierungen der Fassade, der unteren Wandpartien sowie des Gewölbes stammen weitgehend aus dem beginnenden 18. Jh. Am *Ostiwan* (Soffeh-e Shagerd) sieht man noch große Teile des Originalschmucks aus seldjukischer und mongolischer Zeit, daneben wurden Teile in safawidischer Zeit erneuert.

Auf der anderen Seite des Zayandehrud liegt westlich der Khiaban-e Chahar Bagh-e Bala das armenische Viertel **Djolfa**, wo sich im Jahr 1605 die rund 30 000 christlichen Armenier einrichteten, die Shah Abbas der Große als Handwerker nach Isfahan geholt hatte. Für die Ausübung ihres Glaubens und ihr Gemeindeleben in Neu-Djolfa, wie sie ihren Stadtteil nach der alten Heimat benannten, räumte ihnen Shah Abbas weitreichende Garantien und Privilegien ein. Ihnen wurde außerdem zugesichert, daß ihre Bischöfe dieselben Vorrechte genossen wie die Inhaber hoher politischer Ämter im Dienste des safawidischen Herrschers.

Das christliche Viertel von Djolfa hat insgesamt 13 Gemeinden und ebenso viele Kirchen, von denen die **Vank-Kathedrale** (12), die Erlöser-Kathedrale, wie sie auch heißt, die größte und wichtigste ist. Sie liegt inmitten eines großen Innenhofs, an einer Seitenstraße, die von der Khiaban-e Nazar nach Süden abgeht. Gegründet wurde die Kirche 1606 zur Regierungszeit Shah Abbas I., aber erst unter Shah Abbas II. vollendet; ihre Außenfassade wurde im 20. Jh. restauriert und verändert. Bei diesen Arbeiten brachte man in der armenischen Inschrift über dem Hauptportal neben dem Namen Shah Abbas' die Jahreszahlen 1606 als Baubeginn und 1655 als Datum der Vollendung an.

Daß die Vank-Kathedrale eine Kirche ist, erkennt man von außen beim ersten Blick lediglich an dem kleinen, unscheinbaren Kreuz auf der Spitze der ansonsten unverzierten Kuppel, einem Glockenaufsatz auf dem Dach und dem isoliert neben dem Bau stehenden Glockenturm. Hingegen sind die Bauformen des Gotteshauses alle aus der islamischen Architektur Irans entlehnt. So überspannt eine auf einem hohen Tambour ruhende Kuppel den quadratischen Altarraum. Die moderne Außenfassade wird von hochrechteckigen Feldern gegliedert, denen einfach oder mehrfach abgetreppte Spitzbogennischen eingeschrieben sind. Sowohl der freistehende Glockenturm als auch der Glockenaufsatz auf dem Dach bestehen aus Vierbogen-Konstruktionen, deren Abschluß ein grabturmartiger Baukörper mit achtseitigem Pyramidendach bildet.

Auch die Architekturdekoration ist der islamischen Baukunst entlehnt. An der Fassade wurden beispielsweise in den Feldern über den Spitzbogen Fliesenmosaiken angebracht, die Inschrift über dem Por-

Isfahan, Luftaufnahme der Vank-Kathedrale inmitten eines ummauerten Geländes, auf dem auch das armenische Museum steht

tal wurde ebenfalls aus Fliesen gearbeitet, und Teile der Fassaden des Dachaufsatzes und des Glockenturms sind mit Fliesenmosaiken bedeckt. Im Innenraum wiederholt sich die Symbiose zwischen christlicher Thematik und islamisch-iranischer Formensprache. Neben europäisierenden Wandgemälden des frühen 18. Jh. gibt es gleichberechtigt Fresken mit Motiven, wie sie aus der Teppichkunst bekannt sind, oder Fliesenpaneele aus der Zeit des safawidischen Herrschers Shah Sultan Hossein mit Arabeskenranken und floralen Ornamenten. Die Fresken, die nahezu alle Flächen der Innenwände bedecken, geben die Geschichten des Alten und Neuen Testaments wieder, von Adam und Eva angefangen bis zur Kreuzigung Christi. Daneben stellt ein in Augenhöhe umlaufender Fries das Martyrium des heiligen Gregor dar, das er durch den armenischen König erlitt. Oberhalb des Eingangs schildert ein großflächiges Bild die Wonnen des Himmels und die Qualen der Hölle.

Gegenüber auf demselben Hof befindet sich das armenische **Museum** in einem architektonisch ebenfalls reizvollen zweistöckigen Gebäude aus dem beginnenden 20. Jh. Das Museum wurde 1905 eröffnet und präsentiert heute auf zwei Geschossen religiöse, ethnologische und historische Gegenstände, die das Leben und die Geschichte der Armenier, unter besonderer Berücksichtigung der

Gemeinden in Neu-Djolfa, erzählen und illustrieren. Außerdem besitzt das Museum eine originale Federzeichnung Rembrandts mit der Darstellung Abrahams. Ebenfalls sehenswert wegen ihrer reichen Innenausstattung sind die **Maryam-Kirche** (Marienkirche), die **Bethlehem-Kirche** und **St. Georg,** alle in Laufentfernung zur Vank-Kathedrale.

Die **Allah Verdi Khan-Brücke** (13), benannt nach dem obersten Befehlshaber der Armee des Shah Abbas I., der diese Brücke 1602 erbauen ließ, verbindet die nördliche mit der südlichen Khiaban-e Chahar Bagh über den Zayandehrud. Wegen ihrer aus 33 Bögen bestehenden Konstruktion wird sie auch Si-o-se Pol (33-Bogen-Brücke) genannt. Hohe Mauern mit Nischen an der Innenseite säumen die Fahrbahn der rund 300 m langen und 14 m breiten Brücke, die seit etlichen Jahren nur noch von Fußgängern benutzt werden darf. Die Außenseite der Mauer öffnet sich in tiefen, iwanartigen Nischen, die stellenweise untereinander mit Durchgängen verbunden sind, auf den Fluß.

Von der Si-o-se Pol aus kann man am Südufer des Zayandehrud viele Kilometer weit nach Osten durch einen erstklassig gepflegten und gekonnt bepflanzten Uferpark spazieren. Zunächst kommt man dabei an der **Pol-e Chubi** (14) vorbei, der Kanalbrücke, die etwas schräg über den Zayandehrud gebaut ist. Über die aus 21 Bögen bestehende Brücke, die 1665 erbaut wurde, führte in safawidischer Zeit ein Kanal, der die königlichen Gärten nördlich des Zayandehrud

Isfahan, die Khadju-Brücke über den Zayandehrud

mit Wasser versorgte. Heute ist der Kanal geschlossen, und die Brücke wird als Fußgängerübergang benutzt.

Die rund 150 m lange und 14 m breite **Pol-e Khadju** (15), eine architektonisch sehr reizvolle Brücke mit zweigeschossigen Bogenreihen, wurde um 1650 in der Zeit von Shah Abbas II. erbaut. Ihre 23 Bögen des unteren Geschosses ruhen auf zum Fluß hin abgetreppten, steinernen Fundamenten, die mit Schleusentoren ausgestattet waren. Bei Bedarf konnte so das Wasser des Zayandehrud aufgestaut werden, um die zahlreichen Gartenanlagen des safawidischen Isfahan zu bewässern. Den relativ schmalen Gehweg der Khadju-Brücke im zweiten Geschoß säumen zu beiden Seiten nach außen offene, untereinander verbundene Arkadengänge, deren Bögen mit geometrischem Fliesendekor verziert sind. In der Mitte und ebenso an beiden Enden der Brücke wurden Pavillonbauten in das Bauwerk eingefügt, deren dreiseitige Fassaden ins Wasser hineinragen. Jede der drei Pavillonseiten öffnet sich in einem mit zarten Wandmalereien geschmückten Iwan auf den Fluß. Im mittleren Pavillon, der auch als Shahneshin bezeichnet wird, saßen in safawidischer Zeit der Shah und die Höflinge, um sportlichen Ereignissen oder Wasserspielen auf dem Fluß zuzusehen. Am Ufer stehen zu Füßen der Brücke zwei qadjarische Steinlöwen, die in ihren geöffneten Rachen den Kopf eines Mannes halten.

6 km östlich der Innenstadt führt die **Pol-e Shahrestan** (16), die älteste Brücke Isfahans, über den Fluß. Ihr Name verweist auf das alte Stadtviertel Shahrestan, das hier nördlich des Zayandehrud liegt. Die Fundamente und die runden Bögen der Shahrestan-Brücke sind vermutlich sasanidisch, sie wurde aber in buyidischer und seldjukischer Zeit, zwischen dem 10. und 13. Jh., mehrfach repariert und umgebaut. Die in einer leichten Kurve über den Fluß gelegte Brücke ist einfach gestaltet; lediglich niedrige Balustraden sichern ihren schmalen Weg. Sie war die zentrale Stelle, an der die Karawanen aus dem Süden die Stadt Isfahan betraten; deshalb wurde an ihrem nördlichen Ende ein Brückenhaus mit einem bewachten Durchgang errichtet, wo die Karawanen Zoll an die städtischen Behörden zahlen mußten.

Der Bagh-e Fin

Fin ☆
Wunderschöne Gartenanlage mit spannendem historischen Hintergrund

6 km südwestlich von Kashan liegt in der Ortschaft Fin eine königliche Parkanlage, der Bagh-e Fin, auch Bagh-e Amir Kabir genannt. Das von einer hohen Mauer umgebene, große Gelände ist ein traditioneller persischer Paradeisos mit Wasserbecken, Springbrunnen und Kanälen. Er wurde zu Füßen des Kuh-e Karkas angelegt, an einer Stelle, wo die aus den Bergen kommenden, unterirdischen Gebirgsbäche an die Oberfläche treten. Historische Quellen aus dem Mittelalter berichten von einer ersten, vom Herrscherhaus genutzten Parkanlage mit Palais und Wohnbauten in buyidischer Zeit (10. Jh.).

Erweitert wurden die Gebäude den Berichten zufolge unter den Ilkhaniden. Die heute erhaltene Bebauung und Bepflanzung des Geländes entstand während der Regierungszeit der safawidischen Herrscher Shah Abbas I. und Shah Safi I. Der qadjarische Herrscher Fath Ali Shah, der sich hier bevorzugt aufhielt, ließ die Anlage im 19. Jh. renovieren, den Park weiter bepflanzen, die Wasserkanäle mit Marmorplatten einfassen und neue Bauten errichten.

Kashan, Fin-Garten

Man betritt das Parkgelände von Norden her über einen qadjarischen Torbau mit einem Eingangsiwan. Im Zentrum des Parks, gegenüber dem Haupteingang, steht der Hauptpalast **Shah Abbasi Soffeh.** Den quadratischen, zweigeschossigen Bau mit seinen von Iwanen und Nischen aufgebrochenen Fassaden durchquert der Hauptkanal des Parks und speist sowohl ein großes, quadratisches Wasserbassin vor dem Eingang als auch ein Becken in der zentralen Halle. An den Decken und Wänden sind Reste safawidischer Wandmalereien erhalten, ebenso Fragmente eines Marmorfrieses.

Am südlichen Ende des Hauptkanals wurde von Karim Khan Zand ein kleines, als Shahneshin bezeichnetes Gartenpalais errichtet. In der Nähe führt eine Pforte durch die Umfassungsmauer zu der gefaßten und mit genischten Mauern umgebenen Quelle, die die Wasseranlagen des Parks speist. Östlich des Shahneshin entstand 1811 das **Fath Ali Shahi,** ein offener Vierbogenbau mit einem Springbrunnen in der Mitte, von dem aus in alle Richtungen Kanäle abgehen. An der Innenfassade dieses Bauwerks sind Reste zarter Wandmalereien und Stuckinschriften in Nastaliq erhalten. Zu diesem Baukomplex gehören eine Reihe von Bauten, die entlang der Ostmauer errichtet wurden. Neben Wirtschaftsgebäuden und einer Bibliothek gibt es hier zwei Badehäuser, das **Große Hammam,** das dem Herrscher vorbehalten war, und das **Kleine Hammam** für die Höflinge, in dem 1852 Amir Kabir, der Premierminister Nasir al-Din Shahs, ermordet wurde.

Westlich des Hauptpalais an der entgegengesetzten Mauer steht das qadjarische Wohnpalais des Nizam al-Dowla, in dem 1968 ein kleines **Museum** eingerichtet wurde. Hier sind ethnologische und archäologische Exponate, u. a. einige Funde aus dem benachbarten Tepe Sialk, untergebracht.

Das unweit von Fin gelegene Grabungsgebiet von **Tepe Sialk** besteht aus zwei Siedlungshügeln, dem sogenannten Nord- und dem Südhügel, auch Hügel A und B genannt. Besiedelt war das Gebiet vom 5. Jt. v. Chr. an mit Unterbrechungen bis etwa 800 v. Chr. Die älteste Schicht auf dem Hügel A besteht aus primitiven Hütten, darauf folgen Wohnbauten aus Lehmziegeln. Mit dem Ende von Schicht II wurde um 4000 v. Chr. der Nordhügel verlassen, und die Besiedlung ging auf dem Südhügel weiter. Zu dieser Zeit gab es bereits Metallverarbeitung, d. h. kalt bearbeitete, also geschlagene Bronze. In Periode III (3900–3000 v. Chr.) hatte die Bevölkerung bereits weitreichende Handelsbeziehungen, wie die Funde von Muscheln aus dem Persi-

Lehmziegelruinen des Tepe Sialk

schen Golf belegen. Die Architektur dieser Periode, weiß verputzte, rechteckige Lehmziegelhäuser, wurde durch Feuer zerstört. In die protoelamische Zeit datiert die folgende Periode IV, in der die Handelsbeziehungen bis nach Susa reichten. Danach gibt es für fast 2000 Jahre keine Besiedlungsspuren.

Ende des 2. Jt. v. Chr. wanderten Indoiranier von Nordosten her ein, rissen die Lehmziegelruinen auf der Spitze von Hügel B ab und errichteten eine neue, mit Mauern und Türmen befestigte Stadt und eine dazugehörige Unterstadt auf einer fast 2500 m^2 großen, künstlichen Terrasse. Diese Art der Anlage ist für das iranische Hochland vor dem 1. Jt. v. Chr. absolut einzigartig. Die Häuser dieser Periode standen auf steinernen Grundmauern, das aufgehende Mauerwerk war aus Ziegeln hergestellt. Außerhalb der Stadt fand man eine Nekropole mit über 200 Gräbern, die um 900 v. Chr. datieren. Die reich mit Beigaben ausgestatteten Toten wurden in Gruben beigesetzt, über denen Erdhügel errichtet wurden. Etwa 800 v. Chr. wurde die Stadt, möglicherweise von den Assyrern, endgültig zerstört.

Ausgegraben wurden die beiden Hügel A und B des Tepe Sialk in den Jahren 1934 und 1936 von französischen Archäologen unter der Leitung von Roman Girshman. Neben Bronzewerkzeugen, bemalter Keramik, Glas, Menschen- und Tierfiguren aus Ton fanden sich aus der Zeit um 2000 v. Chr. auch Tontafeln in altelamischer Sprache. Die Funde der Grabung sind sowohl im Nationalmuseum in Teheran, im Museum von Fin als auch im Louvre in Paris ausgestellt.

Kashan ☆
Besonders sehenswert: Agha Bozorg Medresse; Qadjarisches Palais Khaneh Borudjerdiha

Kashan

Kashan liegt am Rand der großen Salzwüste, deshalb findet man auch hier überall Bauten mit Windtürmen. Die heiligen drei Könige sollen der Legende nach von hier aus nach Bethlehem aufgebrochen sein.

Kashan ist berühmt für seine Teppiche, Samtgewebe, glasierte Keramik und besonders für seine Kacheln. Aus diesem Grund heißen im Persischen glasierte Fliesen auch *kashi,* aus Kashan stammend. Die Stadt besteht vermutlich bereits seit der Sasanidenzeit, ihre Blüte hatte sie unter den Seldjuken. Während der Mongolenstürme wurde sie zunächst zerstört, erlangte aber unter der ilkhanidischen Herrschaft erneut Wichtigkeit.

Südöstlich der Khiaban-e Ayatollah Kashani, die von Fin her in die Stadt führt, steht die aus dem 12. Jh. stammende, seldjukische **Freitagsmoschee** (1) mit ihrem freistehenden Ziegelminarett, das durch seine dreizeilige Ziegelinschrift in das Jahr 1073 datiert wird. In der Moschee ist aus dieser Zeit nur noch der Stuckmihrab erhalten. Der restliche Bau mit seiner flachen und breiten Ziegelkuppel stammt aus dem 18. Jh.

Mitten in der Altstadt von Kashan verläuft von Nordosten nach Südwesten die Hauptstraße des ausgedehnten, überdachten **Bazars,** in dem eine große Anzahl historischer Bauten erhalten sind. Neben zwei Moscheen gibt es die Imam-Medresse, mehrere Timches, von denen das Amin al-Dowla-Timche das schönste ist, und schließlich zwei Badehäuser.

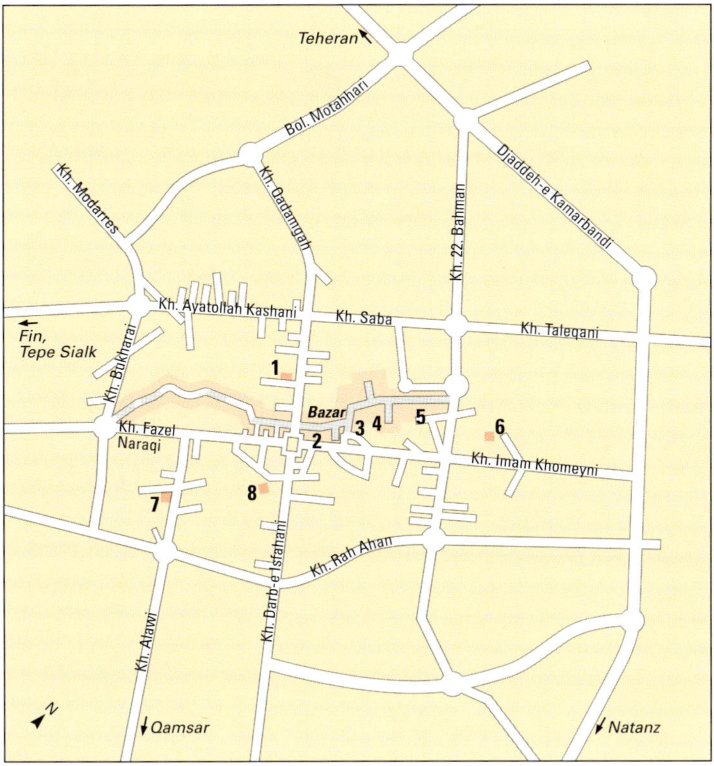

Kashan, Plan des Stadtzentrums
1 Freitagsmoschee
2 Medresse-ye Imam Khomeyni
3 Amin al-Dowla-Timche
4 Hammam-e Khan
5 Masdjid-e Mir Emad
6 Grabheiligtum Habib ibn Musas
7 Khaneh Borudjerdiha
8 Agha Bozorg-Moschee und Medresse

Direkt am Goldbazar steht die **Medresse-ye Imam Khomeyni** (2), früher Medresse Sultani genannt. Sie wurde Anfang des 19. Jh. in der Regierungszeit Fath Ali Shahs errichtet. In den zentralen Hof der riesigen Anlage führt ein mit Fliesendekor geschmücktes Portal. Um den Innenhof mit einem langgestreckten, kreuzförmig angelegten Wasserbassin in der Mitte liegen insgesamt 52 Wohnräume und in der Längsachse zwei Iwanhallen, in denen unterrichtet wird. Über dem Mihrabsaal erhebt sich eine unverkleidete, sehr hohe Doppelkuppel. Alle Fassaden sind mit dem typischen, siebenfarbigen Fliesendekor der Qadjarenzeit verziert.

Das **Amin al-Dowla-Timche** (3) wurde in der 2. Hälfte des 19. Jh. fertiggestellt. Seine Lager-, Verkaufs- und Büroräume verteilen sich auf drei Stockwerke rund um einen zentralen, überdachten Innenhof. Die Decke des hallenartigen Hofes setzt sich aus einer Hauptkuppel und vier kleineren Nebenkuppeln zusammen. Alle fünf haben in der Mitte eine Lichtöffnung. Bemaltes Stalaktitenrelief überzieht vollständig die Innengewölbe der Kuppeln; die Hoffassaden tragen Fliesenschmuck.

Ganz in der Nähe des Amin al-Dowla-Timche liegt, genau in der Mitte des Bazars, das qadjarische **Hammam-e Khan** (4), das nach dem Gouverneur der Stadt, Abd al-Razzaq Khan, benannt wurde. Es stammt aus der Mitte des 19. Jh. Die oktogonale, zentrale Halle hinter dem Eingang mit ihren Säulenumgängen ist heute in ein Teehaus umgewandelt.

Am Nordostende der Hauptbazarstraße befindet sich im Kupferschmiedeviertel die **Masdjid-e Mir Emad** (5), auch Masdjid-e Meydan genannt. Die Moschee wurde während der Regierungszeit Djahanshahs von den Qara Qoyunlu im Jahr 1461 errichtet. Mehrfach wurde das Portal, an dem Stuckornamente und -inschriften, Stalaktitenreliefs und Wandmalereien angebracht sind, verändert und restauriert, zuletzt im Jahr 1827 auf Anordnung Ismail Khans, des Gouverneurs von Kashan.

Kashan, Innenansicht eines Kuppelraums im Khaneh Borudjerdiha

Nordwestlich der Khiaban-e Imam Khomeyni, östlich des Bazars, liegt das **Grabheiligtum Habib ibn Musas** (6). In der Krypta des Mausoleums wurde der safawidische Herrscher Shah Abbas der Große, gemäß seinem letzten Willen, neben seinem Vorfahren Habib ibn Musa begraben. Die Hauptteile des Heiligtums, in dem zunächst nur Habib ibn Musa ruhte, entstanden im 13. Jh.; in safawidischer Zeit wurde das Grabmal ausgebaut und restauriert. Die Kuppel über der Grabkammer trägt eine Fliesenverkleidung, im Inneren sind Fliesenmosaiken und Malereien angebracht.

Ein sehenswertes Beispiel für traditionelle Lehmziegelarchitektur ist das in einer südwestlich von der Khiaban-e Alawi abgehenden Seitenstraße gelegene **Khaneh Borudjerdiha** (7), der Wohnpalast einer qadjarischen Kaufmannsfamilie aus der zweiten Hälfte des 19. Jh. Dieses Großfamilienhaus umfaßt zwei Bereiche, einen für Fremde zugänglichen Teil, *biruni* genannt, und einen privaten, abgesonderten *(andaruni)*. Während der Biruni, heute Sitz der Antikenverwal-

Kashan, Innenhof des Khaneh Borudjerdiha

tung, besichtigt werden kann, ist der Andaruni noch bewohnt und nach wie vor für die Öffentlichkeit geschlossen. Das flache Dach des im Inneren mit vielfältigen Dekorationen, u. a. Wandmalereien, versehenen zweigeschossigen Hauses wird sowohl von schlanken Windtürmen überragt als auch von einer Lichtkuppel, die den zentralen Empfangsraum des Biruni ausleuchtet. Die Kuppel ist dreistufig und besitzt mehrere Reihen versetzt angebrachter Lichtöffnungen.

Südöstlich der Khiaban-e Fazel Naraqi steht die **Agha Bozorg-Moschee und Medresse** (8), die im 19. Jh. für den theologischen Gelehrten Hadji Mullah Mehdi Naraqi II., der als Agha Bozorg in die Geschichte einging, gegründet wurde. Der um einen zentralen Innenhof errichtete Bau ist zweistöckig angelegt. Auf der oberen Ebene, wo auch der Eingang liegt, ist die Moschee untergebracht, in dem in die Hauptebene eingetieften Untergeschoß befinden sich die Unterrichts- und Wohnräume der Medresse. Man betritt die Anlage von Norden her über einen hohen, mit doppelstöckigen Arkaden ausgestatteten, an den Seiten offenen Kuppelraum, dessen Wände und Gewölbe mit zart gefärbten Wandmalereien, Stuckinschriften und Fliesen zurückhaltend verziert sind.

Der sich zum Hof hin öffnende Iwan des Vestibülraums liegt genau gegenüber dem mit zwei Minaretten ausgestatteten Südiwan, der in dem von einer hohen Ziegelkuppel überwölbten Mihrabsaal mündet. Flächiges, rein geometrisches Fliesendekor schmückt die Fassaden beider Stockwerke und der Iwane. Die gesamte Anlage hat drei Shabestane, einer davon befindet sich im Untergeschoß unter dem Eingang. Dieser Wintergebetssaal ist eine niedrige, aber weitläufige Pfeilerhalle, deren Decke von achteckigen Steinpfeilern getragen wird.

Kashan, Agha Bozorg-Medresse

Bögen und Gewölbe des Raumes sind mit naturfarbenem Ziegeldekor versehen, in das nur stellenweise Ornamente aus glasierten Ziegeln eingefügt wurden.

Abyaneh

Abyaneh ☆
Traditionelle, der Landschaft angepaßte Dorfarchitektur und großes sasanidisches Heiligtum

Der Ort Abyaneh liegt 70 km südöstlich von Kashan am nordöstlichen Hang des Karkas-Gebirges. Seit alters her lebten auch zahlreiche Zoroastrier in Abyaneh und prägten so das Bild der Ortschaft, in der Traditionen nach wie vor einen hohen Stellenwert im täglichen Leben haben. Der Dialekt, den die Bevölkerung hier spricht, gleicht dem während der sasanidischen Zeit gesprochenen Pahlavi. Es ist die traditionelle, der Landschaft angepaßte **Architektur,** die Abyaneh in vielerlei Hinsicht interessant und ausgesprochen sehenswert macht.

Die Häuser der Ortschaft wurden nahezu ineinander verschachtelt am Hang heraufgebaut. Enge Gassen winden sich den Berg hoch, und es gibt so wenig Freiraum zwischen den Gebäuden, daß häufig das Dach des einen dem darüberliegenden als Hof und Terrasse dient. Die teilweise mehrstöckigen, aus Lehmziegeln oder Backsteinen errichteten Bauten stehen auf Steinfundamenten und haben häufig hölzerne Türflügel, die in einem Stück aus Walnußholz gearbeitet wurden. Aus safawidischer Zeit sind noch einige Wohnhäuser mit großen, nach Süden ausgerichteten Iwanen erhalten. Die meisten **Moscheen,** die Imamzadehs und die zwei Khanaqahs sind historische Gebäude mit teilweise sehr alten Bauteilen oder Einrichtungen.

So steht beispielsweise in der Freitagsmoschee ein hölzerner Minbar aus seldjukischer Zeit.

Die Zufahrtsstraße zum Ort führt direkt durch die Ruinen eines **Feuertempels** aus sasanidischer Zeit. Das an den Hang gebaute Heiligtum ist ungewöhnlich groß und war, nach einer Erweiterung vermutlich während des 3. Jh. n. Chr., dreigeschossig. Zu der Gesamtanlage gehörten zwei Chahar Taqs und etliche Nebenräume.

Natanz

Natanz
Farbenfroh verzierte Fassaden aus ilkhanidischer Zeit schmücken die Freitagsmoschee und das Grabmal Shaikh Abd al-Samad al-Isfahanis

Die Kleinstadt Natanz liegt 28 km südöstlich von Abyaneh ebenfalls in bergigem Gelände. Seit seiner Gründung – vermutlich von den Sasaniden – besteht der Ort ununterbrochen. Erstmals im 13. Jh. wurde Natanz urkundlich erwähnt. Der Komplex der aus ilkhanidischer Zeit (14. Jh.) stammenden **Freitagsmoschee** besteht aus drei verschiedenen Baueinheiten, der Moschee selbst mit ihrem dazugehörigen Minarett, dem Grabmal Shaikh Abd al-Samad al-Isfahanis und dem ursprünglich angeschlossenen **Khanaqah,** von dem nur noch der monumentale, heute verschlossene Portalbau erhalten ist. Die Fassade des ehemaligen Eingangsiwans ist mit Ornamenten, die

Natanz, stalaktitenverzierte Innenkuppel des Mausoleums Shaikh Abd al-Samad al-Isfahanis

aus glasierten und unglasierten Ziegeln zusammengesetzt sind, verkleidet. Dazwischen wurden Kufi-Inschriftenbänder angebracht, die aus strahlend türkisfarben glasierten Reliefziegeln bestehen.

Rechts neben dem Portalbau steht auf einer Mauer, die den Iwan mit der Moschee verbindet, das im oberen Teil mittlerweile abgebrochene **Minarett** der Moschee. Mit seinem großen Durchmesser wirkt es sehr stämmig. Naturfarbene Ziegelornamente, unterbrochen von Inschriftenbändern aus glasierten Ziegeln, überziehen seinen Schaft. Von den beiden Galerien sind nur noch die mit Moqarnas verzierten Plattformen erhalten. Der älteste Bauteil der angrenzenden Freitagsmoschee ist der achteckige Mihrabsaal, der 1304 in der Regierungszeit des Oldjaitu entstand. In der Zeit bis 1325 wurde daran ein großer quadratischer Hof mit vier unterschiedlich tiefen Iwanen angeschlossen. Die Stuckdekorationen im Inneren ebenso wie die Glasurziegelverzierungen sind typische Beispiele der ilkhanidischen Kunst.

Natanz, Minarett der Freitagsmoschee

Das an die Moschee angebaute **Mausoleum Shaikh Abd al-Samad al-Isfahanis** wurde 1307 errichtet. Hellblaue Fliesen verkleiden sein achteckiges Zeltdach. Der Grundriß des Grabbaus ist von außen quadratisch, innen jedoch, bedingt durch tiefe Nischen in der Mitte jeder Wand, kreuzförmig.

Die Kleinstadt **Ardestan** liegt an der Straße, die Kashan mit Nain verbindet, etwa 90 km vor Nain, am Rand einer Salzwüste. Ardestan, in der Zeit der Sasaniden gegründet, war im 10. Jh. eine wichtige Stadt, die von einer starken Befestigungsmauer mit fünf Toren umgeben war.

Die **Freitagsmoschee** am Stadtrand, die ehemals historischen Berichten zufolge mitten in der Stadt gelegen haben soll, gehört in ihrer späteren Bauphase zu den ältesten Vier-Iwan-Anlagen Irans. Vermutlich entstand die erste Anlage, von der nichts mehr erhalten ist, im 9. Jh.; die folgenden Bauphasen datieren in das 10.–12. Jh. In der zweiten Phase wurde zunächst der überkuppelte Mihrabsaal als Vierbogenbau errichtet. Der ursprünglich seldjukische Stuckmihrab im Kuppelsaal wurde in der Ilkhanidenzeit (14. Jh.) verändert. In der dritten Bauphase, die auch in das 12. Jh. datiert, wurde die Moschee in eine Vier-Iwan-Anlage umstrukturiert, wobei man den Mihrabsaal und den Südiwan mit seinen Verzierungen in die neue Moschee integrierte. Im Südiwan gibt es eine Steininschrift aus dem Jahr 1615, die von Shah Abbas I. stammt und berichtet, daß der safawidische Herrscher eine Steuerermäßigung für die schiitischen Bewohner von Ardestan erlassen habe. Im südöstlichen Gebäudeteil befinden sich zwei weitere Stuckmihrabs, in der Nordostecke sind die Reste eines seldjukischen Minaretts erhalten.

Nain

Die am Rand der Wüste gelegene Stadt Nain wurde schon in der Zeit der Sasaniden gegründet und besaß im 14. Jh. eine Befestigungsmauer. Reste einer Zitadelle aus dieser Zeit sind am Stadtrand ebenfalls erhalten. Nain ist bekannt für die Herstellung von Teppichen und sogenannten *abas*, warme mantelartige Überhänge, die meistenteils aus Kamelhaar hergestellt werden. Im Stadtteil Mohammadiyeh, rund um eine aus Ziegeln errichtete Zisterne, gibt es eine Ansammlung von wegen der großen Hitze in dieser Region halb unterirdisch angelegten Werkstätten, in denen diese speziellen Mäntel gewebt werden.

Nain ☆
Besonders sehenswert: Die Freitagsmoschee und ein erstklassig restauriertes safawidisches Adelspalais

Nain, Freitagsmoschee

Die **Freitagsmoschee,** einer der ältesten Sakralbauten Irans, wurde im Jahr 960 nach dem Vorbild sunnitisch-abbasidischer Pfeilermoscheen errichtet. Arkadengänge umgeben ihren zentralen Innenhof. Die Gewölbe der Arkaden sind dreimal höher als breit, jeweils der mittlere Bogen an jeder Hofseite ist höher als die umgebenden. Den Arkaden schließen sich an drei Seiten Hallen und Riwaqs mit von Säulen und Pfeilern getragenen Gewölben an. An der Nordwestseite des Hofes führt eine Treppe in den unterirdisch gelegenen Winterteil der Moschee. Der Zugang zum gesamten Gebäudekomplex ist ein moderner Vorbau, neben dem ein achteckiges Ziegelminarett aus spätseldjukischer Zeit steht.

Für die Verzierung der Mauern, Pfeiler und Säulen wurden noch keine Fliesenmosaiken, Kacheln oder an einer Seite glasierte Ziegel verwendet, sondern ausschließlich Stuckreliefs. Ein ungewöhnliches Beispiel für die komplizierte Stuckdekoration dieser Zeit bietet der Mihrab der Moschee mit seinen voluminösen Pflanzenranken und den verschlungenen Inschriftenfriesen. Zwei Säulen direkt neben dem Mihrab im Gebetssaal tragen die typische streifenartige Stuckdekoration des 10. Jh. Die ursprünglich mehrfarbig bemalten Stuckverzierungen der Pfeiler, des Qibla-Bogens und des Mihrabs bilden komplizierte Muster aus Pflanzen und Schrift. Der geschnitzte Holzminbar neben dem Mihrab stammt aus dem 14. Jh.

Gegenüber der Freitagsmoschee steht ein jüngst vorzüglich restauriertes **Herrenhaus aus spätsafawidischer Zeit,** in dem heute die Antikenverwaltung von Nain und ein ethnologisches Museum untergebracht sind. Die Raumtrakte gruppieren sich zweistöckig um einen zentralen Innenhof. Kunstvoll geschnitzte Holzverkleidungen in den Fenstern schützen die Räume vor zu starker Sonneneinstrahlung. Die aus Stuck geschnittenen Wanddekorationen an Wänden und Decken der repräsentativen Räume bestehen sowohl aus flächigen, geometrischen Mustern, komplizierten floralen Elementen als auch aus figürlichen Darstellungen.

Die Provinz **Yazd,** die eine Fläche von rund 75 000 km^2 bedeckt, liegt genau in der Mitte Irans, eingerahmt von der Provinz Isfahan im Nordwesten, der Fars im Südwesten sowie Khorasan und Kerman im Osten. Nur im Süden und Südwesten der Region gibt es Gebirge, der wichtigste Gebirgszug ist der Shirkuh, das Löwengebirge. Landschaftlich und klimatisch wird die Provinz Yazd geprägt von dem im Osten angrenzenden Wüstengürtel, der bei der Dasht-e Kavir im Norden beginnt und im Südosten in der Wüste Lut endet. Bedingt durch das heiße Klima und die Tatsache, daß es keine nennenswerten Flüsse gibt, kommt der Landwirtschaft keine große Bedeutung zu; die entscheidenden Einnahmequellen der Provinz sind vielmehr die Textilindustrie und die Eisen- und Kupferförderung beziehungsweise -verarbeitung. Um dem Wassermangel zu begegnen, hat sich hier seit der Antike ein spezielles Bewässerungssystem entwickelt, bei dem Wasser aus den Gebirgen über unterirdische Kanäle, sogenannte Qanate, zu den Städten und Dörfern geleitet wird. In der gesamten Provinz sind zur Zeit 2615 Qanate bekannt.

Rund 50 km nordöstlich der Provinzhauptstadt Yazd liegt an einer Seitenstraße, die von Hosseinabad abgeht, das zoroastrische Feuerheiligtum **Pir-e Sabz-e Chak Chak.** Das in sasanidischer Zeit entstandene Heiligtum ist noch heute in Benutzung, und jedes Jahr treffen sich hier drei Monate nach dem Neujahrsfest Nowruz Tausende von Zoroastriern zu einem zehntägigen Fest.

Die Stadt Yazd

Yazd ☆
Besonders sehenswert: Die Wüstenarchitektur der Altstadt mit Badgirs und Zisternen; Freitagsmoschee; Bagh-e Dowlatabad; Türme des Schweigens

Rund um die etwa 1200 m hoch in einem flachen Tal gelegene Stadt Yazd ragen die Höhenzüge des Shirkuh- und Kharanaq-Gebirges auf. Die Provinzhauptstadt ist ein Zentrum der traditionellen Brokat- und Seidenherstellung. Die wegen der Hitze unterirdisch angelegten Werkstätten, in denen Textilien nach jahrhundertealten Techniken hergestellt werden, gibt es heute noch im Osten der Stadt, im Seyyed Fateh Reza-Bezirk in der Nähe der Stadtmauer. Trotz des heißen Wüstenklimas spielt die Landwirtschaft in und um Yazd eine recht große Rolle, denn durch ein flächendeckendes Kanalsystem wird sowohl das Trinkwasser als auch das Wasser zur Bewässerung der Felder und Obstplantagen über rund 60 km lange Qanate aus dem Shirkuh in die Stadt geleitet.

Im Widerspruch zur landläufigen Meinung, Yazd sei von dem sasanidischen Herrscher Yazdgerd I. gegründet worden, stellte die Stadt zu jener Zeit bereits ein bedeutendes Zentrum der zoroastrischen Religion dar. Vermutlich liegt ihre Entstehung sehr viel weiter zurück – einige Historiker halten Alexander den Großen für den Gründer. Der Legende nach soll er auf dem Gebiet des heutigen Yazd hochrangige achämenidische Gefangene untergebracht haben. Nach seinem Abzug erbauten dann angeblich Wärter und Gefangene gemeinsam die Stadt. Daher stammt auch der Beiname Zendan-e Iskandar, Alexanders Gefängnis, den Yazd in späterer Zeit erhielt. 642 wurde die Stadt von den Arabern erobert und war bereits im 10. Jh. eine reiche

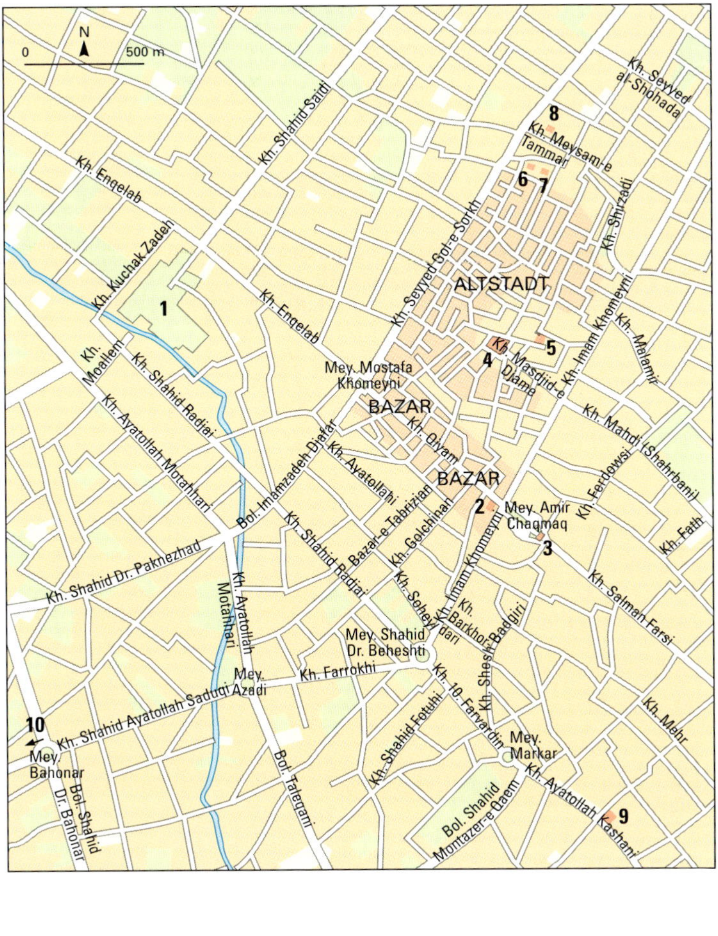

Yazd, Plan des Stadtzentrums
1 Bagh-e Dowlatabad
2 Mosalla Atiq
3 Masdjid-e Amir Chaqmaq
4 Freitagsmoschee
5 Rokn al-Din
6 Davazdah Imam-Mausoleum
7 Zendan-e Iskandar
8 Khaneh Lariha
9 Feuerheiligtum
10 Türme des Schweigens

Yazd, Ansicht der Stadt mit Freitagsmoschee

Handelsstadt an den großen Karawanenstraßen, die sowohl zum Persischen Golf im Süden als auch durch die Wüsten weiter nach Osten bis nach Zentralasien hineinführten. Als 1272 Marco Polo die Stadt besuchte, nannte er sie die Gute und Edle.

Yazd ist eine typische Wüstenstadt, deren Architektur an das heiße Klima und die starke Sonneneinstrahlung angepaßt ist. Auffällig sind die unzähligen, unterschiedlich hohen Windtürme, die in der ganzen Stadt auf Wohnhäusern und über Zisternen stehen. In den Zisternen dienen sie der Wasserkühlung, und in den Häusern machen sie das Leben bei großer Hitze erträglich. In der Altstadt von Yazd sind große Teile historischer Lehmziegelarchitektur erhalten, und nach wie vor wird auch heute noch mit Lehmziegeln gebaut. Erst etwa seit 50 Jahren verwendet man verstärkt gebrannte Ziegel am Bau.

Die im nordöstlichen Viertel von Yazd gelegene Altstadt war ursprünglich von einer aus dem 12.–14. Jh. stammenden und aus Lehmziegeln errichteten Stadtmauer umgeben, von der entlang der Khiaban-e Seyyed Gol-e Sorkh noch große Teile erhalten sind. Reizvolles geometrisches Dekor aus Lehmziegeln bedeckt die stellenweise bis zu 15 m hohe Stadtmauer und ihre starken, runden Turmbastionen. Die engen Gassen der Altstadt sind teilweise von Verstärkungsbögen überspannt oder von Arkaden überwölbt, und in den zur Straße hin meist fensterlosen Mauern fallen besonders die kunstvoll geschnitzten Holzportale der Wohnhäuser auf.

Westlich der Altstadt liegt am Ende der Khiaban-e Shahid Radjai der **Bagh-e Dowlatabad** (1). Der große Garten mit seinen Bauten stammt aus dem 18. Jh., als im Norden Irans die Afsharen herrschten und im Süden die Zand-Dynastie (1736–1795). Der Bauherr, der diese Palastanlage am Rand der Stadt im Jahr 1738 errichten ließ, war der Gouverneur von Yazd, Mohammad Taqi Khan Yazdi. Im Süden des Gartens steht ein unregelmäßig sechseckiges Palais, das als öffentlich zugänglicher Empfangspalast genutzt wurde. Alle anderen Bauten, d. h. Privathäuser, Räume für die Dienerschaft, Ställe, Zisternen, ein Pavillon und ein Eingangsbau, sind wie die gesamte Gartenanlage auf den repräsentativen Hauptbau ausgerichtet.

Der zweistöckige Empfangspalast ist achsensymmetrisch angelegt, in der Mitte liegt eine Halle, die von einer Lichtkuppel bekrönt wird. Über dem Bau erhebt sich ein achteckiger Badgir von 38 m Höhe, der höchste Windturm, der je gebaut wurde. Die an seinen Kanten herausragenden Holzstöcke dienen der Stabilisierung des Turms.

An die Khiaban-e Qiyam grenzt zu beiden Seiten der weitläufige, überdachte **Bazar.** Im Norden befindet sich der Gold- und Textilbazar, den südlichen Teil nimmt der Alte Bazar ein, in dem Teppiche und traditionelles Handwerk untergebracht sind. Die mitten im Bazar gelegenen, nicht überdachten, freien Plätze, an denen sich mehrere Marktgassen treffen, sind charakteristisch für Yazd.

An der Ecke von Khiaban-e Gol Chinan und Khiaban-e Qiyam liegt das **Mosalla Atiq** (2), das heute als Medresse genutzt wird. Dieser große, religiöse Versammlungsplatz unter freiem Himmel wurde hier in ungewöhnlicher Lage, nämlich mitten in der Stadt, errichtet. Vorher lag an dieser Stelle im Zentrum des freien Platzes ein zoroastrisches Chahar Taq, das im Jahr 1545 umgebaut und in die religiöse Funktion des Mosalla integriert wurde. Rund um den von einer Mauer umgebenen Platz wurden Studentenräume errichtet, offene Iwane und Wandnischen gliederten die Fassaden. In der heutigen Form geht das Mosalla auf die Safawidenherrscher Shah Tahmasp I. und Shah Abbas I. zurück.

Yazd, Fassade der Tekiyeh Amir Chaqmaq, davor ein Nakhl, ein blattförmiges Holzgestell

Am Eingang zum Alten Bazar, angrenzend an den Meydan-e Amir Chaqmaq, entstanden die **Masdjid-e Amir Chaqmaq** (3), auch gelegentlich Masdjid-e Now genannt, und die **Tekiyeh Amir Chaqmaq,** von der nur noch die treppenförmig ansteigende, dreistöckige Fassade mit zwei Minaretten erhalten blieb. Dieser Arkadenbau wird häufig fälschlicherweise als Bazartor bezeichnet. Sowohl die Moschee, eine Vier-Iwan-Anlage mit fliesengeschmückter Kuppel und Portal, als auch die Tekiyeh wurden im 15. Jh. von Amir Djalal al-Din Chaqmaq, dem Gouverneur von Yazd, in Auftrag gegeben. Der Portalbau der Tekiyeh, der an der Stirnseite des Amir Chaqmaq-Platzes steht, ist qadjarisch und stammt aus dem 19. Jh. Der ursprünglich vollständig von Arkadenbauten umgebene Platz bildete einst die

Tekiyeh, in der die Passionsspiele und Prozessionen der Moharram-Feierlichkeiten stattfanden. Vor der Tekiyeh-Fassade steht heute ein riesiges blattförmiges Holzgestell, das *nakhl,* das für die Prozessionen geschmückt und von vielen Männern durch die Straßen getragen wird.

Nördlich des Meydan-e Amir Chaqmaq geht von der Khiaban-e Imam Khomeyni eine Seitenstraße ab, die vor dem Portal der **Freitagsmoschee** (4) endet. Der Bau stammt ursprünglich aus dem 12. Jh., wurde aber im 14.–15. Jh. grundlegend erneuert, ergänzt und umgebaut. Nordöstlich der Freitagsmoschee lag inmitten des Bazars der Vorgängerbau aus dem 9.–10. Jh., von dem aber wegen einer modernen Überbauung aus den letzten Jahrzehnten so gut wie nichts mehr erhalten ist. Die heutige Freitagsmoschee steht in ihrem Grundriß und ihrer Konzeption in der Tradition des Vorgängerbaus.

Fliesenmosaik verkleidet vollständig den Portalbau, der mit seinem doppelstöckigen Eingangsiwan und den auf dem Dach errichteten beiden Minaretten das höchste Doppelminarett-Portal Irans ist. Die Fliesenmosaikinschriften nennen die Namen des Timuridenherrschers Shahrokh und des Qara Qoyunlu-Sultans Djahanshah sowie das Baudatum 1456. Hinter dem Portal liegt ein von Arkaden umgebener Innenhof, in dessen Mitte sich ein Marmorpodest erhebt. Die eingeschossigen, spitzbogig abgeschlossenen Arkaden sind aus Ziegeln erbaut und ohne jeglichen Schmuck. An der Südseite des Hofes öffnet sich ein tiefer Iwan auf den überkuppelten Mihrabsaal. Die Außenfassade des an beiden Seiten mit Nebenräumen versehenen Iwans, seine Innenwände und die des Kuppelraums, der Mihrab sowie die Innen- und Außenseite der Kuppel sind über und über mit kleinteiligem Fliesenmosaik bedeckt. Florale Motive wechseln ab mit Inschriftenpaneelen und geometrischen Mustern. Das ockergrundige Dekor der Außenkuppel ist rein geometrisch. Sie ruht auf einem Mauerring, den zwei aus Fliesenmosaik hergestellte Inschriftenbänder verzieren, das untere in geometrischem Kufi.

Unmittelbar südöstlich der Freitagsmoschee steht als einziger Teil eines ehemals großen Gebäudekomplexes aus dem 14. Jh., der von **Rokn al-Din** (5) gegründet wurde, das Mausoleum des Stifters. Der Komplex umfaßte ursprünglich eine Medresse, eine Bücherei und ein Observatorium. Früher wurden hier mit einer Sonnenuhr die Zeit und mit einer Fahne die Gebetsstunden angezeigt; deshalb nannte man das Gebäude früher auch *vaqt va saat,* das Arabisch, nicht Persisch ist und ›Zeit und Stunde‹ bedeutet. Die flache, aber im Durchmesser 10 m breite Kuppel des Mausoleums trägt einen blaugrundigen, ornamentalen Fliesenschmuck. Sie ruht auf einem hohen Ring, der mit seinen zwei Inschriftenfriesen ähnlich dekoriert ist wie die Kuppel der Freitagsmoschee, nur ist das Inschriftenband in geometrischem Kufi nicht aus Fliesenmosaik, sondern aus blau glasierten und ockerfarbenen, unglasierten Ziegeln zusammengesetzt.

Nördlich der Freitagsmoschee liegt in der Altstadt, im Stadtteil Fahadan, an einer Gasse, die von der Khiaban-e Shahid Ayatollah Madani abzweigt, das **Davazdah Imam-Mausoleum** (6), das Mauso-

Yazd, gemalte Innendekoration des Kuppelsaals im Mausoleum des Rokn al-Din

leum der Zwölf Imame. Der im Grundriß quadratische Ziegelbau aus der Zeit der Seldjuken datiert inschriftlich auf das Jahr 1037. Ursprünglich hatte der heute massiv wirkende Bau an drei Seiten in der Mitte weite, offene Arkaden, die man später zusetzte; eine wurde als Eingang genutzt, die anderen beiden zu Nischen umfunktioniert. Gegenüber dem Eingang liegt die mit Stuck verzierte Mihrabnische. Die Wände des Grabraums sind mit weiteren Nischen zweistöckig gegliedert. Darüber liegt eine achteckige Trompenzone, auf der die Ziegelkuppel ruht. Nischen und Innenkuppel sind mit floralen Wandmalereien geschmückt, am Saum der Kuppel verläuft innen ein breites, gemaltes Band, dessen Kufi-Inschrift mit ›verknoteten Hasten‹ das Baudatum nennt.

Am selben Platz wie das Davazdah Imam steht das **Zendan-e Iskandar** (7), das Gefängnis des Alexander. Dieser Bau war ursprünglich ebenfalls ein isoliert stehendes Mausoleum der gleichen Bauart wie das Davazdah Imam. Er wurde später in ein größeres Gebäude eingebunden und als Koranschule genutzt, weswegen man ihn auch gelegentlich als Medresse bezeichnet. Die schmucklose Ziegelkuppel dieses Baus ruht auf einem achteckigen und leicht nach oben auskragenden Tambour mit einem weitaus breiteren Durchmesser als die Kuppel. Ein vierreihiger Stalaktitenfries verziert seine Außenseite. Die darunter liegende Trompenzone trägt ein einfaches Muster von auf der Spitze stehenden, ineinander eingeschriebenen Quadraten aus blau glasierten Fliesen vor ziegelfarbenem Hintergrund.

Nördlich des Zendan-e Iskandar liegt das traditionelle Wohnhaus der Familie Lariha, das **Khaneh Lariha** (8), in dem heute die Antikenverwaltung von Yazd untergebracht ist. Das aus Ziegeln errichtete, zweistöckige Gebäude stammt aus der qadjarischen Zeit (Ende 19./Anfang 20. Jh.). Von der Konzeption her handelt es sich um ein Hofhaus mit abweisenden Mauern nach außen und einem weiträumigen, bepflanzten und mit einem großen Wasserbecken ausgestatteten Innenhof. In der Mitte einer Seite öffnet sich zum Hof hin ein breiter, tonnengewölbter Iwan, auch Talar genannt, in dem sich in der heißen Zeit die Familie versammelte. Der gesamte Komplex wird von mehreren großen Badgirs belüftet und gekühlt; kunstvoll geschnitzte Holzgitter an Fenstern und Türen dienen demselben Zweck.

Rund 500 m weiter südöstlich liegt direkt an der Khiaban-e Ayatolla Kashani, die stadtauswärts in Richtung Kerman führt, das moderne **Feuerheiligtum** (9) der großen, seit rund 1300 Jahren hier ansässigen zoroastrischen Gemeinde. Der aus hellen Ziegeln errichtete Feuertempel wurde der hiesigen Gemeinde um 1900 von den Zoroastriern in Bombay gestiftet. Über der mit einem Säulenportikus versehenen Eingangsfassade schwebt das aus glasierten Fliesen hergestellte Symbol des Gottes Ahura Mazda, dargestellt in derselben Form wie in den Reliefs der Achämenidenzeit. Von der eher prosaisch anmutenden Eingangshalle aus blickt man durch eine Glasscheibe auf den Altar mit dem Ewigen Feuer.

12 km südwestlich der Stadt Yazd liegen zwei große zoroastrische Bestattungstürme, die **Türme des Schweigens** (10). Seit der Verordnung aus dem Jahr 1970 dürfen die Zoroastrier aus hygienischen Gründen ihre Leichen nicht mehr nach traditionellem Brauch auf den Türmen des Schweigens aussetzen, damit die Geier das Fleisch von den Knochen der Toten nagen können. Deshalb sind die beiden Dakhmehs, wie die Türme in Yazd genannt werden, heute nicht mehr in Benutzung, ebenso wie die Gebäude zu ihren Füßen, in denen die

Yazd, Turm des Schweigens (Hauptturm); im Vordergrund sind die Ruinen der Totenhäuser sichtbar

Toten für die Zeremonien hergerichtet und die sauberen Knochen später mit Wachs behandelt wurden, bevor man sie in kleinen Felshöhlen *(studan)* beisetzte. In der Nähe der Totenhäuser lagen außerdem Wohnbauten, in denen diejenigen lebten, die mit den Ritualen der Totenfeierlichkeiten zu tun hatten. Auch eine Zisterne befand sich hier. Unmittelbar angrenzend gibt es heute einen Friedhof, auf dem die Zoroastrier in der neueren Zeit ihre Toten in Betonwannen beisetzen.

Yazd, der zoroastrische Wächter der Türme des Schweigens

Die auf dem höchsten Punkt zweier gegenüber liegender Hügel errichteten Dakhmehs, aus Bruchsteinen und Mörtel gebaut, sind runde, turmartige Anlagen, umgeben von hohen, lehmverputzten Mauern mit nur einem einzigen kleinen, verschließbaren Zugang. Innerhalb der Mauern lag unter freiem Himmel ein runder Platz, in dessen eingetiefter Mitte die Leichen ausgesetzt wurden. An der Mauer stand ein Podest, auf dem ein Priester während der Zeremonie saß. Da die Türme seit ihrer Entstehung immer instand gehalten und renoviert wurden, ist ihr tatsächliches Alter nicht mehr feststellbar.

Fahradj

Fahradj
Besonders sehenswert: Die Freitagsmoschee aus dem 9./10. Jh., eine der ältesten Pfeilermoscheen Irans

Verläßt man Yazd in südöstlicher Richtung nach Bafq, erreicht man nach etwa 30 km die Ortschaft Fahradj. In vorislamischer Zeit hatte sie durch ihre Lage an der Handelsstraße von der Fars nach Khorasan sehr viel mehr Bedeutung als heute. Die Freitagsmoschee von Fahradj ist zwar relativ unscheinbar, dafür jedoch sehr alt. Sie stammt aus dem späten 9./frühen 10. Jh. und gehört zu den frühen Pfeilermoscheen, die zumeist nur ein einziges, aus Ziegeln errichtetes Minarett haben. Das Minarett in Fahradj ist rund und schmucklos mit Lehm verputzt. Oben schließt es mit einer Zinnenkrone ab.

Der Grundriß der Moschee ist nahezu quadratisch. Arkaden umgeben den Innenhof an drei Seiten, der Eingang liegt an der Nordseite. An der Südseite des Hofes schließt die Gebetshalle mit ihren fünf tonnenüberwölbten Schiffen und einer Pfeilerreihe in der Mitte an. Die beiden außen gelegenen Schiffe und das Mittelschiff, in dem die Mihrabnische untergebracht ist, sind breiter angelegt. Äußerst zurückhaltend ist der architektonische Schmuck der gesamten Moschee. Die massiven Pfeiler in der Gebetshalle und die Arkadenpfeiler im Hof sind durch kleine, eingestellte Säulen gegliedert, zusätzlich wurden die Pfeiler der Hoffassaden im oberen Bereich mit schmalen Blendnischen versehen, die in Fünfpaßbögen abschließen.

67 km südlich von Yazd liegt an der Hauptstraße nach Rafsandjan die Karawansarai von **Zeyn al-Din** aus safawidischer Zeit. Von ihrer Bauweise her fällt sie aus dem Rahmen – das gut erhaltene, aus Backsteinen über Steinfundamenten errichtete Bauwerk ist eine achsen-

symmetrische Rundanlage mit fünf runden Turmbastionen. Auf den im Zentrum gelegenen, relativ kleinen, runden Innenhof öffnen sich flache Iwannischen, über die man in die etwas höher gelegenen Räume gelangte. Hinter dem Ring von Räumen befindet sich auf jeder Seite ein halbrunder Gang, der von dem überkuppelten Eingangsraum her zugänglich ist und in dem die Stallungen untergebracht sind. Genau gegenüber dem Eingang ist der Shahneshin eingerichtet, dessen Kuppel die umgebenden, flach gedeckten Raumtrakte überragt. Diese Karawansarai eignet sich besonders für eine Besichtigung, da das Flachdach des Baus zugänglich ist und man von oben einen guten Überblick über das Gebäude und einen schönen Ausblick in die Umgebung erhält.

Jeder Iraner ist fest davon überzeugt, daß die Zypresse von Abarkuh mindestens 4000 Jahre alt ist, und tatsächlich bestätigen botanische Gutachten ihm ein extrem hohes Alter. Der mächtige Baum ist ein beliebtes Ausflugsziel

Die Kleinstadt **Abarkuh** liegt auf einer Höhe von 1500 m über dem Meeresspiegel, 140 km südwestlich von Yazd an der Hauptstraße nach Shiraz. Östlich grenzt an die Stadt eine Salzwüste, die das trokken-heiße Klima der Gegend bestimmt. Im 10. Jh. war Abarkuh eine wichtige Station an der Karawanenstraße, die den Persischen Golf über Shiraz mit Klein- bzw. Zentralasien verband. Mit Sicherheit hat die Stadt jedoch eine längere Tradition, als es die archäologischen Untersuchungen bislang nachweisen konnten. Von den Zeugen einer bedeutenden Vergangenheit ist heute nur noch wenig erhalten, denn sowohl die von der Salzwüste kommenden heißen Sandstürme als auch die afghanischen Überfälle und Plünderungen im Jahr 1723 haben beträchtliche Zerstörungen angerichtet.

Am südwestlichen Ortsausgang steht isoliert am Wegrand eine riesige, uralte **Zypresse,** um die sich im gesamten Iran berühmte Sagen und Geschichten ranken. Schräg gegenüber der Zypresse ist als einziges Bauelement einer **Nizamiyeh** aus der Ilkhanidenzeit (14. Jh.) das Portal mit seinen beiden aufgesetzten Minaretten erhalten. Der obere Teil der ehemals hohen und schlanken Minarette ist heute abgebrochen. Ein besonderes Muster bedeckt ihren Schaft – es besteht aus dem in geometrischem Kufi geschriebenen Wort Allah, das jeweils in ein auf die Spitze gestelltes Quadrat eingeschrieben ist. Das Dekor setzt sich aus blau glasierten und naturbelassenen Ziegeln, die den Hintergrund bilden, zusammen.

Am anderen Ende des Städtchens liegt der **Gonbad-e Ali,** ein Mausoleum aus dem 11. Jh. Das achteckige Bauwerk ist der älteste datierte Grabturm dieser Form in Südiran und das älteste historische Monument von Abarkuh. Einschließlich seiner kleinen, fast exakt halbrunden Kuppel wurde der ganze Bau aus mit Mörtel verbundenen, unregelmäßig geformten Bruchsteinen errichtet. Sein massiger achteckiger Baukörper endet in einem leicht nach außen ausschwingenden, dreiteiligen Stalaktitenfries, darunter verläuft eine aus Ziegeln zusammengesetzte Kufi-Inschrift. Über dem Eingang ist eine tiefe Nische mit einem Spitzbogen eingelassen, an deren Rückwand eine ebenfalls aus Ziegeln hergestellte Kufi-Inschrift den Namen des Grabinhabers und das Baudatum 1056 nennt.

Im Südosten schließt an die Provinz Yazd die **Provinz Kerman** an, die mit rund 190 000 km^2 Fläche zu den größten Provinzen Irans gehört, aber eher schwach besiedelt ist. Über die Hälfte des Gebiets wird im Westen von Gebirgszügen beherrscht, im Norden und Osten prägt die Wüste Lut die Landschaft – entsprechend uneinheitlich zeigen sich auch das Klima, die natürliche Vegetation und die Art und Intensität der landwirtschaftlichen Nutzung. Kerman ist, trotz der Gebirgszonen, überwiegend eine sehr trockene, wasserarme Region, in der es nur einen einzigen Fluß, den Halil Rud, gibt, der ganzjährig Wasser führt. Neben der Provinzhauptstadt Kerman sind die Städte Zarand, Rafsandjan, Bardsir, Sirdjan, Baft, Bam und schließlich Djiroft/Sabzvaran von einiger Größe und Bedeutung. Die Wirtschaft der Provinz basiert sowohl auf der Ausbeutung der reichen Kupfervorkommen im Nordosten als auch auf landwirtschaftlichen Produkten, beispielsweise auf den besonders qualitätvollen Pistazien aus Rafsandjan und den Datteln aus Bam, die auch ins Ausland exportiert werden. Ebenfalls ein nicht unbedeutender Exportartikel sind die in Kerman hergestellten Teppiche.

Die Stadt Kerman

Kerman ☆
Besonders sehenswert: Bazar-e Wakil; Gandj Ali Khan-Platz mit angrenzenden Bauten, besonders das Ethnologische Museum im Gandj Ali Khan-Hammam

Durch einen 4000 bis 5000 m hohen Gebirgsrücken vom Westrand der Wüste Lut getrennt, liegt die Stadt Kerman auf einer Hochebene von 1755 m über dem Meeresspiegel. Obwohl der Ort von der Bauweise, der Atmosphäre und den Farben her eine typische Wüstenstadt ist, hat er dank seiner Höhenlage ein vergleichsweise moderates Klima.

Die Stadt hat eine lange und bewegte Geschichte. Sie wurde der Überlieferung nach von Ardashir I. (224–241) gegründet und in sasanidischer Zeit Beh Ardashir genannt; in islamischer Zeit wurde der Name zu Bardashir verballhornt. Der heutige Name Kerman, den die Stadt von den Safawiden erhielt, leitet sich von Caramania her, der Benennung der Region in elamischen Keilschrifturkunden. 928 wurde Kerman unter den Samaniden Provinzhauptstadt und danach bis zum Jahr 1048 Stammsitz der lokalen Dynastie der Buyiden. Außer einer Plünderung im Jahr 1187 durch turkmenische Stämme entging Kerman größeren Zerstörungen bis zum Ende der Safawidenzeit, in der es seine größte wirtschaftliche Blüte erlebte.

Die im 18. Jh. einfallenden Afghanen und die marodierenden Heere des Afsharenherrschers Nadir Shah auf ihrem Weg nach Indien trugen dazu bei, daß die Stadt immer weiter in den wirtschaftlichen Ruin getrieben wurde. Den schlimmsten Schlag erlitt Kerman jedoch durch den ersten Qadjarenherrscher Agha Mohammad Khan (1779–1797), der die Stadt nahezu vollständig verwüstete und angeblich 40 000 Bewohner niedermetzelte, blendete oder in die Sklaverei verkaufte, weil Kerman seinem Rivalen um den Pfauenthron, dem letzten Herrscher der Zand-Dynastie, Lotf Ali Khan, Schutz und Zuflucht gewährt hatte. Alle nachfolgenden Qadjaren-Shahs beleg-

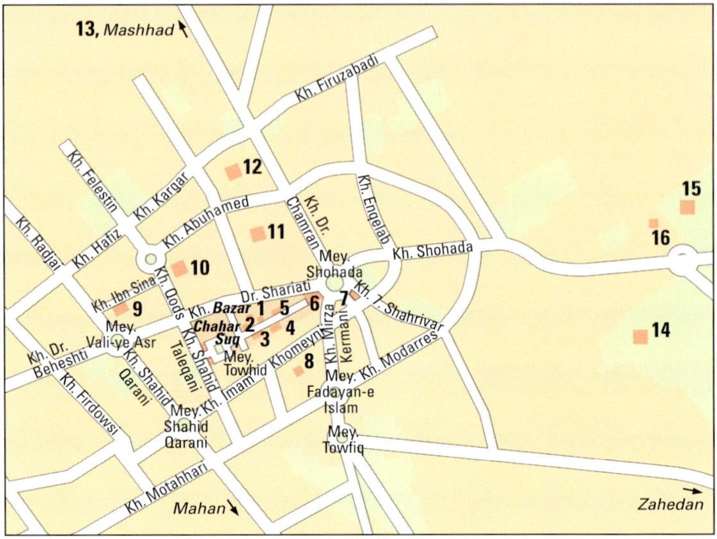

Kerman, Plan des Stadtzentrums
1 Bazar-e Wakil
2 Meydan-e Gandj Ali Khan
3 Gandj Ali Khan-Hammam
4 Ibrahim Khan-Medresse
5 Hammam-e Wakil
6 Freitagsmoschee
7 Gonbad-e Moshtaqiyeh
8 Masdjid-e Imam
9 Yakhdan-e Moayyedi
10 Gonbad-e Sabz
11 Masdjid-e Pa Minar
12 Khwadjeh Atabak-Mausoleum
13 Turm des Schweigens
14 Qaleh Ardashir
15 Qaleh Dokhtar
16 Gonbad-e Djabaliyeh

ten seit Beginn des 19. Jh. die Stadt mit besonders hohen Extrasteuern, so daß sich Kerman wirtschaftlich nur sehr langsam wieder erholte. Trotzdem erreichte es gegen Ende des 19. Jh. einen abermaligen Aufschwung durch die Herstellung von Teppichen und deren Export nach Europa und Amerika sowie dem Handel mit Indien.

Direkt im Stadtzentrum liegt ein großer, rechteckiger Platz, der Meydan-e Towhid, mit einer Grünanlage in der Mitte. Er ist an allen Seiten von Arkadenbauten umgeben, die in der Mitte von vier Torgebäuden unterbrochen werden, von denen eines in den überdeckten **Bazar-e Wakil** (1), den Bazar des Regenten, führt. Ein großer Teil der mit Ziegelgewölben gedeckten Bazargassen und der Chahar Suq, der überkuppelte Hauptplatz des Bazars, stammen noch aus safawidischer Zeit. Im Wakil-Bazar sind noch einige Karawansaraien und Timches erhalten, unter anderem die qadjarische **Wakil-Karawansarai,** die man an ihren zwei Windtürmen erkennt.

Im Norden grenzt an den Chahar Suq der Meydan-e **Gandj Ali Khan** (2), ein weitläufiger, begrünter Innenhof mit einem Wasserbekken in der Mitte, um den mehrere Gebäude mit unterschiedlichen Funktionen herumgebaut wurden. Der gesamte Komplex ist benannt nach Gandj Ali Khan, einem Gouverneur, der Ende 16./Anfang 17. Jh. die Provinz Kerman regierte. Die Ostseite des Platzes wird von einer großen Karawansarai aus dem 19. Jh. eingenommen, deren Vorgängerbauten, ebenso wie die angeschlossene kleine, ältere Moschee, ehemals als Medresse genutzt wurden. Der Eingang zur Karawansarai, ein doppelstöckiger Eingangsiwan, ist an beiden Seiten von zweigeschossigen Arkaden eingefaßt. In der Mitte der Nordseite des Platzes führt ein eingeschossiger Iwan in die ehemalige Münze der Stadt, einen ebenerdigen Gebäudetrakt, überragt von einem großen Badgir (S. Abb. S. 29). Im Westen schließt an den Hof eine Zisterne an. Die Fassaden und Eingänge aller dieser Gebäudeteile sind mit Fliesendekor aus ornamentalen Mustern und gefliesten Inschriftenfeldern mit geometrischem Kufi verziert.

An die zum Bazar hin sich öffnende Südseite ist das aus safawidischer Zeit stammende **Gandj Ali Khan-Hammam** (3) angeschlossen. Das aus einzelnen Kuppelbauten zusammengesetzte Badegebäude mit seinen gekachelten Wandsockeln und Stalaktitenreliefs an den Decken wurde komplett restauriert und in ein ethnologisches **Museum** umgewandelt. Wachsfiguren in historischen Trachten stellen im mit traditionellem Kunsthandwerk ausgestatteten Kalt- und Warmbereich des Hammams szenisch das Leben im Badehaus dar.

Mitten im Bazar liegt hinter dem Gandj Ali Khan-Hammam die **Ibrahim Khan-Medresse** (4), daran angeschlossen ein noch in Betrieb befindliches **Hammam.** Beide Bauten wurden von Ibrahim Khan Zahir al-Dowla, der Gouverneur von Kerman war, in der Qadjarenzeit gegründet. Über dem doppelstöckigen Iwan des Haupteingangs zur Medresse, deren Innen- und Außenfassaden mit aus Kacheln zusammengesetzten floralen Mustern und gegenständlichen Bildern in den typisch qadjarischen Farben verkleidet sind, prangt ein prächtig verzierter Uhrturm.

Eines der zahlreichen im Bazar verteilten Badehäuser ist das frühqadjarische (Ende 18./Anfang 19. Jh.) **Hammam-e Wakil** (5), in dessen Kaltbereich, wo man sich früher umzog, sich heute ein traditionelles Teehaus befindet, das **Chaikhaneh Sunnati.** Sinnigerweise wurde in dem früheren Warmbereich ein ebenfalls traditionell eingerichtetes Restaurant untergebracht.

Kerman, Museum im Gandj Ali Khan-Hammam; in der Mitte eine Badeszene, mit Wachsfiguren gestaltet

Am Ende des Wakil-Bazars liegt die **Freitagsmoschee** (6), die man über eine südwestlich vom Meydan-e Shohada abgehende, schmale, von spitzbogigen Ziegelarkaden eingefaßte Straße erreicht. Am Ende der Straße steht ein hoher, vollständig mit Fliesenmosaik verzierter Portalbau, der wahrscheinlich früher von zwei Minaretten überragt wurde, die man in der qadjarischen Periode durch ein für diese Zeit charakteristisches Uhrtürmchen ersetzte. Die klassische Vier-Iwan-Moschee wurde im Jahr 1349 unter der Herrschaft der Muzaffariden erbaut und sowohl während der safawidischen Epoche (1501–1722) als auch unter der Zand- und der Qadjaren-Dynastie restauriert, verschönert und ausgebaut. Anhand der Verzierung der Iwane kann man die verschiedenen Epochen erkennen. So stammt die Fliesenmosaikverzierung des Westiwans beispielsweise aus der Zeit der Erbauung, der Südiwan aber, wie auch der Mihrab, aus der Safawidenzeit. Der im Norden gelegene Seiteneingang hingegen, ebenso wie einige Pfeiler im Mihrabsaal, tragen Kachelverkleidungen der qadjarischen Periode.

Östlich der Freitagsmoschee steht, ebenfalls erreichbar vom Meydan-e Shohada, der **Gonbad-e Moshtaqiyeh** (7), ein in qadjarischer Zeit aus Ziegeln erbautes Mausoleum mit drei Kuppeln. Deshalb wird das Mausoleum im Volksmund auch Se Gonbad, Drei-Kuppel-Bau, genannt. Zwei der Kuppeln sind mit blaugrundigen Kachelmustern verkleidet und sitzen auf einem hohen Tambour, der seinerseits ein breites Kachelband mit geometrischen Kufi-Inschriften trägt; die dritte Kuppel ist völlig unverziert. Jede Kuppel bekrönt eine Grabkammer, deren Decken und Wände zarte Wandmalereien und kleinteilige Moqarnasverzierungen in den Trompen tragen.

Südlich des Bazars liegt an der Khiaban-e Imam Khomeyni, einer der Hauptstraßen Kermans, die in ihren ältesten Teilen aus seldjukischer Zeit stammende **Masdjid-e Imam** (8), die früher Masdjid-e Malik hieß. Mit dem Bau der aus Ziegeln errichteten Moschee wurde im 11. Jh. begonnen, die meisten Teile der Anlage wurden während des 12. Jh. fertiggestellt und die letzten Arbeiten im 13. Jh. beendet. Im 16. Jh. wurden Restaurierungsarbeiten durchgeführt. Der Bau ist eine klassische Vier-Iwan-Anlage mit einem großen Hof, an den im Südwesten der Mihrabsaal anschließt, ein Kuppelsaal mit einem Stuckmihrab aus dem 12. Jh. Der Iwan, durch den man die Anlage von Nordosten her betritt, wird an der Hofseite von zwei schlanken Zierminaretten flankiert, die wie Säulenvorlagen vor seiner Fassade liegen und ihn nicht überragen. Außen in die Nordostecke eingebunden sieht man den Rest eines runden Minaretts mit flächig-ornamental verziertem Ziegelmantel aus seldjukischer Zeit. Auf dem niedrigen Bruchsteinfundament stehen heute noch etwa 7,50 m des Minaretts an.

Nördlich des Meydan-e Vali-ye Asr liegt in der Khiaban-e Ibn Sina das **Yakhdan-e Moayyedi** (9), das Eishaus des Moayyedi. Von dieser Art Bauten, die typisch sind für die Städte am Rand der großen Wüsten, gibt es noch heute in der Stadt mehrere, hauptsächlich aus

Mihrab der Freitagsmoschee von ◁ *Kerman*

der Qadjarenzeit. Das Eishaus des Moayyedi jedoch stammt aus der Safawidenzeit und ist wohl am besten erhalten. Dieser aus Lehmziegeln errichtete Bau steht auf einem begrünten Platz, umgeben an drei Seiten von einer hohen, dicken Lehmziegelmauer. Die direkt an das Eishaus angrenzende Mauer wirkt als Schattenspender und schützt den Bau vor starker Sonneneinstrahlung. Insgesamt besteht das zisternenartige Gebäude aus einer runden Grube, über der sich eine treppenförmig abgestufte und nach oben hin spitz zulaufende Kuppel erhebt. In der Grube wird Wasser gesammelt, das in der kalten Jahreszeit zu Eis gefriert und in der heißen Jahreszeit, dank der Bauweise aus dicken Lehmziegelwänden und der umgebenden Mauer als Sonnenschutz, nicht so schnell abschmilzt.

Östlich der Stelle, an der die Khiaban-e Ibn Sina auf die Khiaban-e Felestin stößt, liegen die Ruinen des **Gonbad-e Sabz** (10; Grüner Kuppelbau), eines Grabgebäudes mit angeschlossener Medresse aus dem 14. Jh. Ehemals gehörte dieser Bau zu den bedeutendsten Monumenten Kermans, er wurde aber bei dem Erdbeben von 1896 nahezu vollständig zerstört. Erhalten blieb das mit Fliesenmosaik geschmückte Portal des Grabturms.

In dem Teil der Stadt, der nördlich der Khiaban-e Dr. Shariati liegt, gibt es zwei historische Denkmäler aus der Zeit der türkisch-mongolischen Vorherrschaft. An den Fassaden der **Masdjid-e Pa Minar** (11), die inschriftlich in das Jahr 1390 datiert, sind noch einige sehenswerte Fliesenmosaiken erhalten. Das weiter nördlich gelegene, ältere **Khwadjeh Atabak-Mausoleum** (12) stammt aus seldjukischer Zeit. Außen hat der im 12. Jh. erbaute Ziegelturm eine oktogonale Form, die Grabkammer ist jedoch quadratisch. Die Außenfassade trägt ornamentale Muster, die aus naturfarbenen und an einer Schmalseite blau glasierten Ziegeln gebildet sind. Seine Innenwände und der Mihrab sind mit Stuckornamenten, Kufi- und Tholth-Inschriften aus Stuck und Ziegeln verziert.

Am nördlichen Stadtrand liegen die Ruinen des alten Zoroastrier-Viertels, und 7 km vor der Stadt ist sogar noch ein **Turm des Schweigens** (13) erhalten. Die zoroastrische Gemeinde Kermans, die ehemals weit bedeutender war als heute, ist noch immer nach Yazd die zweitgrößte in Iran. Gegen Ende des 19. Jh. spielte sie, durch ihre Kontakte mit den indischen Zoroastriern, eine wichtige Rolle im Handel mit Indien und trug so zum neuerlichen wirtschaftlichen Aufschwung der Stadt bei.

Verläßt man die Stadt nach Osten auf der Khiaban-e Shohada, sieht man rechts ein Felsmassiv aufragen, auf dessen Grat die beeindruckenden Reste der **Qaleh Ardashir** (14), einer aus Lehmziegeln errichteten sasanidischen Festungsanlage, erhalten sind. Etwas weiter nördlich liegen auf einem anderen Berg jenseits der Khiaban-e Shohada die Ruinen der zweiten sasanidischen Burg, **Qaleh Dokhtar** (15).

Zu Füßen der Ruinen gibt es einen traditionellen Friedhof, der Golestan-e Shohada, an dessen Rand ein im Grundriß achteckiges Bauwerk, der **Gonbad-e Djabaliyeh** (16) steht. Das aus Bruchstein und Mörtel errichtete Gebäude, das gelegentlich wegen seiner Bauweise auch Gonbad-e Sangi (Steinerner Kuppelbau) genannt wird, setzt sich aus drei Architekturelementen zusammen. Die acht Fassadenteile der untersten und zugleich höchsten Stufe sind mit verschiedenartig ausgestalteten und unterschiedlich großen Nischen und Fenstern gegliedert. Darauf ruht eine zwölfeckige, schmucklose Fensterzone. Das letzte Bauelement besteht wieder aus einem achteckigen Sockel, auf dem die massige, aus Ziegeln errichtete Doppelkuppel aufliegt. Sowohl Funktion als auch das Alter des Gebäudes sind nicht bekannt. Die Lage bei dem islamischen Friedhof, die Art der Architektur und der Baustil sprechen dafür, daß es sich um ein seldjukisches Grabmal handelt. Es wird aber auch vermutet, daß der Bau vorislamisch, d. h. spätsasanidisch ist und im Zusammenhang mit der zoroastrischen Religion stand, da er keine Ausrichtung nach Mekka aufweist und im Volksmund Gonbad-e Gabr, zoroastrischer Kuppelbau, heißt.

Mahan

Mahan ☆
Prunkvoll ausgestattetes Mausoleum des Shah Nematollah Vali in reizvollem Park und weitläufige qadjarische Paradeisosanlage vor den Toren der Stadt

Die Kleinstadt Mahan liegt auf einer Höhe von knapp 2000 m über dem Meeresspiegel, rundum eingefaßt von hohen, schroffen Gebirgen. In der Stadt, die im 10. Jh. eine weit größere Bedeutung hatte als

Mahan, Mausoleum des Shah Nematollah Vali

Mahan, Blick durch das Eingangsportal auf den Hauptbau des Bagh-e Shazdeh

heute, liegt das **Mausoleum von Shah Nematollah Vali,** dem 100jährig im Jahr 1431 in Mahan verstorbenen und bestatteten Sufimeister, Gelehrten und Gründer des Nematollahi-Sufiordens.

Das Mausoleum über seinem Grab stiftete im Jahr 1437 Ahmad Shah aus der indischen Bahmanen-Dynastie, ein Anhänger Shah Nematollah Valis. Durch An- und Umbauten in safawidischer und qadjarischer Zeit entstand ein großer Komplex aus mehreren Gebäuden und begrünten, mit verschieden geformten Wasserbecken ausgestatteten Hofanlagen. Von der Straße her gelangt man in das Heiligtum über zwei hintereinander angeordnete Innenhöfe, die mit einem zweigeschossigen Torbau verbunden sind. An den vorderen Hof schließt eine Zisterne mit zwei Badgirs an, an den hinteren Pilgerunterkünfte und Wirtschaftsräume.

Im Zentrum der Anlage liegt das Mausoleum mit seiner blaugrün gefliesten Kuppel, die auf einem hohen, von einem breiten Inschriftenfries in Kufi verzierten Ring sitzt. Der quadratische Kuppelraum mit dem Grabmal Shah Nematollah Valis in der Mitte ist der älteste Teil des Mausoleums. Zarte florale Wandmalereien des 15. Jh. schmücken die Trompenzone und die Innenkuppel.

Vor dem Mausoleum liegt ein Gebäudetrakt mit dem Haupteingang zur Grabkammer, einem in qadjarischer Zeit errichteten Iwan, den zwei vollständig mit Fliesendekor versehene Minarette flankieren. Vom Vestibül hinter dem Iwan zweigen rechts und links breite Arkadengänge ab. Die sehr hoch angelegten Gänge wirken eher wie Hallen durch ihre mit Stalaktitenreliefs verzierten und mit Lichtöffnungen aufgebrochenen Kuppeldecken. Die gleiche Gebäudekonstruktion, Vestibül mit zu beiden Seiten anschließenden Gängen, wurde auf der anderen Seite des Mausoleums angebaut. Außerdem enthält der Komplex auch die Gräber der Schüler und Verwandten Shah Nematollah Valis sowie das Chellah Khaneh, das Haus der 40 Tage, in dem sich der Sufimeister mehrmals im Jahr 40 Tage lang der Meditation und der Askese widmete. Der Wandschmuck dieses Raums besteht ausschließlich aus Inschriften, die zu Mustern zusammengesetzt sind.

Für einen Besuch des Heiligtums eignen sich, wenn man fotografieren möchte, wegen des Sonnenstands die frühen Vormittagsstunden; für die späten Nachmittagsstunden sollte man hingegen die Besichtigung der zweiten Sehenswürdigkeit von Mahan, des **Bagh-e Shazdeh** (Prinzengarten), einplanen. Die Ende des 19. Jh. errichtete qadjarische Gartenpalastanlage liegt zu Füßen der Berge am Rand von Mahan und gehört zu den letzten Paradiesgärten in altpersischer Tradition, die in Iran erbaut wurden. Die Architekten planten den Bagh-e Shazdeh an dieser Stelle, weil sie hier das natürliche Gefälle der aus dem Gebirge kommenden Flüßchen und Bäche nutzen konnten. In dem Palais der Anlage hielt sich der Shah mit seiner Familie und dem Hof auf, wenn er in Kerman weilte oder auf der Durchreise an den Persischen Golf war.

Die gesamte Anlage ist entlang einer gerade verlaufenden Achse in leicht ansteigendem Gelände konzipiert. Man betritt den von einer Ziegelmauer umgebenen Park durch einen quergelagerten, zweigeschossigen Torpalast, dessen Fassaden architektonisch von Säulen, Nischen, Arkaden und Erkern gegliedert und farblich mit geometrischen Fliesenmustern verziert sind. Vor und hinter dem Durchgang liegen Wasserbassins. An die Innenseite der Umfassungsmauer sind rechts und links des Torbaus Gästesuiten angebaut.

Am anderen Ende des Parks steht genau gegenüber dem Torgebäude, aber weiter oben am Hang der langgestreckte, weiß getünchte Hauptbau mit einem breiten Wasserbassin davor. Das Gebäude wurde in der Mitte doppelgeschossig und tiefer als die angrenzenden Seitentrakte konstruiert, rechts und links führen Treppen in die Seitenflügel, in denen sich Bade- und Wirtschaftsräume, Küchen und Lager befanden. In der ehemaligen Eingangshalle im Hochparterre, unter den davor liegenden Arkaden und auf der Terrasse ist heute ein

Teehaus untergebracht; die ehemalige Empfangshalle im Obergeschoß enthält ein Restaurant.

Das Bassin vor dem Palastbau ist mit dem hinter dem Torpalast durch eine Wasseranlage verbunden, die aus stufenartig aneinandergereihten Terrassen besteht. Jede Terrasse hat ihr eigenes Wasserbekken mit einem Springbrunnen. Durch das Gefälle fließt das Wasser vom oberen Bassin in Kaskaden in das untere Wasserbecken.

Bam

Bam ☆☆
Grandioses Beispiel einer mittelalterlichen Festungsstadt aus Lehmziegeln

120 km südöstlich von Mahan liegt an der Hauptstraße nach Sistan/Baluchistan, die durch die Wüste Lut führt, auf einer Höhe von 1062 m die Oasenstadt Bam. Unmittelbar nordöstlich von Bam beginnt die Wüste; südwestlich ragt die Djabal Barez auf, ein hoher Gebirgsrücken, dessen Bäche und Flüsse die Stadt mit Wasser versorgen. Während der Regenzeit führt auch der durch die Stadt fließende Tamrud Wasser. Die inmitten von Palmengärten, Obstplantagen und Grünanlagen liegende moderne Kleinstadt wurde Ende 19./Anfang 20. Jh. gegründet. Traditionelle Ziegel- und Lehmarchitektur und die zahlreichen unterschiedlich hohen und verschieden geformten Windtürme, die für Wüstenstädte so charakteristisch sind, prägen das Bild des heutigen Ortes.

Die etwa 1 km weiter nordöstlich gelegene alte Stadt Arg-e Bam wurde vermutlich schon in der Sasanidenzeit auf einer Felsformation errichtet. Die Araber besetzten die Stadt im 7. Jh., und schon im 10. Jh. galt sie als uneinnehmbare Festung. Im 11. Jh. wurde Bam von den Seldjuken erobert und diente dann zunächst unter den Ilkhaniden und später unter den Safawiden als letzter Außenposten am Rand von Baluchistan. Im Mittelalter lebte die Stadt bereits von ihrem Baumwollanbau und der damit verbundenen Textilherstellung. Zweimal wurde Bam Anfang des 18. Jh. von den Afghanen eingenommen und teilweise zerstört. Der letzte Zandherrscher, Lotf Ali Khan, floh 1794 nach dem Fall von Kerman vor Agha Mohammad Khan zu in der Nachbarschaft von Bam lebenden Nomadenstämmen, wurde aber vom Gouverneur von Bam gefangengenommen und an Agha Mohammad Khan ausgeliefert, der Lotf Ali Khan auf der Stelle blenden und töten ließ. 1840 wurde die Stadt von Mohammad Shah besetzt, diesmal, weil es einen abtrünnigen Gouverneur festzunehmen galt. Erst nach 1855 bekam sie wieder einen eigenbestimmten Status. Nachdem Frieden in der Region eingekehrt war, entstanden außerhalb der befestigten Stadtanlage neue Siedlungen entlang des Tamrud und damit die ersten Wohnviertel der neuen Stadt Bam. Gleichzeitig wurden die Zitadelle und die alte Stadt verlassen.

Die sich im Norden bis zu 200 m über die Ebene erhebende, befestigte Stadtanlage mit der imposanten Zitadelle und den umgebenden Stadtvierteln bedeckt ein Areal von ungefähr 450 x 550 m. Die heute erhaltenen und in der Mehrzahl aus Lehmziegeln errichteten Bauten stammen aus safawidischer Zeit. Eine massive, hohe Mauer mit Zinnenbekrönungen und 29 unterschiedlich großen Turmbastionen umgibt das gesamte Stadtgebiet; um die Mauer verlief zusätzlich ein tiefer Graben. Von den vier Stadttoren ist nur noch das Südtor erhalten, der einzige Zugang zum Stadtgebiet.

Vom Südtor aus gelangt man direkt in den aus der Safawidenzeit stammenden **Bazar,** der ehemals gedeckt war. An seinem Ende liegt rechts eine Tekiyeh und links eine Moschee. Östlich, westlich und im Nordwesten des Bazars schließen sich die Wohnviertel der Stadt an, mit großen, palaisartigen Wohnhäusern und kleineren, in denen die einfacheren Leute lebten. In der Südostecke des Stadtgebiets befindet sich die saffaridische (9. Jh.) **Freitagsmoschee,** daneben der **Mirza Naim-Komplex,** in dem eine Koranschule untergebracht ist, ein **Zurkhaneh** und die Reste einer Karawansarai. Unterhalb der Zitadelle gab es eine weitere Karawansarai.

Bam, Blick über die Ruinenstadt zur Zitadelle

Bam, Plan der Festungsstadt
1 Haupttor
2 Bazar
3 Tekiyeh
4 Freitagsmoschee
5 MIrza Naim-Komplex
6 Zurkhaneh
7 Großfamilienhäuser der Kaufleute
8 Moschee
9 Karawansarai
10 Tor zur Zitadelle
11 Stallungen
12 Kaserne
13 Haus des Kommandanten
14 Haus des Gouverneurs
15 Chahar Fasl (Amtsräume des Gouverneurs)
16 Windmühle

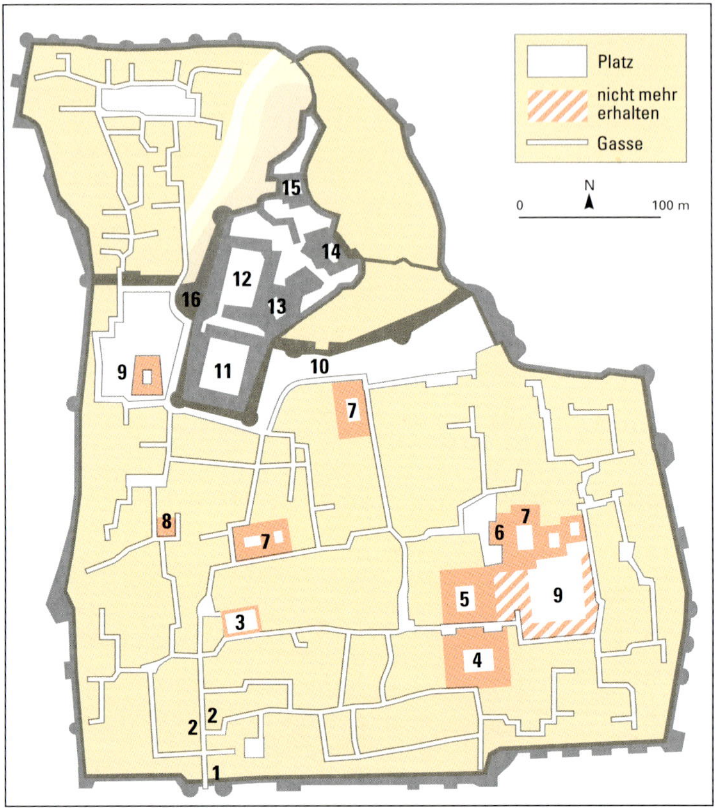

Eine zweite Mauer grenzt den gesamten Nordteil vom Stadtgebiet ab. Hier lebte möglicherweise die Aristokratie von Bam. Die auf dem höchsten Punkt erbaute **Zitadelle,** die den ältesten, in sasanidische Zeit zurückreichenden Teil von Bam darstellt, war von einer dritten Befestigungsmauer umgeben. Innerhalb dieser Einfassung lagen die Regierungsgebäude, staatliche Lagerräume, Ställe, eine Kaserne und Offiziersquartiere, schließlich der **Wohnpalast des Gouverneurs** mit einer angrenzenden kleinen Moschee. An der Ecke des Gouverneurspalasts ragt ein **Wachturm** auf, auf dessen Dach in der Nacht Signalfeuer brannten, weshalb man ihn auch als Atash Khaneh (Feuerhaus) bezeichnet. Der Turm hatte ursprünglich sieben Stockwerke, die oberen drei Etagen wurden jedoch in qadjarischer Zeit zerstört. Auf dem höchsten Punkt der Zitadelle stand ein Gebäude mit vier offenen Eckräumen, das **Chahar Fasl** (Vier Jahreszeiten) genannt wird. In der südwestlichen Eckbastion der dritten Mauer, die größer ist als die anderen Turmbastionen, befand sich eine **Windmühle,** in der das gesamte Korn der Stadt gemahlen wurde.

An der Straße von Bam nach Zahedan in Sistan/Baluchistan steht kurz vor der im südlichen Randgebiet der Wüste Lut gelegenen kleinen Ortschaft Shur Gaz der **Mil-e Naderi** völlig einsam in der Landschaft, ein runder, etwa 19 m hoher Ziegelturm mit einem Durchmesser von 14,5 m. Er steht auf einer glockenförmig ausgewölbten Basis; seine Fassade ist im oberen Bereich mit geometrischen Mustern versehen. Als Signalturm diente er der Landmarkierung an einem Karawanenweg. Die Datierung des Turms ist nicht gesichert. Einige Wissenschaftler halten ihn wegen seiner Ziegeldekoration für seldjukisch und datieren ihn auf das Jahr 1073, in dem erstmals mehrere solcher Bauten am Rand der Hauptroute durch die Lut errichtet wurden. Weniger wahrscheinlich ist, daß es sich hierbei um einen der zahlreichen Signaltürme handelt, die auf Befehl Nadir Shahs zwischen 1736 und 1747 an vielen Karawanenwegen aufgestellt wurden.

In der drittgrößten Provinz Irans wurden zwei sowohl geographisch als auch von der Bevölkerung her unterschiedliche Regionen verwaltungstechnisch zusammengefaßt. Die Doppelprovinz Sistan/Baluchistan liegt im äußersten Südosten des Landes, anschließend an die Provinzen Kerman und Khorasan. Im Süden stößt sie an die Küste des Meeres von Oman, im Osten an die Grenzen von Pakistan und Afghanistan.

Von der Landschaft her läßt sich **Baluchistan,** das eine weitaus größere Fläche als Sistan einnimmt, in drei Zonen einteilen. Da sind einmal die schwer zugänglichen und schwach besiedelten Gebirgsregionen im Nordosten, im Norden und im Süden von Baluchistan. Zwischen den südlich und nördlich verlaufenden Gebirgszügen liegt als zweite Zone eine tiefe Senke, das Djaz Murian-Becken, mit einem nicht ganzjährig Wasser führenden See in der Mitte; dieses Gebiet ist vergleichsweise fruchtbar. Die dritte geographische Region ist der schmale, feuchtheiße Landschaftsstreifen am Meer von Oman.

Baluchistan gehört zu den am wenigsten besiedelten Gebieten Irans, was sicherlich auf die lebensfeindliche Umwelt zurückzuführen ist. Da Landschaft, geringer Niederschlag und Klima eine landwirtschaftliche Nutzung der Gegend, selbst mit künstlicher Bewässerung, erschweren, war der Siedlungsanreiz immer verhältnismäßig gering. Die archäologischen Forschungen zeigen, daß der Beginn der Besiedlung Baluchistans im Paläolithikum anzusetzen ist. Von der prähistorischen Zeit bis in das späte 4. Jh. hinein läßt sich keine kontinuierliche oder flächendeckende Besiedlung nachweisen. Das Bampur-Tal hingegen war in prähistorischer Zeit relativ dicht bewohnt, wie zahlreiche Hügel zeigen. Aus der Zeit zwischen 3200 und 2000 v. Chr. sind wenige, kleine dörfliche Ansiedlungen bekannt, die weitreichende Handelsbeziehungen unterhielten. Im frühen 2. Jt. wurden viele dieser Dörfer wieder aufgegeben, und erst zur Zeit der Parther und Sasaniden, als mit Hilfe von Qanaten ein geregelter Bewässerungsackerbau betrieben werden konnte, vermehrten sich die Siedlungen deutlich.

Die am äußeren Ostrand des Djaz Murian-Beckens in einer der heißesten Regionen Irans gelegene Ortschaft **Bampur** bestand schon in prähistorischer Zeit. Während Bampur heute eine vollständig unbedeutende kleine Stadt ist, nahm es im Mittelalter einen weit größeren Rang ein. Nördlich der Hauptstraße des Ortes, umgeben von landwirtschaftlich genutzten Flächen, erhebt sich ein Hügel mit einer gewaltigen **Zitadelle.** Die befestigte Burg wurde auf den Ruinen mehrerer älterer Festungsbauten errichtet, die ihrerseits auf den Resten einer prähistorischen Siedlung entstand. Die Burganlage mit ihren Lehmziegelbauten besteht aus zwei funktional unterschiedlichen Bereichen. Auf dem höchsten Punkt lag die *arg,* die Burg, in der, wie in Bam, der Sitz der Regierung und der Wohnpalast des Fürsten oder Gouverneurs untergebracht waren. Um die Burg waren die Wohngebiete der Bevölkerung, *sharestan* genannt, gruppiert. Weder die Zitadelle noch die Siedlung wurden bislang wissenschaftlich erforscht, im Gegensatz zu zwei kleineren Fundstätten westlich des Hügels, die in der Zeit vom zweiten Viertel des 3. Jt. bis 1900 v. Chr. besiedelt waren.

Schilfboote auf dem Hamum-See

Nur der nordöstlichste Zipfel der Doppelprovinz, der wie ein Halbkreis in das afghanische Staatsgebiet hineinragt, gehört zur Region **Sistan.** Durch das geologisch, historisch und kulturell eigentlich einheitliche Gebiet Sistans verläuft die Grenze zwischen Afghanistan und Iran, die im 19. Jh. von Großbritannien festgelegt wurde. Im Sistan-Becken, einer tiefgelegenen Senke, sammeln sich die Flüsse aller umliegenden Berge in drei großen, flachen Seen. Der größte Fluß, der in einem weiten Delta in diese Seen abfließt, ist der 1500 km lange Hilmand, der aus dem Hindukush kommt. Von den drei Seen liegt der Hamun-e Hilmand (680 km^2) vollständig, der größte, der Daryacheh-ey Sistan (rund 800 km^2), fast zur Hälfte auf iranischem Staatsterritorium. Schilfdickicht säumt die Ufer der Seen; zwischen ihnen erstreckt sich Marschland. Wenn der Hilmand in der Regensaison im Frühjahr das meiste Wasser führt, steigt der Wasserspiegel der drei Seen gelegentlich so weit an, daß sie zu einem einzigen See von 220 x 20 km Fläche zusammenwachsen. In niederschlagsarmen Wintern hingegen kommt es vor, daß die Seen vollständig austrocknen. Da das Wasser einen sehr geringen Salzgehalt aufweist, ist die Versalzung der Erde beim Austrocknen nicht hoch. In den Sommermonaten kann es bis zu 50 °C heiß werden, im Winter hingegen fallen die Temperaturen bis –20 °C.

Insgesamt ist das Sistan-Becken, besonders im Vergleich zu Baluchistan, eine fruchtbare, wasserreiche Region, die von der prähistorischen Zeit bis zu den Mongoleneinfällen dicht besiedelt war und eine lange Zeitspanne hindurch eine blühende Kultur zwischen dem iranischen Hochland und Zentralasien darstellte. Die in diesem Gebiet ungemein zahlreichen Fundstätten wurden jedoch durch die permanenten und heftigen Winde, die sich wegen der spezifischen geologischen Lage des Sistan-Beckens bilden, z. T. so stark abgetragen, daß sie nur noch wenig aussagekräftig sind.

In der Antike war Sistan das Land der Drangianer, von denen wir wissen, daß sie zeitweilig im achämenidischen Heer dienten, und in der Partherzeit war es die Heimat der Saken. Sakastan umfaßte von der Fläche her jedoch ein größeres Gebiet als das heutige iranische und afghanische Sistan zusammen. Die im ›Shahnameh‹, dem iranischen Nationalepos, genannte mythische Dynastie soll aus Sistan stammen, und ein in parthischer Zeit herrschender Lokalfürst (48–20 v. Chr.) wird gelegentlich mit Rostam, dem Helden des ›Shahnameh‹, identifiziert. Unter der Herrschaft der Sasaniden entstanden in Sistan große Bewässerungsanlagen auf einem hohen technischen Niveau, durch die die Region einen wirtschaftlichen Aufschwung erfuhr. Die damalige Hauptstadt Sistans, Ram Shahrestan, konnte bis heute noch nicht eindeutig lokalisiert oder identifiziert werden.

Zur Zeit der arabischen Eroberung um 652, bei der viele Orte, besonders aber zoroastrische Kultstätten zerstört wurden, war Zarandj die Hauptstadt der Region und blieb es auch bis in die islamische Zeit hinein. Unter den Saffariden und Ghaznawiden wurde Sistan zu einer blühenden Provinz. Basis des wirtschaftlichen Wohlstands dieser Zeit war ein weitreichendes Fluß- und Kanalnetz mit Verkehrskanälen, einem ausgeklügelten Bewässerungssystem und Staudämmen, die die Wasserzufuhr regulierten.

Ende des 14. Jh. fielen die Timuriden über Sistan her. Die Zerstörung des Hauptverteilerdamms Band-e Rostam 1383 durch Timur Leng und des Ersatzdamms durch seinen Nachfolger Shahrokh (1405–1447) versetzten dem Land einen Schlag, von dem es sich nicht mehr erholte.

Heute ist das einzige städtische Zentrum Sistans die Stadt **Zabol,** von deren politischer Bedeutung im 19./20. Jh. nur noch die Ruinen des russischen Konsulats zeugen. Die Bevölkerung im Umland der Stadt lebt zum großen Teil vom Schilfdickicht der Seen, aus dem sie ihre transportablen Hütten erbauen und Mattengeflechte herstellen, mit denen sie handeln.

5,5 km weiter nördlich erheben sich westlich der Straße mehrere helle Hügel, die zusammen die Ruinenstätte **Shahr-e Sukhteh** bilden, eine Siedlung aus vorgeschichtlicher Zeit. Das etwa 20 m hohe Hügelmassiv war bereits 1916 Sir Aurel Stein aufgefallen und wurde in den 60er und 70er Jahren von einem internationalen Team unter der Leitung italienischer Archäologen ausgegraben. Eine 20 cm dicke Schicht aus zusammengebackenem Salz, Sand und Ton bedeckte die gesamte Siedlung und hatte die alte Stadt über 5000 Jahre hinweg hervorragend konserviert. Die Architektur und die ungemein zahlreichen Funde der durchschnittlich 7 m dicken Siedlungsschichten waren dementsprechend gut erhalten.

Die älteste der insgesamt vier Schichten des Shahr-e Sukhteh stammt aus der Zeit von 3100–2900 v. Chr. Hier wurden sowohl kulturelle Verbindungen zu Turkmenistan festgestellt als auch Abrollungen von Rollsiegeln gefunden, die Ähnlichkeiten mit solchen aus Mesopotamien aufwiesen. Die jüngste, um 1900 v. Chr. datierende

Schicht zeigte hingegen Beziehungen zur Indus-Kultur. Aus dieser Zeit wurde ein gut erhaltenes Lehmziegelgebäude mit ungewöhnlich hohen und massiven Mauern ausgegraben, das eine Fläche von 500 m^2 bedeckte. Das Haus wurde durch einen Brand zerstört, der einige seiner Bewohner bei der Arbeit überraschte und tötete. Neben einem Handwerkerviertel, in dem Stein und Metall verarbeitet wurde, entdeckte man im Südwesten der Stadt den größten bronzezeitlichen Friedhof des Vorderen Orients mit Zehntausenden von Gräbern.

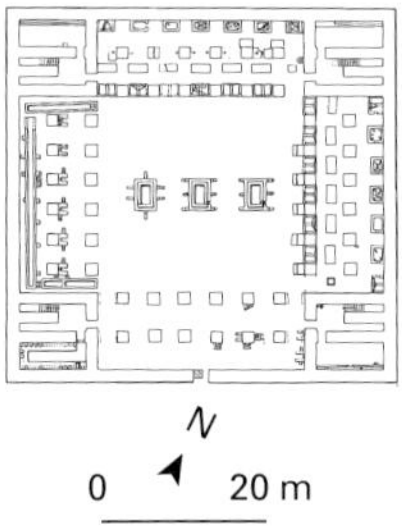

Dahaneh-e Gholaman, Plan des Kultgebäudes (nach Scerrato)

In der Gegend von Zohak nahe der afghanischen Grenze liegen die Überreste einer achämenidischen Stadt aus dem 5./6. Jh. v. Chr. Möglicherweise ist die heute **Dahaneh-e Gholaman** (Sklaventor) genannte Ruinenstadt mit Ktesias, der Hauptstadt der Provinz Drangiana, identisch. Das bebaute Gelände bedeckte eine Fläche von 1,5 km in der Länge und 300–800 m in der Breite und war vermutlich nicht befestigt. Bislang brachten die wissenschaftlichen Ausgrabungen, die in den 60er Jahren von italienischen Archäologen durchgeführt wurden, 27 Gebäude ans Licht. Davon waren 25 **Wohnhäuser** mit einem einheitlichen Grundriß, der typisch für die achämenidische Zeit war. In der Mitte der Häuser, die ihren Eingang alle im Süden hatten, lag jeweils ein Saal, umgeben von vier rechteckigen Hallen und vier Eckräumen. Außerdem wurde ein **öffentliches Gebäude** ausgegraben, das einen an allen vier Seiten von offenen Portiken umgebenen Innenhof hatte.

Im Ostteil der Stadt fand man ein großes, aus Lehmziegeln errichtetes **Kultgebäude** mit einem nahezu quadratischen Grundriß, dessen Mittelpunkt ein großer Hof bildete. Man betrat den Bau von Süden her über eine zum Innenhof hin offene, breit gelagerte Halle mit zwei Reihen von sechs massiven, quadratischen Pfeilern. Die drei anderen Seiten des Innenhofs wurden von ebenso konzipierten Pfeilerhallen eingenommen, die in den Ecken mit quadratischen Treppentürmen verbunden waren. In der Hofmitte standen drei rechtekkige Altäre nebeneinander auf einem zweistufigen Podest. Die Altäre waren innen hohl, nach oben offen und wiesen ein kleines Loch neben einer Ecke auf.

An der Rückwand der Nord- und der Osthalle standen jeweils sieben Öfen mit Ascheresten und Teilen von Tierknochen, vor der inneren Pfeilerreihe und auf Lücke zu den einzelnen Pfeilern standen Tische, die jeweils einem Ofen zugeordnet waren. Die Westhalle wies eine andere Ausstattung auf. Hier hatte man lange Becken entlang der Hallenwände eingerichtet und die Öfen direkt mit der Rückwand an die inneren Pfeiler angebaut. Der Kult, der in diesem Gebäude vollzogen wurde, stand den Einrichtungen nach zu schließen wohl mit Feuer im Zusammenhang. Ob der Bau jedoch ein Heiligtum der zoroastrischen Religion war, in dem möglicherweise die Zeremonien in bislang nicht bekannter oder abgewandelter Form abgehalten wurden, oder ob in dem Heiligtum andere Gottheiten verehrt wurden, bleibt ungeklärt.

Östlich der beiden kleineren Hilmand-Seen befindet sich etwa 30 km südwestlich von Zabol der mehr als 3 km lange und rund 130 m hohe Berg **Kuh-e Khwadjeh.** Der Berg ist bei hohem Wasserstand der Seen nur per Boot zu erreichen, bei Niedrigwasser führt ein Weg durch das Schilfdickicht. Neben zahlreichen anderen Ruinen liegen am Südosthang die beeindruckenden Reste einer parthisch-frühsasanidischen Anlage, Ghaga Shahr genannt. Auf dem Gipfel sind die Ruinen zweier parthischer Burgen erhalten, und an der Nordkante des Berges steht ein kleines islamisches Heiligtum, in dem ein Nachfahre Abrahams verehrt wird und zu dem heute noch, besonders am Nowruz-Fest, Gläubige pilgern.

Die Palastanlage des **Ghaga Shahr** besteht aus einem ausgedehnten Wohntrakt, dahinter erhebt sich der eigentliche Palast, an den sich auf dem höchsten Punkt ein Feuerheiligtum anschließt. Die gesamte, aus Lehmziegeln errichtete Anlage wurde in parthischer Zeit gegründet und in frühsasanidischer Zeit restauriert. Der Palastteil besteht aus einem großen, rechteckigen Hof, der von Räumen umgeben wird. Man betrat den Innenhof von Süden her. Gegenüber, an der Nordseite des Hofes, lag eine Halle, in der zahlreiche Wandmalereien aus dem 1. Jh. n. Chr. gefunden wurden. An der Fensterwand waren drei männliche Götter im Dreiviertelprofil und rund um die Fenster Menschen in Profilansicht dargestellt; die hintere Wand trug das Bild des Fürsten mit seiner Gattin. Neben den Fresken fanden sich im Palast auch noch ornamentales Stuckdekor aus sasanidischer Zeit.

Das oberhalb des Palastes gefundene **Feuerheiligtum** hat möglicherweise schon in achämenidischer Zeit bestanden, zu diesem Zeitpunkt war es jedoch sicher noch nicht mit einer Palastanlage verknüpft. Erst in der parthischen und sasanidischen Zeit bildeten Tempel und Palast einen zusammenhängenden Komplex. Während der parthischen Periode war der Aufbau des Heiligtums noch vergleichsweise einfach: Vor dem inneren Tempelgebäude lag ein rechteckiger Hof, dessen vier Fassaden jeweils von tonnenüberwölbten Arkaden aufgebrochen waren. An der nordwestlichen Schmalseite des Hofes lag das eigentliche Heiligtum. Es bestand aus zwei breitgelagerten Gängen mit Treppen, die zu einem Säulenportikus hinaufführten, dem fast quadratischen Kultraum mit vier Pfeilern in der Mitte und einem breitgelagerten Hinterraum, der als Atashgah gedeutet wird. Vom Säulenportikus aus gelangte man in einen schmalen Gang, der rund um den Kultraum und das Atashgah führte, und in zwei seitlich des Allerheiligsten gelegene Nebenräume.

Der sasanidische Folgebau ist, obwohl Ausrichtung und Lage grundsätzlich beibehalten wurden, weit komplizierter und umfaßte mehrere Einzelräume. Durch den Anbau einiger Seitentrakte wurde der ehemals den Tempel vom Palast trennende Hof zum Mittelpunkt der gesamten Palastanlage. Die wichtigste Veränderung bestand jedoch darin, daß der Kultraum zu einem quadratischen, überkuppelten Chahar Taq umgebaut wurde. Zusätzlich wurde sein Zugang vom Palasthof her offener und monumentaler gestaltet.

Entlang der Seidenstraße

Die Provinzen Khorasan und Semnan

◁ *Khorasan, Karawanenweg durch die Wüste*

Khorasan, mit einer Fläche von 313 000 km² die größte Provinz Irans, bedeckt etwa ein Fünftel des Staatsgebiets. In der Vergangenheit bis etwa zum Beginn der qadjarischen Zeit gehörten zur geographischen Region Khorasan noch große Teile des heutigen Turkmenistan im Norden und ausgedehnte Gebiete Afghanistans im Osten bis in den Hindukush hinein. Die Bevölkerung setzt sich aus verschiedenen, sowohl zugewanderten als auch einheimischen Volksgruppen zusammen, von denen viele ursprünglich Nomaden waren und einige heute noch sind. Geographisch läßt sich Khorasan in zwei von der Bevölkerungsdichte, der Landschaft und dem Klima her unterschiedliche Zonen unterteilen. Die Gebirgsregion im Norden ist durch ihre Lage in einer geologisch sehr aktiven Gegend ein stark von Erdbeben gefährdetes Gebiet. Landschaftlich setzt sie sich zusammen aus bewaldeten Bergketten, fruchtbaren Senken und verhältnismäßig vegetationsreichen Steppen. Seit der ersten Hälfte des 20. Jh. gehört der recht dicht besiedelte Norden Khorasans zu den landwirtschaftlich ertragreichsten Gebieten Irans.

In diesem Kapitel:
Akhandjan
Bastam/Semnan
Damghan ☆
Kalat-e Naderi
Mashhad ☆
Nishabur ☆
Robat-e Sharaf
Semnan
Tabas
Torbat-e Djam
Tus

Der Süden und Osten der Provinz gehört dem inneriranischen Wüstengürtel an – kahle Gebirgshänge, vegetationslose Salz- und Sandwüsten sowie Wüstensteppen mit minimalem Pflanzenwuchs prägen das Landschaftsbild. Die Besiedlung beschränkt sich im Gegensatz zum Norden auf einzelne Siedlungsinseln rund um die Wüstengebiete. Wie in den anderen Wüstenrandregionen Irans gibt es auch hier in den oasenhaften Dörfern und Städten zahlreiche Windtürme und Zisternen.

Sowohl im nördlichen als auch im südlichen Khorasan wurden in der Vergangenheit wegen der kriegerischen und wilden Nomadenstämme befestigte, dörfliche Ansiedlungen, sogenannte **Qaleh-Siedlungen** (*qaleh* = Festung), erbaut, in denen die Bewohner vor Überfällen sicher waren. Die Ruinen einer solchen befestigten Siedlung liegen nur wenig nördlich der Stadt Gonabad in der trockenen Wüstensteppe. Von der Umfassungsmauer und den Wohnbauten, die aus Lehmziegeln errichtet waren, sind heute noch beeindruckende Reste erhalten. Die Gassen waren teilweise durch Überdachungen gegen die Sonne geschützt, und die Häuser hatten wegen des heißen Klimas dieser Gegend Badgirs. Das Austrocknen der Brunnen in nicht allzu ferner Vergangenheit führte dazu, daß die Siedlung aufgegeben und verlassen wurde.

Tabas

Tabas
Zauberhafte Oasenstadt mit paradiesischen Gärten und prunkvollen qadjarischen Adelspalästen

Fährt man von Gonabad aus nach Südwesten, gelangt man über Firdows, das eine um 1200 erbaute Freitagsmoschee besitzt, nach Tabas, das am Rand des nördlichsten Seitenarms der Wüste Lut liegt und der Inbegriff einer Oasenstadt ist. Wegen der schönen Architektur und Landschaft war Tabas über Jahrhunderte hinweg berühmt. Bei dem verheerenden Erdbeben im Jahr 1978 wurde dieses Juwel am Rand der Wüste bis auf die tief in der Erde liegenden Zisternen und den Baumbestand so gut wie vollständig zerstört, in den darauffolgenden Jahren jedoch wieder aufgebaut.

Im Westteil der Stadt sind noch Reste der exakt rechteckigen **Umfassungsmauer** mit runden Turmbastionen zu erkennen. Am mittlerweile zerstörten Südschenkel der Mauer liegt die Ruine der **Zitadelle** aus dem 10./11. Jh. In der zweiten Hälfte des 11. Jh. wurden Stadt und Zitadelle von den Assassinen erobert, die Sultan Sandjar zu Beginn des 12. Jh. jedoch wieder vertrieb. Die Anlage des heutigen Tabas ist auf das von der alten Stadtmauer rechteckig eingefaßte Kerngebiet ausgerichtet. Von Osten her führt eine kerzengerade, mehrere Kilometer lange Straße im rechten Winkel auf die östliche Schmalseite des alten Stadtkerns zu und mündet in einem großen begrünten Platz. Rechts und links dieser Hauptstraße, der Khiaban-e Golestan, sind mit der Zeit ausgedehnte Wohnviertel entstanden. Sowohl hier als auch im Kerngebiet der Stadt wurden über Jahrhunderte hinweg zahlreiche Großfamilienhäuser in traditioneller Bauweise aus Lehmziegeln erbaut. Alle diese größeren Baukomplexe haben einen bewachsenen und mit großen Wasserbecken ausgestatteten Innenhof und hohe Badgirs.

Die gesamte Stadt Tabas erhält seit jeher ihr Wasser über Qanate, die das Quellwasser aus den die Ortschaft in einem weiten Kreis umgebenden Bergen in die Zisternen der Stadt leiten. Mit diesem Wasser werden auch die Felder und Obsthaine rundum bewässert, die die Bevölkerung der isoliert gelegenen Stadt mit Getreide, Gemüse und Obst versorgen. Im Ort selbst sind die Höfe aller größeren Wohnhäuser und die öffentlichen Plätze begrünt und mit Wasserbassins versehen, um dem gnadenlosen Klima mit Schatten und Kühle spendenden Bäumen zu begegnen. Ab dem 18. Jh., d. h. seit der Afsharenzeit, wurden verstärkt öffentliche und private, parkartige Gärten und Grünflächen zwischen den Häusern angelegt.

Die größte und prominenteste Parkanlage dieser Art, der **Bagh-e Golshan,** liegt am östlichen Ende der Khiaban-e Golshan an der Stelle, wo die Wasser des von Osten her zur Stadt führenden Qanats zum ersten Mal an die Oberfläche kommen. Das Parkgelände ist mit einer Mauer umgeben, und man betritt es über ein zweigeschossiges Torgebäude. In der Mitte des achsensymmetrisch angelegten, nach Osten hin leicht ansteigenden Gartengeländes verläuft, als Verlängerung der Khiaban-e Golshan, ein gerader Hauptweg. Kleinere, ebenfalls gerade Wege teilen die Anlage in quadratische Flächen ein. Im Zentrum des Gartens befindet sich ein großes, rechteckiges Wasserbecken, in das die kleinen, offenen Kanäle, die den ganzen Park durchziehen, münden.

Weitaus beeindruckender ist der nördlich der Khiaban-e Golshan gelegene **Bagh-e Now,** ein mit einer Umfassungsmauer umgebenes Gartenareal mit dem Regierungspalast und dem Wohnhaus des Imad al-Molk, der Ende des 19. Jh. Gouverneur von Tabas war. In der mit Springbrunnen und Kanälen ausgestatteten Parkanlage gab es außer-

Tabas, zentrales Wasserbecken der Parkanlage Bagh-e Golshan. Vom Wasser und der grünen Umgebung angelockt, spazieren im ganzen Park Scharen von Pelikanen frei herum

dem einen überkuppelten Gartenpavillon mit einem Wasserbassin in der Mitte. Die Räume des nicht mit dem offiziellen Palast verbundenen, großen Wohnhauses lagen rund um einen begrünten Innenhof. In allen Bauten sind noch Reste filigraner Wandmalereien, zartgliedriger Stuckreliefs und farbenfroher Kachelverkleidungen erhalten. Eine vergleichbare Anlage bietet der benachbarte **Bagh-e Amir**, ein Gouverneurspalast vom Ende des 18. Jh. Hier waren die repräsentativen Räume des Regierungstrakts mit dem Wohnhaus in einem Gebäude zusammengefaßt. An die Rückseite des Palastes schloß sich eine ummauerte Gartenanlage an.

Torbat-e Djam

Torbat-e Djam Mit farbenprächtigen Fliesenmosaiken geschmücktes Heiligtum des Sufimeisters Shaikh al-Islam Ahmad Djami

Nördlich von Sangan an der Hauptstraße nach Mashhad liegt die Kleinstadt Torbat-e Djam, die Heimatstadt des Mystikers Shaikh al-Islam Ahmad Djami, der hier 1141 starb. Um das Grab des Sufimeisters entstand im Lauf der Zeit ein Pilgerheiligtum, zu dem heute ein ehemaliges Khanaqah, eine Grabmoschee, eine Medresse, Gebets- und Aufenthaltshallen, begrünte Höfe mit großen Wasserbecken und Übernachtungsmöglichkeiten für Pilger gehören. Im gesamten Komplex liegen zahlreiche historische Persönlichkeiten begraben.

Der älteste Teil des Gebäudekomplexes ist der Kuppelsaal der Grabmoschee, der 1235 fertiggestellt wurde. Die Moschee wurde im 14. Jh. restauriert und erweitert. Im selben Jahrhundert wurde das Khanaqah erbaut, im Jahr 1442 auf Veranlassung des Timuriden Shahrokh die angrenzende Medresse. Der gesamte Komplex wurde erneut im Jahr 1613, während der Regierungszeit des Safawiden Shah Abbas I., repariert und teilweise mit neuem Fliesenmosaik verkleidet.

Im ummauerten Vorhof liegt gegenüber dem mächtigen Eingangsiwan der Moschee das Grab des Mystikers innerhalb einer niedrigen Steinumfriedung, im Schatten eines wilden Feigenbaums. Die 30 m hohe Fassade des ursprünglich aus dem 14. Jh. stammenden Iwans, auf dessen Dach zwei kurze, dicke Minarette stehen, ist mit reichen Fliesenmosaiken der safawidischen Zeit verkleidet. Die flächigen Ornamente sind kompliziert, kleinteilig und farbenprächtig, ein rund um den Iwan verlaufendes, breites Tholth-Inschriftenband ist in Weiß, Dunkelblau und Türkis gehalten.

Die Karawansaraien Robat-e Sharaf und Robat-e Mahi

Robat-e Sharaf
Gut erhaltene seldjukische Karawansarai mit außergewöhnlich reichem und vielfältigem Architekturschmuck

Jenseits des Bergrückens, der Torbat-e Djam im Norden begrenzt, verläuft von Mashhad aus eine Straße in Richtung Osten nach Sarakhs, dem Grenzort zu Turkmenistan. Diese Straße war früher eine wichtige Karawanenroute, die die Städte Nishabur und Mashhad mit Marv verband. Entlang der ganzen Strecke lagen im Abstand von Tagesetappen Karawansaraien, von denen das 66 km östlich von Mashhad gelegene **Robat-e Mahi** die erste Karawansarai am Rand der heutigen Straße ist. Im Abstand von zwei Tagesetappen von Robat-e Mahi liegt 6 km abseits der heutigen Straße, südöstlich des Dorfes Shurlaq, das mit einem außergewöhnlich reichen Dekor versehene **Robat-e Sharaf.** Gegen Ende der seldjukischen Zeit wurde die Karawansarai von Sharaf al-Din Vadjih al-Molk, dem Minister Sultan Sandjars, gegründet. Wie eine Inschrift besagt, begannen die Bauarbeiten 1114.

Die große, aus Ziegeln errichtete Anlage bedeckt eine Fläche von 62 x 100 m und besteht aus zwei Teilen, einem quadratischen Haupt-

Die Karawansarai Robat-e Sharaf

teil, dem ein rechteckiger, halb so großer Gebäudetrakt vorgelagert ist. Beide Teile haben einen Innenhof, auf den sich jeweils vier Iwane öffnen, und die Fassaden beider Innenhöfe sind durch Arkadengänge aufgebrochen. Die normalen Gasträume hinter den Arkaden besitzen ein Tonnengewölbe, die reicheren und größeren Zimmer sind mit einer Kuppel gedeckt. Während der Vorhof mit seinen Räumen und Ställen für einfache Händler und Reisende vorgesehen war, übernachteten im Hauptbau, in dem auch der Shahneshin untergebracht war, reiche Kaufleute, Gesandte oder andere Persönlichkeiten des öffentlichen Lebens, aber auch die Karawanenführer. Deshalb waren die Räumlichkeiten nicht nur besser und bequemer ausgestattet als im vorderen Teil, sondern auch aufwendig mit Stuckdekor verziert.

Das Hauptportal, der dahinterliegende Durchgang vom Vor- zum Haupthof und der Zugang zum Shahneshin an der hinteren Wand des Haupthofs befinden sich auf einer Achse. Die Fassaden der Durchgänge, die auf unterschiedliche Art repräsentativ ausgestaltet und reich mit Ziegelornamenten und -inschriften verziert sind, überragen die seitlich angeschlossenen Bauteile. Flächiges, ornamentales Ziegelmuster füllt die Felder oberhalb der Bögen von Durchgängen, Nischen und Arkaden aus. Entlang der Oberkante der dreigliedrigen Hauptfassade sowie der siebenteiligen Fassade des Shahneshin verläuft ein breiter Ziegelfries mit einer reliefartig verlegten Kufi-Inschrift. Der von Turmbastionen gerahmte Durchgang vom Vor- zum Haupthof, dessen rein geometrisch verzierte Fassade niedriger als die anderen beiden ist, hat keinen Inschriftenfries.

Kalat-e Naderi

Kalat-e Naderi
Palast des Afsharen-herrschers Nadir Shah

Die Region beiderseits des Kuhha-ye Hezar Masdjid-Gebirges (1000-Moscheen-Gebirge), das nordöstlich von Mashhad verläuft, bis hin nach Marv wird Kalat genannt. Seit alters her ist sie sowohl schwer zugänglich als auch ein gutes Rückzugsgebiet und deshalb auch von großer strategischer Bedeutung. Am Ende der Safawiden-Dynastie, als das Land von Unruhen und Machtkämpfen erschüttert wurde, gründete der aus Khorasan stammende General Nadir einen Stützpunkt westlich der heutigen Ortschaft Sarakhs, um eine Basis für seine Anhänger zu schaffen, die ihm in seinem Kampf um die Herrschaft über Iran zur Seite standen. Aus dem Stützpunkt wurde später, nachdem Nadir als erster Shah der Afsharen-Dynastie an die Macht gekommen war, eine Ortschaft mit dem Namen Kalat-e Naderi.

Heute ist Kalat-e Naderi ein unbedeutendes Dorf in einem von Bergrücken umgebenen, fruchtbaren Tal. Bevor man in das Tal gelangt, muß man eine Schlucht passieren, durch die ein aus dem angrenzenden Kuhha-ye Hezar Masdjid kommender Fluß verläuft. Am Ufer des Flusses ließ Nadir Shah eine nie ganz vollendete **Felsinschrift** in türkischer und persischer Sprache anbringen, die von sei-

Kalat-e Naderi, der Sonnenpalast (Kakh-e Khorshid) Nadir Shahs

ner Größe kündet. Oberhalb der Schlucht ließ er außerdem **Wachtürme** aus Stein, Backsteinen und Lehmziegeln errichten, die den Zugang zum Tal schützten. Die Türme, heute in noch recht gutem Zustand, waren an der Außenfassade mit Ziegelornamenten verziert.

Mitten in Kalat-e Naderi steht der **Kakh-e Khorshid,** der Sonnenpalast, den Nadir Shah 1737 nach seinem ebenso erfolgreichen wie blutigen Indienfeldzug erbauen ließ. Hier soll er der Legende nach die reiche Kriegsbeute untergebracht haben; der Bau war jedoch als Palais konzipiert und stand inmitten einer Parkanlage, von der heute noch ein paar Bäume erhalten sind.

Der Kakh-e Khorshid steht auf einer Terrasse, zu der an allen Seiten fünf Stufen hinaufführen. Sowohl die Terrasse als auch das eingeschossige Palais sind oktogonal, mit schmalen Eckfassaden und breiten Seiten; die Mitte jeder Seite wird von einem tiefen Iwan eingenommen. Diese Grundrißform steht unmittelbar in safawidischer Tradition. Das Gebäude selbst besteht aus Ziegeln; reliefierte Steinplatten verkleiden die mit flachen Nischen gegliederten Fassadenteile. Diese Art der Fassadengestaltung wurde hier erstmals wieder nach 1200 Jahren an einem persischen Gebäude verwendet. Auf den steinernen Reliefs der Fassadenflächen sind barocke Blumenmuster, Ranken, Obstkörbe und Bäume dargestellt. Der Stil der Reliefbilder ist durch die Eindrücke, die Nadir Shah von seinem Feldzug mitbrachte, stark von indischen Einflüssen geprägt.

Über der Mitte des Hauptbaus, in dem insgesamt zwölf Räume untergebracht sind, erhebt sich ein runder, breiter und fensterloser Turm, dessen ebenfalls steinerne Fassade aus aneinandergefügten Halbsäulenvorlagen mit tiefen Hohlkehlen dazwischen gebildet wird. Die Kuppel der darunterliegenden, zentralen Halle des Palais ist fast vollständig im Turm verborgen und ragt nur ganz wenig darüber hinaus. Im Inneren des gesamten Gebäudes verzieren Wandmalereien und Stuckdekor das verputzte Ziegelmauerwerk; die Gewölbe der Nischen sind mit Stalaktitenreliefs aus Gips geschmückt.

Die heilige Stadt Mashhad

Die Provinzhauptstadt Mashhad liegt auf einer Höhe von etwa 970 m über dem Meeresspiegel in einem breiten Flußtal zwischen zwei von Nordwesten nach Südosten verlaufenden Bergketten. Sie ist mit ihren mehr als 2 Mio. Einwohnern etwas größer als Isfahan. Noch heute gilt sie aber auch als Zentrum für im Khorasan-Graben beheimatete nomadisierende Stämme. Wirtschaftlich lebt Mashhad von der Teppichherstellung und der Landwirtschaft, die größte Bedeutung haben jedoch die Einnahmen aus dem Wallfahrtstourismus zu dem größten schiitischen Heiligtum des Landes.

Mashhad ☆
Größtes und wichtigstes schiitisches Heiligtum Irans um das Mausoleum Imam Rezas

Mashhad, Heiligtum des Imam Reza

Die Stadt Mashhad entstand an der Stelle des Dorfes Sanabad, nachdem Imam Reza, der achte Imam der Schiiten, 818 hier von Kalif Ma'mun vergiftet worden war. Trotzdem ließ Ma'mun das Grab für Imam Reza im Mausoleum seines Vaters Harun al-Rashid einrichten, der im Jahr 809 ebenfalls in Sanabad gestorben war. Nach dem Tod Imam Rezas wurde der Ort zur Wallfahrtsstätte und erhielt den Namen Mashhad al-Redha, Ort des Martyriums des Reza. Um das Heiligtum des achten Imam entwickelte sich schnell eine Stadt, die im Lauf der Zeit erhebliche Bedeutung errang. Zwar wurden Mashhad und das Heiligtum 1220 von den Mongolen überrannt und geplündert, aber die nachfolgenden Timuriden und später die Safawiden, unter denen das Schiitentum Staatsreligion wurde, bauten Stadt und Pilgerstätte weiter aus. Im 16. Jh. war Mashhad eine wirtschaftlich blühende, religiöse Metropole. Der aus Khorasan stammende Nadir Shah machte Mashhad im 18. Jh. kurzzeitig zu seiner Hauptstadt und ließ den Ort und das Heiligtum entsprechend erweitern.

Der heilige Bezirk des Imam Reza

Im Osten der Millionenstadt, an einem Platz, an dem sich vier große Prachtstraßen treffen, liegt der von einer kreisrunden Grünanlage und einer Ringstraße eingefaßte heilige Bezirk des Imam Reza. Kalif Ma'mun stiftete die Grabstätte, Mahmud von Ghazna erneuerte sie erstmals 1009. Im Mongolensturm wurde sie beschädigt, von dem Ilkhaniden Oldjaitu wieder aufgebaut und schließlich Anfang des

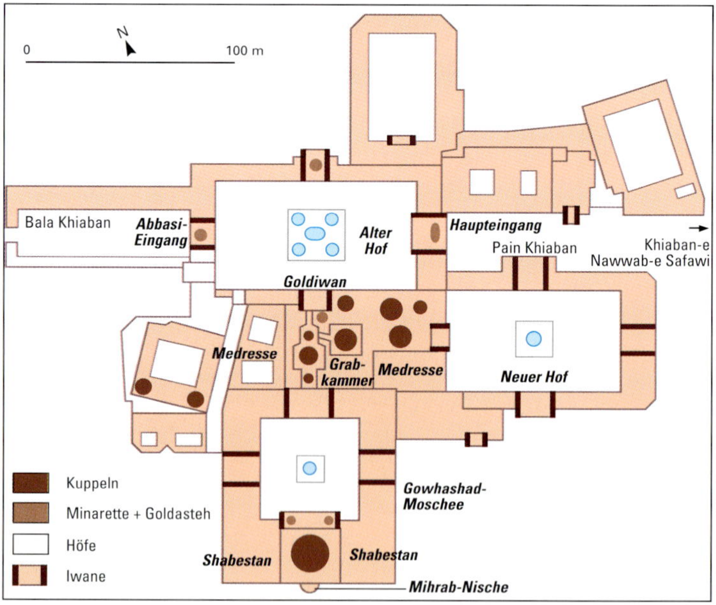

Mashhad, Plan des heiligen Bezirks mit dem Mausoleum Imam Rezas, der Gowharshad-Moschee und prunkvollen Innenhöfen

Mashhad, ein Vorhof im heiligen Bezirk Imam Rezas; links der Ostiwan der Gowharshad-Moschee

15. Jh. von dem Timuriden Shahrokh und seiner frommen Gemahlin Gowharshad weiter ausgebaut und durch eine Moschee ergänzt. Die ältesten erhaltenen Gebäudeteile des Komplexes stammen aus ilkhanidischer Zeit.

Das Heiligtum hat eine riesige Ausdehnung und besteht aus mehr als 20 Einzelgebäuden, einschließlich zweier Moscheen, mehrerer Medressen, ehemaliger Karawansaraien und zweier Museen, die miteinander durch große Hofanlagen verbunden sind. Außerhalb der Ringstraße Falake-ye Haram-e Motahhar, die den heiligen Bezirk umgibt, haben sich Bazare angesiedelt. Die drei kerzengeraden Straßen, die von Nordwesten, Nordosten und Südosten her auf das Heiligtum zuführen, münden im **Alten Hof,** einer Anlage von gigantischen Abmessungen, die den heiligen Bezirk nach Norden begrenzt und den Hauptzugang darstellt. Die drei Eingänge bestehen aus hohen, kunstvoll geschmückten und mit Minaretten auf dem Dach versehenen Iwanen. Den Alten Hof umgeben doppelstöckige Arkaden, die an mehreren Stellen von über beide Geschosse reichenden Iwanen unterbrochen werden. Die gesamten Fassaden sind vollständig mit Fliesenmosaik verkleidet. In der Hofmitte steht ein Brunnenhäuschen, umgeben von vier Wasserbecken. Vor dem südöstlichen Zugang, der als Haupteingang angesehen werden kann, öffnet sich die Khiaban-e Nawwab-e Safawi zu einem Platz, von dem aus man auch in den etwas kleineren, aber ebenso konzipierten Neuen Hof gelangt. Dieser liegt im Osten des zentralen Heiligtums.

Der vierte Iwan im Alten Hof, der **Goldiwan,** der seinen Namen der vollständigen Innenverkleidung mit Blattgold verdankt, führt in das **Mausoleum Imam Rezas** hinein. Auf dem Dach des Goldiwans steht ein mit Blattgold verkleidetes Minarett, das sein Gegenstück auf dem gegenüberliegenden nordöstlichen Eingangsiwan des Alten Hofes hat. Auch die Kuppel der Grabkammer Imam Rezas und der sehr hohe Tambour, auf dem sie ruht, sind mit Gold überzogen. Der

Mashhad, Kuppel der Gowharshad-Moschee

Eingangsbereich, von dem aus man die mit Spiegel- und Fliesenmosaiken verzierte Grabkammer erreicht, führt am anderen Ende in den Innenhof der im Süden angeschlossenen Gowharshad-Moschee. In der Mitte der Grabkammer steht der mit einem kostbaren Goldgitter umgebene Schrein des achten Imam.

Dem Hauptheiligtum sind an beiden Seiten Bautrakte angeschlossen, in denen eine Medresse, weitere überkuppelte Säle mit Gräbern, Gebetsräume und Hallen unterschiedlichster Funktion untergebracht sind. Der im Osten angrenzende Gebäudetrakt ist auch vom Neuen Hof aus zugänglich.

Südlich des Neuen Hofes und mit ihm durch einen Iwan verbunden, befindet sich ein riesiger freier Platz, der an drei Seiten von mit Fliesenmosaik verkleideten, doppelstöckigen Arkaden umgeben ist. An diesem Platz liegt der Hauptzugang zur **Gowharshad-Moschee,** einer der schönsten Anlagen des religiösen Zentrums. Im 15. Jh. wurde sie von Gowharshad Agha, der Ehefrau des timuridischen Herrschers Shahrokh, gestiftet. Die Moschee ist eine klassische Vier-Iwan-Anlage mit quadratischem Hof, um den doppelstöckige Arkaden gelegt sind, und einem besonders ausgestalteten Hauptiwan im Süden. Vielfarbige, für das 15. Jh. charakteristische Fliesenmosaiken schmücken sämtliche Fassaden. Auf beiden Seiten des Südiwans werden in verschiedenen Flieseninschriften das Datum der Fertigstellung der Moschee 1418 sowie die Namen des renommierten timuridischen Kalligraphen Baysonqor Mirza und des großen Fliesenmeisters Qavam al-Din Shirazi genannt. Qavam al-Din Shirazi gehörte der berühmten Shirazer Fliesenschule an, die im 15. Jh. Technik und Stil der Fliesenmosaiken in ganz Persien prägte.

Zwei starke, in die Mauer eingebundene Minarette flankieren den Hauptiwan, hinter dem der Kuppelsaal liegt. Sie stehen direkt auf dem Boden und festigen dadurch den extrem hohen und breiten Iwan zusätzlich. Ihre Fliesenmosaikverkleidung besteht aus rautenförmigen Kartuschen, die ein Wabenmuster bilden. Die Rauten sind abwechselnd mit einem der 99 Namen Allahs und Arabesken gefüllt.

Während die Innenwände des Iwans hohe und gleichzeitig tiefe Arkadennischen über zwei Stockwerke hinweg besitzen, gliedern sich die Wände des Kuppelsaals in drei mit flachen Nischen versehene Ebenen. Die Innendekoration besteht aus sehr dezenter und sparsamer Wandmalerei auf weißem Gipsputz. Die Innenkuppel ist mit zartgliedrigen Kartuschenketten, die sternförmig auf die Mitte zulaufen, bemalt. Ein kleinteiliges, dichtes Stalaktitenrelief mit bemalten Moqarnas bedeckt das Gewölbe über dem Mihrab, der Sockel und die innere Rahmung des Mihrab bestehen aus Marmor, die restlichen Flächen sind gänzlich mit ornamental-floralen Fliesenmosaiken überzogen und tragen Inschriften im Kufi- und im Tholth-Duktus.

Einfarbig türkise Fliesen verkleiden die Außenkuppel des Mihrabsaals, lediglich an der Basis verläuft ein schmales Ornamentband; darüber sind in regelmäßigem Abstand einzelne Schriftfelder mit geometrischem Kufi angebracht. Der ebenfalls geflieste Tambour ist in vertikale Streifen mit geometrischen Ornamenten unterteilt. Rechts und links des Kuppelsaals besitzt die Gowharshad-Moschee insgesamt sieben Shabestane, die durch gewölbte Gänge miteinander verbunden sind.

Am Rand des heiligen Bezirks gibt es zwei Museen, das kleinere, aber auf das prachtvollste ausgestattete, im südöstlichen Bereich am Haupteingang gelegene **Muzeh-e Qods-e Razavi,** in dem hauptsächlich wertvolle Kalligraphien und handgeschriebene Koranausgaben ausgestellt sind, und das größere **Muzeh-e Moqaddas** neben der Gowharshad-Moschee, in dem man die verschiedensten kunsthandwerklichen Produkte betrachten kann, die dem Heiligtum über die Jahrhunderte hinweg als Weihegaben geschenkt wurden.

Nordwestlich des Heiligtums liegt an der Kreuzung der Khiaban-e Ayatollah Shirazi mit der Khiaban-e Azadi eine Parkanlage, in der das **Mausoleum Nadir Shahs** steht. Außer dem Grab umfaßt es eine Krypta und ein kleines Gedenkmuseum für Nadir Shah (1736–1747), der Mashhad zeitweilig zu seiner Hauptstadt gemacht und von hier aus den Feldzug nach Indien geführt hatte. Das eher an ein Denkmal erinnernde Betonbauwerk, das in den 60er Jahren errichtet wurde, besteht aus einem geometrisch strukturierten Betonsockel, auf dessen abgestufter Plattform eine vierfigurige Bronzegruppe aufgestellt wurde. In der Bronzeplastik sprengt Nadir Shah auf einem Streitroß seinen Soldaten voran in die Schlacht.

Direkt in der Mitte der Khiaban-e Shahid Dr. Bahonar befindet sich ein kleiner Platz, der Falakeh-e Sabz, auf dem der **Gonbad-e Sabz** (Grüner Kuppelbau) steht. In diesem in safawidischer Zeit errichteten und später teilweise restaurierten Mausoleum ist der Naturwissenschaftler und Arzt Shaikh Mohammad Hakim Mo'min bestattet. Der quadratische Grabbau mit seiner Nischengliederung und die einfarbig grüne Kuppel, einschließlich ihres mit einem Inschriftenfries verzierten Tambours, sind vollständig mit erstklassig erhaltenem Fliesenschmuck überzogen. Teilweise stammen die Mosaiken noch original aus safawidischer Zeit, z. T. aber entstanden sie erst bei späteren Reparatur- und Restaurierungsarbeiten.

Tus

Tus
Besonders sehenswert: Firdowsi-Mausoleum

Etwas abseits der Hauptstraße von Mashhad nach Quchan liegt die alte Ruinenstadt Tus in der Nähe des Ortes Islamiyeh. Der Sage nach geht die Gründung der Stadt auf den im ›Shahnameh‹ genannten, legendären König Djamshid zurück. Tatsächlich scheint sie jedoch bereits in achämenidischer, parthischer und sasanidischer Zeit zwischen dem 6. Jh. v. Chr. und dem 7. Jh. n. Chr. bestanden zu haben, wie der rund angelegte Stadtplan vermuten läßt. Aufgegeben und verlassen wurde Tus bereits im 15. Jh.

Die heute noch erhaltenen Lehmziegelruinen stammen alle aus islamischer Zeit. Die sichtbaren Reste der rund angelegten **Stadtmauer** mit ihren Toren sind timuridisch (15. Jh.), wenngleich auf weit älteren Vorgängerbauten errichtet. Im Norden der alten Stadt ragen in der Nähe der Stadtmauer die mit runden Turmbastionen verstärkten Befestigungen der ehemaligen **Zitadelle** aus der Ebene auf. Sie wird im Volksmund Qasr-e Ma'mun, Ma'muns Schloß genannt, und tatsächlich geht ihre Gründung auf das 9. Jh., in dem der abbasidische Kalif lebte, zurück. Von diesem Zeitpunkt an war sie kontinuierlich bis ins 15. Jh. hinein bewohnt.

Unweit östlich der Zitadelle und am Rand des Dorfes Islamiyeh liegt inmitten einer blühenden Parkanlage mit Wasserbecken zwischen einem Restaurant und dem Museum das **Firdowsi-Mausoleum.** Der moderne Grabbau wurde anläßlich des 1000. Geburtstags Firdowsis, des berühmtesten Sohns der alten Stadt Tus, 1934 errichtet. In der Mitte einer Terrasse, die an allen vier Seiten über breite Treppen zugänglich ist, steht auf einem abgestuften Podest ein aus Marmor erbauter, würfelförmiger Aufsatz, dessen Fassade nahezu klassizistisch anmutet. Oben schließt der Aufsatz mit einem mehrgliedrigen Architrav ab. An den Ecken des Baus und beiderseits der vier Scheintüren sieht man aus der achämenidischen Architektur entlehnte Säulen mit Stierkapitellen. Auf den Scheintüren und auf einem

Teil des Sockels sind Verse aus dem ›Shahnameh‹ in den Stein geschlagen. An der Südfassade wurde über der Scheintür ein Relief mit dem geflügelten Abbild des Ahura Mazda in die Mauer eingelassen.

Die Grabkammer selbst ist eine unterirdische Halle mit 24 Säulen, die in vier Gruppen den in der Mitte aufgestellten Sarkophag umgeben. Oberhalb des Sarkophags öffnet sich die Decke zum zweiten Stockwerk mit dem Innenraum des würfelförmigen Aufsatzes. Sowohl an den Treppenwangen des Abgangs in die Grabkammer als auch an allen vier Innenwänden des Mausoleums sind Reliefs mit Darstellungen von Szenen aus dem Shahnameh angebracht.

Nahezu im Zentrum der alten Stadtanlage steht die **Haruniyeh,** in der sich einer örtlichen Legende zufolge das Grab Harun al-Rashids befindet. Die Funktion des Baus, der gelegentlich auch als Moschee angesprochen wurde, ist nicht eindeutig geklärt. Vermutlich handelt es sich tatsächlich um ein Mausoleum, in dem jedoch aller Wahrscheinlichkeit nach der in Tus 1058 geborene und 1111 verstorbene Theologe, Philosoph und Sufimystiker al-Ghazzali beigesetzt wurde. Die Datierung des Gebäudes ist umstritten, weil am ganzen Bau keine Inschrift Auskunft über das Baudatum gibt. Der Kuppelraum ist möglicherweise vorseldjukisch oder aus der Zeit des Grabinhabers. Anhand von Architekturvergleichen wird der Hauptbau von einigen Wissenschaftlern in die seldjukische Zeit und von anderen ins 14. Jh. datiert.

Das rechteckig konzipierte, aus Ziegeln erbaute Mausoleum ist bis zur Spitze der schmucklosen Kuppel 25 m hoch. In den quadratischen Kuppelraum führt ein hoher Iwan, dessen Fassade den Grab-

Tus, das 1934 errichtete Mausoleum des Dichters Firdowsi

raum, nicht jedoch die Kuppel überragt. An den Kuppelraum schließt sich gegenüber dem Eingang ein wiederum niedrigerer Gebäudetrakt mit drei Nebenräumen an. Die Außenfassade ist ausschließlich architektonisch geschmückt, d. h. mit mehrfach abgestuften rechteckigen und spitzbogigen Nischen, zahlreichen Fenstern und Luftöffnungen sowie Pfeiler- und Säulenvorlagen. Die inneren Wände des hohen Kuppelraums haben einen zweigeschossigen Nischenaufbau, die Trompenzone ist achteckig.

Akhandjan

Akhandjan Jüngster freistehender Grabturm Irans mit außergewöhnlicher Dachkonstruktion

In der Nähe von Tus, 22 km von Mashhad entfernt, steht isoliert in der Landschaft der Grabturm von Akhandjan (Akhangan). Das timuridische Gebäude aus dem 15. Jh., der jüngste freistehende Grabturm Irans, hat einen achteckigen Grundriß mit Säulenvorlagen an den Ecken, die in einem fast vollständig zerstörten, schmalen Inschriftenband enden. Ziegelornamente in Rautenform bedeckten flächig die Fassade des Turms einschließlich der Halbsäulen. Oberhalb der Inschrift ist ein vertikal in Felder eingeteilter Fries mit einem geometrischen Ziegelmuster angebracht, in dem in regelmäßigen Abständen sternförmige blaue und mit Dekor und Inschriften versehene Fliesen eingestreut sind. Gedeckt ist der Grabturm mit einem ungewöhnlichen Kegeldach, das aus nach oben in der Dachspitze zusammenlaufenden, im Querschnitt dreieckigen Risaliten gebildet wird. Das Fliesendekor des Dachs besteht aus abwechselnd ziegelfarbenen, türkisblauen und schwarzen Streifen. Die Innenkuppel ist rund und mit zarten aufgelegten Stuckgraten dezent verziert.

An der parallel zur Hauptstraße nach Quchan verlaufenden Nebenstraße liegt etwa 65 km nordwestlich von Tus die Ortschaft Radkan. Am Rand der Ortschaft steht ein aus der Zeit der Ilkhaniden stammender Grabbau, der **Mil-e Radkan.** Der ungewöhnlich massige, runde Turm hat einen Durchmesser von fast 13 m und eine Höhe von 24 m. Er steht auf einem 3 m hohen, 12seitigen Sockel, in dem zwei gegenüberliegende Türen angebracht sind, die in den achtseitigen Innenraum führen. Gedeckt ist der Bau mit einem Kegeldach, der Innenraum schloß ehemals mit einer runden Innenkuppel ab, die bis auf die Trompenzone nicht mehr erhalten ist.

Die Fassade des Baukörpers besteht aus 36 Dreiviertelsäulen, die in nur minimalem Abstand zueinander ins Mauerwerk eingebunden sind. Bedeckt sind sie, ebenso wie der Sockel, mit einem rein geometrischen Ziegeldekor. Um den oberen Abschluß der Säulenvorlagen liegt ein aus Dreipaßnischen gebildeter Ziegelfries; darüber verläuft eine aus blau glasierten Ziegeln zusammengesetzte kufische Inschrift, die u. a. das Baudatum 1281 nennt. Das heute vollständig unverzierte Dach war ursprünglich mit glasierten Platten oder Fliesen bedeckt, wie die in vertikalen Reihen angebrachten Löcher vermuten lassen.

Nishabur

Nishabur ☆ Historisch wichtige Stadt mit reizvollen Mausoleen von Heiligen und bedeutenden Persönlichkeiten aus Wissenschaft und Kunst

Rund 110 km westlich von Mashhad an der Hauptstraße nach Teheran liegt die Stadt Nishabur, die in der Regierungszeit Shapurs I. (241–272) gegründet wurde. Im 5. Jh. machte Yazdgerd Nishabur zu seiner Hauptstadt, und sie bekam den Ruf, die reichste Stadt des Landes zu sein. Ihre während sasanidischer Zeit erlangte Bedeutung behielt sie auch nach der arabischen Eroberung in frühislamischer Zeit bei. Unter den Taheriden, Saffariden und Samaniden (9. bis Anfang 11. Jh.) war Nishabur die Residenzstadt des Statthalters von Khorasan. In den teilweise wissenschaftlich untersuchten Ruinenhügeln der unmittelbaren Stadtumgebung liegen die Reste der von sasanidischer bis in die frühislamische Zeit blühenden Metropole. In der Seldjukenzeit war Nishabur zeitweilig Hauptstadt des Reiches; unter Malik Shah (1072–1092) und seinem Großwesir Nizam al-Molk entwickelte sie sich, durch die staatliche Förderung der Wissenschaften und der schönen Künste, zum intellektuellen Mittelpunkt der damaligen Welt. Bei einem Erdbeben im Jahr 1145 und bei einem Überfall des Turkmenenstamms der Ghuz gegen Ende des 12. Jh. wurde Nishabur das erste Mal zerstört; die Turkmenen brannten die 13 reichhaltigen Bibliotheken aus der Seldjukenzeit nieder. In der Folgezeit wurde die Stadt mehrfach von Erdbeben heimgesucht oder von Eroberern verwüstet und geplündert, aber auch immer wieder neu aufgebaut. Heute lebt Nishabur vom Baumwoll-, Getreide- und Obstanbau, dem Handel mit in Mashhad hergestellten Teppichen und von der Ausbeute der überaus reichen Türkisminen der Umgebung und dem Schleifen der edlen Steine.

Am südöstlichen Stadtrand liegt der Bagh-e Mahruq, eine Parkanlage, die um das **Imamzadeh Mohammad Mahruq** herum entstand. Der in dem Mausoleum bestattete Heilige lebte während des 13. Jh., der erhaltene Grabbau jedoch wurde erst im 16. Jh. zu safawidischer Zeit errichtet; einige Fliesenarbeiten im Inneren stammen aus dem 18. Jh. Der Grabbau hat einen hohen Eingangsiwan und über der zentralen Grabkammer eine flache Kuppel. Ihr Fliesenschmuck besteht aus mit ornamental-floralen Motiven gefüllten Kartuschen sowie aus Quadraten mit geometrischem Kufi. Der Tambour der Kuppel ist mit rein ornamentalen Mustern verziert. Direkt neben der Hauptgrabkammer liegt ein ebenfalls überkuppelter Seitenraum, in dem ein anderer Imamzadeh beigesetzt wurde. Seine ungeflieste Kuppel ruht auf einem breiten Ring, der von einem Inschriftenfries aus weißem und blauem Fliesenmosaik umgeben ist. Die Seitenwände des Mausoleums sind von spitzbogigen Lichtöffnungen unterbrochen und außen mit dem sich immer wiederholenden, in geometrischem Kufi geschriebenen Wort Allah bedeckt. Im oberen Drittel der Fassade verläuft ein breites, gegen die flächige Verzierung abgehobenes Inschriftenband.

In derselben Gartenanlage steht auch das **Mausoleum Omar Khayyams,** des großen Wissenschaftlers und Dichters des 11. Jh. Im

Nishabur, Blick durch die Bogenarchitektur des Mausoleums Kamal al-Molks auf das Grabmal Farid al-Din Attars

Jahr 1934 erbaute der namhafte persische Architekt Seyhun den diaphanen, modernen Gedenkbau. An den Seiten wurden Mosaikfelder mit Versen des Dichters in künstlerischer Kalligraphie eingefügt.

In einem weiteren, nur wenig entfernten Park liegt das **Mausoleum für Farid al-Din Attar,** einen mystischen Dichter und Apotheker. Um 1221, beim Einfall der Mongolen, wurde er von einem Feind gefangengenommen und enthauptet. Der Legende zufolge soll er ohne Kopf noch ein Stück gelaufen sein, woraufhin sein Mörder die Tat bereute und ein Mausoleum an der Stelle errichten ließ, an der der Enthauptete zusammengebrochen war. Das heute sichtbare Mausoleum ist jedoch ein Nachfolgebau aus dem 17. Jh., der 1934 restauriert wurde. Über dem kleinen, achteckigen Gebäude erhebt sich eine gewaltige, leicht zwiebelförmige Kuppel auf einem breiten Tambour. Die Kuppel, der Tambour und die Fassaden des Grabbaus sind mit Fliesenmosaiken bedeckt.

Direkt rechts neben dem Eingang zu dem safawidischen Grabbau wurde das **Mausoleum Kamal al-Molks** errichtet, eines Malers aus dem 20. Jh. Der Grabbau wurde in den 30er Jahren von dem Architekten Seyhun entworfen, von dem auch das Grabmal Omar Khayyams stammt. Hier schuf er eine moderne Konstruktion aus freistehenden, muschelartig gestalteten und an der Innenseite mit Pfauenfedermuster geschmückten Rundbogen-Iwanen, die sich um eine Mittelachse gruppieren.

Die **Provinz Semnan,** ehemals Provinz Qumis, die im Norden an Mazandaran, im Westen an Teheran und im Osten an Khorasan grenzt, hat nur vier größere Orte: die Provinzhauptstadt Semnan, dazu die nordöstlich davon gelegenen Städte Damghan und Shahrud, schließlich auf halber Strecke zwischen Semnan und Teheran die Stadt Garmsar. Zwischen dem Elburz-Gebirge im Norden und der Dasht-e Kavir im Süden liegt eine fruchtbare und klimatisch begünstigte Ebene, die schon in prähistorischer Zeit besiedelt und bewirtschaftet war. Bei archäologischen Geländebegehungen und Ausgrabungen wurden eine große Anzahl prähistorischer Stätten in der Provinz festgestellt und teilweise erforscht – die wichtigsten sind Tepe Sang-e Chakhmaq bei Shahrud und Tepe Hissar bei Damghan.

Vom 2. Jt. v. Chr. bis ins Mittelalter hinein führte durch diese Ebene die Seidenstraße, die von hier aus nach Khorasan abbog in Richtung Osten. Dies trug entscheidend zur wirtschaftlichen Blüte der Region bei. Ab dem 9. Jh., nachdem Imam Rezas Grab in Mashhad sich zum Hauptheiligtum der Schiiten entwickelt hatte, reisten auch die aus den anderen Teilen des Landes kommenden Pilger auf dieser Hauptroute zu dem Wallfahrtsort. Deshalb entstanden entlang der Straße von Ray (bei Teheran) bis Mashhad in regelmäßigen Abständen zahlreiche Karawansaraien. Seit dem Zweiten Weltkrieg, als es immer mehr motorisierte Fahrzeuge gab, mit denen man bedeutend längere Tagesetappen zurücklegen konnte, wurden nach und nach alle Überlandstationen aufgegeben. Heute sind nur noch einige in den Städten unmittelbar am Bazar gelegene Karawansaraien in Betrieb.

75 km westlich von Davarzan und 109 km vor Shahrud liegt direkt an der Hauptroute das Dorf **Miyandasht.** Hier entstanden im Lauf der Jahrhunderte, bedingt durch das große Aufkommen an Reisenden, drei Karawansaraien nebeneinander. Die bedeutendste datiert in die safawidische Periode, die beiden anderen, die weitaus kleiner sind, wurden zur Ergänzung in qadjarischer Zeit erbaut. Zusammen boten sie Platz für mehr als 2000 Reisende.

Alle drei Bauten haben jeweils eine eigene Zisterne in der Hofmitte, und zwei von ihnen sind als Vier-Iwan-Anlagen konzipiert. Von der größeren qadjarischen, einer sehr einfachen Anlage mit nur eingliedrigen Gebäudeflügeln um einen sehr großen, unregelmäßig geformten Hof, sind nur noch wenige Mauerzüge vorhanden. Besser erhalten ist die kleinste, nahezu quadratisch angelegte Karawansarai, die mit ihren ungefähren Außenmaßen von 50 x 50 m problemlos in den Hof der safawidischen Anlage hineinpassen würde. Um den kleinen, unregelmäßig oktogonalen Innenhof des sehr kompakt strukturierten Gebäudes verteilen sich symmetrisch vier Iwane und insgesamt nur 16 Gasträume unterschiedlicher Größe und Ausstattung.

Die große safawidische Karawansarai, ein regelmäßiger, klassischer Vier-Iwan-Bau aus Ziegeln auf Steinfundamenten, umfaßte einen geräumigen Innenhof, 34 Gästezimmer und Stallungen in zweiter Raumreihe hinter den Schlafräumen. Hinter den Iwanen in der Mitte von drei Hofseiten liegen Kuppelsäle oder nach oben hin offene

Lichthöfe, an die jeweils mehrere Räume anschließen. An der vierten Seite gibt es einen außen wie innen repräsentativ ausgestatteten und zweigeschossig angelegten Iwan als einzigen Eingang zur Karawansarai. Das Vestibül, das zwischen dem Außen- und dem Inneniwan liegt, ist ebenfalls überkuppelt.

Bastam

Bastam ☆
Besonders sehenswert: Die Bauten des Bayazid Bastami-Mausoleums mit ihrem außergewöhnlich ausgearbeiteten und reichen Stuckdekor

Etwa 5 km nördlich von Shahrud liegt die kleine Ortschaft Bastam, die heute noch von einer vermutlich auf einer älteren Vorgängeranlage erbauten, qadjarischen (19. Jh.) Befestigung mit runden Bastionen umgeben ist. Gegründet wurde Bastam wahrscheinlich schon im Jahr 590 n. Chr. während der Regierungszeit des sasanidischen Königs Khosrow II. Parviz von dessen Onkel Bastam. Es wurden zwar bislang noch keine Spuren der sasanidischen Vergangenheit in der Ortschaft selbst gefunden, in jedem Fall aber ist belegt, daß Bastam bereits zur Zeit der arabischen Eroberung als bedeutende Stadt bestand. Im 10. Jh. war es der drittgrößte Ort des Bezirks Qumis, und ab dem 14. Jh. entwickelte es sich in der Zeit der Ilkhaniden zu einem Wallfahrtsort.

Am südlichen Stadtrand von Bastam liegt die **Freitagsmoschee,** an deren Südseite der Kashaneh-Grabturm angebaut wurde. Erstmals in historischen Texten erwähnt wird eine Freitagsmoschee in Bastam 985, jedoch sind davon keine Reste mehr erhalten. Der heutige Bau wurde in seldjukischer Zeit (11./12. Jh.) gegründet, aber zu Beginn des 14. Jh. während der Herrschaft des Ilkhaniden-Sultans Oldjaitu grundlegend erneuert und erweitert. Man betritt die Moschee über einen 1317 errichteten, hohen, spitzbogig abgeschlossenen Eingangsiwan, der in einem Vestibül mündet. Mittelpunkt des Baus ist ein kleiner, rechteckiger Hof, um den sich an drei Seiten überwölbte Gänge, sogenannte Riwaqs, legen. An die Ostseite des Hofes grenzt eine große, geschlossene Gebetshalle. In die Zeit der Ilkhaniden datiert auch der in der Südwand des Gebetssaals angebrachte Stuckmihrab, der vollständig mit komplizierten floralen Ornamenten und mehreren, unterschiedlich großen Tholth-Inschriften bedeckt ist.

Ein kleiner Vorraum an der Südwestecke der Qibla-Wand führt in den ebenfalls zu Beginn des 14. Jh. an die Moschee angebauten **Kashaneh-Turm.** Die Grabkammer des runden, an der Fassade mit 36 Dreiecksrisaliten gegliederten und einer konischen Ziegelkuppel gedeckten Grabturms ist zehnseitig und mit Stuckdekor und -inschriften verziert. Noch aus der seldjukischen Gründungszeit der Moschee stammt das 1120 errichtete, isoliert auf einer quadratischen Basis stehende **Minarett** der Moschee. Horizontale Bänder, mit ornamentalen Ziegelmustern versehen, gliedern seinen runden Schaft. Ebenfalls aus Ziegeln sind die beiden kufischen Inschriftenbänder, die das Baudatum nennen. Unterhalb der Galerie schließt das Fassadendekor des Minaretts mit drei Moqarnasfriesen ab.

Das Bayazid Bastami-Mausoleum

75 m nordwestlich der Freitagsmoschee liegt der große Bayazid Bastami-Komplex mit dem Grab des Mystikers, der von 777 bis 848 in Bastam lebte, einer angeschlossenen Moschee und mehreren Mausoleen von religiösen Führern und königlichen Familienmitgliedern. Der Komplex ist eine seit dem Wirken Bayazid Bastamis über viele Jahrhunderte hinweg gewachsene Anlage, deren heutiges Erscheinungsbild die Bauten des 14. Jh. und die Erneuerungen aus qadjarischer Zeit (19. Jh.) prägen.

Man betritt das Gelände über einen 1313 errichteten **Eingangsiwan,** der mit der typisch ilkhanidischen Fliesendekoration verziert ist. Sie besteht aus reliefierten Ziegeln, bei denen nur die erhabenen Teile glasiert sind. Im Iwangewölbe sind stuckverzierte Moqarnas angebracht. Hinter dem Iwan liegt eine langgestreckte Vestibülhalle, von der aus man in einen großen, unregelmäßig geformten Innenhof gelangt, um den sich alle anderen Bauteile des Komplexes gruppieren. Hier liegt unter freiem Himmel, lediglich umgeben von einem kunstvollen Metallgitter, das **Grab des Bayazid Bastami.**

An der Nordwestecke des Hofes steht das aus dem 13./14. Jh. stammende **Mausoleum des Ghazan Khan,** ein quadratischer Ziegelbau mit flachen Nischen an der Außenfassade, einem grün gefliesten Kegeldach und einem tiefen Eingangsiwan, der als eigener Bauteil vor das würfelförmige Bauwerk gesetzt wurde. Im rechten Winkel dazu begrenzt ein Gebäudeflügel den Hof nach Westen hin.

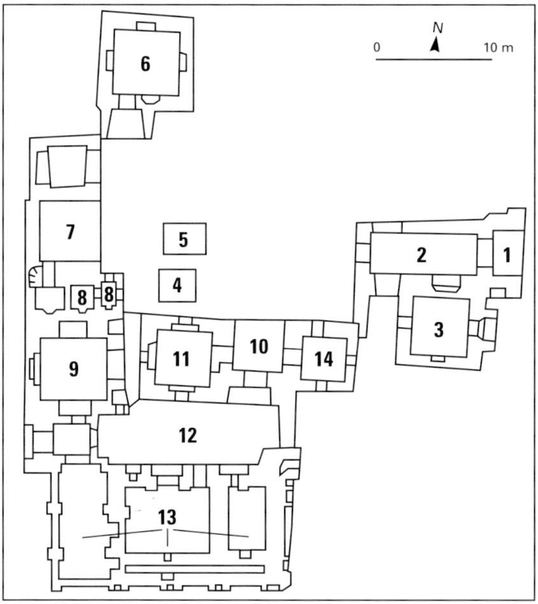

Bastam, Plan des Bayazid Bastami-Heiligtums
1 Eingangsiwan
2 Vestibül
3 Mausoleum des Ala al-Din Mohammad
4 Grab Bayazid Bastamis
5 Grab des Amir Aazam Khan Afghani
6 Mausoleum des Ghazan Khan
7 Westiwan
8 Bayazid-Kloster
9 Anonymes Mausoleum
10 Südiwan
11 Imamzadeh Mohammad
12 Gewölbehalle (Riwaq)
13 Bayazid-Moschee
14 Sharbat Khaneh (Getränkeraum für Pilger)

In seiner Mitte liegt, genau gegenüber vom Eingang, der hohe, geräumige Westiwan, der im 14. Jh. entstand.

Im Anschluß an den Westiwan wurden im frühen 9. Jh. bereits zwei miteinander verbundene Räume, d. h. ein quadratischer Meditationsraum mit einem Vorraum, vermutlich für Bayazid Bastami persönlich errichtet. Wände und Decken der Räume, die auch als das **Bayazid-Kloster** bezeichnet werden, sind reich mit Stuckdekorationen und Inschriften verziert. Vier Inschriften in Kufi und Tholth nennen ebenfalls das Jahr 1300 als Datum der Restaurierung dieser Räume.

In dem südlich an den Hof grenzenden Gebäudetrakt wurde im 16. Jh. ein dem Westiwan vergleichbarer Iwan geschaffen, durch den man die Bayazid-Moschee betritt. Man gelangt zunächst in eine im 19. Jh. errichtete Gewölbehalle, von der aus man die verschiedenen Räume der Moschee erreicht. Daran angegliedert sind das **Imamzadeh Mohammad,** das im Jahr 1300 entstand, und ein aus dem 13. Jh. stammendes, anonymes Mausoleum. Die **Bayazid-Moschee** selbst ist keine architektonische Einheit, sondern wuchs vom 7. bis 9. Jh. aus zwei kleinen Einzelmoscheen zusammen, wurde im 12. Jh. ergänzt

Bastam, Blick in den Innenhof des Bayazid Bastami-Mausoleums auf das Grabmal Ghazan Khans

und zu Beginn des 14. Jh. auf Veranlassung Oldjaitus erneuert und erweitert. Eine letzte Veränderung erfuhr sie bei Reparaturarbeiten im Jahr 1839. Den ilkhanidischen Kuppelsaal gibt es nicht mehr in seiner originalen Form – seine Kuppel war eingestürzt und wurde in qadjarischer Zeit durch ein auf Holzsäulen aufliegendes Flachdach ersetzt.

Damghan

Damghan ☆
Besonders sehenswert: Der seldjukische Grabturm Pir-e Alamdar und das Tarikhaneh, eine der ältesten Moscheen Irans

Nur noch 342 km von Teheran entfernt liegt die Stadt Damghan in einer Ebene südlich der Abhänge des Elburz-Gebirges. Der Legende nach wurde sie von Hushang, einem mythischen König, gegründet; tatsächlich geht die Stadt aber auf die Sasaniden zurück, denen auch die ursprüngliche Konstruktion der Stadtmauer zugeschrieben wird. Südöstlich des Stadtgebiets haben die Sasaniden auf dem Tepe Hissar bedeutende Architekturreste hinterlassen. Als städtisches Zentrum muß Damghan wohl schon bestanden haben, als die Araber die Region eroberten, und ab 976 war es bis in die frühsafawidische Zeit hinein Münzstätte. In der Zeit der Safawiden, während der Damghan nur noch 2000–3000 Einwohner zählte, begann der Niedergang der Stadt. In der zweiten Hälfte des 19. Jh. hatte die Zahl der Bevölkerung mit 1500 ihren absoluten Tiefstand erreicht, und Damghan hatte jegliche Bedeutung verloren.

Die Stadt wurde mehrfach durch heftige Erdbeben zerstört, bei den Überfällen von Mongolen und Afghanen geplündert, schließlich bei den Machtkämpfen zwischen der Zand- und der Qadjaren-Dynastie aufgerieben. Trotzdem gibt es heute eine nicht unerhebliche Anzahl an bedeutenden Baudenkmälern aus verschiedenen Epochen in Damghan.

Die in ihren Ursprüngen vermutlich sasanidische **Befestigungsmauer** mit ihren Turmbastionen stammt in ihrem heute noch erhaltenen Verlauf aus den Jahren 921–922, wurde aber in qadjarischer Zeit erneuert. Sie umschloß einstmals die Stadt einschließlich ihrer Gärten und Felder. Bis in die qadjarische Zeit hatte sie drei große Stadttore, von denen das im Westen gelegene Ray-Tor das wichtigste war. Direkt am Ray-Tor, außerhalb der Stadtmauer an der Straße nach Teheran, lag eine safawidische **Karawansarai** und innerhalb der Mauern, neben dem Bazar, die mittlerweile zu Ruinen zerfallene **Zitadelle.**

Neben der Karawansarai und gegenüber der Zitadelle liegt der Gebäudekomplex, der rund um das **Imamzadeh Djafar** entstand, das Grabmal des Djafar ibn Ali, eines Nachkommen des dritten Imam Hossein, der im Jahr 900 in Damghan starb. Eine Inschrift ziert den Grabstein Imamzadeh Djafars; sie muß kurz nach seinem Tod angebracht worden sein und ist von daher aller Wahrscheinlichkeit nach die älteste erhaltene Kufi-Inschrift Irans. Der Grabbau ist ein quadratisches Gebäude mit Ecktürmen, die Fassaden sind mit flachen, rechteckigen Rahmen gegliedert, denen Spitzbogennischen einge-

Damghan, gemalter Inschriftenfries am Kuppelsaum des Pir-e Alamdar

schrieben sind. An eine Mütze erinnert die Kuppel, die auf einer achteckigen, innen mit Moqarnas verzierten Trompenzone ruht. Das Mausoleum aus dem 11. Jh. wurde im 13. und 15. Jh. restauriert und umgebaut. Da die Mauer stellenweise noch aus großen Lehmziegeln besteht, darf angenommen werden, daß es einen Vorgängerbau aus der Zeit vor dem 11. Jh. gegeben hat.

Zum Gebäudekomplex des Imamzadeh Djafar gehörte auch ein Khanaqah mit allen seinen Nebenbauten. In der Südostecke des Geländes gibt es einen kleinen Kuppelraum, der **Qabr-e Shahrokh,** Grab des Shahrokh, genannt wird. Der Raum entstand in der späten Seldjukenzeit, diente unter dem timuridischen Herrscher Shahrokh (1405–1447), der ihn auch restaurieren ließ, als Versammlungsraum für Sufis und wurde 1796 schließlich als Grab des Afsharen-Prinzen Shahrokh genutzt, der von Agha Mohammad Khan Qadjar zu Tode gefoltert worden war.

Auf dem gesamten Gelände entstanden im Laufe der Zeit noch andere Grabbauten. So steht nördlich des Imamzadeh Djafar der sogenannte **Chehel Dokhtar,** ein 15 m hoher runder Grabturm aus Ziegeln. Im Jahr 1054 wurde er für einen hochgeehrten Sufimeister, der hier bestattet liegt, erbaut. Wie andere zeitgleiche Grabbauten ist auch der Chehel Dokhtar nur im oberen Teil mit Ziegeldekor verziert. Seinen Schaft umgeben dort insgesamt sechs Friese in unterschiedlicher Breite; der breiteste ist mit einer Kufi-Inschrift gefüllt, die beiden schmaleren am oberen Abschluß kragen leicht vor.

Östlich des Hauptplatzes von Damghan steht neben der in qadjarischer Zeit grundlegend umgebauten **Freitagsmoschee** ein 31 m hohes, seldjukisches **Ziegelminarett** aus dem 11. Jh., das zu dem Vorgängerbau der Freitagsmoschee gehörte. Oben ist der zylindrische Schaft des Minaretts beschädigt, trotzdem ist der ornamentierte Ziegelmantel noch sehr gut erhalten. Geometrische Muster und zwei Kufi-Inschriften, die das Baudatum 1058 nennen, umgeben als horizontale, unterschiedlich breite Bänder den Schaft. Die Buchstaben der Inschrift im oberen Fries wurden aus erhaben verlegten Ziegeln gebildet, die an der Stirnseite ursprünglich eine hellblaue Glasur trugen. Diese Inschrift ist vermutlich der älteste Beleg für die Verwendung glasierter Ziegel in Iran.

Etwa 200 m weiter östlich steht der **Pir-e Alamdar,** ein aus Ziegeln erbauter, seldjukischer Grabturm mit einer flachen Kuppel, der ins Jahr 1026 datiert. In diesem Bauwerk wurde Mohammad ibn Ibrahim, der ghaznawidische Gouverneur des Bezirks von Qumis, beigesetzt. Wie bei dem nur wenig jüngeren Chehel Dokhtar-Grabturm, dem das Pir-e Alamdar-Mausoleum auch in seinem architektonischen Aufbau ähnelt, sind um den oberen Teil der Fassade Ornamentbänder und in der Mitte ein kufischer Inschriftenfries aus Ziegeln gelegt. Ziegelmuster schmücken auch die auskragende Oberkante. Die von zwei zarten Pfeilervorlagen getragene, spitzbogige Gewölbenische über dem Eingang ist ebenfalls mit Ornamenten und einer Inschrift versehen. Im Inneren befindet sich eine gemalte Kufi-Inschrift am Kuppelsaum.

Von der in gerader Linie zum ehemaligen Südtor verlaufenden Straße geht weniger als 500 m entfernt vom Pir-e Alamdar-Turm eine Straße nach Osten ab, an der die 760 gegründete **Tarikhaneh-Moschee** liegt. Sie wurde 1150 bei einem Überfall der kriegerischen Ghoz-Stämme

Damghan, der Grabturm Pir-e Alamdar

Damghan, Arkadengang der Tarikhaneh-Moschee,

stark beschädigt, jedoch in seldjukischer Zeit nach der alten Tradition wieder aufgebaut. Die tragenden Teile der Moschee, so auch die Säulen und die Bögen, bestehen aus Backsteinen, das aufgehende Mauerwerk und die Gewölbe aus Lehmziegeln. Alle Decken- und Wandteile sind mit Gipsputz überzogen und tragen, bis auf eine schmale aufgesetzte Leiste an der Stirnseite der Bögen, keinen Schmuck.

Das Tarikhaneh ist vom Grundriß her eine westlich-umayyadische Pfeilermoschee. Um den Mittelpunkt des Baus, einen großen, nahezu quadratischen Hof, legen sich an drei Seiten von Säulen getragene Arkadengänge *(riwaqs)*. Die Bögen der Riwaqs sind eiförmig mit einer ganz leichten, gerade nur angedeuteten Spitze. An der Südwestseite des Hofes liegt der Hauptgebetssaal, eine Säulenhalle aus sieben zum Hof hin offenen Schiffen mit drei Achsen. Jedes Schiff besteht aus drei 1,60 m dicken Säulen; das Mittelschiff ist durch seine größere Höhe und Breite hervorgehoben, so daß es eher wie ein tiefer Iwan anmutet. An der Rückwand des Mittelschiffs wurde die Mihrabnische aus der Mittelachse heraus in die linke Ecke gesetzt, gegenüber in der rechten Ecke steht der Minbar. In dem iwanartigen Mittelschiff und den runden Bögen wird die vorislamisch-sasanidische Bautradition der Moschee deutlich.

Heute führt der Eingang von der Südostseite her in den Hof, früher gab es aber einen dreigliedrigen und ebenfalls aus der Achse verschobenen Eingang an der Nordostwand, der wegen jüngerer Anbauten nicht mehr benutzt werden konnte. Von den Gebäudeteilen jenseits der Nordwestwand ist heute nichts mehr erhalten. An dieser Seite steht auch ein nicht mit der Moschee verbundenes **Minarett,** das ins Jahr 1026 datiert. Dieser runde Ziegelturm ersetzte ein im 9. Jh. bei einem Erdbeben zerstörtes rechteckiges Minarett. Der Mantel des an der Spitze leicht beschädigten Schaftes ist in sieben unterschiedlich breite Zierbänder unterteilt. Eine Kufi-Inschrift füllt das schmalste Band in der Mitte; die anderen, weitaus breiteren tragen flächige, rein geometrische Muster, die aus unterschiedlich hoch verlegten Ziegeln gebildet werden.

Außerhalb von Damghan, etwa 3 km südöstlich direkt an der Bahnstrecke, liegt der **Tepe Hissar**, ein Siedlungsgebiet, das aus drei Teilen besteht, dem 200 x 300 m messenden Haupthügel, der von der Bahnlinie angeschnitten wird, einem Doppelhügel mit vergleichbaren Schichten wie auf dem Haupthügel und schließlich einer Ruinenstätte aus sasanidischer Zeit. Westlich des Grabungsgebiets liegt eine der drei qadjarischen Karawansaraien, die zum Einzugsgebiet von Damghan zählten. Wissenschaftlich untersucht wurde das Gebiet des Tepe Hissar während der Jahre 1931 und 1932 im Auftrag der University of Pennsylvania unter der Leitung von E. F. Schmidt.

Auf dem südwestlich des Haupthügels gelegenen **sasanidischen Ruinengelände,** das nur teilweise ausgegraben werden konnte, fanden sich mehrere Bauten. Näher erforscht wurde das Hauptgebäude, ein großzügig angelegter Bau mit einem Innenhof, an dessen einer

Damghan, sasanidisches Ruinengelände südwestlich des Haupthügels des Tepe Hissar

Seite ein dreigliedriger Gebäudetrakt anschloß. Der die beiden Seitentrakte überragende Mittelteil bestand aus einem breiten, sich zum Hof hin öffnenden Iwan mit zwei Reihen von jeweils drei Säulen vor den Längswänden. Hinter der Säulenhalle lag ein geräumiger, quadratischer Kuppelsaal mit breiten Portalen an allen vier Seiten. Im Grundriß ähnelt dieser Bau, dessen Funktion letztlich nicht geklärt werden konnte, dem Gebetssaal in der Tarikhaneh-Moschee. Die Iwanhalle war reich mit geometrischem, floralem und figürlichem Stuckdekor geschmückt, zusätzlich fand man im Schutt des Gebäudes auch Fragmente von Wandmalereien.

Die Besiedlung des **Haupthügels** stammt aus prähistorischer Zeit. Sie wurde in drei Hauptschichten unterteilt, von denen die älteste in die Zeit von etwa 3900–2900 v. Chr. datiert, die zweite 2800–2400 und die jüngste 2400–1900. Während die Architektur der älteren Schichten aus einfachen, kleinen Lehmziegelbauten bestand, fand man in der jüngsten großzügig angelegte Wohnhäuser, u. a. das Verbrannte Gebäude, in dem das einstürzende Dach Menschen, Einrichtung und Gegenstände gleichermaßen begrub, so daß hier besonders reiche Funde gemacht werden konnten. In allen drei Schichten wurden die Menschen innerhalb der Wohnhäuser unter dem Fußboden mit reichen Beigaben, u. a. feiner, bemalter Keramik, beigesetzt.

Bei der Ortschaft Ahovan, 36 km vor der Provinzhauptstadt Semnan, finden sich zwei Karawansaraien, eine aus frühislamischer, die andere aus safawidischer Zeit; beides typische Vertreter ihrer Epoche. Südlich der Straße liegen die Ruinen des aus Stein errichteten **Robat-e Anushirvan,** von dem man nur noch die massiven Mauern beiderseits des Eingangs und die Stallungen sieht. Große Teile des Gebäudes wurden im Lauf der Jahrhunderte vom Wind mit Sand zugedeckt. Wegen des Baumaterials und der Grundrißstruktur, in der sasanidische Traditionen spürbar sind, datierte man die Karawansarai häufig in die sasanidische Zeit, tatsächlich jedoch wurde sie auf Anordnung des Ziyariden Sharaf al-Din Maali Anushirvan im Jahr 1029 fertiggestellt und in safawidischer Zeit ausgebaut. Der quadratische, sehr regelmäßige Bau hatte 126 überwölbte Räume und vier tiefe, von der Außenmauer bis zum Hof offene Iwane. Nördlich der Straße liegt die aus Ziegeln errichtete **Karawansarai von Ahovan,** eine klassische safawidische Vier-Iwan-Anlage mit einem regelmäßigen, achsensymmetrischen Grundriß. Sie wurde erst gebaut, nachdem die benachbarte Anushirvan-Karawansarai aufgegeben worden war.

Die Stadt Semnan

Semnan
Besonders sehenswert: Darvazeh-e Arg; Ethnologisches Museum im Pahneh-Hammam; Freitagsmoschee in ummayadischer Tradition

Die Provinzhauptstadt Semnan hat heute zwar weniger Einwohner als Shahrud und ist auch kleiner, geschichtlich aber ungleich bedeutender und weist deshalb auch weit mehr historische Bauten und kulturelle Hinterlassenschaften aus der Vergangenheit auf. Semnan wurde vermutlich von den Sasaniden gegründet; im 10. Jh. war es ein befestigtes Zentrum der Dailamiten. Von der alten Befestigungsmauer aus dem 10./11. Jh., die erstmals 1036 geschleift, jedoch zehn Jahre später wieder aufgebaut wurde, ist nichts mehr erhalten. Jedoch steht noch ein Stadttor aus qadjarischer Zeit, das ins Jahr 1885 datiert. Es ist unter dem Namen **Darvazeh-e Arg** bekannt und wurde mittlerweile zum Wahrzeichen von Semnan. Beide Fassaden des dreigliedrigen Torgebäudes sind mit gefliesten Paneelen verziert. Über dem die Seitentrakte überragenden mittleren Teil, durch den der Torweg führt, befinden sich auf Vorder- und Rückseite halbrunde Bogenfelder mit

Semnan, das qadjarische Stadttor Darvazeh-e Arg

jeweils einem Fliesenbild. An der nach außen weisenden Nordfassade ist in diesem Bogenfeld der mythologische Kampf zwischen Rostam und dem weißen Drachendämon dargestellt, auf der Südseite wurde eine Inschrift angebracht. Die Nordfassade ist zusätzlich mit sechs gefliesten, schlanken Zierminaretten versehen, die für die qadjarische Architektur so typisch sind.

Im Stadtzentrum liegen der überdachte **Bazar** der Stadt, das aus dem 15. Jh. stammende **Pahneh-Hammam,** das nach Restaurierungsarbeiten in den letzten Jahren in ein ethnologisches Museum umgewandelt wurde, und schließlich am Rand des Bazars die **Freitagsmoschee** von Semnan. Der Überlieferung zufolge soll die Moschee bereits in umayyadischer Zeit gegründet worden sein, das bestehende Bauwerk stammt jedoch aus der Regierungszeit des Timuridenherrschers Shahrokh (zweite Hälfte 15. Jh.). Man betritt den Moschee-Innenhof von Westen her über ein kleines Vestibül. An drei Seiten ist der Hof von Pfeilerarkaden umgeben, an die sich im Nord- und im Südosten überwölbte oder überkuppelte Säulenhallen anschließen. Einige Säulen in der Nordosthalle, in der die ältesten Teile der Moschee erhalten sind, lassen sich ins 8.–9. Jh. datieren. Die Südseite des Hofes nimmt ein Iwan ein, hinter dem der quadratische, überkuppelte Mihrabsaal liegt.

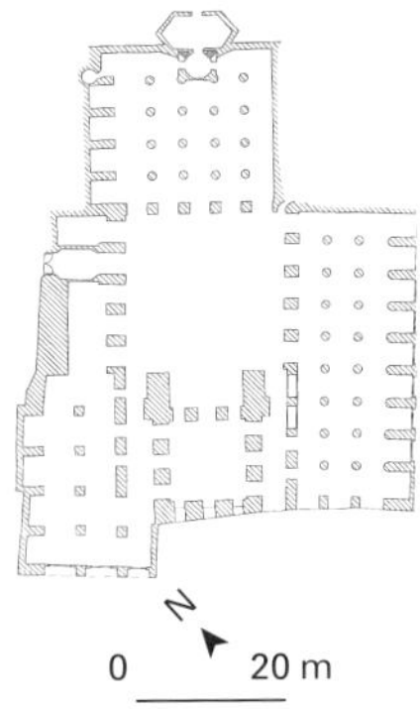

Semnan, Grundriß der Freitagsmoschee

In die Nordseite der Moschee ist ein seldjukisches **Minarett** eingebunden, das durch seine Bauinschrift in die Jahre 1030–1034 datiert wird. Fünf horizontale Bänder, mit ornamentalem Ziegelmuster gefüllt, gliedern den sich stark nach oben hin verjüngenden Minarettschaft. Jeweils oben, unterhalb des letzten Ornamentbandes, und unten, über dem ersten ornamental verzierten Fries, verläuft ein Inschriftenband. Die Unterseite der Galerie ist mit einem Stalaktitenfries versehen.

Unweit östlich der Freitagsmoschee steht die unter Fath Ali Shah im 19. Jh. erbaute **Masdjid-e Imam,** ehemals Masdjid-e Sultani. Die als Moschee-Medresse genutzte Vier-Iwan-Anlage besitzt einen großen, begrünten Innenhof mit Wasserbassin. An der West- und der Ostseite des Hofes wurden jeweils ein hoher, an den beiden anderen Seiten je ein kleiner Iwan einander gegenübergestellt. Die Gebäudetrakte zwischen den Iwanen sind zweigeschossig und mit Arkaden versehen. Im Untergeschoß befinden sich die Unterrichtsräume, im leicht zurückgesetzten Obergeschoß die Wohnräume der Studenten. Ungewöhnlicherweise wurde der Mihrabsaal hinter dem Westiwan eingerichtet. Seine flache Kuppel trägt einen turmähnlichen Aufsatz. An die Nord- und Südseite des Hofes schließen sich mehrere überwölbte Gebetshallen an.

Rechts und links des Westiwan-Bogens gliedern flache, übereinandergestellte Nischen die Fassade. Die Wandflächen in und über den Nischen sind mit floral-ornamentalen Kachelbildern verziert. Entlang des oberen Abschlusses und beiderseits der Nischenzonen verlaufen Inschriftenbänder mit geometrischem Kufi. Auf dem Dach des grundsätzlich ähnlich verzierten und strukturierten Ostiwan steht ein pavillonartiges Minarett. Die Muster der Iwangewölbe sind, ebenso wie die Verzierung der Innenkuppel des Mihrabsaals, aus an den Schmalseiten einfarbig glasierten Ziegeln zusammengesetzt.

Von Semnan aus führen zwei Straßen nach Teheran, die eine, weniger befahrene im Norden durch die Berge, vorbei an der Ortschaft Damavand, die andere im Süden am Rand der Dasht-e Kavir entlang durch die Kleinstadt Garmsar. An dieser Hauptroute nach Teheran gibt es mehrere Karawansaraien, von denen diejenige in **Lasdjerd,** 36 km südwestlich von Semnan, und die in **Deh Namak,** 40 km vor Garmsar, die wichtigsten sind. Beide Bauten stammen aus safawidischer Zeit, wurden aus Ziegeln errichtet und sind in einem sehr guten Erhaltungszustand.

Rund 50 km östlich vor Teheran befindet sich der Ort **Damavand** mit seiner **Freitagsmoschee,** von dessen ursprünglichem Bau nur noch das seldjukische Ziegelminarett erhalten ist. In der Stadt und ihrer Umgebung gibt es mindestens acht Grabtürme, von denen der aus dem 12. Jh. stammende **Shaikh Shibli-Turm** der älteste und bedeutendste ist. Erwähnenswert sind außerdem die beiden nahe beieinander erbauten Mausoleen des **Imamzadeh Abdollah Dawud** und seines Bruders aus dem 13.–14. Jh. sowie das Mausoleum des **Imamzadeh Shams al-Din** aus dem frühen 13. Jh.

Karawansarai in der Provinz Semnan

Abbildungsnachweis

S. Afsousi/SAFIR, Teheran/Iran S. 261
Gh. Alivand/SAFIR, Teheran/ Iran S. 300
Gudrun Baum, Osnabrück S. 105, 165, 168, 172, 207, 269, 293, 299, 307, 310
Bildarchiv Preuß. Kulturbesitz, Berlin S. 117, 118/119 (Gerhard Murza)
P. u. M. Cherzeuillet, © Musée du Louvre, Paris/F S. 38
Stephen Coyne/Bruce Coleman Collection Umschlagklappe hinten, S. 90, 275, 311
Helmut Döderlein, Eichenau S. 95, 131, 132, 134, 137, 149, 153, 159, 163, 176 re., 241, 295, 302, 352, 353 o., 353 u., 355, 356
N. Faridani/SAFIR, Teheran/Iran S. 18, 61, 62, 71, 114, 128, 139, 157, 160, 170, 173, 178, 181, 182, 184, 187, 190, 194, 200, 202, 206, 218f., 232, 236, 240, 253, 259, 263, 267, 268, 276, 277, 279, 291/291, 292, 303, 312, 319, 330, 333, 336, 337, 340, 350, 358
Werner Foreman/AKG, Berlin S. 85
Johannes Frangenberg, Solingen Titelbild
F. Hashemi/SAFIR, Teheran/Iran S. 16
Nicole Kessler, München S. 188
A. Madadi/SAFIR, Teheran/Iran S. 73, 154
N. Mizbani/SAFIR, Teheran/Iran S. 142, 143, 145
Gerhard Murza/BA Preuß. Kulturbesitz, Berlin S. 118f.
A. Nikraftar/SAFIR, Teheran/Iran S. 91
Gerhard H. Oberzill, Kritzendorf/A S. 60, 94, 103, 122, 212f., 223, 239, 274, 285, 287, 298, 316
M. Zendeh Rooh/SAFIR, Teheran/Iran S. 22
Otto Rühling, Neumünster S. 21, 32, 57, 199, 250/251 (4x)
D. Sadeghsa/SAFIR, Teheran/Iran S. 78, 125, 315, 320
SAFIR, Teheran/Iran S. 334
A. Sheivari/SAFIR, Teheran/Iran S. 11, 98, 148, 151, 176 li., 193, 262, 301, 306, 309, 343, 346
Martin u. Michael Stenzel, Usingen S. 211, 231, 265, 296
A. Tahvildari/SAFIR, Teheran/Iran S. 25
Michael Weber, Stuttgart Umschlagklappe vorn, S. 1, 29, 49, 280
Kurt-Michael Westermann, Hamburg S. 127, 245, 281, 282, 286, 323, 339

Seiten 28, 31, 52, 256 aus: Es kündet Dareios der König...: Vom Leben im persischen Großreich, Heidemarie Koch, aus: Kulturgeschichte der Antiken Welt, Bd. 55, Verlag Philipp von Zabern, Mainz 1992 (S. 265/Abb. 188, Tf. 24, Tf. 7, S. 152/Abb. 104 nach Schmidt I)

Seiten 35, 36, 39, 40 aus: The Royal City of Susa, Ancient Near Eastern Treasures in the Louvre, by The Metropolitan Museum of Art, New York 1992 (S. 3/ Fig. 4, S. 32/Nr. 1, S. 74/Nr. 45, S. 133/Nr. 83), © Musée du Louvre, Réunion des Musées Nationaux, Paris/F

Seiten 45 oben u. unten, 77, 86, 229 aus: Der Iran und seine Kunstschätze, Fotos: M. Babey, Basel/Text: A. Mazaheri, aus Die Kunstschätze der Welt, Bd. 8, Yves

Rivière, Ed. d'Art Albert Skira, Genf/CH, 1970 (S. 21 u. 47, 279, 151, 143/National-museum Teheran/Iran)

Seite 67 aus: Royal Persian Manuscripts, Stuart Cary Welch, Thames and Hudson Ltd., London/GB 1976 (S. 34/Pl. 1)

Seiten 109, 243, 246, 254 aus: Persepolis, Ein Weltwunder der Antike, Leo Trümpelmann, Verlag Philipp von Zabern, Mainz 1988 (S. 72/Kat. 10, S. 94f./Nr. 33 nach F. Krefter 1969, S. 39/Abb. 29 u. S. 2/3 Foto: M. Babey, Paris)

Seite 110 aus: Expedition, The University Museum Magazine of Archaeology and Anthropology, Vol. 31, Nos. 2-3 1989, by University of Pennsylvania Museum/USA (S. 90/Nr. 6)

Seite 196 aus: Altvorderasiatische Bildstelen und Vergleichbare Felsreliefs, Jutta Börker-Klähn, Bd. 4 zu Baghdader Forschungen, Hg. Deutsches Archäologisches Institut/Abteilung Baghdad, Verlag Philipp von Zabern, Mainz 1982 (Tf. 31 nach Hrouda, Sar-e Pol-e Zohab)

Seite 210 aus: Tchoga Zanbil, Dur Untash, 1: La Ziggurat, Roman Girshman, in: Memoirs de la Délégation archéologique en Iran (MDAI) 39, 1966

Seiten 224, 226 links u. rechts, 260 aus: Zwischen Persepolis und Firuzabad, Gräber, Paläste und Felsreliefs im alten Persien, Leo Trümpelmann, Hg. Manijeh Abka'i-Khavari u. Dietrich Berndt, Verlag Philipp von Zabern, Mainz 1992 (S. 63/Abb. 102, Foto: G. Gerster, S. 65 unten/Abb. 105 u. S. 65 oben/Abb. 104a, S. 41/Abb. 68 nach G. Wolff bzw. nach E. F. Schmidt/Persepolis III/Abb. 2, 1970)

Seiten 272/273, 284, 289 aus: Isfahan, Spiegel des Paradieses, Henri Stierlin, Aufrisse u. Pläne nach José Conesa, © Ed. Sigma, Genf/CH 1976, dt. Rechte: Atlantis Verlag, Zürich u. Freiburg i. Br. (S. 26/27 nach N. Ardalan u. L. Bakhtiar 1973, S. 77 nach P. Coste 1867, S. 31 nach E. Schroeder 1931)

Seite 326 aus: Persia, James Waite u. Jamileh Heydari, Farhang-Sara (Yassavoli) Publications, Bazaarche-Ketab/Iran (S. 90)

Seiten 221, 357 aus: Frühe Iranische Moscheen, Barbara Finster, Ergänzungsband 19 zu Archäologische Mitteilungen aus Iran, Hg. Deutsches Archäologisches Institut/Abteilung Teheran, Dietrich Reimer Verlag, Berlin 1994 (S. 236/Abb. 125 nach D. Whitehouse, Siraf III/Fig. 14, S. 232/ Abb. 121 nach Sazman-i Milli, Mashhad)

Zeichnungen Seiten 46, 248/249, 264, 338 Beate Dillmann, Frankfurt/M. 1998

Kartographie: Berndtson & Berndtson Productions GmbH,
© DuMont Buchverlag, Köln 1998

Autor und Verlag danken den Rechteinhabern für die Abbildungsgenehmigung.

Tipps und Adressen

Alle wichtigen Informationen für Ihre Reiseplanung und für unterwegs

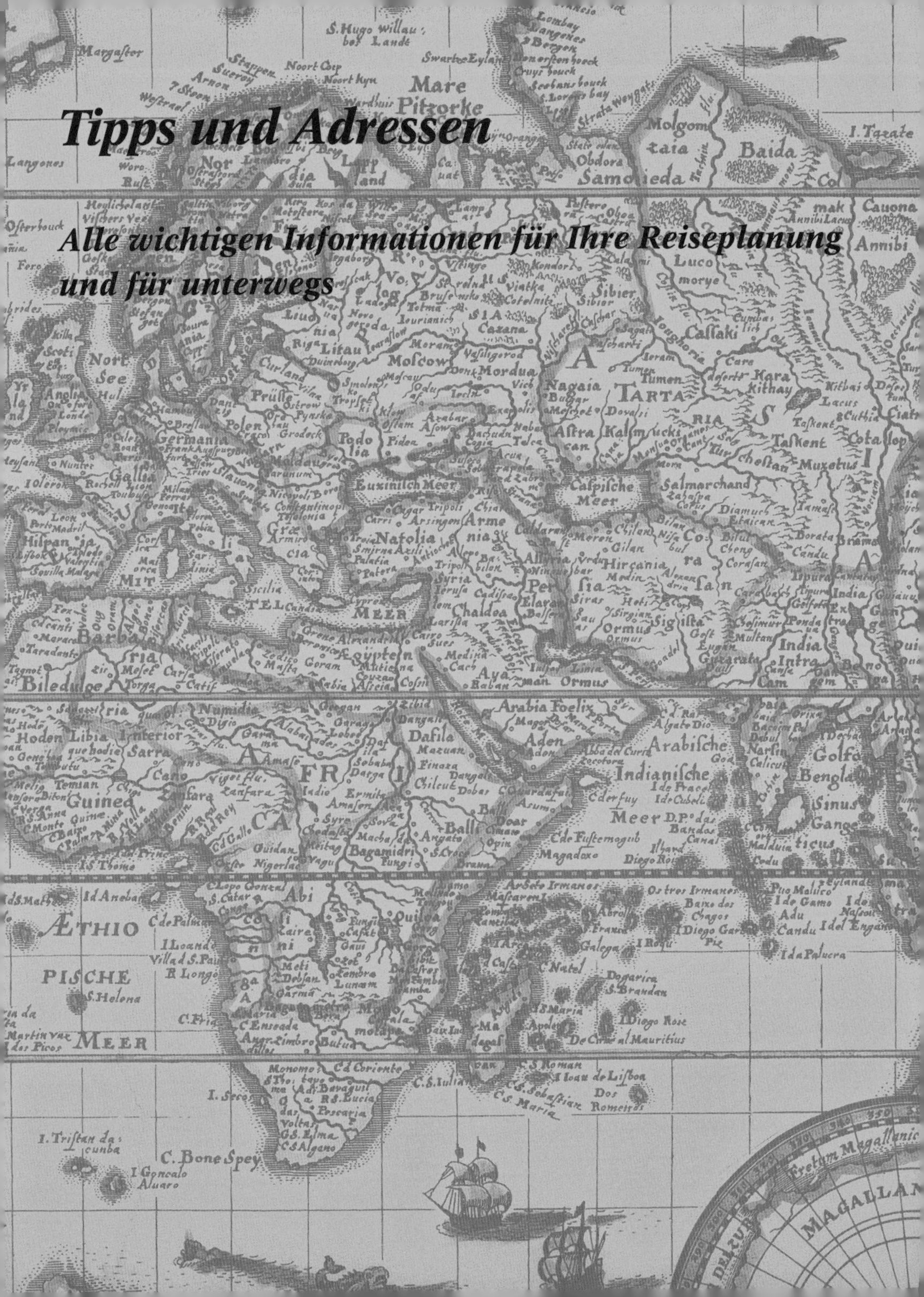

Inhalt

Hinweise für die Reiseplanung

Auskünfte

Fremdenverkehrsämter

Bislang das einzige Fremdenverkehrsamt der Islamischen Republik Iran im deutschsprachigen Raum ist die *Azadi International Tourizm Organazation (AITO) Deutschland*, in 60313 Frankfurt/Main, Große Eschenheimer Str. 43, ✆ 069/13 37 66 14–15, Fax 069/13 37 66 21. Informationsmaterial ist auch erhältlich bei der deutschen Direktion der *Iran Air*, Am Hauptbahnhof 10, 60329 Frankfurt/Main, ✆ 069/ 25 60 06 13–15.

Diplomatische Vertretungen der Islamischen Republik Iran

Erste Auskünfte und Informationen sollte man über die iranischen Konsulate und Botschaften im deutschsprachigen Raum einholen. Zunächst sollte man ein Telefonat führen, da Konsulate und Botschaften zum Staatsgebiet des Iran rechnen und daher dort bereits die Bekleidungsvorschriften der Islamischen Republik gelten.

Konsularabteilung der Botschaft der Islamischen Republik Iran
Godesberger Allee 133–137
53175 Bonn-Bad Godesberg
✆ 02 28/8 16 10
Fax 02 28/37 61 54

Generalkonsulat der Islamischen Republik Iran
Podbielskiallee 67
14195 Berlin
✆ 030/8 41 91 80
Fax 030/8 32 98 74

Generalkonsulat der Islamischen Republik Iran
Bebelallee 18
22297 Hamburg
✆ 040/5 14 40 60
Fax 040/51 44 06 46

Generalkonsulat der Islamischen Republik Iran
Eichendorffstr. 54
60320 Frankfurt/Main
✆ 069/5 60 0070
Fax 069/56 00 07 13

Generalkonsulat der Islamischen Republik Iran
Mauerkirchner Str. 59
81679 München
✆ 089/9 27 90 60
Fax 089/9 81 01 05

Botschaft der Islamischen Republik Iran
Jauresgasse 9
A-1030 Wien
✆ 01/7 12 22 65 70
Fax 01/7 13 57 33

Botschaft der Islamischen Republik Iran
Thunstr. 68
CH-3006 Bern
✆ 0 31/43 08 01
Fax 0 31/43 56 52

Generalkonsulat der Islamischen Republik Iran
24, Ave. de Champel
CH-1211 Genf 35
✆ 0 22/3 47 41 71
Fax 0 22/7 89 14 85

Devisen und Einfuhr

Ausländische Währung darf in unbegrenzter Höhe eingeführt, muß aber bei Einreise deklariert werden. Nicht eingeführt werden dürfen alle alkoholischen Getränke und Süßigkeiten mit alkoholischer Füllung, Zeitschriften und Publikationen, in denen nicht nach muslimischen Vorschriften gekleidete oder unbekleidete Frauen abgebildet sind (dazu gehören auch Versandhauskataloge), Feuerwaffen und elektronische Geräte, die in Iran verschenkt oder verkauft werden sollen. Elektronische und elektrische Geräte sowie Foto- und Filmkameras oder Camcorder, die der Tourist für seinen Eigenbedarf mitführt, werden in den Paß eingetragen und bei der Ausreise kontrolliert. Werden solche Geräte gestohlen oder gehen verloren, muß man ein offizielles Dokument bei der Ausreise vorlegen, in dem der Verlust oder der Diebstahl bestätigt wird.

Einreisebestimmungen

Für eine Einreise in die Islamische Republik Iran ist ein Visum notwendig, das in den mindestens noch sechs Monate gültigen Paß eingetragen wird. Es sind drei Arten von Visa zu unterscheiden: Das Transitvisum, das Arbeits- oder Geschäftsvisum und das Touristenvisum. Grundsätzlich muß zunächst bei den konsularischen Vertretungen und Botschaften in Deutschland, Österreich und der Schweiz ein Antrag auf Visumserteilung gestellt werden, der vom iranischen Außenministerium bewilligt wird. Welche Formulare auszufüllen und welche Unterlagen zu beschaffen sind, ebenso die Höhe der anfallenden Gebühren, sollte jeweils aktuell bei den Konsulaten und Botschaften abgefragt werden. Dem Antrag müssen drei Paßbilder beigefügt werden, die den Bekleidungsvorschriften der Islamischen Republik entsprechen, d. h. Frauen müssen sich unbedingt mit Kopftuch fotografieren lassen.

Ein Touristenvisum ist vom Ausstellungsdatum an einen Monat gültig und sollte mindestens zwei Monate vor dem Abreisetag beantragt werden. Obwohl eine Visumserteilung bei einer organisierten Gruppenreise sehr viel einfacher ist, da der Reiseveranstalter das Gruppenvisum beantragt, sind Einzelvisa für Individualtouristen durchaus möglich und werden, bei entsprechend fundierter Begründung oder einer Einladung aus dem Iran, ebenso erteilt.

Gesundheitsvorsorge

Im Prinzip gibt es keine Impfvorschriften von iranischer Seite aus; sofern sich der Reisende jedoch bis zu sechs Tagen vor der Einreise nach Iran in einem Gelbfieber-Epidemiegebiet aufgehalten hat, wird eine Schutzimpfung gegen diese Infektionskrankheit verlangt.

Im allgemeinen empfehlen die Gesundheitsämter eine Malariaprophylaxe, wenn man während der Monate März bis November, d. h. während der Hauptreisezeiten, Khuzistan, die Golfregion, Sistan/Baluchistan und die Kaspische Meeresküste besuchen möchte. Die anderen Gegenden Irans gehören nicht zu den gefährdeten Gebieten. Es ist jedoch in jedem Fall anzuraten, sich mit einem Insektenschutzmittel vor Mückenstichen zu schützen und im Hotel nachts auf die Klimaanlage zu vertrauen und nicht die Fenster zu öffnen. Da es in Iran überall Stechmücken gibt, sollte man auch immer ein Insektenschutzmittel und eine juckreizstillende Salbe dabeihaben.

Eine Gammaglobulin-Impfung als Hepatitis A-Prophylaxe ist ebenfalls anzuraten. Dieser Wirkstoff bietet zwar keinen hundertprozentigen Schutz vor einer Hepatitiserkrankung, vermindert aber deutlich das Risiko und bewirkt zusätzlich eine Stärkung der Widerstandskräfte. Da die Wirkung einer solchen Impfung nur vier Wochen anhält, empfiehlt es sich, sie kurz vor der Abreise vorzunehmen.

Auf einer Iranreise sollte man auch immer ein Mittel gegen Durchfallerkrankungen dabeihaben, die sich schnell durch ungewohnte Nahrung einstellen können. Obst ist stets gründlich zu waschen oder zu schälen, Salat tunlichst zu meiden. Außerdem sollte eine Reiseapotheke Schmerzmittel, ein fiebersenkendes Medikament, Verbandsmaterial (Pflaster, Mullbinden), Wunddesinfektionsmittel und gegebenenfalls eine entzündungshemmende Salbe enthalten.

Bei kleineren gesundheitlichen Problemen kann man in den größeren Städten vom Hotel einen Englisch oder Deutsch sprechenden Arzt rufen lassen, bei größeren Erkrankungen findet sich in den meisten Krankenhäusern ein Arzt, der in Europa ausgebildet ist und mit dem man sich deshalb verständigen kann. Eine ärztliche Behandlung in einer Praxis oder im Krankenhaus muß immer bar bezahlt werden.

Die Auslandskrankenscheine der gesetzlichen Krankenversicherungen gelten nicht in Iran, d. h. die Kosten einer Behandlung durch iranische Ärzte oder Krankenhäuser werden zu Hause nicht von den Krankenkassen zurückerstattet. Deshalb ist es zu empfehlen, eine separate Reisekrankenversicherung (beispielsweise beim ADAC) abzuschließen.

Gepäck und Reiseausrüstung

Ob man als Individualtourist oder als Teilnehmer einer Gruppe reist, in jedem Fall sollte man außer einem Koffer zusätzlich eine Umhängetasche, gegebenenfalls einen kleinen Rucksack für Proviant, Karten, Literatur etc. für Tagesausflüge mitnehmen. Außerdem ist eine separate Fototasche empfehlenswert. Die Reisedokumente, Schecks und Bargeld werden am sichersten im altbewährten Brustbeutel verstaut.

Da das Stromnetz in ganz Iran auf 220 V Wechselspannung ausgelegt ist, kann man Kleinelektrogeräte des täglichen Bedarfs problemlos anschließen; gelegentlich braucht man aber in Hotels Adapter für die Steckdosen. Hin und wieder kommt es zu recht langen Stromausfällen, deshalb empfiehlt sich eine Taschenlampe im Gepäck.

Kleidung

Für die Zeit zwischen März und November ist leichte Sommerkleidung aus Naturfasern empfehlenswert, man sollte aber in jedem Fall auch Pullover oder Strickjacke einpakken. Festes Schuhwerk für Besichtigungen außerhalb der Städte und geschlossene Schuhe innerhalb der Städte sind in jedem Fall anzuraten. Sandalen sind absolut unüblich und bei Frauen, mit nackten Füßen getragen, nach den Bekleidungsvorschriften nicht erlaubt. Grundsätzlich sollte man sich in Iran unauffällig und eher konventionell kleiden. Auffälliger Schmuck und grelle Farben bei Männern, Leggings oder Röhrenhosen ebenso wie angeschmutzte oder sehr legere Kleidung wirken für iranische Augen anstößig.

Reisezeit

Wie im Abriß zur Geographie bereits ausführlich erläutert, ist das Klima in den verschiedenen Provinzen durch die landschaftlichen Gegebenheiten sehr unterschiedlich. Die beste Reisezeit für das gesamte Land jedoch ist sowohl das Frühjahr von März bis Mai als auch der Herbst von September bis November. Während es im Bergland von Azarbaidjan und Kurdistan noch bis in den April hinein schneien und empfindlich kalt werden kann, ist das Klima im Mai in den golfnahen Gebieten Khuzistans und an der Küste des Persischen Golfs für Mitteleuropäer bereits nahezu unerträglich heiß.

Im Herbst muß man ab September, bei angenehmen Temperaturen tagsüber, in den Höhenlagen Azarbaidjans, Hamadans und Kurdistans nachts schon mit Minustemperaturen rechnen. Für die Küstenregionen im Norden und Süden sowie für Khuzistan ist der Winter die ideale Reisezeit. Im Norden kann man einen Winterurlaub sogar mit Skifahren im Elburz nordöstlich und nordwestlich von Teheran verbinden.

Informationen für unterwegs

Anreise

Sofern man keine Gruppen- bzw. Studienreise gebucht hat, bei der die Anreise aus Zeitgründen immer mit dem Flugzeug organisiert wird, kann man durchaus auf dem Landweg, d. h. mit Zug, Bus, dem Auto oder auch per Schiff nach Iran reisen. Da diese Möglichkeiten alle ausgesprochen zeitintensiv sind, ziehen die meisten Touristen eine Anreise mit dem **Flugzeug** vor. Der internationale Flughafen Mehrabad in Teheran wird von Linienflügen der Iran Air, der Lufthansa, der Austrian Airlines und Swissair angeflogen, außerdem von KLM (Niederlande), British Airways, Air France, Syrian Airlines, Kuwait Airlines und Türk Hava Yollari, Charterflüge gibt es keine in den Iran.

Einige Luftlinien verkehren nicht nonstop zwischen Europa und Teheran, sondern planen Zwischenlandungen ein, die zu einer längeren Anreisezeit führen. Ein Nonstop-Flug von Frankfurt aus nach Teheran, mit Iran Air oder Lufthansa, dauert ca. 5 Stunden. Deshalb ist am zeit- und preisgünstigsten eine Anreise mit Iran Air, die ausschließlich mit Boeing- und Airbus-Maschinen fliegt. Außerdem kann man sich bei einem Flug mit Iran Air schon ein wenig auf das Land und die persische Küche einstimmen, auch wenn die Damen bereits an Bord ein Kopftuch tragen müssen und keine alkoholischen Getränke mehr ausgeschenkt werden.

Verkehrsverbindungen im Land

Für Individualtouristen ist die beste Art, sich im Land schnell und obendrein finanziell sehr günstig zu bewegen, der **Inlandflug** mit Iran Air. Das inneriranische Flugnetz ist sehr gut ausgebaut, jedoch sehr stark frequentiert; daher muß man rechtzeitig, d. h. zwei bis drei Wochen vorher, an den entsprechenden Flughäfen reservieren.

Ausgesprochen informativ ist eine Reise im Land mit dem **Zug,** der zwar relativ langsam fährt, bei dem man aber recht preisgünstig in der 1. oder 2. Klasse mit Schlafwagen und Verpflegung reisen kann. Das Eisenbahnnetz ist jedoch noch nicht so gut ausgebaut wie das Flugnetz.

Wie bei Gruppenreisen, bei denen die Strecken innerhalb des Landes mit einem gemieteten Bus bewältigt werden, ist das gängigste und billigste Verkehrsmittel, auch für Einheimische, der **Überlandbus,** der auch überall dort verkehrt, wo Bahn und Flugzeug nicht hinkommen. In Teheran gibt es allein drei Busterminals im Westen, Süden und Osten der Stadt, an denen die Busse in die verschiedenen Gebiete des Landes abfahren. Hier bucht man auch die Reisen, denn die Busgesellschaften haben an den Terminals ihre Büros. In jedem Fall sollte man auch hier rechtzeitig, d. h. früh am Morgen, wenn man nachmittags fahren will, sein Ticket besorgen.

Innerhalb der Städte kann man sich selbstverständlich mit den **städtischen Bussen** bewegen, was aber für Touristen, die die Sprache gar nicht oder nur unzulänglich beherrschen, ausgesprochen schwierig ist. Sicher ist es einfacher, in der Stadt Taxi zu fahren. Da die Taxen allesamt **Sammeltaxis** mit festen Routen sind, ist es auch hier notwendig, zum einen in etwa die Topographie der Stadt und die Strecken der Taxen zu kennen als auch einigermaßen Persisch zu sprechen (Englisch genügt nicht!), um sich dem Fahrer verständlich machen zu können.

Man hält die Taxe, die in die Richtung fährt, in die man will, einfach am Straßenrand an. **Funktaxen**, die telefonisch an einen Ort bestellt werden und den Fahrgast individuell und allein transportieren, gibt es ebenso, sie sind aber sehr viel teurer als Taxis mit festen Strecken.

Zwischen den Städten verkehren **Sammeltaxen.** Sie fahren, wie die Busse, an den großen Busbahnhöfen ab und haben keine festen Zeiten, sondern starten, wenn der Wagen besetzt ist.

Hotels

Hotels mit *–** sind für europäische Ansprüche unzumutbar (meist nur Schlafsäle); bei den anderen muß man, gemessen am europäischen Standard, wegen technischer Mängel und ungeschultem Personal einen Stern abziehen (***** bedeutet komfortabel, nicht luxuriös, außer Homa 2 in Mashhad, Abbasi in Isfahan). Touristen zahlen in der Regel höhere Preise als Einheimische, und vergleichbare Hotels in großen Städten sind teurer als auf dem Land. Preisangaben (ca.) in DM (Stand 2000):

***	EZ 120, DZ 150
****	EZ 150, DZ 200
*****	EZ 200, DZ 200–300

Ahwaz
Fadjr Grand Hotel ****
Shahid Abedi Street
✆ 061/22 10 91 – 5
Fax 061/21 86 77
Schönes Hotel mit Swimmingpool (nur für Männer) und sehr guten Restaurants

Naderi Hotel **
Imam Khomeyni West St
✆ 061/22 26 10 und 22 57 57

Anzali
Grand Hotel Anzali ****
✆ 01 81/2 30 01–2;
Fax 01 81/2 80 20
Liegt direkt am Strand

Sepid Kenar ***
Astara Street
✆ 01 81/2 30 33–5;
Fax 01 81/2 80 23
8 km außerhalb der Stadt an der Straße Richtung Astara, liegt direkt am Strand

Bandar Abbas
Homa Hotel ****
(Iran Air)
Imam Khomeyni Blvd.
✆ 07 61/55 30 80–8
Fax 07 61/55 17 32

Hamadan
Enghelab Hotel ****
Eram Blvd.
✆ 081/5 20 01–4
Fax 081/3 00 35
Zu Füßen des Alvand Gebirges mit Blick über die Stadt; gutes Restaurant angegliedert

Bou Ali Hotel ***
Bou Ali Street
✆ 081/3 07 01–2
Fax 081/3 30 72
In den 1930er Jahren erbautes und sehr schönes Hotel in zentraler Lage; mit Parkanlage und Gartenrestaurant

Isfahan
Kowsar Hotel *****
Mellat Blvd., Si-o-se Pol
✆ 031/24 02 30–9
Fax 031/24 99 75
Direkt an der 33-Bogen-Brücke, mit schönem Blick über den Fluß, großer Gartenanlage und mehreren angeschlossenen Restaurants, darunter eines in der 8. Etage mit Blick über die Stadt

Abbasi Hotel *****
Amadegah Street
✆ 031/22 60 10–19
Fax 031/22 60 08
Zentrale Lage; das Luxushotel ist eine 1975 umgebaute safawidische Karawansarai (s. S. 275) mit mehreren guten Restaurants und traditionellem Teehaus direkt am bepflanzten Innenhof

Ali Qapu Hotel ****
Chaharbagh Blvd.
✆ 031/23 12 83–4
Fax 031/23 95 19
Zentrale Lage

Suite Hotel ***
Ainehkhaneh Blvd.
✆ 031/61 60 71 und 61 94 82
Fax 031/61 38 72
Liegt in der Nähe der 33-Bogen-Brücke

Safir Hotel ***
Ayatollah Madani Street
✆ 031/21 99 31
Fax 031/22 94 12
Schräg gegenüber dem Abbasi Hotel; relativ kleines, aber sehr neues Hotel, hat als einziges schalldichte Fenster

Kashan
Amir Kabir Hotel ***
Fin Street
✆ 03 61/3 00 91–5

Kerman
Grand Tourist Inn Hotel ***
Dhumhuri-ye Islami Blvd.
✆ 03 41/4 52 03–5
Fax 03 41/4 40 87

Akhavan Hotel ***
Shahid Saduqi Street
✆ 03 41/414 11–12
Fax 0341/491 13

Kermanshah
Azadegan Hotel ***
Shahrak-e Taavon
✆ 08 31/9 20 03–4 und 996 66–7
Fax 08 31/9 35 03
Außerhalb der Stadt

Resalat Hotel ***
Firdowsi Square
✆ 08 31/261 05 und 387 86, 77 59 64, 77 69 82
Fax 08 31/3 04 22

Mashhad
Homa Hotel Nr. 2 *****
(Iran Air)
Khayyam Blvd.
P.O.B. 917 75-11 44
Mashhad
✆ 051/71 10 01–9
Fax 051/78 88 59
1998 fertiggestellt, dieses Hotel verfügt über einen überdurchschnittlichen Luxus; mit mehreren Restaurants und einer Parkanlage

Homa Hotel Nr. 1 *****
(Iran Air)
Ahmad Abad, Taleghani Square
✆ 051/83 20 01–9
Fax 051/83 70 19

Laleh Hotel ****
Asadi Street (Stadtteil Kuhsangi)
✆ 051/82 84 26–7 und 82 38 92
Fax 051/61 00 82–3

Tehran Hotel ***
Imam Reza Ave.
✆ 051/4 00 91–5
Fax 051/4 00 46
Zentrale Lage in der Nähe des heiligen Schreins; gutes Restaurant

Asia Hotel **
Pasdaran Ave.
✆ 051/2 00 71–4
Fax 051/5 80 30

Qazwin
Alborz Hotel *–**
Taleghani Street, Ecke Khayyam Street
✆ 02 81/2 64 84
Fax 02 81/2 73 67

Ramsar
Altes Ramsar Hotel ****
(ehemals Shah Hotel)
Shahid Radjai Street, Kalantari Square
✆ 019 42/35 92–5
Fax 019 42/51 74
Luxuriöses Hotel aus den 1930er Jahren; hier wurde 1975 der Erste Ramsar Kongress zur Erhaltung und zum Schutz der Feuchtgebiete abgehalten

Neues Ramsar Hotel ***
✆ 019 42/35 92–5
Fax 019 42/51 75
Modernes und weit weniger luxuriöses Hotel, direkt neben dem Alten Ramsar Hotel

Rasht
Kadus Hotel ****
Azadi Street
✆ 01 31/3 28 77 und 3 09 91–2, 3 90 71–5
Fax 01 31/3 00 50

Shiraz
Homa Hotel *****
(Iran Air)
Meshkinfam Street
✆ 071/2 80 00–12
Fax 071/4 80 21
Am Rande eines Parks mit mehreren Restaurants und einen großen Garten; über 200 Zimmer, aber etwa 80 erst 1999 fertiggestellt

Park Hotel ****
Zand Ave., Park Street
✆ 071/2 14 26–30
Fax 071/2 14 29
Liegt im Zentrum mit eigener Gartenanlage

Parsian Hotel ***
Zand Ave., Roudaki Street
✆ 071/33 10 00 und 33 00 00
Fax 071/33 75 12
Etwas kleines, jedoch schönes und relativ neues Hotel in zentraler Lage

Apadana Hotel ***
Zand Ave., Ahli Street
✆ 071/5 93 32 und
30 13 36
Fax 071/30 13 37

Tabriz
International Hotel ****
Imam Khomeyni Street,
Ecke Abrasan
✆ 041/34 10 81–9
Fax 041/34 10 80

Teheran
Esteghlal Grand Hotel *****
Shahid Chamran Expressway
✆ 021/2 04 00 11–19
Fax 021/2 04 70 41
Im Norden Teherans mit Blick auf den Elburz; 542 Zimmer und Suiten; mehrere Restaurants, Swimmingpool, Tennisplätze

Azadi Grand Hotel *****
Shahid Chamran Expressway, Evin Intersection
✆ 021/2 07 30 21–9
Fax 021/2 07 30 38
In der Nähe des Esteghlal Hotels; 482 Zimmer und Suiten sowie mehrere Restaurants, darunter das große Cheshmandaz-Restaurant in der 26. Etage mit schönem Blick über die Stadt

Homa Hotel ***** *(Iran Air)*
Bidjan Street, Vanak Square
✆ 021/8 77 30 21–39
Fax 021/8 79 72 59
Empfehlenswertes Hotel, mehrere Restaurants; schöne Lage, gut erreichbar

Laleh Hotel *****
Dr. Fatemi Street
✆ 021/65 60 21–9
Nahe der Universität von Teheran am Rand des schönen La-leh-Parks; mehrere Restaurants

Evin Hotel ****
Shahid Chamran Expressway, Evin Intersection
✆ 021/2 07 86 06–9
Fax 021/2 09 04 25
Nahe des Azadi Grand Hotels im Norden Teherans; mehrere Restaurants

Enghelab Hotel ****
Taleghani Street
✆ 021/6 46 72 51–5
Fax 021/6 46 62 85
Hotel in zentraler Lage; vor kurzem grundlegend renoviert; mehrere Restaurants, darunter ein sich drehendes Aussichtsrestaurant im obersten Stockwerk

Kowsar Hotel ****
Khavar Alley (Gasse), Vali-ye Asr Square
✆ 021/89 81 21–5
Fax 021/89 81 615
Zentral gelegen

Yazd
Safaiyeh Hotel ***
Abuzar Square, Shahid Fallahi (Stadtteil Safaiyeh)
✆ 03 51/4 98 11–15
Fax 03 51/4 98 13
Mehrere Einzelgebäude, die in einem großen Park verteilt sind

Enghelab Hotel ***
Djumhuri-ye Islami Blvd, Nehzat Ave.
✆ 03 51/5 31 11 und 5 64 44
Fax 03 51/5 64 44
Hotel in traditioneller Bogenarchitektur mit empfehlenswertem Restaurant.

Tourist Inn Hotel ***
Danesh Blvd.
✆ 03 51/4 72 21
Fax 03 51/4 72 22

Restaurants

In erster Linie sind immer die den Hotels angeschlossenen Restaurants zu empfehlen (s. Hotelliste), weil sie weitgehend dem europäischen Standard entsprechen.

Anzali
Gol-e Sang Restaurant
✆ 01 81/2 55 00

Bam
Restaurant in der Arg-e Bam
✆ 034 47/53 60

Restaurant im Tourist Inn
✆ 034 47/33 23

Isfahan
Espadana
✆ 031/62 91 95

Maharadja Restaurant
✆ 031/22 60 11–5

Shahrzad Restaurant
Abbas Abad Street
✆ 031/23 44 74

Si-o-se Pol Restaurant
✆ 031/22 66 32

Tak Restaurant
✆ 031/25 10 87

Kashan
Delpazir Restaurant
✆ 03 61/2 53 22

Golshan Restaurant
✆ 03 61/55 52 72

Kerman
Sonnati Restaurant
Im Bazar
✆ 03 41/22 59 89

Kermanshah
Chelcheleh Restaurant
✆ 08 31/5 20 72

Djamshid Restaurant
Taq-e Bostan
✆ 08 31/4 41 85

Peyvand Restaurant
✆ 08 31/77 26 76

Mashhad
Rastgu Restaurant
Wakil Abad Blvd.
✆ 051/68 18 17

Qom
Al-Zahra Restaurant
In der Nähe des Heiligen Schreins
✆ 02 51/74 40 04–7

Madayen Restaurant
Amin Blvd.
✆ 02 51/3 37 37

Mohebbi Restaurant
Beheshti Blvd.
✆ 02 51/4 39 99

Hotel-Restaurant Rose
✆ 02 51/4 25 50 und 4 99 94

Shiraz
Darwish Restaurant
✆ 071/66 88 98

Kaktus Restaurant
✆ 071/67 26 19

Karim Khan
Abiwardi Street
✆ 0911/7 17 93 06

Shater Abbas Restaurant
✆ 071/64 45 00

Sufi Restaurant
Afifabad Street
✆ 071/66 15 73

Sufi Restaurant
Zargari Street
✆ 071/66 38 77

Tabriz
Ail Goli Restaurant
✆ 041/33 52 63

Ail Goli Restaurant
✆ 041/30 99 12

Qizil Udjaq Restaurant
✆ 041/34 71 04

Teheran
Ali Qapu Restaurant
Gandi Street
✆ 021/8 77 78 03

Ayyaran Restaurant
Firdowsi Square
✆ 021/67 05 50

Bordj-e Sefid Restaurant
Pasdaran Street
✆ 021/2 56 26 94–5

Dizi Sara Restaurant
Iranshahr Street
✆ 021/8 72 69 25

Grand Hotel Firwodsi
Firdowsi Street
✆ 021/6 72 70 26 und 6 71 99 91–3
Täglich warmes Buffet

Khan Salar Restaurant
Alvand Street
✆ 021/8 78 04 54

Kuhsar-e Darband
Stadtteil Darband
✆ 021/27 64 44

Sahra Restaurant
Taleghani Street
✆ 021/8 82 90 95–6 und 83 44 61

Shater Abbas Restaurant
Vali-ye Asr Street, Ecke Parkway Autobahn
✆ 021/2 04 12 17 und 2 04 76 25
Kebab-Spezialitäten

Sonnati Amir Kabir Restaurant
Ghaitariyeh Park
✆ 021/2 21 64 92

Sonnati Azari Restaurant
Rah Ahan Square, Vali-ye Asr Street
✆ 021/5 37 36 65 und 8 72 34 88

Yazd
Sonnati Restaurant
✆ 03 51/3 28 24

Reiseinformationen von A bis Z

Bekleidungsvorschriften

Jeder Tourist muß die islamischen Bekleidungsvorschriften befolgen, unabhängig von Religion und Herkunft, allerdings werden weniger strenge Maßstäbe bei Touristen angelegt. Entgegen der allgemeinen Auffassung gelten klar festgelegte Regeln nicht nur für Frauen, sondern auch für Männer, wenn auch in geringerem Ausmaß. Absolut verboten sind für **Männer** kurze Hosen. Kurzärmelige T-Shirts werden gerade noch geduldet, in jedem Fall sind Hemden, mit kurzem Arm oder mit hochgekrempelten Ärmeln getragen, sehr viel angebrachter. Dabei sollte man jedoch beachten, daß das Hemd nicht allzu weit aufgeknöpft ist. Das Tragen von Krawatten ist eher unüblich.

Frauen müssen in der Öffentlichkeit, d. h. auch in Restaurants und in der Hotelhalle, den ganzen Körper und das Haar bedecken. Dazu gehören auch die Beine und Füße, die mit blickdichten Strümpfen verborgen werden müssen, nur Gesicht und Hände sind ausgenommen.

Deshalb muß über der normalen Oberbekleidung ein langer und weiter Mantel in dezenten Farben getragen werden, das Haar ist mit einem großen Kopftuch zu verbergen. Die Übermäntel sollten möglichst nicht aus synthetischen Fasern bestehen, so leicht wie möglich, jedoch nicht durchsichtig und bis zum Hals zuzuknöpfen sein. Im Land gibt es sie überall in unterschiedlichen Schnitten und durchaus sehr schick relativ preisgünstig zu kaufen. Dasselbe gilt für die Kopftücher, von denen man auch mehrere haben sollte. Selbstverständlich kann man als Tourist auch einen Chador tragen, sofern man eine Schneiderin kennt, die dieses Kleidungsstück näht, denn es gibt keine fertigen Chadors zu kaufen. Außerdem sollte man im Tragen dieses den ganzen Körper einhüllenden Tuches geübt sein, das einem bei jeder unpassenden Gelegenheit vom Kopf oder von den Schultern rutscht.

Botschaften und Tourismusbüros

Botschaft der Bundesrepublik Deutschland
224 Firdowsi Ave., Teheran
✆ 021/3 90 37 67
Konsular-Handy:
✆ 09 11/2 15 08 09
Bereitschafts-Handy für das Wochenende:
✆ 09 11/2 13 10 07
Fax 021/390 84 74

Botschaft der Republik Österreich
Argentina Square
123 Shahid Sarvan Khaled Eslamboli, Teheran
✆ 021/871 07 53, 871 01 80, 204 17 64
Fax 021/871 07 78

Botschaft der Schweiz
1–13 Bostan Ave., Elahiyeh St, Teheran
✆ 021/200 83 33;
Fax 021/26 94 48

Das Ministerium für Kultur und Islamische Führung hat in Teheran und in allen größeren Städten Touristeninformationsbüros eingerichtet. Die **Zentrale des Tourism Office** in Teheran liegt in der Vali Asr Ave., Khiaban-e Damashq (✆ 021/89 22 12–22 29; Fax 021/89 34 64). Dort kann man die Adressen und Telefonnummern der Provinzbüros erfragen.

Essen und Trinken

Im Zusammenhang mit Essen und Trinken sollte man sich die islamischen **Gebote zur Unreinheit** vergegenwärtigen (s. Verhaltensvorschriften), die auch die Essensgewohnheiten und den Speiseplan bestimmen. Alle diese Gebote sind in den zumeist heißen islamischen Ländern sehr wohl geeignet, Krankheiten und Belastungen des Körpers zu vermeiden. So ist beispielsweise das **Schwein**, lebendig oder tot, unrein, ebenso alles, mit dem es in Kontakt gekommen ist. Ebenso unrein ist Blut, weswegen Tiere, die beim Schlachten nicht ausgeblutet sind, d. h. nicht ordnungsgemäß geschächtet wurden, nicht gegessen werden dürfen.

Zusätzlich dazu verbietet der Islam, **Alkohol** zu trinken, denn alkoholische Getränke haben, besonders in heißen Regionen, eine starke Wirkung, die letztendlich zu unliebsamen sozialen Auswirkungen führen können. Da im Iran die islamische Gesetzgebung gilt, sind Genuß, Verkauf und Ausschank sowie die Einfuhr alkoholischer Getränke bei strenger Strafe verboten. Als Tourist muß man deshalb für die Zeit einer Iranreise auf jeglichen Alkohol verzichten; in den großen Hotels des Landes gibt es jedoch häufig alkoholfreies Bier.

Das **Leitungswasser** ist an vielen Orten zwar durchaus trinkbar, jedoch sehr stark mineralhaltig und häufig gechlort, so daß es nicht jeder verträgt. Als Tourist sollte man deshalb möglichst kein Leitungswasser trinken. Das wichtigste Getränk ist in Iran der **Tee,** den man zu jeder Gelegenheit bekommen kann. **Kaffee** ist eher unüblich und nur gelegentlich – und teuer – in den Hotels als Instant-Kaffee erhältlich. Reisende, die ihren täglichen Kaffee brauchen, sollten sich einen Instant-Kaffee von zu Hause mitbringen. Neben allerlei frisch gepreßten **Fruchtsäften,** Limonaden und Cola-Getränken gibt es auch ein mit Wasser verdünntes **Joghurt-Getränk,** *dukh* genannt, das dem türkischen *ayran* ähnelt.

Das iranische **Brot,** ein Fladenbrot, wird sowohl aus weißem wie auch aus dunklem Mehl hergestellt. Es gibt viele verschiedene Brotarten, von dickeren, weißen Fladen bis hin zu hauchzarten dunklen und würzig schmeckenden. Meistenteils wird das Brot frisch verzehrt und dementsprechend fast zu jeder Tageszeit in traditionellen Bäckereien gebacken und verkauft. Außer zum Frühstück, bei dem es mit Schafskäse, Marmelade und gelegentlich auch mit Nüssen gegessen wird, gehört es zu jeder warmen Mahlzeit.

Die iranische Küche ist in vielen Punkten vollständig anders als die türkische oder arabische. In Iran wird mit weitaus weniger Knoblauch, scharfen Gewürzen und Fett gekocht als in den anderen vorderasiatisch-orientalischen Ländern. Zu den Mahlzeiten oder als Vorspeise werden fast immer frische Zwiebeln und Kräuter, Yoghurt sowie Brot gereicht.

Zu jedem Hauptgericht gehört **Reis,** der in Iran vollständig anders zubereitet wird und schmeckt als in den asiatischen Ländern. Zunächst wird er relativ kurz bißfest gekocht und danach mit Butter oder etwas Öl eine längere Zeit gedämpft. Dadurch bleibt er locker und körnig und erhält ein nussiges und würziges Aroma. Gelegentlich serviert man ihn auch mit obenauf verteilten Butterflocken. Dazu werden verschiedene Saucen und unterschiedlich zubereitete Fleischbeilagen gereicht. Häufig wird auch vorgegarter Reis mit verschiedenem Gemüse, Kräuter oder Früchten und gelegentlich mit Fleisch kombiniert (Gericht = *polo)* und zusammen mit diesen gekocht.

Neben Lammfleisch wird in der iranischen Küche viel Rindfleisch und Huhn verarbeitet. Man serviert es entweder als Kebab, d. h. zu kleinen Stücken geschnittenen und gerösteten **Fleischspießen,** auch als Braten oder Füllung für Auberginen, Zucchini oder Weinblatt- und Krautwickel *(dolma).* Fleisch wird ebenso als Zutat bei **Eintöpfen**, *abgusht* genannt, verarbeitet. Da sowohl Reis- als auch Eintopfgerichte in der Zubereitung relativ zeitaufwendig sind, findet man sie leider seltener auf den Speisekarten von Hotels und Restaurants. Ebenfalls typisch für die iranische Küche sind schließlich die regional sehr unterschiedlich zubereiteten Suppen aus verschiedenen Zutaten *(ash)*. Eine Auswahl von Bezeichnungen für die vielfältigen persischen Gerichte und Speisen erhält der ›Kleine Sprachführer‹.

Fotografieren

Neben einer Kameraausrüstung können mittlerweile auch Film- und Videokameras mit in den Iran genommen werden. Man sollte in jedem Fall für einen ausreichenden Vorrat an Filmmaterial und für Ersatzbatterien sorgen, denn Farb- und Diafilme, besonders aber Videobänder und Batterien für Kameras sind fast nirgends, nur gelegentlich in den großen Zentren zu bekommen.

Grundsätzlich ist es verboten, militärische Anlagen, Bauten von strategischer Bedeutung (Bahnhöfe, Flughäfen, Ölanlagen, Tankstellen, Brücken) und öffentliche Gebäude (Schulen, Polizeiwachen und ähnliches) zu fotografieren. Man sollte dieses Verbot ernst nehmen, denn Verstöße werden relativ hart geahndet. In Moscheen und Heiligtümern darf fotografiert werden, sofern kein ausdrückliches Verbot besteht. Man sollte während der Gebetszeiten jedoch rücksichtsvoll mit den Gläubigen umgehen und sich nicht auffällig betragen. In den meisten Fällen ist es unproblematisch, Menschen zu fotografieren, jedoch sollten Männer keine Frauen aufnehmen, da man Gefahr läuft, jemanden damit unwillentlich zu verletzen; hier ist Zurückhaltung und Fingerspitzengefühl notwendig.

Geld und Währungsumtausch

Die offizielle iranische Währungseinheit ist der Rial, im täglichen Leben wird jedoch in Tuman gerechnet. 1 Tuman entspricht 10 Rial. Beim Einkaufen sollte man sich immer vergewissern, ob die Ware in Rial oder Tuman ausgezeichnet ist. Im Umlauf sind Scheine im Wert von 10 000, 5000, 2000, 1000, 500, 200 und 100 Rial.

Ein- und auch ausgeführt werden dürfen bis zu 20 000 Rial, Devisen können in unbegrenzter Höhe ein-, jedoch nur in begrenztem Umfang ausgeführt werden. Da in Iran nur selten Euro-Schecks oder Kreditkarten akzeptiert werden, empfiehlt sich die Mitnahme von Traveller-Schecks und/oder Bargeld. Das Wechseln von DM oder auch US-Dollar ist im ganzen Land sowohl bei den Banken als auch in den großen Hotels ohne Probleme möglich; bei der Ankunft in Teheran gibt es auch die Möglichkeit, direkt am Flughafen Mehrabad Geld zu tauschen. Wegen der hohen Inflationsrate in Iran können über Wechselkurse keine absoluten Angaben gemacht werden. Bei Drucklegung entsprachen 1 US-Dollar ungefähr 3000 Rial und 1 DM etwa 1700 Rial.

Kalender und Festtage

In Iran gilt die islamische Jahreszählung, die mit der Hidjra beginnt, mit der Auswanderung des Propheten von Mekka nach Medina, an einem Freitag, den 16. Juli 622 n. Chr. Das islamische Jahr, innerhalb dessen die religiösen Feste verankert sind, wird im Gegensatz zur christlichen Zeitrechnung nicht nach dem Sonnenkalender, sondern nach Mondmonaten mit jeweils 29 bis 30 Tagen berechnet. Ein Mondjahr

Die zwölf Monate des islamischen Sonnenjahres

Esfand	20. 2.–20. 3.	Shahrivar	23. 8.–22. 9.
Farvardin	21. 3.–20. 4.	Mehr	23. 9.–22.10.
Ordibehesht	21. 4.–21. 5.	Aban	23.10.–21.11.
Khordad	22. 5.–21. 6.	Azar	22.11.–21.12.
Tir	22. 6.–22. 7.	Day	22.12.–20. 1.
Mordad	23. 7.–22. 8.	Bahman	21. 1.–19. 2.

ist mit 354 oder 355 Tagen kürzer als ein Sonnenjahr.

Die offizielle staatliche Zeitrechnung basiert zwar auf dem Sonnenkalender, die Jahreszählung beginnt jedoch ebenfalls im Jahr 622.

Die an das Mondjahr gekoppelten religiösen Festtage verschieben sich, gemessen am Sonnenkalender, jedes Jahr um etwa zehn Tage nach vorn. Der Islam kennt zwei besonders wichtige religiöse Feiertage, das **Fest des Fastenbrechens** nach Ablauf des Monats Ramadan und das **Opferfest,** das am 10. Tag des Pilgermonats im Gedenken an Abraham, der von Gott auferlegt bekam, seinen Sohn Ismail zu opfern, gefeiert wird. Daß die Gläubigen als Teil des Festes ein Schaf schlachten und das Fleisch unter den Armen verteilen, geht auf den von Gott gesandten Widder zurück, den Abraham anstelle seines Sohnes opferte.

Reisen während des Fastenmonats **Ramadan/ Ramazan** sind immer ein wenig schwierig, da das Fasten (d. h. den ganzen Tag von Sonnenaufgang bis Sonnenuntergang nicht essen, trinken und rauchen) im ganzen Land eingehalten wird. Zwar sind Reisende von den religiösen Auflagen weitgehend befreit, es ist aber trotzdem für nichtmuslimische Touristen kaum möglich, tagsüber etwas zu essen zu bekommen. Außerdem wird es als unschicklich und häufig sogar als beleidigend empfunden, in der Öffentlichkeit, vor den Augen fastender Gläubiger, etwas zu sich zu nehmen. Dazu gehört auch, daß man in der Öffentlichkeit nicht raucht.

Unter den weiteren religiösen Festlichkeiten ist das speziell schiitische **Ashura-Fest** das wichtigste. Es wird im Andenken an das Martyrium begangen, das Imam Hossein am 10. Moharram des Jahres 61 A.H. (680 n. Chr.) in Kerbela durchlitt. Die Feierlichkeiten des beweglichen Festes dauern mehrere Tage und werden mit Prozessionen und Passionsspielen begangen. Da *ashura* ein Trauerfest ist, sollten nichtmuslimische Reisende während dieser Zeit, besonders aber bei den Prozessionen, größte Rücksicht und Zurückhaltung an den Tag legen.

In Iran wird außerdem **Nowruz**, das persische Neujahr, am 21. März gefeiert. Wie das Neujahr der westlichen Welt, das ursprünglich heidnisch war, geht auch das Nowruz-Fest in Iran auf vorislamisch-zoroastrische Tradition zurück. Daneben gibt es eine Reihe von offiziellen Feiertagen, die im Datum festliegen. Dazu gehören u. a. der 11. Febr., an dem des Sieges der Islamischen Revolution gedacht wird, und der 1. April, an dem die Islamische Republik Iran gegründet wurde.

In der Woche gibt es in Iran nur einen freien Tag, den **Freitag,** an dem alle öffentlichen Einrichtungen geschlossen sind. Wie in der christlichen Welt am Sonntag der Hauptgottesdienst der Woche stattfindet, wird hier am Freitag das sogenannte Freitagsgebet abgehalten, an dem zwar ein Tourist als Nichtmuslim teilnehmen darf, sich aber in der Moschee dezent verhalten sollte. Die persischen Namen der Wochentage sind im ›Kleinen Sprachführer‹ aufgelistet.

Moscheebesuch

Bis auf die wichtigsten schiitischen Heiligtümer in Iran, wie Mashhad, Qom und Teheran-Ray, können eigentlich die meisten Moscheen und Heiligtümer auch von Nichtmuslimen besichtigt werden. Bei einigen Moscheen wird den Touristinnen das Tragen eines Chadors, den man am Eingang ausleihen kann, zur Auflage gemacht. Der Gebetsraum einer Moschee oder eines Heiligtums darf grundsätzlich nicht mit Schuhen betreten werden, deshalb stellt man die Schuhe am Eingang ab. Bei größeren Moscheen gibt es gelegentlich gebührenpflichtige Aufbewahrungsräume für die Schuhe. Zur Zeit des Freitagsgebets sind einige Moscheen für Touristen geschlossen; wenn der Besuch trotzdem möglich ist, sollte man sich als Nichtmuslim diskret verhalten und nicht fotografieren.

Öffnungszeiten

Der wöchentliche Ruhetag, an dem Behörden, Banken und Geschäfte geschlossen sind, ist der Freitag. Am Donnerstag, dem Tag vor dem Ruhetag, können gegebenenfalls die Ge-schäftszeiten von denen der anderen Wochentage abweichen. Die Läden sind meistenteils von 9–21 Uhr geöffnet, häufig halten sie während der heißesten Stunden des Tages jedoch eine Mittagspause ein. An Freitagen sind die Läden vormittags geschlossen, einige öffnen am Nachmittag jedoch wieder. Die Öffnungszeiten besonders der kleineren Geschäfte sind jedoch nicht exakt festgelegt und nicht so streng geregelt, wie Europäer es normalerweise gewöhnt sind. In den Restaurants kann man zwischen 12 und 15 Uhr zu Mittag essen und ab 19 bzw. 20 Uhr zu Abend; im Fastenmonat Ramadan sind die Öffnungszeiten der Restaurants jedoch auf den Abend begrenzt.

Post und Telefonieren

Briefe und Postkarten sollten, wenn möglich, immer zu den Postämtern gebracht werden, denn die Leerungen der durchaus vorhandenen Briefkästen erfolgen nicht allzu regelmäßig. In den großen Touristenhotels kann man jedoch immer seine Post abgeben. Die Briefmarken der Islamischen Republik Iran haben zumeist hübsche Motive und sind auch für Sammler interessant. Ein Brief nach Europa kostet 60 Tuman, eine Postkarte 30 (Mai 1998). Gibt man seine Post in Teheran auf, so braucht sie bis nach Europa eine Woche bis zehn Tage, von anderen Städten aus gelegentlich bis zu zwei Wochen.

Iran ist mit den meisten europäischen Ländern im Direktwählverfahren verbunden, dies gilt jedoch nur für private Haushalte, Firmen oder Hotels. Möchte man nach Europa anrufen, so empfiehlt sich, zu den Telefonämtern zu gehen, die bis 22.00 Uhr geöffnet haben, denn von dort aus sind die von Hand vermittelten Auslandsgespräche recht preisgünstig. Man kann auch vom Hotel aus anrufen, dies ist jedoch meist, wie in europäischen Hotels, weit teurer als auf dem Telefonamt. Insgesamt sind die Tarife jedoch in Iran günstiger als in

Telefoniert man von Deutschland, Österreich und der Schweiz nach Iran, wählt man 0098 + Ortsnetzkennzahl ohne die erste 0.

Europa. Gelegentlich kann es bei den vermittelten Gesprächen vom Postamt, aber auch vom Hotel aus zu längeren Wartezeiten kommen.

Toiletten

Obwohl es gelegentlich öffentliche Toiletten gibt, empfiehlt es sich eher, Toiletten in Restaurants, Hotels oder in den Moscheen aufzusuchen, weil diese durchgängig sauberer sind. Kleine Gaststätten oder Teehäuser haben häufig keine Toiletten. Bis auf die großen Hotels, die westlichem Standard entsprechen, findet man nur Stehklosetts ohne Schüssel. Meistens gibt es kein Toilettenpapier, jedoch fast immer einen Schlauch für fließendes Wasser, damit man sich unter Zuhilfenahme der linken Hand mit Wasser reinigen kann.

Ist man auf der Reise gezwungen, sein Geschäft im Freien zu verrichten, sollte man sich, auch als Mann, eine vor Blicken geschützte Stelle suchen, denn sonst beleidigt man nachhaltig das Schamgefühl der Einheimischen.

Trinkgelder

Im Hotel, bei bewachten Sehenswürdigkeiten und auch im Restaurant, wo der Service prinzipiell inklusive ist, wird immer Trinkgeld erwartet, zumal die Löhne gerade im Dienstleistungsbereich nicht sehr hoch und die Menschen häufig auf das zusätzliche Trinkgeld angewiesen sind. Es wird grundsätzlich als Anerkennung freundlicher Behandlung angesehen, wenn man um einige hundert Rial aufrundet. Auch als Teilnehmer einer Gruppenreise, bei der beispielsweise dem Wächter am Besichtigungsort oder dem Personal im Hotel vom Reiseleiter bereits ein Trinkgeld bezahlt wurde, sollte man für persönliche Leistungen und Freundlichkeiten von seiten der Kofferträger, des Personals an der Rezeption oder des Room Service ein zusätzliches Trinkgeld geben. Am Ende einer organisierten Reise sollte man auch keinesfalls den Busfahrer, dem man während der gesamten Fahrt sein Leben anvertraut hat, den *local guide*, dem die organisatorischen Pflichten oblagen, und den Reiseleiter vergessen.

Unterkunft

In den großen Zentren und den Provinzhauptstädten gibt es eine Reihe von First-Class-Hotels und Hotels der gehobenen Mittelklasse, die mit Bad und WC in jedem Zimmer weitgehend westlichem Standard entsprechen und allesamt sehr sauber sind. Touristen müssen hier grundsätzlich in Devisen, meist in US-Dollar, bezahlen. Die Hotels der Mittelklasse in den kleineren Städten sind zwar grundsätzlich auf westliche Touristen eingerichtet, d. h. saubere Zimmer mit Dusche und WC sind vorhanden, man muß aber gelegentlich auf einige dem europäischen Touristen selbstverständliche Zusatzleistungen, wie Handtuch, Seife und Toilettenpapier, verzichten.

Verhaltensregeln

Zu den für den Touristen wohl wichtigsten Verhaltensregeln gehören in erster Linie die Bekleidungsvorschriften (s. Stichwort), aber auch das streng geregelte Verhalten zwischen einander nicht bekannten Männern und Frauen. So sollten Männer fremden Frauen zurückhaltend gegenübertreten und bei der Begrüßung das Händeschütteln vermeiden. Wie die Bekleidungsvorschriften sind auch die anderen ungeschriebenen Gesetze des täglichen Zusammenlebens das Ergebnis einer langen und von der europäischen Kultur teilweise grundverschiedenen Tradition, die durch beiderseitige Unkenntnis zu Mißverständnissen führen kann. Bei allen Dingen gilt jedoch immer für den Fremden, daß Zurückhaltung und Toleranz gegenüber dem weniger Verständlichen am besten ankommen.

Wichtig zum Verständnis einiger Verhaltensregeln ist das Wissen über Dinge, die im Islam unrein sind und von daher nicht berührt werden dürfen. Schwer verständlich für europäische Touristen ist die Vorstellung, daß Hunde als unrein gelten. Hier ist es besonders ihr Speichel, mit dem man nicht in Berührung kommen sollte. Da Hunde im Orient von Abfällen leben und Allesfresser sind, die u. a. auch Aas vertilgen, übertragen sie mit ihrem Speichel Krankheiten und Parasiten. Deshalb gibt es in Iran auch keine Hunde als Haustiere, gelegentlich findet man sie als Wach- oder Hirtenhunde auf dem Land und bei Nomaden. Das Verhalten der Iraner gegenüber diesen Hunden, besonders aber gegenüber wilden Hunden, ist jedoch vollständig anders als in Europa bzw. in nichtmuslimischen Ländern.

Eine weitere wichtige Verhaltensregel, die vermutlich ebenfalls darauf zurückgeht, daß alle Körperausscheidungen unrein sind, besteht darin, sich in der Öffentlichkeit, besonders aber beim Essen, niemals die Nase zu schneuzen. Entweder man tupft sich dezent die Nase mit dem Taschentuch oder wendet sich ab, um ganz leise ein wenig zu schneuzen. Die beste Lösung ist jedoch, hierfür zur Toilette zu gehen.

Zeitdifferenz

Der Unterschied zwischen der mitteleuropäischen Zeit (MEZ) und der iranischen beträgt plus 2,5 Std. Da die Uhr in Iran am 21. März zu Nowruz bis Ende September ebenfalls auf Sommerzeit umgestellt wird, ist der Zeitunterschied zu Europa immer gleich.

Zollbestimmungen/ Souvenirs

Bei der Ausfuhr von **Devisen** ist zu bedenken, daß nicht mehr an Devisen ausgeführt werden darf, als mitgebracht wurde. Da bei der Einfuhr der Betrag, der über 1000 US-Dollar hinausgeht, deklariert werden muß und in den Paß eingetragen wird, ist eine Kontrolle bei der Ausreise leicht zu bewerkstelligen. Ohne Deklaration kann jeder Betrag bis zu 1000 US-Dollar ein- sowie ausgeführt werden.

Souvenirs, wie neu hergestellte handwerkliche Produkte, Kaviar, Pistazien, Safran oder Süßigkeiten, können ohne Begrenzung bei der Ausreise mitgeführt werden. **Teppiche** dürfen, sofern sie nicht älter als 80 Jahre sind, nur begrenzt exportiert werden, d. h. man darf maximal zwei Stück, die zusammen 12 m^2 nicht überschreiten, mitnehmen. Die Teppiche müssen drei Tage vor Abreise für die Exportzoll-Festlegung zur Zollstelle am Flughafen gebracht werden.

In jedem Fall sind **Antiquitäten** gänzlich von einer Ausfuhr ausgenommen. Dies gilt auch für Manuskripte und Schmuck. **Schmuck** unterliegt außerdem einer weiteren Einschränkung, so ist es verboten, Goldschmuck über einem Gewicht von 150 g und Silberschmuck, der mehr wiegt als 3 kg, jeweils ohne Steine berechnet, auszuführen. Alle Angaben sollten unbedingt aktuell im Land nachgefragt werden, da sich immer einige Bestimmungen ändern können.

Kleiner Sprachführer

Dieses Kapitel soll Reisenden, die des Persischen nicht mächtig sind, einen Eindruck von der Sprache und die notwendigsten Vokabeln vermitteln. Außerdem soll es – in Ergänzung zum Glossar – ein Wegweiser zum Verständnis der Denkmalnamen sein, die in Persien immer eine Bedeutung haben. Es erscheint nicht sinnvoll, hier Sätze, wie »Wo geht es zum Bahnhof?« aufzulisten, da der Sprachunkundige kaum die Antwort verstehen wird.

Die persische Sprache, die sich aus dem Altpersischen entwickelt hat, gehört zur Indoarischen Sprachgruppe, wird aber seit der Eroberung durch die Araber in arabischer Schrift geschrieben. Zu den ursprünglichen 28 arabischen Buchstaben sind zur Angleichung an die persischen Laute vier weitere hinzugekommen (p پ , ch چ , zh ژ , g گ).

Im Gegensatz zum Arabischen, das eine semitische Sprache ist, wird das Persische nicht so kehlig gesprochen und bereitet daher europäischen Ohren und Zungen weit weniger Schwierigkeiten. Trotzdem sind zahlreiche arabische Worte zu den ursprünglich persischen hinzugekommen.

Wie im Arabischen gibt es auch im Persischen, das ebenfalls in Tadjikistan und in Afghanistan gesprochen wird, eine auf die Schrift beschränkte Hochsprache, von der sich die Umgangssprache sowohl lautlich als auch grammatikalisch unterscheidet. Ein großer Teil der Abweichungen ist für ganz Iran gültig, andere sind abhängig vom regionalen Dialekt.

Die **Buchstaben** werden hier nicht in alphabetischer Reihenfolge aufgeführt, sondern nach ihrem Lautwert und der hier verwendeten Umschrift, die sich am europaweit gültigen, englischen Umschriftsystem orientiert, jedoch auf die Bedürfnisse der deutschen Sprache ausgerichtet ist.

Es gibt einige Elemente der persischen Grammatik, die in diesem Rahmen erwähnt werden sollen. Dazu gehört, daß das Persische, im Gegensatz zum Deutschen, keine **Artikel** kennt und daß die Substantive kein Geschlecht haben. Bei Eigennamen gibt es oft den arabischen Artikel *al-*, der in der persischen Umgangssprache zu *ol-* wird. Obwohl es sich dabei um die gesprochene Sprache handelt, wurde hier in einigen Fällen bei Denkmälernamen *ol-* und nicht *al-* angegeben. Personennamen, die in der islamischen Zeit fast ausschließlich aus dem Arabischen kommen, enthalten oft den Artikel *al-*. Folgt auf den Artikel ein Name, der mit einem Zischlaut, einem ›n‹ oder einem ›r‹ beginnt, wird ausschließlich in der gesprochenen Sprache das ›l‹ des Artikels an diesen Buchstaben angeglichen, wie beispielsweise in dem Namen Harun **ar-R**ashid. Da es sich dabei allerdings um eine rein mündliche Veränderung handelt, die sich nicht auf die Schrift auswirkt, wurde die Angleichung hier nicht berücksichtigt.

Der **Plural** der Substantive wird mit zwei verschiedenen Endungen gebildet: *-ha* und *-an*, wobei in der gesprochenen Sprache meist *-ha* zu *-a* verkürzt verwendet wird. Wenn das Substantiv mit einem Vokal endet, wird zusätzlich ein -y- zwischen die beiden Vokale geschoben. Die einzige Substantiv-Deklination, die auch dem sprachunkundigen Touristen immer wieder auffällt, ist der **Genitiv.** An das erste, d. h. das regierende Substantiv wird ein -e angeschlossen, wie z. B. in Takht-e Sulaiman (Thron des Salomon) etc.

Selbständige **Pronomina** (Fürwörter) werden im Persischen nur für Personen, d. h. für Menschen verwendet; für Tiere und Sachen werden sie nicht gebraucht. Es ist wichtig, bei Personen, mit denen man spricht, immer die förmliche, höfliche Anrede ›Sie‹ zu benutzen, denn das Persische kennt das vertrauliche ›Du‹ nur im allerengsten Familienkreis. Häufig siezen selbst Kinder ihre Eltern, und auch enge Freunde gebrauchen ausschließlich das ›Sie‹ im Umgang.

Die Perser sind so höflich im Umgang mit Fremden, daß man sich ausschließlich mit Infinitiven verständigen kann; dies ist besser, als es überhaupt nicht zu versuchen. Der **Infinitiv des Verbs** wird mit der Endung -dan (auch -tan) gebildet.

Pronomina

ich	*man*
du	*to*
er, sie, es	*u*
wir	*ma*
ihr, Sie	*shoma*
sie	*ishan, (umg.) anha*

Zahlen

0	٠	sefr	20	٢٠	bist
1	١	yek	21	٢١	bist-o-jek
2	٢	do	22	٢٢	bist-o-do
3	٣	se	30	٣٠	si
4	۴ od. ٤	chahar	40	٤٠	chehel
5	٥	pandj	50	٥٠	pandjah
6	۶ od. ٦	shesh	60	٦٠	shast
7	٧	haft	70	٧٠	haftad
8	٨	hasht	80	٨٠	hashtad
9	٩	noh	90	٩٠	navad
10	١٠	dah	100	١٠٠	sad
11	١١	yazdah	200	٢٠٠	devist
12	١٢	davazdah	300	٣٠٠	sisad
13	١٣	sizdah	400	٤٠٠	chaharsad
14	١٤	chahardah	500	٥٠٠	pansad
15	١٥	panzdah	1000	١٠٠٠	hezar
16	١٦	shanzdah	2000	٢٠٠٠	dohezar
17	١٧	heftdah	10 000	١٠٠٠٠	dahhezar
18	١٨	hidjdah	100 000	١٠٠٠٠٠	sadhezar
19	١٩	nusdah	1 000 000	١٠٠٠٠٠٠	yek million

Umschrift	Aussprache	Persische Bezeichnung/ Zeichen		Geschrieben …		
				…am Ende	…in der Mitte	…am Anfang
	Vokale und Vokalkombinationen					
a,e	kurz und lang gesprochen, aber auch als ä-Laut	alef	ا	ـا	ـا	ا
ey	gesprochen wie a im englischen Wort made (in Germany)	Diphthong ohne eig. Buchstaben				
i	lang gesprochenes i	ye	ی	ـی	ـیـ	یـ
o,u	sowohl kurz gesprochenes o als auch langes u	vav	و	ـو	ـو	و
ow	entspricht dem englischen o-Laut wie in show	Diphthong ohne eig. Buchstaben				
	Konsonanten					
b	wie im Deutschen	be	ب	ـب	ـبـ	بـ
p	wie im Deutschen	pe	پ	ـپ	ـپـ	پـ
t	Lautwert wie im Deutschen, für zwei Buchstaben	te	ت	ـت	ـتـ	تـ
		teyn	ط	ـط	ـطـ	طـ
s	stimmloses, scharfes s, gesprochen wie ß, für drei Buchstaben	sad	ص	ـص	ـصـ	صـ
		sin	س	ـس	ـسـ	سـ
		se	ث	ـث	ـثـ	ثـ
dj	gesprochen wie g im Wort Ingenieur	djim	ج	ـج	ـجـ	جـ
ch	Zischlaut, gesprochen wie im Wort deu*tsch*	che	چ	ـچ	ـچـ	چـ
h	Wie im deutschen Wort *heiß*; am Wortende gehauchter Laut	he	ح	ـح	ـحـ	حـ
		he	ه	ـه	ـهـ	هـ
kh	Rachenlaut wie im Wort Sa*ch*e	khe	خ	ـخ	ـخـ	خـ
d	wie im Deutschen	dal	د	ـد	ـد	د
z	stimmhaftes s wie im Wort Sonntag, für vier Buchstaben	zeyn	ظ	ـظ	ـظـ	ظـ
		zad	ض	ـض	ـضـ	ضـ
		ze	ز	ـز	ـز	ز
		zal	ذ	ـذ	ـذ	ذ

r	ähnlich gesprochen wie im Deutschen, nicht gerollt	re	ر	ـر	ـر	ر
zh	weich gesprochener Zischlaut wie g im Wort Genie	zhe	ژ	ـژ	ـژ	ژ
sh	gesprochen wie im Deutschen sch oder im Englischen sh	shin	ش	ـش	ـشـ	شـ
q	ursprünglich arabischer Buchstabe, im Persischen etwas abgemildert ausgesprochen, entspricht einem kehligen Laut, zwischen k und r	qaf	ق	ـق	ـقـ	قـ
gh	rein arabischer Buchstabe, im Persischen ähnlich wie qaf gesprochen, mit mehr Tendenz zum r-Laut, In englischsprachigen, in Iran publizierten Büchern wird nicht zwischen q und gh unterschieden.	gheyn	غ	ـغ	ـغـ	غـ
f	wie im Deutschen	fe	ف	ـف	ـفـ	فـ
k	wie im Deutschen	kaf	ك	ـك	ـکـ	کـ
g	wie im Deutschen	gaf	گ	ـگ	ـگـ	گـ
l	wie im Deutschen	lam	ل	ـل	ـلـ	لـ
m	wie im Deutschen	mim	م	ـم	ـمـ	مـ
n	wie im Deutschen	nun	ن	ـن	ـنـ	نـ
v, w	für den Buchstaben vav, der auch als Vokal gebraucht wird, gibt es keine einheitliche Umschreibung, er wird sowohl wie w in Welle als auch wie v in Verstand gesprochen	vav, s. Vokale	و	ـو	ـو	و
y	gesprochen wie im englischen Wort yes	ye, s. Vokale	ی	ـی	ـیـ	یـ
‘	arabischer Buchstabe, sogenannter Knacklaut, der als Stimmabsatz ausgesprochen wird wie in B*ea*rbeiten, hier meist durch zwei aufeinanderfolgende Vokale angegeben	eyn	ع	ـع	ـعـ	عـ

Wochentage und Zeitbegriffe

Samstag	*shanbeh*
Sonntag	*yekshanbeh*
Montag	*doshanbeh*
Dienstag	*seshanbeh*
Mittwoch	*chaharshanbeh*
Donnerstag	*pandjshanbeh*
Freitag	*djomeh*
Tag	*ruz*
Nacht	*shab*
heute	*emruz*
gestern	*diruz*
morgen	*farda*
übermorgen	*pas farda*

Wichtige Redewendungen

ja	*baleh*
nein	*kheyr, na kheyr*
Entschuldigen Sie!	*bebakhshid!*
bitte	*lotfan*
vielen Dank	*kheyli mammun, tashakkor*
Auf Wiedersehen	*khoda hafes*
Guten Tag	*salam aleykum*
Guten Morgen	*sob bekheyr*
Guten Abend	*asr bekheyr*
Gute Nacht	*shab bekheyr*
Wie geht es Ihnen?	*hal-e shoma chetowreh?*
Sehr gut!	*kheyli khub!*
Guten Appetit	*nush-e djan*
Was kostet das?	*qeymate in chandeh?*
Ich brauche ...	*... lazem daram*
Ich möchte ...	*... mikhaham*

Persische Vokabeln

ab	Wasser, auch poetisch für Fluß (altertümlich)
abyaz	weiß (arab.)
asal	Honig
atiq	alt
badam	Mandeln
bakkal	Lebensmittelhändler
bandar	Hafen
barreh	Lamm
chai	Tee
chelo	gekochter Reis
daqiqe	Minute
darya	Meer
daryacheh	See
dasht	Ebene, Wüste
djabal	Gebirge (arab.)
djahan	Welt
djangal	Wald
djudjeh	Hühnchen
dokkan	Laden
doktor	Arzt
dukh	Yoghurt-Getränk
felfel	Pfeffer
garm	warm
gusfand	Hammel
gusht	Fleisch
hafte	Woche
kabud	blau
kelid	Schlüssel
khavyar	Kaviar
khoda	Gott (pers.)
khorshid	Sonne
kuh	Berg
laleh	Tulpe
lubia	Bohne
mahi	Fisch
mast	Yoghurt
mowz	Banane
muzeh	Museum
namak	Salz
nan/nun	Brot

narendj	bittere Orange	*shahid*	Märtyrer (arab., Sing.)
now	neu	*shahr*	Stadt
nowruz	Neujahr	*shahrestan*	Kleinstadt, Ort
panir	Käse	*sharbat*	Fruchtsaftkonzentrat
pezeshk	Arzt	*shekar*	Zucker
polo	Reisgericht, gekochter Reis	*shir*	Löwe, Milch
porteqal	Orange	*shir-e ab*	Wasserhahn
qahwe	Kaffee	*shohada*	Märtyrer (arab., Pl.)
qareh/kara	schwarz (türk.)	*siyah*	schwarz
resturan	Restaurant	*sorkh*	rot
saat	Stunde	*surat hesab*	Rechnung
sabun	Seife	*takht*	Thron
sabz	grün	*tang*	Schlucht, eng
sabzi	Kräuter, Gemüse	*tavus*	Pfau
sang	Stein	*tokhm-e morgh*	Ei (des Huhns)
sard	kalt	*tualet*	Toilette
sefid	weiß (pers.)		

Register

Personen

Orte und Stätten

Bitte schreiben Sie uns, wenn sich etwas geändert hat!
Alle in diesem Buch enthaltenen Angaben wurden vom Autor nach bestem Wissen erstellt und von ihm und dem Verlag mit größtmöglicher Sorgfalt überprüft. Gleichwohl sind – wie wir im Sinne des Produkthaftungsrechts betonen müssen – inhaltliche Fehler nicht vollständig auszuschließen. Daher erfolgen die Angaben ohne jegliche Verpflichtung oder Garantie des Verlags oder des Autors. Beide übernehmen keinerlei Verantwortung und Haftung für etwaige inhaltliche Unstimmigkeiten. Wir bitten dafür um Verständnis und werden Korrekturhinweise gerne aufgreifen:

DuMont Buchverlag, Postfach 10 10 45, 50450 Köln
E-Mail: reise@dumontverlag.de

Umschlagvorderseite: Isfahan, Shaikh-Lotfollah-Moschee (Foto: Johannes Frangenberg, Solingen)
Umschlagklappe vorn: Isfahan, Minarett der Imam-Moschee (Foto: Michael Weber, Stuttgart)
Vignette S. 1: Yazd, Kalligraphie am Mihrab der Freitagsmoschee: »Es gibt keinen Gott außer Allah. Mohammad ist der Gesandte Gottes, und Ali ist sein (gerechter) Nachfolger.« (Foto: Michael Weber, Stuttgart)
Umschlagklappe hinten: Persepolis, Relief mit Soldaten der Unsterblichen Garde (Foto: St. Coyne/Bruce Coleman Collection)
Rückseite oben: Kashan, Khaneh Borudjerdiha;
Mitte: Siraf, Freitagsmoschee;
unten: Isfahan, Wandgemälde im Chehel Sotun-Palast

Über den Autor: Dr. Mahmoud Rashad, geboren 1950 in Yazd/Iran, studierte Vorderasiatische Archäologie, Islamwissenschaften, Orientalistik und Klassisches Arabisch in Teheran, München und Frankfurt, wo er 1985 promovierte und neun Jahre lang als Hochschulassistent u. a. mit zahlreichen Lehraufträgen betraut war. Er lebt und arbeitet in Frankfurt; darüber hinaus führt ihn seine Tätigkeit als Reiseleiter seit vielen Jahren regelmäßig nach Iran und Syrien.

Danksagung: Ganz herzlich möchte ich meiner geschiedenen Frau, Beate Dillmann, für ihre mehrjährige engagierte Mithilfe beim Organisieren, Ordnen und Tippen des Manuskripts, ihre ständige Bereitschaft zum Mitdenken und ihre moralische Unterstützung danken.

2. aktualisierte Auflage 2000

Satz und Druck: Rasch, Bramsche
Buchbinderische Verarbeitung: Bramscher Buchbinder Betriebe

Printed in Germany ISBN 3-7701-3385-4